U0710332

校讎廣義

校勘編

（修訂本）

程千帆 徐有富 著

中華書局

圖書在版編目(CIP)數據

校讎廣義. 校勘編/程千帆,徐有富著.—修訂本. —北京:中華書局,2020.3(2025.8 重印)
ISBN 978-7-101-14121-4

Ⅰ.校…　Ⅱ.①程…②徐…　Ⅲ.①校勘-理論②版本-考證-中國-古代　Ⅳ.G256.3

中國版本圖書館 CIP 數據核字(2019)第 194662 號

書　　名	校讎廣義　校勘編(修訂本)
著　　者	程千帆　徐有富
責任編輯	潘素雅
出版發行	中華書局 (北京市豐臺區太平橋西里 38 號　100073) http://www.zhbc.com.cn E-mail:zhbc@zhbc.com.cn
印　　刷	北京市白帆印務有限公司
版　　次	2020 年 3 月第 1 版 2025 年 8 月第 3 次印刷
規　　格	開本/920×1250 毫米　1/32 印張 12¾　插頁 2　字數 350 千字
印　　數	6001-7000 册
國際書號	ISBN 978-7-101-14121-4
定　　價	78.00 元

目　次

校讎廣義叙録

叙曰：

治書之學，舊號校讎。比及今世，多稱目録。核其名實，歧義滋多。《文選》卷六《魏都賦》李善注引《風俗通》云："案劉向《别録》，'讎校'，一人讀書，校其上下，得繆誤，爲校。一人持本，一人讀書，若怨家相對，爲讎。"（"爲讎"二字據胡克家《考異》補）蓋校讎本義，惟在是正文字。然觀《國語·魯語》載閔馬父之言曰："昔正考父校商之名頌十二篇於周太師，以《那》爲首。"則次第篇章，亦稱校矣。此一歧也。而鄭樵《通志序》謂其《校讎略》之作，乃"欲三館無素餐之人，四庫無蠹魚之簡，千章萬卷，日見流通"。詳所論列，求書、校書之外，兼及類書、藏書。是此諸業，亦歸校讎。此又一歧也。逮章學誠撰《校讎通義》，自叙其書，以爲"校讎之義，蓋自劉向父子，部次條别，將以辨章學術，考鏡源流。非深明於道術精微、群言得失之故者，不足與此。後世部次甲乙，紀録經史者，代有其人；而求其能推闡大義，條别學術異同，使人由委溯源，以想見於墳籍之初者，千百之中，不十一焉”。則雖求之、校之、類之、藏之，猶未足以盡校讎之能事。必也，明系統，精類例，使人得由書籍之部居類别，以見道術之源流異同。此又一歧也。

校讎歧義，具如上述。還語目録，何莫不然。《〈文選〉注》嘗引《别録·列子目録》，其文今存，蓋即劉向校書，隨竟奏上，合《漢書·藝文志》所指“條其篇目”之目與“撮其指意”之録而成之篇。是目録之始，在爲一書條篇目，撮指意，俾覽者得於籀讀之先，知其大較，其事甚明也。嗣班固《漢書·叙傳》述其志藝文，有“劉向司籍，九流以别，爰著目録，略序洪烈”之語。持是以稽《漢志》體例，則班氏之所謂目録，已引申條一書篇目之義爲定群書部類；撮一書指意之義爲别學術源流。後來承響，遂有以爲治學涉徑之學者。如王鳴盛《十七史商榷》云：“目録之學，學中第一緊要事，必從此問途，方能得其門而入。”即是此義。此一歧也。而黄丕烈《汪刻〈郡齋讀書志〉序》曰：“余從事於此，逾二十年。自謂目録之學，稍窺一二，然閲歷既久，知識愈難。曾有《所見古書録》之輯，卒不敢以示人者，以所見之究未遍也。”考丕烈昔人列之賞鑒家，其精詣獨在版本，旁及校藏；於類例出入，學術派别，初未聞有所甄明。兹亦以目録爲言，則賞鑒校藏諸端，皆此學所有事矣。此又一歧也。然語及目録學界義之恢宏，近人張爾田之言，尤爲極致。其序孫德謙《劉向校讎學纂微》曰：“目録之學，其重在周知一代學術，及一家一書之宗趣，事乃與史相緯。而爲此學也，亦非殫見洽聞，疏通知遠之儒不爲功。乃世之號目録家者，一再傳後，寖失其方，百宋千元，標新炫異。其善者爲之，亦不過如吾所謂緦緦於寫官之異同，官私著録之考訂而止；剖析條流，以爲綱紀，固未之有聞。”詳張氏此所謂目録，即前引章氏之所謂校讎，蓋籠括一切治書之學，而以辨章學術、考鏡源流者爲之主。此又一歧也。

由上可知，蓋始有校讎目録之事，繼有校讎目録之名，終有校讎目録之學。其始也相别，其繼也相亂，其終也相蒙。若夫目録之名，昉諸漢也，目録稱學，則盛有清。雖徵之載籍，宋蘇象先《丞相魏公譚訓》嘗記乃祖頌"謁王原叔，因論政事。仲至侍側，原叔令檢書史，指之曰：'此兒有目録之學。'"可據以遠溯宋初，然固未甚通行也。故自鄭樵而後，治書之學，統被校讎之名，其正詁遂轉晦。逮於乾、嘉，異書間出，小學尤精，古籍脱譌，多所改定。校讎本義，復顯於時。彼以類例部次爲主者，乃不得不别號其學爲目録。其在初興，章學誠嘗持異議，見意於《信摭》之篇。其言曰："校讎之學，自劉氏父子，淵源流别，最爲推見古人大體；而校訂字句，則其小焉者也。絶學不傳，千載而後，鄭樵始有窺見，特爲校讎之略，而未盡其奥。人亦無由知之。世之論校讎者，惟争辨於行墨字句之間，不復知有淵源流别矣。近人不得其説，而於古書有篇卷參差，叙例同異，當考辨者，乃謂古人别有目録之學，真屬詫聞，且摇曳作態以出之。言或人不解，問伊：書只求其義理足矣，目録無關文義，何必講求？彼則笑而不言。真是貧兒賣弄家私，不值一笑矣。"章氏云云，乃已習於固有之名，遂致譏於新興之學。然言雖駿利，殊鮮和人。則以校讎一詞，沿用最久，疊經變易，義陷模糊。不獨目録之學，拔幟樹幟，即專事是正文字者，且或改稱校勘之學，以自殊異。夫以偏概全，既涉淆混，求其副實，更造新名，此學術史中公例，無足驚奇，而況宋代已有此稱乎？此其所論，不免拘虚之見矣。其後若朱一新《無邪堂答問》云："劉中壘父子成《七略》一書，爲後世校讎之祖。班《志》綴其精要以著於篇，後惟鄭漁仲、章實齋能窺斯旨，商榷學術，洞徹源流，不獨九流諸子，各有精義，即詞賦、方技，亦復小道可觀。目録校讎之學所以可貴，非專以審訂文字異同爲校讎也。

世徒以審訂文字爲校讎，而校讎之途隘；以甲乙簿爲目録，而目録之學轉爲無用。多識書名，辨别版本，一書估優爲之，何待學者乎?”所言雖推衍鄭、章，而已校讎目録二名交舉。張氏《〈劉向校讎學纂微〉序》又云：“《隋書·經籍志·簿録篇》云：‘古者，史官既司典籍，蓋有目録以爲綱紀。漢時劉向《别録》、劉歆《七略》，剖析源流，各有其部，推尋事迹，疑則古之制。’知校讎者，目録之學也。”而德謙以鄭氏校讎一略，備論編次，因亦言：“夫《校讎略》中而備論編次之事，則校讎者，乃目録之學，非僅如後世校讎家但辨訂文字而已，是可知也。”則均徑以校讎即是目録。諸家之説，皆相亂相蒙之證，此二者之同異，與夫所以同異之故，胥治斯學所當先知者也。

至名稱而外，範疇若何，自來學人，亦有數説。“藏書家有數等。得一書必推求本源，是正缺失，是謂考訂家，如錢少詹大昕、戴吉士震諸人是也。次則辨其板片，注其錯訛，是爲校讎家，如盧學士文弨、翁閣學方綱諸人是也。次則收采異本，上則補金匱石室之遺亡，下可備通人博士之瀏覽，是謂收藏家，如鄞縣范氏之天一閣、錢塘吴氏之瓶花齋、崑山徐氏之傳是樓諸家是也。次則第求精本，獨嗜宋刻，作者之旨意縱未盡窺，而刻書之年月最所深悉，是謂賞鑒家，如吴門黄主事丕烈、鄔鎮鮑處士廷博諸人是也。又次則於舊家之中落者，賤售其所藏；富室之嗜書者，要求其善價。眼别真贋，心知古今。閩本蜀本，一不得欺；宋槧元槧，見而即識，是謂掠販家，如吴門之錢景開、陶五柳，湖州之施漢英諸書估是也。”此洪亮吉《北江詩話》之説一也。“自劉、班志藝文，而後人得考天府之儲存；自晁、陳傳書目，而學者藉見私家之著述。海内流傳，或鈔或刻，不下百數十種，然亦分爲兩派：一則宋刊明鈔，分别行款，記刻書之年月，考前賢之圖記，此賞鑒家也。一則包括四部，交通九流，蓄重本以備校讎，鈔新帙以備瀏覽，此收藏家也。"此繆荃孫《〈古學匯刊〉序目》之説二也。"近世言藏書者，分目録版本爲兩種學派。然二者皆兼校讎，是又爲校勘之學。"此葉德輝《書林清話》之説三也。"綱紀群籍、簿屬甲乙者，則目録家之目録是也。辨章學術、剖析源流者，則史家之目録是也。鑒别舊槧、校讎異同者，則藏書家之目録是也。提要鉤元、治學涉徑者，則讀書家之目録是也。"此汪辟疆師《目録學研究》之説四也。嘗試考之，洪氏所言，乃就藏書者流立論，非一指治書之學。所謂掠販之輩，直書估之精於鑒别者爾，奚足名家？若考訂一項，則治書雖不廢考訂，然考訂之學，又非治書之學所能包，是二者但交相爲用而已。故所標舉，獨校讎、收藏、賞鑒三家可稱治書之學，而不及書籍部次。繆氏所陳，又隘於洪，蓋與黄丕烈同以鑒藏爲主。葉氏舉目録版本爲藏書家之兩派，謂皆兼校勘。然藏書亦自有其道，非目録版本而兼校勘即可盡者。至汪先生持論，殆以目録爲宗，其所云目録家、史家、讀書家者，皆目録學之流派爾，餘則併入之藏書家。見仁見智，廣狹之殊，抑又如此。

竊意四家所云，各存微尚，局通雖異，專輒無嫌。而今欲盡其道，則當折中舊説，别以四目爲分。若乃文字肇端，書契即著；金石可鏤，竹素代興，則版本之學宜首及者一也。流布既廣，異本滋多。不正脱訛，何由籀讀？則校勘之學宜次及者二也。篇目旨意，既條既撮，爰定部類，以見源流，則目録之學宜又次者三也。收藏不謹，斯易散亡；流通不周，又傷錮蔽，則典藏之學宜再次者四也。蓋由版本而校勘，由校勘而目録，由目録而典藏，條理始終，囊括珠貫，斯乃向、歆以來治書之通例，足爲吾輩今兹研討之準繩。而名義紛紜，當加釐定，則"校讎"二字，歷祀最久，無妨即以爲治書諸學之共名；而别以專事是正文字者，爲校勘之學。其餘版本、目録、典藏之稱，各從其職，要皆校讎之支與流裔。庶幾尚友古人，既能遡溯而明家數；啟牖來學，並免迷罔而失鑒衡，其亦可也。

余以顓蒙，嘗攻此道，熏習既久，利鈍粗知。閒覽古今著述，其治斯學也，或頗具深思，而零亂都無條理；或專精一事，而四者鮮有貫綜。其極至主版本者，或忘其校勘之大用，而陷於橫通；主校勘者，或詳其底本之異同，而遺其義理；主目録者，或侈談其辨章考鏡，而言多膚廓；主典藏者，或矜祕其一廛十駕，而義乏流通。蓋甚矣，通識之難也。今輒以講授餘閒，董其綱目，正定名義，釐析範疇，截取舊文，斷以律令，明其異同得失，詳其派别源流，成書四編，命名廣義。俾治書之學，獲睹其全，入學之門，得由斯道。方聞君子，幸垂教焉。辛巳六月。

附　校讎學範疇諸家論列異同表

<table>
<tr><th>洪　説</th><th>繆　説</th><th>葉　説</th><th>汪　説</th><th>程　説</th></tr>
<tr><td>(3)收藏家</td><td>(2)收藏家</td><td></td><td rowspan="3">(3)藏書家</td><td>(4)典藏之學</td></tr>
<tr><td>(4)賞鑒家</td><td>(1)賞鑒家</td><td rowspan="2">(2)版本派</td><td>(1)版本之學</td></tr>
<tr><td>(2)校讎家</td><td rowspan="5"></td><td>(2)校勘之學</td></tr>
<tr><td rowspan="3">(1)考訂家</td><td>(1)目録派</td><td>(1)目録家</td><td rowspan="3">(3)目録之學</td></tr>
<tr><td rowspan="3"></td><td>(2)史　家</td></tr>
<tr><td>(4)讀書家</td></tr>
<tr><td>(5)掠販家</td><td></td><td></td></tr>
</table>

這篇叙録，是一九四一年寫的，距今已有四十多年了。

三十年代初，我考入南京金陵大學學習。劉衡如(國鈞)老師正在爲大學生講授目録學，爲研究生講授《漢書·藝文志》。我有幸得與門人之列。同時，也常向汪辟疆(國垣)老師請教詩學和校讎學方面的問題,因之對於這門科學發生了强烈的興趣。爲了鞏固自己的學習,也曾寫過幾篇文章。

一九四二年秋,我就母校之聘。那時,衡如先生仍然擔任着文學院長。工作非常忙,因爲知道我在繼續學習校讎學,並且計劃寫一部比較全面的書,就將這門功課派我擔任。這對我來説,當然是既求之不得又誠惶誠恐的事。於是就一邊講,一邊寫下去。一九四五年,我改到武漢大學工作,擔任的課程當中,仍然有這一門。積稿也隨之逐漸充實。一九四九年以後,進行教學改革,這門課被取消了。隨後我又因人所共知的原因,離開了工作崗位近二十年,對這部没有完成的稿子,更是理所當然地無暇顧及了。

一九七八年,我重行出來工作,在南京大學指導研究生。考慮到如果要他們將來能够獨立進行科學研究,則校讎學的知識和訓練對他們仍然是必要的,於是就從十年浩劫中被搶奪、被焚燒、被撕毁、被踐踏的殘存書稿中去清查那部未完成的《校讎廣義》,結果是校勘、目録兩部分還保全了若干章節,至於版本、典藏兩部分,則片紙無存。但因爲工作需要,也只好倉促上馬,勉力講授。這就是後來由南京大學研究生徐有富、莫礪鋒、張三夕和山東大學研究生朱廣祁、吴慶峰、徐超等同志記録整理的《校讎學略説》。由於這類書籍的缺乏,這個紕漏百出的油印講稿近年來還一直在流傳,使我再一次地感到惶恐。

徐有富同志畢業之後,留校任教。和當年我隨劉、汪兩位先生學習這門科學時深感興趣一樣,他也對校讎學有强烈的愛好,並且有對之進行深入研究的決心。因此,我就不僅將這門功課交給了他,並且將寫成這部著作的工作也交給他了。年過七十的我,體力就衰,對於校讎之學已經力不從心,難以有所貢獻,現在有富同志能够認真鑽研,總算是薪盡火傳,這也使我稍爲減輕了未能發揚光大劉、汪兩位老師學術的内疚。

根據我國民族傳統文化而建立的包括版本、校勘、目録、典藏四個部分的校讎學，也許這是第一次得到全面的表述。我們將重點放在這門科學的實際應用的論述方面，而省略其歷史發展的記載。因爲，照我們的理解，校讎學與校讎學史屬於兩個不同的範疇。

寫好這樣一部著作，顯然不是有富同志和我所能勝任的。因此，這只是“知其不可爲而爲之”。我們期待着教正。

一九八五年十二月一日　程千帆附記於南京大學

附記

這次修訂主要做了兩件事。一是糾錯。《校讎廣義》一九八八年由齊魯書社出版後，二〇〇〇年由河北教育出版社重印了一次。當時我在韓國東國大學任教，遂由武秀成先生組織研究生做了該書的校訂工作，糾正了不少文字訛誤。此後博士生許浄瞳細讀全書，遼寧大學文學院李樹軍細讀《校勘編》、南京師範大學文學院兩位研究生細讀《版本編》，分别寫出了校勘記。張宗友先生、潘素雅女史、北大博士劉貝嘉、高樹偉特地爲《版本編》配製了圖版。這次修訂便以河北教育出版社所出《程千帆全集》本爲底本，充分吸收了以上校訂成果，特借此機會向他們致謝。二是增訂。重點爲《目録編》。《校讎廣義》原書一百四十萬字，而應用廣泛的《目録編》只有二十五萬字，内容略顯少了些。該書出版後，目録學理論與實踐都得到了長足的發展。我們對該書内容作了相應的增加與調整，如《目録的著録事項》一章，我們增寫了附注、提要、案語三項内容，而將真僞、輯佚兩項不能算作著録事項的内容改寫成《辨僞書目録》《闕書目録》兩節，調整到《特種目録》一章。這樣，不僅内容豐富了，而且體例也更加經得起推敲。

《校讎廣義》出版後，文獻學得到了蓬勃發展，我也主編了《中國古典文學史料學》，與徐昕合寫了《文獻學研究》，還出版了《治學方法與論文寫作》《鄭樵評傳》《目録學與學術史》《文獻學管窺》，並應卞孝萱先生之邀，撰寫了《新國學三十講·典藏學》。這次修訂，我便將他人與自己的一些新觀點與新材料，增加到《校讎廣義》的各編之中。

《校讎廣義》的出版合同到期後，一些出版社要重印此書，我都以需要修訂而拒絕了。但是修訂工作却進展得非常緩慢，於是我便時常回想起與程千帆先生合著《校讎廣義》的日子，我感到程先生温暖的目光，一直在關注着和鼓勵着我，使我不敢懈怠。當時全靠手工操作，需要不斷地跑圖書館去搜集與核對資料，由於有程先生的指導與督促，進展得十分順利。但是，我們再也不能回到從前，此書的修訂工作，斷斷續續做了好多年，如今終於告一段落，遺憾的是程先生再也不能爲我把關了，謹以此書的修訂本向程先生表達深深的懷念之情。在本書修訂過程中，張宗友先生、責任編輯潘素雅女史，還有幾位校對，付出了辛勤勞動，他們的敬業精神與深入細緻的作風令人感動，特向他們致以深切的謝意。希望此書能在原有的基礎上朝前邁進一步。期待着繼續獲得批評指正。

二〇一九年七月　徐有富於南京大學

第一章　校勘學的界義與功用

第一節　校勘與校勘學的發展

校的本義是犯人帶的木枷。許慎云:"校,木囚也。"[①]一副木枷由兩片組成,而兩片大小必須大體一致,才便於上鎖,因此事先要將它們放在一起加以比較。這樣,校字用作動詞時便有比勘核對的意思。後來人們又引申其義指校正書面材料的文字異同。《國語·魯語下》云:"昔正考父校商之名頌十二篇,以《那》爲首。"鄭玄《詩譜》也引用了這段話,孔穎達《商頌譜》疏加以解釋説:"韋昭云:'名頌,頌之美者。'然則言'校'者,宋之禮樂雖則亡散,猶有此詩之本。考父恐其舛謬,故就太師校之也。"[②]這裏的校字顯然是指校正文字錯誤。

又徐鉉《説文》新附云:"勘,校也。"[③]勘亦作刊。清鈕樹玉考證道:"古書用竹簡,故校勘字作刊。《廣雅》刊訓定。《玉篇》:

①《説文解字》第六上。

②《毛詩正義》卷二〇之三。

③《説文解字》第十三上。

‘刊,削也,定也,除也。’義並與勘合。”[①]勘或刊有削除覆定的含義,與中國早期圖書利用竹木作載體有關。漢應劭云:“劉向爲孝成皇帝典校書籍二十餘年,皆先書竹,爲易刊定。可繕寫者,以上素也。”[②]可見古人整理圖書是先寫在竹簡上的。這便於發現錯誤時削除改正。待校訂無誤後,再寫在帛上。唐韓愈《秋懷》詩中“不如覷文字,丹鉛事點勘”[③]的勘字,也指校正文字錯誤。

校勘一詞可能出現於南北朝時期,梁沈約《上言宜校勘譜籍》云:“宜選史傳學士諳究流品者爲左民郎、左民尚書,專供校勘。”[④]又《北史·崔光傳》云:“光乃令國子博士李郁與助教韓神固、劉燮等勘校石經。”這一術語歷唐宋而更流行。如唐元和年間,詩人王初即有《送陳校勘入宿》詩[⑤]。校勘當即校書郎。唐制,弘文館設校書郎二人,“掌校理典籍,刊正錯謬”[⑥]。宋代,校勘一詞的使用尤爲普遍。歐陽修《書春秋繁露後》云:“董生之書流散而不全,方俟校勘。”[⑦]李清照《金石録後序》亦云:“每獲一書,即同共校勘,整集籤題。”[⑧]皆其例證。

簡而言之,所謂校勘就是改正書面材料上由於種種原因而形成的字句篇章上的錯誤,使之恢復或接近本來面目。唐顔師古《漢書注》首有敘例一篇,其中談及了他的校勘工作,似爲將校勘工作條理化的較早文獻,今録兩例,以見一般:

---

①《説文新附考》卷六。

②《風俗通義·古制》佚文,據王利器《風俗通義校注》輯本。

③《全唐詩》卷三三六。

④《全梁文》卷二七。

⑤《全唐詩》卷三三六。

⑥《舊唐書》卷四三《職官志二》。

⑦《歐陽文忠公文集》卷七三。

⑧王仲聞《李清照集校注》卷三。

> 《漢書》舊文,多有古字,解説之後,屢經遷易。後人習讀,以意刊改,傳寫既多,彌更淺俗。今則曲覈古本,歸其真正,一往難識者,皆從而釋之。
>
> 古今異言,方俗殊語,末學膚受,或未能通,意有所疑,輒就增損,流遯忘返,穢濫實多。今皆删削,克復其舊。①

可見顔師古在注解《漢書》時,也作了必要的校勘,其要旨就是"克復其舊"、"歸其真正"。清段玉裁在《與諸同志論校書之難》中也説:"校經之法,必以賈還賈,以孔還孔,以陸還陸,以杜還杜,以鄭還鄭。"②也就是説研注群經,必須恢復賈公彦、孔穎達、陸德明、杜預、鄭玄等先儒注釋它們時所依據的底本的本來面目。

校勘亦稱校讎。此詞最早見於劉向《孫卿新書書録》。唐卷子本《玉篇》言部引《别録》,也有"讎校中經"之文。應劭《風俗通義》解釋道:"一人讀書,校其上下,得繆誤,爲校。一人持本,一人讀書,若怨家相對,故曰讎也。"③可見校讎的原始意義就是校勘。但校讎事業並不限於校正文字,它逐步發展成爲一種系統全面的治書之學,即校讎學。因此校讎自來就有廣狹兩個界義。狹義的僅指改正書面材料上的文字錯誤,廣義的則兼指研究書籍的版本、校勘、目録、典藏等方面的問題。如宋鄭樵的《校讎略》、清章學誠的《校讎通義》所討論的範圍,都涉及廣義的校讎。爲了便於區分,後人往往將狹義的校讎稱爲校勘。本編討論的是狹義的校讎,故以校勘名編。

---

①《漢書》卷首,中華書局點校本。

②《經韻樓集》卷一二。

③《文選》卷六《魏都賦》注引《風俗通》曰:"案劉向《别録》:'讎校,一人讀書,校其上下,得繆誤,爲校;一人持本,一人讀書,若怨家相對。'"末脱"故曰讎也"四字,兹據《太平御覽》卷六一八補。

校勘的目的是改正書面材料上的錯誤,而校勘學則是研究和總結校勘規律的一門科學。我國的校勘事業起源很早,周、秦時代已有從事校勘的實例。如《吕氏春秋·慎行論·察傳》云:"子夏之晉,過衛,有讀史記者,曰:'晉師三豕涉河。'子夏曰:'非也,是己亥也,夫己與三相近,豕與亥相似。'至於晉而問之,則曰:'晉師己亥涉河也。'"己字的古文作[illegible],缺去兩"丨",便誤爲三。古文亥作[illegible],豕作[illegible],非常近似,《説文解字》指出:"古文亥爲豕,與豕同。"故子夏得據文義及字形加以校勘,從而糾正其錯誤。顯然,這則故事已顯示了校勘學的萌芽。

從劉向等進行大規模的校書活動以來,人們就對校勘規律進行了不斷地探索。學者們在這方面最具體的成就,就是總結出不少錯誤的形態和改正的方法。

就現存《别録》佚文來看,劉向等人在校勘實踐中已經認識到了書面材料發生錯誤的一些規律。如《尚書古文經》五十八篇書録云:"古文或誤以見爲典,以陶爲陰,如此類多。"所指當爲因形近而誤。《列子》八篇書録云:"或字誤以盡爲進,以賢爲形,如此者衆。"所指當爲因音近而誤。又《戰國策》三十三篇書録云:"本字多誤脱爲半字,以趙爲肖,以齊爲立,如此字者多。"[①]所指當爲因字形殘闕而誤。《漢書·藝文志》書類序也指出:"劉向以中古文校歐陽,大、小夏侯三家經文,《酒誥》脱簡一,《召誥》脱簡二,率簡二十五字者,脱亦二十五字;簡二十二字者,脱亦二十二字。"[②]則所指當爲由於綴繫時竹簡之脱落導致書寫時文字之脱落。

陸德明撰於陳朝的《經典釋文》,卷首《條例》對經和注出現

①《快閣師石山房叢書·七略别録佚文》。

②歐陽指歐陽高,大、小夏侯指夏侯勝和他的侄子夏侯建。他們都是西漢今文《尚書》學派的代表人物。

文字錯誤的情況和原因作了比較系統的概括,今節引其語如次:

> 世變人移,音訛字替,如徐仙民反易爲神石,郭景純反餤爲羽鹽,劉昌宗用承音乘,許叔重讀皿爲猛。……鄭康成云:"其始書之也,倉卒無其字,或以音類比方,假借爲之,趣於近之而已。受之者非一邦之人,人用其鄉,同言異字,同字異言,於兹遂生矣。戰國交争,儒術用息;秦皇滅學,加以坑焚,先聖之風,埽地盡矣。漢興,改秦之弊,廣收篇籍,孝武之後,經術大隆。然承秦焚書,口相傳授,一經之學,數家競爽。章句既異,踳駁非一。……"班固云:"後世經傳既已乖離,傳學者又不思多聞闕疑之義,而務碎義逃難,便詞巧説,安其所習,毀所不見,終以自弊,此學者之大患也。……"《爾雅》本釋墳典,字讀須逐五經,而近代學徒,好生異見,改音易字,皆采雜書,唯止信其所聞,不復考其本末。

宋彭叔夏《文苑英華辨證》十卷,在前人的基礎上又朝前邁進了一步。他將自己和周必大、胡柯等人共同校勘《文苑英華》過程中有關校勘方面的成果歸納爲十類四十五子目:

> 用字一:凡字有本之前人,不可移易者。
> 用字二:凡字因疑承訛,當是正者。
> 用字三:凡字有兩存,於義亦通者。
> 用韻一:凡前人用韻,有兩音而不可輒改者。
> 用韻二:唐賦韻數,平側次序初無定格,今略舉一二。
> 事證:凡用事可以證他本之非者。
> 事誤一:事有訛誤當是正者。
> 事誤二:前人用事元自舛誤,而《文苑》有襲之者。
> 事疑:事有可疑或兩存者。
> 人名一:凡用事有人名與他本異,不可輕改者。

人名二：其有訛舛當是正者。

人名三：人名有與經傳集本異，不可輕改者。

人名四：其有訛舛，質於史傳，當是正者。

人名五：其有與史、集異同，當並存者。

官爵一：凡官職封爵有與史、集異，不可輕改者。

官爵二：其有訛舛當是正者。

官爵三：其或有疑當兩存者。

郡縣一（地名附）：凡郡縣名及地名有不可以他本而輕改者。

郡縣二：其有訛舛當是正者。

郡縣三：其或有疑當兩存者。

年月一：凡年月與他本異，不可輕改者。

年月二：其或訛舛當是正者。

年月三：其有他本原誤，《文苑》因而襲之者。

年月四：其有與史全異所當考者。

名氏一：凡撰人名氏，或有以甲爲乙，當以《文苑》爲正者。

名氏二：其有舛誤當是正者。

名氏三：其有可疑及當兩存者。

題目一：凡題目有訛舛當是正者。

題目二：又有題目是而文則非者。

門類：凡門類混淆當是正者。

脱文一：凡有脱文見於他本者。

脱文二：又

脱文三：其有他本節略而《文苑》有全篇者。

脱文四：其有原本脱逸而《文苑》因而襲之者。

同異：凡詩文與他本有題同而詞異者。

離合：凡詩有一篇析而爲二，二篇合二爲一者。

避諱：凡避諱而易以他字者。

異域：異域國名有與史傳異者。

鳥獸：凡鳥獸名有訛舛及與他本異者。

草木：凡草木有訛舛及與他本異者。

雜録一至五[①]

由於其條理的精密與清晰度越前人，故爲學林所推重。如四庫館臣認爲："叔夏此書，考核精密，大抵分承訛當改；别有依據，不可妄改；義可兩存，不必遽改三例。……其用意謹嚴，不輕點竄古書，亦於是可見矣。"[②]顧廣圻亦云："此書乃校讎之模楷，豈獨讀《英華》者資其是正哉！"[③]

清代學者王念孫對誤例的總結達到了嶄新的水平，其《讀書雜志·淮南内篇》後序列舉各種誤例凡六十二事：

一　　有因字不習見而誤者

二　　有因假借之字而誤者

三　　有因古字而誤者

四　　有因隸書而誤者

五　　有因草書而誤者

六　　有因俗書而誤者

七　　有兩字誤爲一字者

八　　有誤字與本字並存者

九　　有校書者旁記之字而闌入正文者

十　　有衍至數字者

①《文苑英華辨證》卷首《目録》及各卷小標題。

②《四庫全書總目》卷一八六《文苑英華辨證》提要。

③《思適齋集》卷一五《書文苑英華辨證後》。

十一　　有脱數字至十數字者
十二　　有誤而兼脱者
十三　　有正文誤入注者
十四　　有注文誤入正文者
十五　　有錯簡者
十六　　有因誤而致誤者
十七　　有不審文義而妄改者
十八　　有因字不習見而妄改者
十九　　有不識假借之字而妄改者
二十　　有不審文義而妄加者
二十一　有不識假借之字而妄加者
二十二　有妄加字而失其句讀者
二十三　有妄加數字至二十餘字者
二十四　有不審文義而妄删者
二十五　有不識假借之字而妄删者
二十六　有不識假借之字而顛倒其文者
二十七　有失其句讀而妄移注文者
二十八　有既誤而又妄改者
二十九　有因誤字而誤改者
三十　　有既誤而又妄加者
三十一　有既誤而又妄删者
三十二　有既脱而又妄加者
三十三　有既脱而又妄删者
三十四　有既衍而又妄加者
三十五　有既衍而又妄删者
三十六　有既誤而又改注文者
三十七　有既誤而又增注文者

八十六　分篇錯誤例

八十七　誤讀夫字例

八十八　誤增不字例

俞氏誤例晚出，作者博採群書，"剌取《九經》諸子"[①]，繼王氏之後又發現不少新的誤例，並能舉出豐富的實證，因此産生了較大影響，有不少仿其體例的補充之作。如中華書局一九五六年出版的《古書疑義舉例五種》，即收有劉師培的《古書疑義舉例補》、楊樹達的《古書疑義舉例續補》、馬叙倫的《古書疑義舉例校録》、姚維鋭的《古書疑義舉例增補》等。這些著作雖涉及古書疑義的各個方面，但對校勘學都或多或少有所貢獻。

近人在總結誤例方面取得突出成績的是陳垣的《校勘學釋例》。其自序云："余以元本及諸本校補沈刻《元典章》[②]，凡得謬誤一萬三千餘條，其間無心之誤半，有心之誤亦半，既爲札記六卷，闕文三卷，表格一卷，刊行於世矣。乃復籀其十之一以爲之例，而疏釋之，將以通於元代諸書，及其他諸史，非僅爲糾彈沈刻而作也。"今録其目次如左：

卷一　行款誤例

第一　有目無書有書無目例

第二　條目訛爲子目例

第三　非目録誤爲目録例

第四　誤連上文例

第五　錯簡例

第六　闕文例

第七　字體殘闕逕行删去例

①《古書疑義舉例序》。

②沈刻，指沈家本刻本。

第三十二　用後代語改元代語例
第三十三　元代用語與今倒置例
卷五　元代名物誤例
第三十四　不諳元時年代而誤例
第三十五　不諳元朝帝號廟號而誤例
第三十六　不諳元時部族而誤例
第三十七　不諳元代地名而誤例
第三十八　不諳元代人名而誤例
第三十九　不諳元代官名而誤例
第四十　不諳元代物名而誤例
第四十一　不諳元代專名而誤例
第四十二　不諳元時體制而誤例
卷六　校例
第四十三　校法四例
第四十四　元本誤字經沈刻改正者不校例
第四十五　元本借用字不校例
第四十六　元本通用字不校例
第四十七　通用字元本不用例
第四十八　從錯簡知沈刻所本不同例
第四十九　從年月日之增入疑沈刻別有所本例
第五十　一字之誤關係全書例

《校勘學釋例》的突出貢獻是通過對《元典章》一書的解剖，總結出"一代語言特例，並古籍竄亂通弊"。[①] 陳垣在此書的《重印後記》中曾説明他所以要用《元典章》一書作校勘例子的理由："要找一本好而又重要又錯誤多的書，莫如沈刻《元典章》。

①《校勘學釋例序》。

《元典章》係一部内容豐富而又極通俗的書，通俗的書難得板本好，寫刻精，沈刻《元典章》不然，寫刻極精，校對極差，錯漏極多，最合適爲校勘學的反面教材，一展卷而錯誤諸例悉備矣。同人以爲便於初學。"

其次，因爲《元典章》有特點，所以總結出來的誤例，如卷一《行款誤例》、卷三《元代用字誤例》、卷四《元代用語誤例》、卷五《元代名物誤例》等都可以彌補前人所舉他書誤例之不足，因而也具有普遍意義。例如卷五《元代名物誤例》第四十一《不諳元代專名而誤例》云：

> 一時代有一時代所用之專名，校書者對於本書時代所用之專名，必須有相當之認識，此《方言》《釋名》所由作也。
>
> "腹裏"爲元代專名，謂中書省所統山東西河北之地也。沈刻既誤爲"腸裏"，又誤爲"服裏"：
>
> 吏六三　　腸裏已有貢舉定例　　元作"腹裏"。
>
> 刑七十六　　服裏犯奸刺配　　元作"腹裏"。

例子雖然是特殊的，而其提出的原則對校勘工作却具有普遍的指導意義。

此外，作者還注意舉例分析錯誤産生的原因，使讀者能一目瞭然。例如卷二《通常字句誤例》第十三《聲近而誤例》云：

> 聲近而誤，有由於方音相似者，有由於希圖省筆者。
>
> 何謂方音相似？如"吏"、"例"，"記"、"繼"，"程"、"陳"，"點"、"典"諸字，以廣州音讀之，不相混也，今沈刻《元典章》多混之，知必與鈔者之方音相似也。
>
> 何謂希圖省筆？廣州音"黄""王"不分，今沈刻《元典章》多誤"黄"爲"王"，但不見誤"王"爲"黄"，則不過希圖省筆而已，蓋以爲吏人姓名無關重輕也。

再如卷四《元代用語誤例》第二十九《不諳元時用語而誤例》云：

凡一代常用之語言，未必即爲異代所常用，故恒有當時極通用之語言，易代或不知爲何語，亦校者所當注意也。

最顯著者爲元代"他每"、"人每"之"每"字，其用與今之"們"字同，而沈刻《元典章》輒改爲"每每"，是不知"每"之用與"們"同也。

其次爲"您"字。"您"是元時第二人稱之多數，蒙古汗對大臣恒用之。《元祕史》單數稱"你"，多數稱"您"。今沈刻《元典章》輒改"您"爲"你"，非當時語意。

《校勘學釋例》卷六《校例》還對校勘的方法和原則進行了概括和總結，對校勘學理論與校勘實踐都産生了較大影響，我們將在下文論及。

除對書面材料發生錯誤的規律進行不斷的總結外，人們還對校勘的作用、方法、據以校勘的資料、校勘者應具備的條件、校勘成果的處理形式等，都進行過不斷的探索，從而在校勘實踐的基礎上逐步形成了校勘學。校勘之事雖然源遠流長，但校勘之學一般認爲確立於清代。梁啟超云："清儒之有功於史學者，更一端焉，則校勘也。古書傳習愈希者，其傳鈔踵刻訛謬愈甚，馴致不可讀，而其書以廢。清儒則博徵善本以校勘之。校勘遂成一專門學。"①

清代文網密佈，學者們往往被迫遺棄世務，考究古籍，因而導致了考據之風的盛行。故柳詒徵云："前代文人受禍之烈，殆未有若清代者，故雍、乾以來，志節之士，蕩然無存。有思想才力者，無所發洩，惟寄之於考古，庶不干當時之禁忌。"②在這種學風

①《飲冰室合集》本《清代學術概論》十六。

②《中國文化史》第三編《近世文化史》第八章《康乾諸帝之於文化》。

影響下，清代校勘古籍的工作遂蓬勃興起，出現了一大批著名的校勘學家。僅據張之洞《書目答問·國朝著述諸家姓名略》的不完全統計，以校勘名家者達三十一人之多。而爲張氏歸入他家者，也多精通校勘之學。

這門學術的出現和發達使得清代出現了大批古籍精校本，此外還産生了一些理論性著作。而且由於清人對文字、音韻、訓詁、版本、目録等相關學科的知識同樣有着深入的研究，故清代學者在校勘理論與實踐方面，都有許多新的建樹。

隨着校勘學的發展，清代也出現了校勘學這一專門術語。如謝章鋌云："校勘之學，宋儒所不廢。"[①]朱一新云："國朝人於校勘之學最精。"[②]清末葉德輝亦云："近人言藏書者，分目録、板本爲兩種學派。大約官家之書，自《崇文總目》以下，至乾隆所修《四庫全書總目》提要，是爲目録之學。私家之藏，自宋尤袤遂初堂、明毛晉汲古閣，及康雍乾嘉以來各藏書家，齗齗於宋元舊鈔，是爲板本之學。然二者皆兼校讎，是又爲校勘之學。"[③]

人們從校勘的實踐中發現了它們的規律，而規律的發現又促進了校勘工作的發展。孫詒讓云："詒讓學識疏譾，於乾嘉諸先生無能爲役，然深善王觀察《讀書雜志》及盧學士《群書拾補》，伏案研誦，恒用檢覈，間竊取其義法以治古書，亦略有所寤。"[④]孫詒讓明言自己在校勘方面的成就，是學習王念孫、盧文弨"義法"的結果。陳垣在《校勘學釋例》的序文中，談到他的這部書"以較彭叔夏之《文苑英華辨證》，尚欲更進一層"。不言而喻，他的校勘實踐與校勘學理論是借鑒了彭叔夏的《文苑英華辨證》的。正

①《課餘偶録》卷三。

②《無邪堂答問》卷三。

③《書林清話》卷一《板本之名稱》。

④《札迻·自序》。

是在這種不斷的繼承、探求與進步中，系統嚴密的校勘學逐步建立起來。

第二節　校勘與校勘學的功用

胡適云："校勘之學起於文件傳寫的不易避免錯誤。文件越古，傳寫的次數越多，錯誤的機會也越多。校勘學的任務是要改正這些傳寫的錯誤，恢復一個文件的本來面目，或使他和原本相差最微。"[①]因此，它最主要的作用便是爲人們讀書治學提供符合或接近原稿的書面材料。王叔岷對此曾加以發揮，他説：

> 校書雖爲愚事，而實治學之本也。何以明之？我國古籍，秦火以後，代有散亡，即或求而復出，得之先後不同，存者多寡亦異，雖經先儒整理，又難免改文從意，其間錯雜竄亂，曷可勝紀？即未經散亡之書，亦以鈔刊流傳，展轉致訛。如篆、隸、正、草、俗書之相亂，六朝、隋、唐寫本之不同，宋、元、明刻本之各殊。淄澠並泛，準的無依。鼠璞同呼，名實相悖。夫研讀古籍，必先復其本來面目。欲復其本來面目，必先從校讎入手。昔人有謂盧文弨者曰：他人讀書，受書之益；子讀書，則書受子之益。已失其本來面目之書，經校讎而復其舊觀，豈非使書受其益哉？書受其益，然後可以進而明至論之旨。治學當有本末，求之有漸。字句未正，是非未定，惡足以言至論之旨哉！[②]

①《胡適文集》第五册《校勘學方法論》。

②《校讎通例》，載《歷史語言研究所集刊》第二十三本下册。

幾乎所有的樸學家都在校勘上下過苦功，上面提到的清代著名校勘專家盧文弨即一例，其《群書拾補序》云："文弨於世間技藝，一無所能。童時喜鈔書，少長漸喜校書。在中書之日，主北平黄崑圃先生家，退值之暇，兹事不廢也。其長君雲門，時爲御史，謂余曰：人之讀書，求己有益耳，若子所爲，書並受益矣。余灑然！知其非譽而實諷也。……然余手校之書，將來必有散於人間者，則雖無益於己，寧不少有益於人乎？"孫詒讓還談了自己從事校勘工作的具體感受："每得一佳本，晨夕目誦。遇有鉤棘難通者，疑牾纍積，輒鬱轖不怡。或窮思博討，不見耑倪，偶涉它編，迺獲塙證，曠然昭寤，宿疑冰釋，則又欣然獨笑，若陟窮山，榛莽霾塞，忽覯微徑，竟達康莊。"①

我們再舉一些實例來説明校勘對讀書治學的作用。例如《漢書·藝文志》云："《古文尚書》者，出孔子壁中。武帝末，魯共王壞孔子宅，欲以廣其宫，而得《古文尚書》及《禮記》《論語》《孝經》凡數十篇，皆古字也。……孔安國者，孔子後也，悉得其書，以考二十九篇，得多十六篇。安國獻之。遭巫蠱事，未列於學官。"但《史記·孔子世家》的末尾説："安國爲今皇帝博士，至臨淮太守，蚤卒。"這兩條記載顯然是矛盾的。既然司馬遷在寫《史記》時已稱孔安國早死，那麽他怎麽能在死後獻《古文尚書》並遭巫蠱事呢？對此清初閻若璩解釋説：

> 予嘗疑安國獻書，遭巫蠱之難，計其年必高，與馬遷所云蚤卒者不合。信《史記》早卒，則《漢書》之獻書，必非安國；信《漢書》獻書，則《史記》之安國，必非早卒。然馬遷，親從安國游者也，記其生卒必不誤也。竊意天漢後，安國死已久，或其家子孫獻之，非必其身，而苦無明證。越數載，讀荀

①《札迻·自序》。

> 悦《漢紀·成帝紀》云:"魯恭王壞孔子宅,得《古文尚書》多十六篇。武帝時,孔安國家獻之,會巫蠱事,未列於學官。"於安國下,增一"家"字,足補《漢書》之漏。[①]

朱彝尊也説:

> 《史記·孔子世家》稱:"安國爲今皇帝博士,至臨淮太守,早卒。"《自序》有云:"予述黄帝以來,至太初而迄。"又云:"卒述陶唐以來,至於麟止。"是安國之卒,本在太初以前。若巫蠱事發,乃征和二年,距安國之没,當已久矣。《漢紀》:孝成帝三年,劉向典校經傳,考集異同,於《古文尚書》云:"武帝時,孔安國家獻之。"則知安國已没,而其家獻之。《漢書》《文選》録本流傳,偶脱去"家"字耳。[②]

閻若璩、朱彝尊通過校勘,根據荀悦《漢紀》,補上《漢書》脱去的一個"家"字,從而使這個疑問涣然冰釋。

下面我們再舉一個文學方面的例子。敦煌卷子中有一首《菩薩蠻》詞:

> 枕前發盡千般願,要休且待青山爛。水面上秤槌(錘)浮,直待黄河徹底枯。白日參辰現,北斗回南面,休即未能休,且待三更見日頭。

潘重規校以倫敦不列顛圖書館所藏斯坦因敦煌第四三三二號寫本,指出:

> 這首詞,王重民《敦煌曲子詞集》、任二北《敦煌曲校録》都已收入。王重民曾見原卷,任二北看過照片,但"日頭"都

---

①《尚書古文疏證》卷二。

②《曝書亭集》卷五八《尚書古文辨》。

誤作"月頭"。三更見日頭,乃不可能之事,與水面秤錘浮,青山爛,黄河枯,參辰日現,北斗南回等同類。通俗稱月,或云月亮、月兒、月子、月姐,似乎没有稱"月頭"的。可見"月頭"之"月",必是錯字。我讀此詞時,注意到原卷確作"日頭","日"字寫得特别工整清楚,不知任、王何以致誤。如果作月字,那全篇的統一性,便遭到破壞。這首詞情意的真摯,想像的恢詭,設譬的精奇,屬辭的頓挫,可與漢樂府鐃歌《上邪》一首並駕齊驅。《上邪》的歌辭説:"上邪!我欲與君相知,長命無絶衰!山無陵,江水爲竭,冬雷震震,夏雨雪;天地合,乃敢與君絶!"雖然兩首的風格、情意、用詞異常相似,也都没有作者的姓名,但可斷言,絶非摹擬的複制品。……樂府《上邪》,後世久無嗣響,賴敦煌《菩薩蠻》一詞,炳爍聯華,後先輝映,成爲我國歌曲中的並蒂奇葩,爲文藝界添一段異彩。惟"日"誤爲"月"字,一字之差,便損傷了全體真美。我有幸得見原卷,證明了一個"差之毫厘,謬以千里"的關鍵字,省去後人不必要的揣測和猜疑,似乎對優美作品也有了一分"參與感",心中自然充滿無限喜悦。但一計算這次在倫敦小住,旅館日租二十英鎊,竟用去臺幣一萬元。"一字萬金",只説明我獲見作品真面目的代價。至於文章本身,縱然是倒海量珠,傾山獻玉,也不足評估它的身價了![①]

如果我們讀誤書而不能校正,相反地還曲爲之説,那就不免要鬧笑話。如《新唐書》"《藝文志》僞史類蕭方《三十國春秋》三十卷、《宋史·藝文志》史部霸史類同。蕭方當爲蕭方等之誤。方等,梁元帝世子,以釋氏《方等經》命名。《隋志》:'《三十國春

①《敦煌詞話·一字萬金》。

秋》三十卷，蕭方等撰'可證。修《唐書》者誤以等字爲等類之等而删之，昔人謂歐九不學，洵然。《宋志》亦承其誤"。①

再如段玉裁《戴東原先生年譜》末附戴震語録云："《水經注》：'水流松果之山。'鍾伯敬本'山'訛作上，遂連圈之，以爲妙景。其可笑如此。松果之山見《山海經》。"

由此可見，讀書治學只有依據符合或接近原貌的書面材料，方能得出正確或較爲正確的結論；而這種材料的獲得往往又非通過精審的校勘手段不可，因爲古代文籍中存在着訛誤，幾乎是無可避免的。

其次，讀書宜求善本，善本的意義已詳本書《版本編》，其最基本的條件就是符合或接近原稿，而校勘不但是使今本符合或接近原稿的一種特定手段，而且也是鑒定其是否符合或接近原稿的一種可靠方法。所以它又是有益於鑒藏書籍的。

例如錢曾在談到《王右丞文集》十卷時指出："此刻是麻沙宋板，集中《送梓州李使君》詩，亦如牧翁所跋，作'山中一半雨，樹杪萬重泉'。知此本之佳也。"②丁丙在論及元刊本《藍田王摩詰詩》六卷時也説：

> 《書録解題》云：建昌本與蜀本次序不同，顧廣圻謂題摩詰者蜀本也，題右丞集者，建昌本也。建昌本前六卷詩，後四卷文，自是寶應二年表進之舊。黄丕烈云：不知何時僅梓得六卷。又云：嘉慶癸酉借得元刻劉須溪評點王摩詰詩，與宋刻對，其序次悉同。錢遵王云：右丞集，麻沙宋板《送梓州

①沈濤《銅熨斗齋隨筆》卷六《蕭方》。案胡仔《苕溪漁隱叢話》前集卷三四引《西清詩話》載王安石論《楚辭》有"歐九不學之過"語。《宋稗類鈔》卷五《博識》亦載劉敞云："好個歐九，極有文章，可惜不甚讀書。"

②《讀書敏求記》卷四。牧翁指錢謙益。其《跋王右丞集》見《牧齋初學集》卷八三。

李使君》詩“山中一半雨”，據蒙叟跋，“一夜”作“一半”。蓋言其風土，深山冥晦，晴雨相半，故曰“一半”，此本亦作“半雨”。又趙松谷《右丞集箋注例略》：摩詰詩所見者，廬陵劉氏須溪、武陵顧氏元緯、句吴顧子可久、吴興凌氏初成，凡四家。而須溪、句吴皆作六卷。吴興、武陵二本所載游春詞三十餘首是王涯作，此本獨不誤入，益可知其善矣。①

再如顧千里於元刊本《韓詩外傳》十卷跋云：“此綬階袁君三硯齋藏書也。無刊刻序跋歲月，袁君定之爲元本。近從借歸以勘程榮、毛晉諸刻，實遠勝之。如稱《詩》與載王伯厚《詩考》者不異，字句與諸子書每相出入，亦與唐宋人注書及類書所引往往有同者，且其標目分條以至佚字脱句皆未失古意，足正後來不能闕疑之非，即宋本之善應不過是也。”②又傅增湘於一明鈔本《鮑溶詩集》題記云：

此明鈔本，出天一閣舊藏，不分卷第，其式甚古，疑即歐公相傳之本，第其詩較毛刻又少六首，或歷世既久，更有脱佚耶。取汲古閣本校之，訂正凡一百四十四字，兹取前兩卷異字述之，如：“宫鴉叫赤光”，不作“宫鷄”；“夢神本無跡”，不作“不無迹”；“萬里隨人去”，不作“萬事”；“迴首九天門”，不作“九仙”；“北築秦民冤”，不作“秦氏”；“萬里防禍源”，不作“禍根”；“宫闕□千門”，不作“啟千”；“一念皎之詩”，“詩”不作“時”；“一望客人還”，不作“容人”；“開閉秦北門”，“秦”不作“奏”；“青塚入内地”，不作“清塚”。其詞旨均勝原本。尤異者，第三卷《憶舊游》詩“幾世身在夢”下，多“百年雲無根，悠悠竟何事”二句，檢閲席本，亦缺，則此本淵源之古可

①《善本書室藏書志》卷二四。蒙叟也指錢謙益。

②《思適齋集外書跋》經類。

知矣。[①]

以上例子説明，許多著名學者和藏書家都把校勘當作鑒别古書是否善本的有效方法。

爲了提高文獻的可靠性，藏書家往往都對所藏書籍進行校勘工作。《新唐書·韋述傳》稱其"蓄書二萬卷，皆手校定，黄墨精謹，内秘書不逮也"。在古代的文獻記載中，這種事例幾乎俯拾即是。清初孫從添總結藏書經驗撰成《藏書紀要》一卷，其第四則爲《校讎》，略云：

> 古人每校一書，先須細心紬繹，自始至終，改正字謬錯誤，校讎三四次，乃爲盡善。至於宋刻本，校正字句雖少，而改字不可遽改書上，元板亦然。須將改正字句，寫在白紙條上，薄漿浮簽，貼本行上，以其書之貴重也。凡校正新書，將校正過善本對臨可也。倘古人有誤處，有未改處，亦當改正。明板坊本、新鈔本，錯誤遺漏最多，須覓宋元板、舊鈔本、校正過底本或收藏家秘本細細讎勘，反覆校過，連行款俱要照式改正，方爲善本。若古人有弗可考究無從改正者，今人亦當多方請教博學君子善於講究古帖之士，又須尋覓舊碑版文字，訪求藏書家祕本，自能改正。然而校書非數名士相好聚於名園讀書處，講究討論，尋繹舊文，方可有成，否則終有不到之處。所以書籍不論鈔刻好歹，凡有校過之書，皆爲至寶。

所論校勘應當注意之處，頗爲詳盡，足資矜式。

藏書家精於校勘在客觀上保留了許多古籍善本的原貌，爲科學研究提供了可靠的依據，其成就也應予以充分肯定。校勘

①《藏園群書題記》卷五。

工作是從事學術研究，特别是古代典籍研究的起點。而且審慎精密的校勘成果往往可以防止和杜絶許多望文生義的無稽之談，爲獲得正確的結論準備了條件。清管庭芬曾談到陳鱣“晚客吴門，聞黄蕘圃主政百宋一廛，九經三傳各藏異本，於是欣然定交，互携宋鈔元刻，往復易校。校畢，並繫以跋語，以疏其異同，兼誌刊版之歲月、册籍之款式、收藏之印記，莫不精審確鑿，俾經生家如見原書，不至爲俗刻所誤，其功與考定石經無以異”[①]。王欣夫也盛贊黄丕烈云：“其鑒别精，搜羅富，每一得書，必丹黄點勘，孜孜不倦，務爲善本留真，以待後人研討，存古之功，自不可没。”[②]這些評價都是符合實際的。

再次，它也有益於書籍的整理與出版。

書面材料出現錯誤是極其普遍的現象，如王念孫《廣雅疏證》自序云：“蓋是書之訛脱久矣，今據耳目所及，旁考諸書以校此本，凡字之訛者五百八十，脱者四百九十，衍者三十九，先後錯亂者百二十三，正文誤入音内者十九，音内字誤入正文者五十七。”陳垣《校勘學釋例》自序亦云：“余以元本及諸本校沈刻《元典章》，凡得謬誤一萬二千餘條。”

正因爲書面材料出現錯誤是普遍現象，所以從劉向開始，校勘就成了整理和流布書籍的基本環節。孫德謙《劉向校讎學纂微》將劉向等整理書籍的工作歸納爲二十三項内容，其中備衆本、訂脱誤、删複重、辨異同、增佚文、存别義等六項都屬於校勘工作。西漢成帝之前，特别是先秦的古書經過劉向等的精心校勘，保留了一大批定本，爲我國的文化事業作出了巨大貢獻。

唐五代以後，雕版印書盛行，人們仍然把校勘當作整理和出

---

①《經籍跋文跋》。

②《蕘圃藏書題識再續録跋》。

版書籍的基礎工作。在這方面，五代國子監的刻書工作開了一個好頭，當時朝廷專門委派了學有所長的碩儒充當詳勘官。北宋國子監繼承了五代國子監刻書重視校勘的優良傳統。王國維《五代兩宋監本考》卷中《北宋監本》曾録《毛詩正義》校勘經進銜名如下：

廣文館進士臣韋宿書

鄉貢進士臣陳元吉書

承奉郎守大理評事臣張致用書

承奉郎守光禄寺丞臣趙安仁書

勘官承奉郎守大理評事臣秦奭

勘官徵事郎守太子右贊善大夫臣胡令問

勘官承事郎守太子左贊善大夫柱國臣解貞吉

勘官中散大夫國子博士同判國子學柱國臣解損

都勘官朝請大夫守國子司業柱國賜紫金魚袋臣孔維

詳勘官將仕郎守開封府雍丘縣主簿臣孫儼

詳勘官許州觀察支使登仕郎大理寺丞兼監察御史臣王元貞

詳勘官登仕郎守將作監丞臣尹文化

詳勘官登仕郎守光禄寺臣牛韶

詳勘官儒林郎大理寺丞臣畢道昇

朝請郎守國子學丞臣劉弼再校

奉直郎守太子右贊善大夫臣畢道昇再校

朝請郎守殿中丞賜緋魚袋臣胡令問再校

中散大夫守國子祭酒兼尚書工部侍郎柱國會稽縣開國男食邑三百户賜紫金魚袋臣孔維都再校

宣德郎守尚書水部員外郎直史館兼判國子監學賜緋魚袋臣李覺都再校

淳化三年壬辰四月 日朝散大夫給事中參知政事柱國賜紫金魚袋臣李沆等進[①]

可見刻書時除首先選擇具有一定專業知識的官員寫樣上版外，還設有勘官、詳勘官、都勘官、再校、都再校等多人參與此項工作。一書的刻成，前後需要校勘多遍，以期無誤。

我國古代私家刻書，爲了使所刊書籍臻於完善，也同樣重視校勘，清鮑廷博刻《知不足齋叢書》就是一個例子。其《凡例》有云：

一 是編諸書有向來藏弆家僅有傳鈔而無刻本者，有時賢先輩撰著脱稿而未流傳行世者，有刻本行世久遠舊板散亡者，有諸家叢書編刻而訛脱略未經人勘正者，始爲擇取校正入集。若前人已刻，傳世甚廣，而卷帙更富，概未暇及。

一 舊本轉寫，承訛襲謬。是編每刻一書，必廣借諸藏書家善本參互校讎。遇有互異之處，擇其善者從之，義皆可通者兩存之，顯然可疑而未有依據者仍之，而附注按語於下，從未嘗以己見妄改一字。蓋恐古人使事措辭後人不習見，誤以致疑，反失作者本來也。詳慎於寫樣之時，精審於刻竣之後，更番鉛槧，不厭再三，以期無負古人。間有未盡，則几塵風葉之喻，前人已難之矣，尚期同志隨時指示，以便刊正。

朱文藻稱鮑廷博"一編在手，廢寢忘食，丹鉛無已時。一字之疑，一行之缺，必博徵以證之，廣詢以求之。有得則狂喜如獲珍貝；不得，雖積累歲月不休。溪山薄游，常携簡策自隨，年幾五旬，精

① 又見島田翰《古文舊書考》卷二。

明不僊，懃懃懇懇，若將終身"。[1] 顧千里亦云：

> 嘗論刻書之難有三：所據必善本而後可，一難也；所費必多貲而後可，二難也；所校必得人而後可，三難也。此三者不具，終無足與刻書之數，豈非難乎？今之具此三難而以之刻書者，其莫如吾友鮑君以文也。君收儲特富，鑒裁甚精，壯歲多獲兩浙故藏書家舊物。偶聞他處有奇文秘册，或不能得，則勤勤假鈔厥副，數十年無懈倦。其稱説一書，輒舉見刻本，若鈔本、校本凡幾，及某刻本如何，某鈔本如何，不爽一二也。……每定一書，或再勘、三勘，或屢勘、數四勘。祁寒毒暑，舟行旅舍，未嘗造次鉛槧去手也。[2]

顯然，歷代私家刻書，不少人精於校勘，爲我國典籍的保存與傳播作出了自己應有的貢獻。

現代商務印書館出版的《四部叢刊》之所以享有盛譽，原因之一也是在校勘方面下過很大功夫。例如不少書的底本缺行少頁，編者都做了搜亡補闕的工作。張元濟《重印四部叢刊刊成記》曾舉例説明其事，略云：

> 古籍傳世遼遠，斷簡闕文、短篇欠葉，恒所不免。至於序跋，詳載鐫印源流，言簿録者尤所珍尚。重印每涉一書，必羅致多本，參考互證，挹彼注兹，藉得補正。《管子》原闕《重令》篇一葉，今補全；《白虎通德論》今改用初印元本，增目後第四葉；《李賀歌詩編》無外集，今補以宋本；《權載之文集》《李衛公文集》，今各補佚文若干首；《元氏長慶集》卷十，闕第五、六葉，今據宋本補；《白氏長慶集》卷三十一，闕七十

①《知不足齋叢書》卷首朱氏《知不足齋叢書序》。
②《知不足齋叢書》卷首顧氏《知不足齋叢書序》，亦見《思適齋集》卷一二。

三行，今據錫山華氏活字本補；《李義山文集》卷一，遺四百餘字，今據徐氏箋注本補；《遺山先生文集》卷二十二第五葉後有所殘闕，今據靈石楊氏本補《陽曲令周君墓表》半首；《有學集》據金匱山房重訂本補詩文百餘首；《抱經堂文集》卷三十三，據别本補《盧雅雨墓誌銘》一首；《唐詩紀事》卷三十八、《詩話總龜》卷二十均有闕葉，今各補完。他若《春秋經傳集解》之杜預前後序，《春秋繁露》之樓郁序……漏略雖出原本，究爲全書之玷，今復廣搜舊刊，旁考他籍，爲之裒輯，俾成完璧。[1]

如果整理出版書籍不事校勘，或校勘不精，甚至妄改，那將會給讀者造成損失。校勘不精之弊以某些坊刻本最爲嚴重，顧廣圻云："南宋時，建陽各坊刻書最多。惟每刻一書，必倩傭不知誰何之人，任意增删换易，標立新奇名目，冀以衒價，而古書多失其真。"[2]妄改的風氣到了明代越演越烈，顧炎武指出：

萬曆間人，多好改竄古書，人心之邪，風氣之變，自此而始。且如駱賓王《爲徐敬業討武氏檄》，本出《舊唐書》。其曰"僞臨朝武氏"者，敬業起兵在光宅元年九月，武氏但臨朝而未革命也。近刻古文改作僞周武氏，不察檄中所云"包藏禍心，睥睨神器"，乃是未篡之時，故有是言。（越六年，天授元年九月，始改國號曰周）其時，廢中宗爲廬陵王，而立相王爲皇帝，故曰"君之愛子，幽之於别宫"也。不知其人，不論其世，而輒改其文，繆種流傳，至今未已。又近日盛行《詩歸》一書，尤爲妄誕。魏文帝《短歌行》："長吟永嘆，思我聖老。"聖考，謂其父武帝也，改曰"聖老"，評之曰："聖老字

---

①《涉園序跋集録》。

②《思適齋集》卷十《重刻古今説海序》。

> 奇。"《舊唐書》,李泌對肅宗言:天后有四子,長曰太子宏,監國而仁明孝悌。天后方圖稱制,乃鴆殺之,以雍王賢爲太子。賢自知不免,與二弟日侍於父母之側,不敢明言,乃作《黄臺瓜辭》,令樂工歌之,冀天后悟而哀愍。其辭曰:"種瓜黄臺下,瓜熟子離離。一摘使瓜好,再摘使瓜稀,三摘猶尚可,四摘抱蔓歸。"而太子賢終爲天后所逐,死於黔中。其言四摘者,以況四子也。以爲非四之所能盡,改爲"摘絶"。此皆不考古而肆臆之説,豈非小人而無忌憚者哉?[①]

清黄廷鑑也認爲:"妄改之病,唐宋以前,謹守師法,未聞有此。其端肇自明人,而盛於啟、禎之代,凡《漢魏叢書》,以及《稗海》《説海》《秘笈》中諸書,皆割裂分併,句删字易,無一完善,古書面目全失,此載籍之一大阨也。"[②]某些明刻本的缺點還在於任意改變書名、删削卷數、攙入其他資料。清杭世駿云:

> 古集皆手定,人不一集,集不一名。東坡七集、欒城四集、山谷内外集,明人妄行改竄,第曰東坡、欒城、山谷集而已。朱子集多至三百餘卷,明人編定止四十卷。李綱《梁谿集》多至百三十餘卷,《建炎進退志》及《時政記》附焉。閩中改刻,題曰《李忠定集》,亦止四十卷。前後互易,古人之面目失矣。宋刻兩《漢書》,板縮而行密,字畫活脱,注有遺落可以補入,此真所謂宋字矣。汪文盛猶得其遺意,元大德版,幅廣而行疏。鍾人傑、陳明卿輩稍縮小之,今人錯呼爲宋字,拘板不靈,而紙墨之神氣薄矣。甚至《説文》而儳入

①《日知録》卷一八《改書》。案顧氏所引《舊唐書》分見卷六七《李勣傳》附《孫敬業傳》及卷一一六《承天皇帝倓傳》。《詩歸》明鍾惺撰。其説分見《古詩歸》卷七、《唐詩歸》卷一。

②《第六絃溪文鈔》卷一《校書説二》。《秘笈》,指陳繼儒編《寶顔堂秘笈》。

《五音韻譜》,《通典》而儳入宋人議論,《夷堅志》而儳入唐人事迹,與元書迥不相謀,明人之妄如此![①]

當代出版社如果無知妄改也會受到批評。例如黄世仲的《洪秀全演義》是近代小説史上一部有一定價值的著作,清末先在香港的《新中國報》上連載,《新中國報》被迫停刊後,由《少年報》連載。光緒末年,上海即出版了石印的單行本。一九八一年,上海古籍出版社翻印此書,在出版説明中聲稱對石印本的明顯錯誤“徑予改正,取其文從句順,不另出校記”。結果,嚴重地損害了書的原貌。陳新特撰《還須手下留情》一文提出批評,並舉例道:該書卷首原有一詩:“漢家正統自英雄,百戰如何轉眼空。憑弔金陵天子氣,啼痕猶灑杜鵑紅。”“這是作者追懷太平天國,揭櫫寫作這部小説的主旨,傾向性十分鮮明。就形式來説,是模仿演義小説的格局,《三國演義》即有類似的卷首詞。而八一年本却把這首詩移到了第一回,把卷首詩改成回前詩。這樣,性質就完全變了,不僅隱晦了全書的主題,且這首詩和第一回毫無瓜葛。”[②]

以上所舉正反兩方面的書證可以説明校勘有益於書籍的整理和出版,認真校勘就能爲文化事業作出貢獻,反之則會造成損害。

---

①《道古堂集》卷一八《欣託齋藏書記》。汪文盛明嘉靖間校刻有《漢書》《後漢書》等,鍾人傑明嘉靖間校刻有《唐宋叢書》等,陳明卿明人,批注有《南華經》等。

②載《讀書》一九八三年第二期。

第二章　書面材料錯誤的類型

如前所述，由宋至清，學者們已初步總結了書面材料的錯誤情況。在此基礎上，我們將書籍文字的錯誤歸納爲四種類型：譌——原有文字寫錯了；脱——原有文字弄丢了；衍——增加了原來没有的文字；倒——原有文字變换了位置。有的書面材料只出現一種錯誤類型，我們稱之爲單項錯誤；有的書面材料同時出現兩種或三種錯誤類型，我們稱之爲多重錯誤。以下將分别舉例説明。王念孫爲清代校勘學大師，所著《讀書雜志》集中反映了他校《逸周書》《戰國策》《史記》《漢書》《管子》《晏子春秋》《墨子》《荀子》《淮南内篇》的成果，内容極爲豐富。梁啟超曾指出：其"校法最精最慎，隨校隨釋，妙解環生，實爲斯學第一流作品"。[①] 因此我們舉例主要依據此書，而以他家輔之。

---

①《中國近三百年學術史》十四《清代學者整理舊學之總成績(二)——校注古籍辨僞書 輯佚書》。

第一節　單項錯誤

一　訛

訛亦稱誤，是書面材料最常見的錯誤現象。晉葛洪已云："書字，人知之，猶尚寫之多誤，故諺曰：'書三寫，魚成魯，虛成虎。'此之謂也。"①

書中訛誤，以錯一、二字爲較多。如《漢書·禮樂志》有云："音聲足以動耳，詩語足以感心。"王念孫認爲"詩語"原文應爲"詩歌"，他説：

> 自漢以前，無以詩語二字連文者，詩語當爲詩歌，字之誤也。上文曰："和親之説難形，則發之於詩歌詠言，鐘石管弦。"又引《堯典》："詩言志，歌詠言，聲依詠，律和聲，八音克諧。"此文"音聲足以動耳"，承上聲、律、八音而言；"詩歌足以感心"，承上詩、歌而言，則"語"爲"歌"字之誤明矣。《漢紀·孝惠紀》正作"詩歌足以感心"。②

前章所引《吕氏春秋》"三豕涉河"之例，則連錯了兩個字。

還有一句話或一段話錯好幾個字的。例如宋洪邁《容齋四筆》卷二有一段記載：

---

①《抱朴子内篇》卷一九《遐覽》。唐馬總《意林》卷四《抱朴子四十卷》引此作："諺云：'書三寫，魚成魯，帝成虎。'"

②《讀書雜志·漢書第四·禮樂志·詩語》。

周益公以《蘇魏公集》付太平州鏤版，亦先爲勘校。其所作《東山長老語録序》云："側定政宗，無用所以爲用；因蹄得兔，忘言而後可言。"以上一句不明白，又與下不對，折簡來問。予憶莊子曰："地非不廣且大也，人之所用容足爾。然而廁足而墊之致黄泉，知無用而後可以言用矣。"始驗"側定政宗"當是"廁足致泉"，正與下文相應，四字皆誤也。

再如宋周必大《二老堂詩話·陶淵明山海經詩》云：

江州《陶靖節集》末載：宣和六年，臨溪曾紘謂靖節《讀山海經詩》其一篇云："形夭無千歲，猛志固常在。"疑上下文義不貫，遂按《山海經》，有云："刑天，獸名，口銜干戚而舞。"以此句爲"刑天舞干戚"，因筆畫相近，五字皆訛。岑穰晁詠之撫掌稱善。[①]

以上例子中的誤字都連在一起，但在多數情況下，誤字倒是不連在一起的。《墨子》卷九《非儒下》有云："昔大以治人，小以任官；遠施用偏，近以循身。"王念孫云：

此文本作"皆大以治人，小以任官；遠施周偏（與徧同），近以脩身"。言君子之行仁義，皆大以治人，小以任官，遠則所施周徧，近則以脩其身也。今本"皆"作"昔"，"周"作"用"，"脩"作"循"，（隸書脩、循相亂，説見《管子·形勢》篇）則義不可通。[②]

此例三個誤字皆不相連。

---

①案此詩異文，歷來有不同看法，參見逯欽立校注《陶淵明集》卷四，及王孟白《關於陶集校勘問題》，載《齊齊哈爾師院學報》一九八三年第一期。

②《讀書雜志·墨子第三·非儒下·昔　用偏　循身》。隸書脩、循相亂的情況詳見《讀書雜志·管子第一·形勢·循誤爲脩》。

二　脱

書面文字在傳寫中脱去一字或數字稱脱文，亦稱奪文或闕文。孔子已云："吾猶及史之闕文也。"[①]可見脱文現象出現甚早。古代簡書因編繩斷爛，在重編時失去一簡或數簡稱爲脱簡，後世因而也稱脱文較多的現象爲脱簡。

脱去一字或數字的現象較爲常見。《戰國策・秦策》有云："商君治秦，法令至行，公平無私。孝公行之八年，死。惠王代後莅政。"宋姚宏《戰國策注》云："一本'八'上有'十'字。"王念孫指出："一本是也。"其説云：

> 《史記・秦本紀》：孝公元年，衛鞅入秦；三年，説孝公變法；五年，爲左庶長；十年，爲大良造；二十二年，封爲商君；二十四年，孝公卒。計自爲左庶長，至孝公卒時，已有二十年。又《商君傳》：商君相秦十年而孝公卒。《索隱》曰：案《戰國策》云：孝公行商君法十八年而死。與此文不同者，蓋連其未作相之年説耳。據此則策文本作十八年明矣。[②]

此脱一字之例。周祖謨云："《洛陽伽藍記》卷一《永寧寺》條：'時太原王（爾朱榮）位極心驕，功高意侈，與奪臧否肆意。''與奪'下脱漏'任情'二字。見《魏書・孝莊帝紀》。"[③]此脱二字之例。《莊子・天地》篇有云："夫道，覆載萬物者也。"王叔岷認爲這句話脱去了四字，他説：

> 古書無言"道，覆載萬物"者，《鶡冠子・學問》篇注引

①《論語注疏》卷一五《衛靈公》。

②《讀書雜志・戰國策第一・秦・八年》。

③《古籍校勘述例》，載《中國語文》一九八〇年第二期。

> “覆載”下有“天地”二字。《大宗師》篇言至道“覆載天地”，(又見《天道》篇)《淮南子·原道》篇亦云：“夫道，覆天載地，化生萬物者也。”疏：“虚通之道，包羅無外，二儀待之以覆載，萬物待之以化生。”是其明證。今本脱“天地化生”四字，則文不成義矣。[①]

也有脱去一句或數句的。如《晏子春秋》外篇云：“子胥忠其君，故天下皆願得以爲子。”王念孫校曰：“此文原有四句，今脱去中二句，則文不成義。《秦策》云：‘子胥忠其君，天下皆欲以爲臣；孝己愛其親，皆欲以爲子。’文義正與此同。下文今爲人子臣云云，正承上四句言之。”[②]

有的古書在傳寫中甚至脱去數句、數十字。如《莊子·天運》篇有云：“孔子曰：吾乃今於是乎見龍。”王叔岷指出：

> 《藝文類聚》九十引，“曰”下有“人如飛鴻者，吾必矰繳而射之”十二字；九六引有“人用意如飛鴻者，爲弓弩射之。如游鹿者，走狗而逐之。若游魚者，鉤繳以投之”三十字；《御覽》六一七引有“吾與汝處於魯之時，人用意如飛鴻者，吾走狗而逐之。用意如井魚者，吾爲鉤繳以投之”三十四字；《天中記》五六引有“吾與汝處於魯之時，人用意如飛鴻者，吾爲弓弩射之。如游鹿者，吾走狗而逐之。用意若井魚者，吾鉤繳以投之”四十三字。據諸書所引，今本“孔子曰”下，蓋脱“吾與汝處於魯之時，人用意如飛鴻者，吾爲弓弩而射之。用意如游鹿者，吾爲走狗而逐之。用意如井魚者，吾爲鉤繳以投之”四十八字。[③]

---

①《校讎通例》四六《傳寫誤脱》，載《歷史語言研究所集刊》第二十三本下册。

②《讀書雜志·晏子春秋第二·外篇重而異者·子胥忠其君二句》。

③《校讎通例》四六《傳寫誤脱》，載《歷史語言研究所集刊》第二十三本下册。

詩詞當然也存在着脱句現象，如《文選·洛神賦》注引《定情詩》尚有"何以消滯憂？足下雙遠游"二句。有人據此認爲："則唐以來，此詩之有訛奪，蓋可見矣。"[①]又如唐圭璋指出：

> 《玉京秋》爲周密自度曲，宋詞無第二首可校。原詞云："烟水闊。高林弄殘照，晚蜩凄切。碧砧度韻，銀床飄葉。衣濕桐陰露冷，採涼花，時賦秋雪。嘆輕别。一襟幽事，砌蛩能説。　　客思吟商還怯。怨歌長、瓊壺暗缺。翠扇陰疏，紅衣香褪，翻成消歇。玉骨西風，恨最恨、閑却新涼時節。楚簫咽。誰倚西樓淡月。"《欽定詞譜》卷二十四據《詞緯》引周密《蘋洲漁笛譜》此詞，"晚蜩凄切"下尚有"畫角吹寒"一句四字。[②]

也有脱簡脱葉的，屈萬里曾指出：

> 家傳户誦的十七史，明以後所流傳的本子，就有許多闕葉。例如《南齊書》，清武英殿本於志第七州郡下，缺十八行。傳第十六，缺十四行又三十字。傳第二十五，缺十四行又四字。傳第二十九，缺十五行又七字。明北監本和汲古閣本，缺處和殿本完全相同。核計這四處的闕文，應當各佔宋本的一葉。商務印書館影印百衲本二十四史時，好容易找到一個宋本，補起了兩葉（州郡下第三葉和列傳十六第十葉）；其餘兩葉，仍舊没能補起。
>
> 又如《魏書·廣平王懷傳》"廣平王懷"下，宋本就注了一個"闕"字，可見在宋時已有殘闕，但究竟闕了多少字，現在已無法知道。《樂志》劉芳上言"先王所以教化黎元，湯武

---

①《游國恩學術論文集·居學偶記》。《定情詩》爲東漢詩人繁欽的作品。

②《詞學論叢·讀詞三記》。

所以"下，明以後的本子，都缺了三百多字，恰合宋本的一葉，而這一葉的闕文，却被陳援庵從《册府元龜》和《通典》分别找出來（詳見《輔仁學誌》第十一卷第一、二合期葉德禄君所作《魏書缺葉補》一文）。《周書》第六卷本紀闕八十八字，也由陳援庵據《册府元龜》補足。[①]

還有脱篇、脱卷的。例如《漢書・藝文志・六藝略》著録《太史公百三十篇》，注云："十篇有録無書"，可見司馬遷的《史記》在漢代就有十篇已經亡佚。三國魏張晏《漢書注》云："遷没之後，亡《景紀》《武紀》《禮書》《樂書》《兵書》《漢興以來將相年表》《日者列傳》《三王世家》《龜策列傳》《傅靳蒯列傳》。元、成之間，褚先生（少孫）補缺，作《武帝紀》《三王世家》《龜策》《日者》，言辭鄙陋，非遷本意也。"[②]再如《文心雕龍・隱秀》篇脱去一頁，後人所補，已非原文。近人黄侃指出："此紙亡於元時，則宋時尚得見之。惜少徵引者。惟張戒《歲寒堂詩話》引劉勰云：'情在詞外曰隱，狀溢目前曰秀。'此真《隱秀》篇之文。今本既云出於宋槧，何以遺此二言？然則贋跡至斯愈顯，不待考索文理而亦知之矣。"[③]顧千里嘗舉一例："鈐庵殿撰重刊《宋名臣言行録》成，屬爲覆校，因悉心細勘一過，底本有全葉落去者，如《後集》十二卷之十及十三卷之十三、十四是也，皆據别本補之。"[④]

至於書前脱序及目録，書後脱跋文附録，也往往有之。這些除了無意之脱，還有有意之删；不但有有意之删，而且有有意之增，如張元濟《校史隨筆・宋史・闕葉錯簡彌縫之謬》云：

---

①《讀古書爲什麽要講究板本》，載《大陸雜誌》二卷七期。援庵，陳垣字。

②參看《余嘉錫論學雜著・太史公書亡篇考》。

③《文心雕龍札記・隱秀第四十》。

④《顧千里集》卷九《宋本名臣言行録後序》。

錢大昕《廿二史考異》:孝宗紀淳熙七年十二月,以新除成都府路提點刑獄禄東之權四川制置使應。(成化本卷三十五第七葉尾)監本此下誤以第三十三卷之第十一葉攙入。按錢氏之言,尚微有誤,監本行款與成化本不同,成化本第十五卷第八葉,監本全脱,即以第九葉直接第七葉,文義雖不貫,猶不甚顯,而其所攙入之第三十三卷之第十一葉,亦爲成化本一全葉,乃以列入第三十五卷第九葉之次。其末句爲九月己酉楊存,與第三十五卷第十葉首句甲寅以謝廓然同知樞密院事,文義太不聯接。此葉文字,前見於第三十三卷,相去僅四十七葉,乃全已忘却,漫將楊存二字,改爲地震,以泯其迹,闕葉錯簡,事所恒有,而其謬乃在於不加尋究,擅改原文。猶不止此。成化本第七葉末所載爲七年十二月事,其誤接之第九葉,不及一行,即爲夏四月云云。其中失去八年春季之事,何以全不覺察,一也。第九葉所載,爲夏四月至八月之事,其下誤攙第三十三卷之第十一葉,又復見秋七月,八月之後復見七月,仍不覺察,二也。萬曆重刊監本時,去南監補修廣東刻本,爲時甚近,遇有疑義,何竟不取之一校,且任意作僞以自欺欺人。武英殿本校刊之日,成化舊本,館臣豈一無弆藏,乃亦絶不措意,任其以訛傳訛,官事之不可信如此。

則更是歧中有歧,非細心考索,難以明其究竟了。

三 衍

原稿本無而傳寫中誤增的文字稱衍文,亦稱羨文、衍字。《禮記·檀弓上》云:"天子之哭諸侯也,爵弁絰,紂衣。"鄭玄注曰:"天子至尊,不見尸柩,不弔;服麻,不加於采。此言絰,衍字也。"可見漢師解經,已注意到這一現象。

衍一字或數字較常見,如《後漢書》卷六十五《鄭玄傳》所録鄭玄《戒子書》云:"吾家舊貧,不爲父母昆弟所容。去厮役之吏,游學周秦之都,往來幽、并、兖、豫之域。獲覲乎在位通人、處逸大儒,得意者咸從奉手,有所授焉。"乾隆六十年(一七九五),阮元在山東學政任内,特地到鄭玄故鄉拜謁他的祠墓,並在積沙中找到了一塊金承安重刻唐萬歲通天史承節撰後漢大司農鄭公碑,發現"《傳》'不爲父母群弟所容',碑無'不'字。"[①]後來陳鱣見到元大德本《後漢書》,"不爲父母昆弟所容"一句也無"不"字。[②]顯然鄭玄在給兒子的信中説自己不樂爲吏,"爲父母昆弟所容",比較符合這位漢代大儒的品格和口吻,"不"字當爲衍文。再如《淮南子·氾論》云:"誦先王之詩書,不若聞得其言;聞得其言,不若得其所以言。"王念孫校云:

> "誦先王之詩書","詩"字因上文《詩》《春秋》而衍。先王之書泛指六藝而言,非《詩》《書》之書也。"不若聞得其言,聞得其言",兩"得"字皆因下句"得"字而衍。高注云:"聞聖人之言,不如得其未言時之本意。"則聞下無得字明矣。《文子·上義》篇正作"誦先王之書,不若聞其言;聞其言,不若得其所以言。"[③]

也有衍一句或數句的,如《淮南子·天文》篇云:"天有九野、五星、八風、二十八宿、五官、六府。注曰:'二十八宿,東方角亢氐房心尾箕,北方斗牛女虚危室壁,西方奎婁胃昴畢觜參,南方

①《小滄浪筆談》卷四《封泰山論》。

②《簡莊綴文》卷三《元大德本後漢書跋》。

③《讀書雜志·淮南内篇第十三·氾論·詩書　聞得其言》。高注指《淮南子》高誘注。

井鬼柳星張翼軫也。'"王引之校曰：

> "二十八宿"四字，及注二十八宿云云，皆後人所加也。下文於九野、五星、八風、五官、六府皆一一釋之，而不及二十八宿，但於所説九野中，附以其星角亢氐云云，使有二十八宿四字，下文不應不爲解釋，且不應以二十八宿併入九野條内，使綱目不相當也。然則此處原文無二十八宿四字明矣。[①]

再如《史記·司馬相如列傳》有云："揚雄以爲靡麗之賦，勸百風一，猶馳騁鄭衛之聲，曲終而奏雅，不已虧乎？"這幾句話出自《漢書·司馬相如傳》末贊語，用在這兒顯然是衍文。宋王應麟已指出："《司馬相如傳》贊：揚雄以爲勸百而風一。江氏（棨）曰：雄後於遷甚久，遷得引雄辭何哉！蓋後人以《漢書》贊附益之。"[②]《古詩爲焦仲卿妻作》"新婦初來時，小姑始扶床；今日被驅逐，小姑如我長"四句中也有衍文，清馮舒指出：

> 此四句是顧況《棄婦》詩，宋本《玉臺》無"小姑始扶床，今日被驅逐"十字。《樂府詩集》、左克明《樂府》亦然。其增之者，蘭雪堂活字《玉臺》始也。初看此詩，似覺少此十字不得。再四尋之，知竟是後人妄添。何以言之？逋翁一代名家，豈應直述漢詩，可疑一也。逋翁詩云："及至見君歸，君歸妾已老"，則扶床之小姑，何怪如此？此詩前云"共事二三年，始爾未爲久"，則何得三年未周，長成遽如許耶？正是後人見逋翁詞，妄增入耳，幸有諸本可以確證。今蘇郡刻左氏

---

①《讀書雜志·淮南内篇第三·天文·二十八宿》。

②《困學紀聞》卷一一《考史》。案：王氏所謂"附益之"者，蓋後人讀《史記》此文時，録《漢書》贊語於其旁以資參證，而轉寫者不知，遽以之入正文，遂傳於後世也。

《樂府》，反據《詩紀》增入，更隔幾十年，不可問矣。[①]

還有因校刻裝訂者的疏忽造成的複葉重文現象，如清武英殿本《新唐書·方鎮表八》多出第六頁，與第三、四頁重複；《宋史·孝宗紀三》第八頁與《孝宗紀一》第十頁至十二頁重複四百字；《元史·文宗紀五》第九頁與《順帝紀三》第六至七頁重複四百字。[②] 這也是校書時所當留意的。

四　倒

倒指原稿文字具存，並無訛誤、缺脱或衍羨，但在流傳過程中，文字的先後次序却被弄顛倒了的現象。先後次序被弄顛倒了的文字稱倒文，糾正則稱爲乙正或乙轉。字數較多的倒文習慣上稱錯簡。這其中又有字倒、句倒、篇章倒等不同情況，甚至目録、表格也有錯亂現象。今分類各舉一二例以明之。

甲　字例

最簡單的就是上下兩字被調換了位置。如《淮南子·人間》篇云："家富良馬。"王念孫指出："良馬本作馬良，與家富相對爲文。《漢書》《後漢書注》《藝文類聚》《太平御覽》引此並作'家富馬良'。"[③]王叔岷補證道："王校是也，《記纂淵海》九八、《事文類聚後集》三八、《天中記》五五引，亦並作'家富馬良'，今本'馬良'二字誤倒。"[④]再如《史記·秦始皇本紀》云："收天下兵，聚之咸陽，銷以爲鍾鐻，金人十二，重各千石，置廷宫中。"王念孫指出：

---

①《詩紀匡謬·新婦初來時小姑始扶床今日被驅逐小姑如我長》。

②參看張元濟《涉園序跋集録》：《新唐書》《宋史》《元史》。

③《讀書雜志·淮南内篇第十八·人間·良馬》。

④《校讎通例》五十《誤倒》，載《歷史語言研究所集刊》第二十三本下册。

"此當作'置宫廷中',今本廷字誤在宫字之上,則文不成義。《文選·過秦論》注、《太平御覽·皇王部》引此並作'置宫廷中',《通鑑·秦紀二》同,'庭'、'廷'古字通。"[①]

有的倒文則彼此相隔一兩個字或好幾個字。如《莊子·秋水》篇云:"於是逡巡而却,告之海曰:夫千里之遠,不足以舉其大;千仞之高,不足以極其深。"王叔岷認爲"海"字當在"曰夫"二字之下。他指出:"《藝文類聚》八,《御覽》六十、九三二,《事類賦》六《地部》一,《天中記》九,引'海'字並在'曰夫'二字之下,今本誤錯在'曰夫'二字上,不詞。"[②]再如《荀子·非相》篇云:"談説之術,矜莊以莅之,端誠以處之,堅强以持之,分别以喻之,譬稱以明之。"王念孫認爲"分别"與"譬稱"的位置弄顛倒了。他道:

> "分别"當在下句,"譬稱"當在上句。譬稱所以曉人,故曰"譬稱以喻之";分别所以明理,故曰"分别以明之"。今本"譬稱"與"分别"互易。《韓詩外傳》及《説苑·善説》篇,引此並作"譬稱以喻之","分别以明之"。[③]

乙 句倒

文句間,特别是並列的文句間常發生相互顛倒的現象。如《老子》第十四章有"迎之不見其首,隨之不見其後"兩句。周祖謨指出:"漢代帛書《老子》乙本作'隋而不見其後,迎而不見其首。'唐廣明元年焦山《道德經幢》作'隨之不見其後,迎之不見其首',與帛書合。今本誤倒。"[④]再如《淮南子·俶真》篇云:"勢利不能誘也,辯者不能説也,聲色不能淫也,美者不能濫也,智者不

①《讀書雜志·史記第一·秦始皇本紀·置廷宫中》。
②《校讎通例》四五《傳寫誤錯》,載《歷史語言研究所集刊》第二十三本下册。
③《讀書雜志·荀子第二·非相·分别 譬稱》。
④《古籍校勘述例》,載《中國語文》一九八〇年第二期。

能動也，勇者不能恐也。”俞樾認爲：“‘聲色’句當在‘辯者’句前，則聲色貨利以類相從；辯者、美者、智者、勇者，亦以類相從矣。《文子・九守》篇正如此，可據以訂正。”[①]

丙　錯簡

整段文字被挪動了位置的現象也不乏其例。如今本《管子・七法・爲兵之數》云：“舉之如飛鳥，動之如雷電，發之如風雨，莫當其前，莫害其後，獨出獨入，莫敢禁圉。”同篇《選陣》復云：“有風雨之行，故能不遠道里矣；有飛鳥之舉，故能不險山河矣；有雷電之戰，故能獨行而無敵矣。”而在一九七二年於山東臨沂銀雀山一號漢墓出土的《管子》殘簡中，上面的這兩段話却是連在一起的，作：“動如雷神（電），起如蜚（飛）鳥，往如風雨，莫當其前，莫害其後，獨出獨入，莫能禁止。有風雨之疾，則不莫（難）遠道；有蜚（飛）鳥之起，則□□山河；有雷神（電）之威，則能獨制而無適（敵）。”周祖謨認爲“這些文句的層次很順，今本因簡册錯亂而傳録有誤”。[②]

下面我們再舉一個通過校勘發現大批錯簡的有名例子。據今本《史記・屈原列傳》，至少有三個問題難以解釋：一、屈原作《騷》之時；二、屈原被放之時；三、子蘭所怒何事。劉永濟經過深入研究，發現《傳》中有錯簡，如將錯簡加以調整，上述三個問題皆可迎刃而解。因而其所作《史記屈原列傳發疑》一文很受推重，今全録如下：

屈子事跡，僅載於司馬遷《史記・屈原列傳》，而屈傳中有可疑者數處，前人亦曾指出，今即據以立論，略以己意疏通證明之。

①《古書疑義舉例》卷六《上下兩句易置例》。

②《古籍校勘述例》，載《中國語文》一九八〇年第二期。

一、作騷之時　史遷於"王怒而疏屈平"下，接以"屈平疾王聽之不聰也，讒諂之蔽明也，邪曲之害公也，方正之不容也，故憂愁幽思而作《離騷》"云云，故王逸以來，多以屈子作《騷》在懷王之世。惟梁玉繩《史記志疑》謂《離騷》之文刺子蘭，宜在懷王末年，頃襄王世。今按以本傳此段考之，王逸之説，原無可疑。惟史遷《報任安書》又有"屈原放逐，乃賦《離騷》"之言。然則作騷之時，究在被疏之後，抑在被放之時，史遷一人亦有兩説，理不可通。郭焯瑩作《屈子紀年》，乃謂史公敘賦《騷》之旨於怒疏之後，推本《騷》之繇作，非即賦《騷》於是時也。蓋亦見其難通而爲此揣度之辭也。此可疑者，一也。

二、被放之時　顧炎武《日知録》曰："《屈原傳》'雖放流，睠顧楚國，繫心懷王，不忘欲反。''卒以此見懷王之終不悟也。'似屈原放流於懷王之時。又云：'令尹子蘭聞之大怒，卒使上官大夫短屈原於頃襄王，頃襄王怒而遷之。'則實在頃襄王之時矣。放流一節當在此文之下。太史公信筆書之，失其次序。"今按上文曰"王怒而疏屈平"，曰"屈平既絀"，曰"屈平既疏，不復在位"，皆無放流之文，獨於"屈平既嫉之"下曰"雖放流"云云，文義不順，且下文始曰"頃襄王怒而遷之"，故梁玉繩亦以爲"雖放流"至"豈足福哉"一段，當在"頃襄王怒而遷之"下也。此可疑者，二也。

三、子蘭所怒何事　子蘭之怒，爲屈子被放之因。今按本傳於"豈足福哉"下，忽接"令尹子蘭聞之大怒"，不知子蘭之怒爲聞屈子作騷邪？抑爲聞國人咎之，屈子嫉之邪？如曰爲聞作騷，則本傳敘作《騷》在懷王怒而疏屈平之後，時不相及。如曰爲聞國人咎之，屈平嫉之，則中插雖放流一節二百有六字，亦文不相蒙。此可疑者，三也。

總按上舉三疑，皆於屈子行誼文章所關至鉅，學者所當深究。亭林但以史公信筆所書説之，亦恐未允。後世文士以史遷文章奇瑋，遂處處以奇求之，謂此等處爲史公妙筆，尤爲妄説。竊嘗反復尋繹，頗疑史遷之文，初不如此。其間次序，苟非錯簡，必中有脱文。今考"屈平既絀"一段，加"令尹子蘭聞之大怒"至"頃襄王怒而遷之"數句，共四百四十九字，皆述屈子行誼之文，"屈平疾王聽之不聰也"一段，加"雖放流"一段共四百七十六字，皆論屈子行誼文章之文，字數大略相當，其間是否錯簡，惜無古本質正。今姑依顧、梁二氏之説，就今本文句，更定次序如後，而附著鄙見以釋所疑。

"屈原者"至"王怒而疏屈平"。"屈平既絀"至"屈平既嫉之"。"令尹子蘭聞之大怒"至"頃襄王怒而遷之"。"屈平疾王聽之不聰也"至"雖與日月争光可也"。"雖放流，睠顧楚國"至"豈足福哉"。"屈原至於江濱"至"過湘水投書以弔屈原"。

如右所更文次觀之，上舉三疑，皆可通貫。第一，被放之因，乃子蘭聞國人咎之，屈子嫉之也。第二，被放之時，頃襄王即位之元年，秦師壓境取楚十六城之後也。第三，賦騷之時，又當在被放江南之先也。何以言之？觀《離騷》之文，多往復自白之辭，其情致宛轉纏綿，不如《九章》之決絶，而於去留之際，猶再三審度，冀望復用，意殊深切，皆與流放之人情事不合。蓋頃襄爲齊所立，齊者與楚締結從約之國，而己又主從親齊之人也。頃襄内惑子蘭之言，外迫强秦之兵，疏視屈子，日甚一日，此在屈子觀之，或非頃襄本意，今雖不爲所親信，未嘗不可觀時待勢，委曲求全，以申其救國之志也。惟子蘭與己異趣，子蘭一日不與己合，則國事無可爲之望。故《騷》辭每不能忘情於子蘭，一則曰："予以蘭爲可恃兮，羌無實而容長。”再則曰：“覽椒蘭其若茲，又況揭車與江離。”惋惜之意，溢於言表。以理推之，頃襄即位之初，朝政紛紜必甚，此時屈子之危疑可知。《騷》辭之中，於此種情緒，表示最顯。至子蘭之於屈子，必出於放流，亦勢之不得不然。蓋懷王入秦，屈子所力阻，而子蘭所力勸也。入秦而懷王竟不得反國，國人之怨子蘭可知。此史遷所以有“楚人既咎子蘭以勸懷王入秦”之文，而《項羽本紀》又有“自懷王入秦不反，楚人憐之至今”，《楚世家》叙秦歸懷王之喪於楚，亦有“楚人皆憐之，如悲親戚”之語也。國人憐王之情既深，則其咎子蘭者必至切，咎子蘭者既切，則傾心於屈子者亦必至衆。屈子一旦得衆，則子蘭誤國之罪益不可得免。當此之時，苟令屈子韜光養晦，已在必斥之列，況復嫉之之言，流於道路，子蘭聞之，安得不大怒哉！且其時秦兵壓境問罪。屈子者，秦之所惡也。放流屈子，當亦緩禍之一策。當此之時，使子蘭獨以國家利害爲言，頃襄已不得不從，況更激之使怒邪？以此觀之，其先後事跡，固已憭若黑白矣。

復次，《騷》辭曰“老冉冉其將至兮”，曰“予既不難夫離別兮”，曰“願依彭咸之遺則”，曰“伏清白以死直”，皆與懷王十六年時事不合。若爾時初被疏絀，不在高位，不應便以死自矢如此。且懷王十六年屈子年約過三十，不應曰老將至。叔師叙《騷》，亦沿史誤。故上文曰“王乃疏屈原”，下文又曰“言已放逐離別，中心愁思，猶依道徑以諷諫君。”後人疑其難通，故或本改“疏”作“逐”，李善注《文選》，引此文又作“流”。劉師培《楚辭考異》轉謂作“流”爲長。不知此文之誤，不在“疏”字，乃在叙賦《騷》於懷王疏之時也。然王氏《騷》注中又有“己雖見放流，猶蒔衆香”之語，又有“懷襄二世不明，故群下好蔽忠正之士”之言，足證王氏亦未嘗不謂賦《騷》在頃襄即位之後，其序文之誤，蓋沿遷史也。今以《騷》辭求之，以當時事勢證之，定放流在頃襄即位之後，賦《騷》在被放至江南之前，其文中"濟沅湘"、"就重華"等辭，乃設想如是耳，與《涉江》所言爲親歷者不同。學者幸明辨之，不可以本傳文疑而信之也。

復次，史遷此傳，多採淮南王之文。班固稱武帝愛《騷》，命淮南作傳（傳本作傅，同賦）。王逸稱淮南王安作《離騷章句》，大義粲然。本傳"國風好色而不淫，小雅怨悱而不亂"數句，孟堅序《騷》，彦和辨《騷》，皆以爲淮南王所作傳或章句，皆近理之説。且就行文體勢而論，"屈子疾王聽之不聰"，及"雖放流"兩節，顯然與他處不同，又皆論屈子行誼文章之文，非叙事之筆。或謂史公之文，往往叙事中夾議論，此文何獨不然。按《索隱》於"人君無智愚賢不肖"下注曰："此以下太史公傷楚懷王之不任賢，信讒而不能反國之論也。"則是以此下爲太史公之文，所取淮南王文當盡於"卒以此見懷王之終不悟也"句，説亦近理。此段之後，復叙原事，則仍是叙事中夾議論也。雖别無可質正，以文義求之，要如右所更定者差能貫通。至今本《太史公書》，非盡史遷之舊，爲自來學者所公認。然則予於本文發此三疑，自異鑿空之談矣。

又按作《騷》之時，予别有專條詳論，以爲在懷王二十八年至頃襄王元年，四年之中，非懷王十六年張儀詐楚之時，亦非放逐江南之後。此文係舊作，但就史公屈傳研究，將史公叙作《騷》一段移置於"子蘭聞之大怒""頃襄王怒而遷之"之後，庶可免後人認作《騷》在懷王十六年之誤。至究在懷王三十年入秦以後，頃襄王即位之初，抑在懷王入秦以前，都無確據，要非可早在十六年，遲到放逐江南以後也。又傳中於"屈平屬草"下至"豈足福哉",皆稱屈平,其前後則稱屈原,正足爲史公取材他人之證,附記於此。[①]

丁　篇章倒

在古籍中整篇整章的文字也可能被調换位置。人們早就注意到了這種現象,如漢鄭玄《詩譜·邶鄘衛譜》云:"《載馳》序云:'懿公爲狄所滅,露於漕邑。'則戴公詩也,在文公下者,後人不盡得其次第,闌於下耳。"《詩譜·豳譜》復云:"召公爲保,周公爲師,相成王,爲左右。周公致政之後,留爲大師。是《狼跋》之作在致政之後也。計此七篇之作,《七月》在先,《鴟鴞》次之,今《鴟鴞》次於《七月》,得其序矣。《伐柯》《九罭》與《鴟鴞》同年,《東山》之作在《破斧》之後,當於《鴟鴞》之下,次《伐柯》《九罭》《破斧》《東山》,然後終以《狼跋》。今皆顛倒不次者,張融以爲簡札誤編,或者次詩不以作之先後。"

再如一九七三年十二月在長沙馬王堆漢墓出土的《老子》帛書甲、乙兩本都是《德經》在前,《道經》在後,而今本《老子》皆《道經》在前,《德經》在後。張政烺説:"關於帛書《老子》中《德經》在前的問題,我以爲古本本來如此,傳世的材料也可以説明這一點,不過久不爲人注意而已。《韓非子》中《解老》《喻老》兩篇,都是先'德'後'道'。今天所見最早的《老子》注解,是西漢嚴遵的《道德真經指歸》,開卷就是《德經》的'上德不德'篇。"[②]此外,帛書《老子》甲、乙兩本皆不分章,而今本《老子》都分爲八十一章,其次序也頗有不同。高亨、池曦朝指出:"如果也按今本分章,則甲、乙兩本章次相同(與今本章次有不同之處,今本第二十四章,在甲、乙兩本爲第二十二章。今本第四十一章,在乙本爲三十九

---

①《屈原賦通箋》附《箋屈餘義·史記屈原列傳發疑》。

②《座談長沙馬王堆漢墓帛書》,載《文物》一九七四年第九期。

章，甲本没有此章，大概是抄寫時漏掉了。今本第八十章及八十一章，在甲、乙兩本爲第六十七章及六十八章）。”①

在傳世的其他古書中，也有這種情況。例如一九七二年在山東臨沂銀雀山的漢墓中出土的《孫子兵法》簡書二千多枚，二千四百餘字。與竹簡伴出的，還有一枚記載《孫子兵法》篇題的木牘。其篇次與今本就有一些差别，如今本《虚實》在《軍争》之前，而簡本在《軍争》之後；今本《行軍》在《軍争》之後，而簡本在《軍争》之前；今本《火攻》在《用間》之前，而簡本在《用間》之後。②

戊　目録錯亂

前後兩詩或兩文的標題往往會出現倒置現象，唐圭璋曾舉一例：

> 稼軒《漢宫春》詞，題作《會稽秋風亭觀雨》云："亭上秋風，記去年裊裊，曾到吾廬。山河舉目雖異，風景非殊。功成者去，覺團扇、便與人疏。吹不斷，斜陽依舊，茫茫禹迹都無。　千古茂陵詞在，甚風流章句，解擬相如。只今木落江冷，眇眇愁余。故人書報，莫因循、忘却蓴鱸。誰念我、新凉燈火，一編太史公書。"按此首題作"觀雨"，詞中却無雨中景象。但在此首前一首，亦有一首《漢宫春》，題作《會稽蓬萊閣懷古》云："秦望山頭，看亂云急雨，倒立江湖。不知雲者爲雨，雨者雲乎？長空萬里，被西風、變滅須臾。回首聽，月明天籟，人間萬竅號呼。　誰向若耶溪上，倩美人西去，麋鹿姑蘇。至今故國人望，一舸歸歟。歲云暮矣，問何不、鼓瑟吹竽。君不見、王亭謝館，冷烟寒樹啼烏。"上片正

①《試談馬王堆漢墓中的帛書〈老子〉》，載《文物》一九七四年第十一期。
②參看《銀雀山漢墓竹簡〈孫子兵法〉》，文物出版社一九七六年版及李零《〈孫子〉篇題木牘初論》，載中華書局一九八三年版《文史》第十七輯。

寫雨中景象。由此可知,《漢宫春》"亭上秋風"一首,當題作《會稽秋風亭懷古》。詞題"觀雨"與"懷古"前後顛倒,當係錯簡。[①]

一組詩文的目録標題出現錯亂的現象也偶然能見到,如蔣禮鴻、任銘善曾指出:"晉代文學家陸雲寫了一篇《九愍》,是摹仿屈原《九章》的,也是篇題居首,章的小題記於每章之末。但是宋代編刻《陸士龍文集》時,不知道這個道理,把最後一章的題目給删掉,把第一章記在章末的題目誤認爲第二章的題目,第二以下各章附在章末的題目都認爲下章的題目。"[②]

己 表格内容錯亂

唐顔師古給《漢書》作注時,就已發現表格内容容易錯亂,指出:"諸表列位,雖有科條,文字繁多,遂致舛雜。前後失次,上下乖方,昭穆參差,名實虧廢。今則尋文究例,普更刊整,澄蕩愆違,審定阡陌,就其區域,更爲局界,非止尋讀易曉,庶令轉寫無疑。"[③]陳垣也説:"表格之用,最重位置,位置一亂,則失其效用。然位置之所以能不亂者,全在横直綫,横直綫一失,而欲位置不亂,難矣。"[④]例如明徐𤊹《紅雨樓書目》集部宋集部分,用表格排列,甚便觀覽,但往往有書名與姓氏錯置現象。像《安陽集》應在韓琦名上,却安在范鎮名上;《傳家集》應在司馬光名上,却安在周敦頤名上,又把周敦頤的《濂溪集》安在程顥名上。好在一九五七年古典文學出版社的新版,這些錯誤已經得到了糾正。

---

①《詞學論叢·讀詞續記》。

②《古漢語通論》第十九章《目録學知識》五《古書體制》。

③《漢書》卷首《叙例》。

④《校勘學釋例》卷一《行款誤例》第十一《表格誤例》。

第二節　兩重錯誤

《春秋公羊傳》昭公十二年："春，齊高偃帥師，納北燕伯于陽。伯于陽者何？公子陽生也。子曰：我乃知之矣。"漢何休認爲這段話中的"公子陽生"四字，"公誤爲伯，子誤爲于，陽在，生刊滅，闕。"①可見古人早就注意到了書面材料的多重錯誤。如果將錯誤情況排列組合，除相疊的情況如一訛再訛之外，兩重錯誤有六種，今述之如次：

一　既訛且脱

《莊子·秋水》篇有云："願以竟内累矣。"王叔岷指出："《文選》潘安仁《秋興賦》注、《藝文類聚》九六、《御覽》九三一、《事類賦》二八《鱗介部》一，引'累矣'並作'累子'。疑'累矣'本作'累夫子'，今本'夫'既誤爲'矣'，又脱'子'字，文意遂不完矣。《御覽》八三四引，正作'累夫子'。"②

《漢書·五行志》有云："宣帝地節四年十月，大司馬霍禹宗族謀反，誅，霍皇后廢。"王念孫認爲這段話中的"十"字當爲"七"字，並脱"八月"二字，他分析道：

> "十月"當爲"七月"，《宣紀》《百官表》及《漢紀》《通鑑》，載誅霍禹事，皆在七月。《太平御覽·咎徵部五》引此志，亦

①《春秋公羊傳注疏》卷二二注。
②《校讎通例》四八《既誤且脱》，載《歷史語言研究所集刊》第二十三本下册。

作七月。其“霍皇后廢”上，原有“八月”二字，後人以爲“八月”不當在十月後，故删此二字，而不知“十月”爲“七月”之訛也。《宣紀》及《漢紀》《通鑑》載廢霍后事，皆在八月。《太平御覽》引此志亦云：“八月，霍皇后廢。”①

《論衡·超奇》篇有云：“孫叔敖決期，令君之兆著。”孫詒讓指出：“‘期’下當捝‘思’字，‘君’當爲‘尹’。《淮南子·人間訓》云：‘孫叔敖決期思之水，而灌雩婁之野，莊王知其可以爲令尹也。’”②

吴孟復指出：“《全唐詩外編》中收入某一補輯本，中有褚亮《梁父吟》，仔細一看，却是諸葛亮的《梁父吟》中六句。從《藝文類聚》到王士禛《古詩箋》皆標爲諸葛亮作。大約由‘諸’與‘褚’形近而訛，又脱葛字，輯者便認作另有一褚亮了。”③

二　既訛且衍

《戰國策·楚策》有云：“黄雀俯噣白粒，仰棲茂樹，鼓翅奮翼，自以爲無患，與人無争也。不知夫公子王孫，左挾彈，右攝丸，將加乎十仞之上，以其類爲招，晝游乎茂樹，夕調乎酸鹹。倏忽之間，墜於公子之手。”王念孫認爲其中“類”係“頸”之誤字，“倏忽之間，墜於公子之手”爲衍文。其説云：

“以其類爲招”，“類”當爲“頸”字之誤也。招，旳也。言以其頸爲準旳也。（《吕氏春秋·本生》篇曰：“萬人操弓，共

①《讀書雜志·漢書第五·五行志·十月　霍皇后廢》。

②《札迻》卷九《論衡·超奇篇》。

③《古籍點校疑誤彙録》三《古詩古文校注得失例談》。案：此見《全唐詩外編》第四編童養年《全唐詩續補遺》卷一。

射一招。”高注：“招，埻的也。”《别類》篇曰：“射招者，欲其中小也。”)《文選》阮籍《詠懷》詩注，引此作“以其頸爲的”。《藝文類聚·鳥部》《太平御覽·羽族部》並引此云：“左挾彈，右攝丸，以加其頸。”姚曰：“《春秋後語》云：‘以其頸爲的’，的或爲招。”(以上姚校本語)招、的古聲相近，故字亦相通也。(凡從勺聲之字，古音皆屬宵部，故的從勺聲而通作招。《説文》：杓，從木，勺聲，甫摇切。尥，從尣，勺聲。《玉篇》：平交、力弔二切，皆其例也)“倏忽之間，墜於公子之手。”姚云：《三同集》無此十字，曾云一本有。念孫案：無此十字者，是也；一本有者，後人妄加之耳。夕調乎酸鹹，謂烹之也。既烹之矣，何又言倏忽之間，墜於公子之手乎！下文説黄鵠之事，至晝游乎江河，夕調乎鼎鼐，以下更不贅一語。此獨於“夕調乎酸鹹”之下加二語以成蛇足，甚無謂也。《文選》詠懷詩注，及《藝文類聚》《太平御覽》引《戰國策》，並無此十字。《新序·雜事》篇亦無此十字。①

《燕丹子》卷下有云：“民氏日，太子置酒請軻。”孫星衍校曰：“‘民氏’，疑‘昬昬’之訛。”孫詒讓指出：

“民氏日”固不可通，孫疑作“昬昬日”亦未安，疑“民”乃“后”之訛，“氏”則衍文也。“后”與“後”同。後文云：“後日，與軻之東宫，臨池而觀。”又云：“後日，軻從容曰。”可證。②

繆元朗云：“近讀上海古籍出版社出版的校點本《開元天寶遺事十種》，輯校者在《開元天寶遺事》的《後記》中説是‘以《顧氏文房小説》本爲底本，參校《五朝小説大觀》本、《唐代叢書》本’校

①《讀書雜志·戰國策第二·楚·以其類爲招 倏忽之間墜於公子之手》。高指東漢高誘，姚指南宋姚宏。

②《札迻》卷七《燕丹子》卷下。

點而正今本的。因爲所據版本不多，故在校勘、標點中不免疏失。”如《鬥花》有云：“長安王士安，春時鬥花，戴插以奇花多者爲勝，皆用千金市名花植於庭苑中，以備春時之鬥也。”繆氏指出：

> 此處“王士安”應爲“士女”，“王”與“士”形近而衍，“安”與“女”形近而誤。鬥花就是賽花，不是個人的活動，否則何辨勝負，而且王士安一人“用千金市名花植於庭苑中”，前面就不該再有“皆”字了。所以“王士安”應據《唐人説薈》《説庫》本，改爲“士女”。①

此亦既訛且衍之一例。

三　既訛且倒

《説苑·善説》篇有云：“今夕何夕兮，搴中洲流。”盧文弨《群書拾補》校曰：“‘中洲’，《御覽》作‘舟中’，《書鈔》無‘洲’字。”孫詒讓指出：“《玉臺新詠》亦作‘搴舟中流’是也。今本‘舟’誤作‘洲’，又倒著‘中’下，遂不可通。”②

《漢書·五行志》有云：“成帝建始三年十月丁未，京師相驚言大水至。渭水虒上小女陳持弓，年九歲，走入横城門，入未央宫。尚方掖門、殿門門衛户者莫見，至句盾禁中而覺得。”王念孫認爲“十月”當爲“七月”，“門衛户者”當爲“門户衛者”，“而覺得”當爲“覺而得”，他分析道：

> “十月”當爲“七月”，字之誤也。《成紀》曰：建始三年秋，關内大水。七月，虒上小女陳持弓，聞大水至，走入横城

①《古籍點校疑誤彙録》四《〈開元天寶遺事〉校點商榷》。

②《札迻》卷八《説苑·善説》。

門云云，是其證。《開元占經·人占》篇引《五行志》，正作七月也。又案"門衛户者"當作"門户衛者"，言門户之衛者，皆莫之見也。今作"門衛户者"，則文不成義。《開元占經》引此，正作"門户衛者"。又"至句盾禁中而覺得"，師古曰："覺得，事覺而見執得也。"案此當作"至句盾禁中（句）覺而得（句）"即師古所謂事覺而見執也，今作"而覺得"，亦文不成義。《漢紀·孝成紀》正作"覺而得"。[①]

胡迎建曾指出：宋邵雍的詩"《首尾吟》：'車穩如茵草上歸'，宋本作'草嫩如茵車上歸'。明本'草'訛爲'車'，復改'嫩'爲'穩'，又將'車'誤爲'草'，遂使文義不通。證之以《南園晚步思亡弟》'南園之南草如茵'，可知明本誤。"[②]顯然，宋本這句詩中的"草""車"兩字被弄顛倒了，"嫩"字又被訛作"穩"字。

四　既脱且衍

《吕氏春秋·忠廉》篇有云："摯執妻子。"王叔岷認爲此句脱一"其"字、衍一"摯"字或"執"字。其説云："此當作'摯其妻子'，或作'執其妻子'。摯、執古通。今本作'摯執妻子'，蓋一本'摯'作'執'，寫者誤合之，又奪'其'字耳。《文選》鄒陽獄中上書注引，正作'執其妻子'。"[③]

《史記·滑稽列傳》云："女雖長，何益？幸雨立。我雖短也，幸休居。"王念孫認爲"'幸雨立'本作'雨中立'，今本'雨'上'幸'

①《讀書雜志·漢書第五·五行志·十月　門衛户者　而覺得》。
②《新發現的宋刻本邵堯夫詩集》，載《古籍整理出版情況簡報》第一九三期。
③《校讎通例》四二《兩字誤合入一句》，載《歷史語言研究所集刊》第二十三本下册。

字,涉下'幸休居'而衍,又脱去'中'字,遂致文不成義。《太平御覽·天部》引此作'幸雨立',亦後人依《史記》改之。《初學記·人部》《御覽》人事部、樂部引此並作'雨中立'。"①

宋周邦彦《清真詞》卷下《迎春樂》有云:"人人艷色明春柳。"大鶴山人鄭文焯校曰:"元本'艷色'作'花艷'。"蔣禮鴻肯定了鄭的意見,並申論云:

> 上卷十九頁後《玉樓春》云:"大堤花艷驚郎目。"本卷四頁前《六幺令》云:"華堂花艷對列,一一驚郎目。"陳元龍於《六幺令》注引梁武帝《襄陽歌》:"大堤諸女兒,花艷驚郎目。"是則花艷爲美成所常用,且有所本,此當從元本。②

可見《迎春樂》中花艷之誤爲艷色,乃脱一"花"字,衍一"色"字所致。

五 既脱且倒

《莊子·天地》篇云:"厲之人,夜半生其子,遽取火而視之,汲汲然唯恐其似己也。"王叔岷指出:"'夜半生其子',元纂圖互注本無'其'字,《記纂淵海》五十引同。有'其'字不詞。《白帖》七、《御覽》三八二引,亦並無'其'字,子下有'其父'二字,屬下讀,當從之。今本'其'字誤錯在'子'字上,又脱'父'字也。"③

《莊子·山木》篇云:"功成者隳,名成者虧,孰能去功與名,而還與衆人?"奚侗指出:"《管子·白心》篇:'功成者隳,名成者虧,孰能去名與功,而還與衆人同?'房玄齡注:'君棄功名,則與

---

①《讀書雜志·史記第六·滑稽列傳·幸雨立》。

②《懷任齋文集·大鶴山人校本〈清真詞〉箋記》。

③《校讎通例》四七《既錯且脱》,載《歷史語言研究所集刊》第二十三本下册。

衆不異。'《管子》以隳、虧爲韻，功、同爲韻，本書'功'、'名'二字誤倒，人下又挩'同'字，既失其義，又失其韻矣。當據《管子》訂補。"[①]

以上皆既脱且倒之灼然可見者。

六　既衍且倒

《墨子·大取》篇云："愛衆衆也，與愛寡也相若。兼愛之有相若。愛尚世與後世，一若今之世人也。"王引之云："'愛衆衆也'，下'衆'字衍，當作'愛衆也，與愛寡也相若'。'今之世人'，當作'今世之人'。'今世'與'尚世'(尚與上同)、'後世'相對爲文也。"[②]

《晏子春秋·内篇問下》云："吾聞之，莫三人而迷，今吾以魯一國迷慮之，不免於亂，何也?"王念孫指出：

> 既言迷，不當更言亂，此迷字蓋涉上迷字而衍。魯字當在"不免於亂"上。"今吾以一國慮之，魯不免於亂"者，"以"，猶與也。言吾與一國慮之，而魯猶不免於亂也。《韓子·内儲説》作"今寡人與一國慮之，魯不免於亂"，是其證。今本"迷"字重出，"魯"字又誤在"一國"上，則文不成義。[③]

第三節　三重錯誤

除重疊現象外，若將錯誤情況排列組合，三重錯誤有二十四

①《莊子補注》卷三。
②《讀書雜志·墨子第四·大取·愛衆衆也　一若今之世人也》。
③《讀書雜志·晏子春秋第一·内篇問下·今吾以魯一國迷慮之不免於亂》。

種可能;但在一段話中,同時發生三重錯誤,在古書流傳中出現較少,改正較難,因而其準確率也不高。今僅就有代表性的四種情況各舉數例,以見一斑。

一　既譌且脱又衍

《管子·明法解》云:"明主之治國也,案其當宜,行其正理。"王念孫指出:"《群書治要》作'案賞罰行其正理'是也。下文'當賞'、'當罰'即承此句而言。今本'賞'字作'其當'二字,涉下文'其當賞者'而誤,又脱一'罰'字,衍一'宜'字。"①

《墨子·經説下》云:"論誹誹之可不可,以理之可誹,雖多誹,其誹是也。其理不可非,雖少誹,非也。"王引之認爲這段話"當作'論誹之可不可,以理之可誹不可誹。理之可誹,雖多誹,其誹是也;其理不可誹,雖少誹,非也。'今本'論誹'下,衍'誹'字,'以理之可誹'下,脱'不可誹,理之可誹'七字,'其理不可誹','誹'又譌作'非'。"②

《史記·越王句踐世家》云:"吾不貴其用智之如目見豪毛而不見其睫也。"王念孫指出:"此文本作'吾患其用智之如目,見豪毛而不自見其睫也。'只因'患'譌作'貴',後人不得其解,遂於'貴'上加'不'字耳。"王氏還指出:"不自見其睫,今本脱'自'字。《太平御覽·人事部七》引此有'自'字。"③

---

①《讀書雜志·管子第十·明法解·案其當宜》。
②《讀書雜志·墨子第四·經説下·論誹誹之可不可》。
③《讀書雜志·史記第三·越王句踐世家·不貴　不見》。

二　既譌且脱又倒

《管子·心術下》云:"是故内聚以爲原,泉之不竭,表裏遂通。泉之不涸,四支堅固。能令用之,被服四固。是故聖人一言解之,上察於天,下察於地。"王念孫校曰:

> "以爲原",當依《内業》篇作"以爲泉原"。下文"泉之不竭",即承此句言之。劉以爲缺"泉"字,是也。"表裏遂通","通"當爲"達","達"與"竭"爲韻。"被服四固"當爲"被及四圄"。據尹注,但言"被及"而不言"被服",則正文本作"被及"明矣。服字右半與及相似,故及誤爲服。"圄"與"固"亦相似,又涉上文"堅固"而誤耳。圄即圉字也。孫炎注《爾雅》曰:"圉,國之四垂也。"此言被及四圄,察於天地。《内業》篇言"窮天地,被四海",其義一也。不言四海,而言四圄者,變文協韻耳。"一言解之",當依《内業》篇,作"一言之解"。解與地爲韻,尹注皆非。①

《淮南子·脩務》篇云:"今鼓舞者,繞身若環,曾撓摩地,扶於猗那,動容轉曲,便媚擬神,身若秋葯被風,髮若結旌,騁馳若騖。"高誘注曰:"扶轉周旋,更曲意更爲之。"王念孫指出:

> 高注傳寫脱誤,當作"扶於周旋也。轉,更也。曲竟更爲之。"今本脱去"於"字、兩"也"字,"轉"字誤在"周旋"上,"竟"字又誤作"意",遂致文不成義……《太平御覽·樂部十二》引高注作:"轉,更也。曲竟,更爲之。"是其證。②

---

①《讀書雜志·管子第六·心術下·以爲原　表裏遂通　被服四固　一言解之》。劉指劉績,尹指尹知章。

②《讀書雜志·淮南内篇第十九·脩務·扶於　便媚　若騖》。

三 既訛且衍又倒

《荀子·君道》篇云:"以天下之王公莫好之也,然而于是獨好之;以天下之民莫欲之也,然而于是獨爲之。好之者貧,爲之者窮,然而于是獨猶將爲之也。"王念孫曰:

> 三"于是"皆義不可通,當依《外傳》作"是子"。"是子"二字,對上文"王公"與"民"而言。下文曰:"非于是子莫足以舉之,故舉是子而用之。"是其證。今本作"于是"者,"是子"訛爲"是于",後人因改爲"于是"耳。"莫欲之"亦當依《外傳》作"莫爲之"。"莫好之"與"獨好之"相應,"莫爲之"亦與"獨爲之"相應,今本作"欲之",則既與"爲之"不相應,又與"好之"相複矣。"于是獨猶將爲之"當作"是子猶將爲之",言雖好之者貧,爲之者窮,而是子猶將爲之也。"猶"上不當有"獨"字,蓋涉上文兩"獨"字而衍,《外傳》無。[①]

《淮南子·説林》篇云:"屠者羹藿,爲車者步行,陶者用缺盆,匠人處狹廬。"王念孫指出:

> "羹藿"本作"藿羹","藿羹"與"步行"相對爲文,諸書多言"藿羹",無言"羹藿"者,此寫者誤倒也。"爲車者步行"本作"車者步行",古者百工各以其事爲名,故《考工記》曰:"攻木之工,輪輿弓廬匠車梓。"此言車者,猶《考工記》言車人也。後人誤以車爲車馬之車,故又加"爲"字耳。"陶者"本作"陶人",與"匠人"相對爲文,今本人作者,因上二句而誤。"盧"與"廬"同。道藏本、劉本均作盧,莊改"盧"爲"廬",未

---

①《讀書雜志·荀子第四·君道·于是 莫欲之 獨猶將爲之》。

達假借之義。《太平御覽・器物部三》引此正作："屠者藿羹，車者步行，陶人用缺盆，匠人處狹廬。"[①]

《論衡・治期》篇云："吏百石以上，若升食以下。"孫詒讓指出："此當作'吏百石以下，斗食以上'，今本'下''上'互易，又訛'斗'爲'升'，遂不可通。《漢書・百官公卿表》云：'縣百石以下，有斗食佐史之秩，是爲少吏。'顔《注》引《漢官名秩簿》云：'斗食月俸十一斛。'是也。"[②]

四　既脱且衍又倒

《淮南子・説山》篇云："信有非禮而失禮。"王念孫指出："當作'信有非而禮有失'。下文'此信之非，此禮之失'，皆承此句言之。今本'而禮'二字誤倒，又脱一'有'字，衍一'禮'字，遂致文不成義。"[③]

又《淮南子・人間》篇云："夫走者，人之所以爲疾也；步者，人之所以爲遲也。今反乃以人之所爲遲者反爲疾。"王念孫校曰："此當作'今乃反以人之所以爲遲者爲疾'。上文曰：'此衆人所以爲死也，而乃反以得活。'即其證。今本'乃反'二字誤倒，又脱一'以'字，衍一'反'字。"[④]

一九八二年中華書局版《東京夢華録注》卷八《秋社》云："人家婦女皆歸外家，晚歸即外公姨舅皆以新葫蘆兒、棗兒，俗云宜良外甥。"劉益安認爲這段話"文字晦澀，很難理解。查

①《讀書雜志・淮南内篇第十七・説林・羹藿　爲車者　陶者　狹廬》。劉本，指明劉績本。莊指清莊逵吉。

②《札迻》卷九。

③《讀書雜志・淮南内篇第十六・説山・禮而失禮》。

④《讀書雜志・淮南内篇第十八・人間・今反乃以人之所爲遲者反爲疾》。

《歲時廣記》，引文作：‘人家婦女皆歸外家，晚即歸；外公姨舅皆以新葫蘆兒、棗兒爲遺。俗云：是日歸寧，宜外甥。’據此，至正本‘歸即’爲‘即歸’之誤，脱‘是日歸寧’，衍一良字，致使原文不可卒讀”。[①]

①《對新版〈東京夢華録〉注本質疑》，載《河南師大學報》一九八三年第四期。

第三章　書面材料發生錯誤的原因

書面材料發生錯誤的原因大致有兩種：一種是由客觀因素造成的，如風吹、日曬、火燒、水浸、蟲蛀等自然現象導致書面材料的亡佚、殘缺或模糊不清；一種是由主觀因素造成的。後者又有無心之誤與有心之誤兩種情況，如王念孫《讀淮南雜志叙》云："凡所訂正，共九百餘條。推其致誤之由，則傳寫訛脱者半，憑意妄改者亦半也。"陳垣《校勘學釋例・序》也稱沈家本刻《元典章》，"其間無心之誤半，有心之誤亦半"。無心之誤是由疏忽、錯覺等心理因素造成的，有心之誤則出於誤改。我們將於以下各節作進一步的探討。

第一節　致訛的原因

致訛的原因主要是人們在傳寫或刊印書籍時，對原稿或底本的字形、字音、詞義等的誤解。誤解導致誤改，其原因和呈現的形態也很複雜。今略述如次：

一　因形近而訛

不少漢字的字形相近,極易混淆。前引《抱朴子・遐覽》篇:"書三寫,魚成魯,虚成虎。"説的就是這個問題。

如《淮南子・説林》云:"褰衣涉水,至陵而不知下,未可以應變。"王念孫指出:"陵當爲陸,字之誤也。陸與水相對,作陵則非其指矣。《意林》引此正作陸。"①

司馬遷《報任少卿書》首句云:"太史公牛馬走司馬遷再拜言。"宋吴仁傑指出:"牛當作先,字之誤也。《淮南書》曰:'越王勾踐親執戈爲吴王先馬走。'"②"先馬走"猶後世所謂馬前走卒。劉向《晏子書録》就已指出了以"先"爲"牛"的現象。此外牛與午之間也易寫錯。張鷟曾判唐給事中楊珍奏狀以崔午爲崔牛之誤,斷笞三十,徵銅四斤。③

《王利器論學雜著》之《杜集校文釋例》二十三《形近之誤》云:"宋本卷第十五《寒雨朝行視園樹》:'丹桔黄甘此地無。'錢鈔本'此地'作'北地',是。按:此爲夔州詩,前《暮春題瀼西新賃草屋五首》方云:'此邦千樹桔。'何得遽云'此地無'呢?則作'此地無'者,決知其誤。"

二　因偏旁而訛

在因形近而訛的現象中,因偏旁而訛占的比重相當大。

甲　因誤增偏旁而訛

①《讀書雜志・淮南内篇第十七・説林・至陵》。
②《兩漢刊誤補遺》卷七《太史公》四。
③見《龍筋鳳髓判》卷一。

《新論·九流》篇云："農者，神農、野老、宰氏、范勝之類。"孫詒讓指出："'范'當爲'氾'。《漢志》農家《氾勝之》十八篇。"[①]

中華書局標點本《舊唐書》卷一八八《羅讓傳》謂讓"累遷至福建觀察使兼御史中丞，甚著仁惠。有以女奴遺讓者，讓問其所因。曰：本某等家人。兄姊九人，皆爲官所賣，其留者唯老母耳。讓慘然，焚其券書，以女奴歸其母。"修月云：

> 該女奴自謂"本某等家人"，"某等"是複數，一個女奴怎能分屬數人？故扞格不通。按《太平御覽》卷五百人事部《奴婢》條所載謂："有以女奴遺讓者，讓訪其所自，曰：'本某寺家人，兄姊九人，皆爲官所鬻，其留者唯老母耳。'讓慘然，焚其丹書，以歸其母。"因知《舊唐書》本傳"某等"爲"某寺"之誤。[②]

胡迎建《新發現的宋刻本邵堯夫詩集》云："《觀棋大吟》：'竇鄧緣中饋'，'饋'宋本作'貴'，指顯貴内臣。李白《古風》：'中貴多黄金'。明本增'食'旁。"[③]

乙　因誤減偏旁而訛

《論衡·累害》篇云："是故魏女色艷，鄭袖鼻之。"孫詒讓指出："'鼻'當爲'劓'。事見《戰國策·楚策》及《韓非子·内儲説下·六微篇》。"[④]

《淮南子·詮言》篇云："生有以樂也，死有以哀也。"蔣禮鴻指出："生宋本作性，是也，當據改。死字衍。性有以樂也有以哀也作一句讀。下云：'今務益性之所不能樂，而以害性之所以樂，

---

①《札迻》卷十。
②《〈舊唐書〉勘誤一例》，載《中國史研究》一九八四年第一期。
③載《古籍整理出版情況簡報》第一九三期。
④《札迻》卷九。

故雖富有天下,貴爲天子,而不免爲哀之人。'正承此句而言,豈云死而後哀哉?性誤作生,校者乃輒加死字耳。"①

丙 因誤换偏旁而訛

《史記·殷本紀》云:"於是紂乃重刑辟,有炮烙之法。"段玉裁云:"炮烙本作炮格。江鄰幾《雜志》引陳和叔云:'《漢書》作炮格。'今案《索隱》引鄒誕生云:'格,一音閣。'又云:'爲銅格,炊炭其下,使罪人步其上。'又楊倞注《荀子·議兵》篇,音古責反。觀鄒楊所音,皆是格字無疑。鄭康成注《周禮·牛人》云:'互,若今屠家縣肉格。'意紂所爲亦相似。庋格、庋閣,兩音皆可通。《吕氏春秋·過理》篇云:'肉圃爲格。'高氏注:'格以銅爲之,布火其下,以人置上,人爛墮火而死。'《列女傳》所説亦相類。是其爲格顯然,而不但以燔灼爲義。今諸書皆爲後人改作炮烙矣。"王念孫補充道:"段説是也。韓子《喻老》篇曰:'紂爲肉圃,設炮格,登糟邱,臨酒池。'肉圃、炮格、糟邱、酒池,皆相對爲文。今改炮格爲炮烙,則文不相對矣。《難勢》篇又云:'桀紂爲高臺深池,以盡民力,爲炮格以傷民性。'言設言爲,則必有所設所爲之物。今改炮格爲炮烙,則不知爲何物矣。"②

胡迎建《新發現的宋刻本邵堯夫詩集》云:"《觀棋大吟》:'今日之所强,明日之或嬴。''嬴',宋本作'羸',與'强'義相反而對仗,明本改'羸'下部'羊'爲'女',義不通。"③

①《懷任齋文集·〈淮南子〉校記》。

②段説見盧文弨《鍾山札記》卷二《炮格》。王説載《讀書雜志·史記第一·殷本紀·炮烙》。

③載《古籍整理出版情况簡報》第一九三期。

三　因字體變化而訛

漢字字體始終處於發展變化之中，書面材料當然也會隨之不斷地有所改易，這在客觀上也會造成一些新的錯誤。誠如孫詒讓《札迻・自序》所説："秦漢文籍，誼恉奥博，字例文例多與後世殊異，如荀卿書之'案'，墨翟書之'唯毋'，晏子書之以'敚'爲'對'，淮南王書之以'士'爲'武'，劉向書之以'能'爲'而'，驟讀之，幾不能通其語。復以竹帛梨棗，鈔刊婁易，則有三代文字之通叚，有秦漢篆隸之變遷，有魏晉正艸之輥淆，有六朝唐人俗書之流失，有宋元明校槧之羼改，逵徑百出，多歧亡羊，非覃思精勘，深究本原，未易得其正也。"下面我們就對因字體變化造成的訛誤作些分析。

甲　因古字而訛

《戰國策・趙策》云："夫用百萬之衆，攻戰踰年歷歲，未見一城也。"王念孫云："見當爲导。导，古得字，形與見相近，因訛爲見。下句曰'今不用兵而得城七十'，即其證也。《史記・趙世家》正作'未得一城'。"①

《晏子春秋・内篇雜下》云："名山既多矣，松柏既茂矣，望之相相然，盡目力不知厭。"王念孫校云："相相二字，於義無取。相當爲梱（音忽）。《説文》：'梱，高貌，從木曶（音忽）聲。'故山高貌亦謂之梱。梱與相字相似，世人多見相，少見梱，故梱誤爲相。此言'望之相相然'，下言'登彼相相之上'，則相爲梱之誤明矣。"②

①《讀書雜志・戰國策第二・趙・未見一城》。
②《讀書雜志・晏子春秋第二・内篇雜下・相相然》。

對此,王念孫還在《讀書雜志·淮南内篇第二十二》後序中說:“有因古字而誤者。《時則》篇:‘孟秋之月,其兵戉’,‘戉’,古鉞字也,而各本乃誤爲戈矣。《齊俗》篇:‘煎敖燎炙,齊咊,萬方。’‘齊’讀爲劑,‘咊’即甘受和之和。咊與味字相似,而各本遂誤爲味矣。《脩務》篇:‘感而不應,敀而不動。’‘敀’,古迫字也,而各本乃誤爲攻矣。”

乙　因籀文而訛

《莊子·山木》篇云:“舜之將死,真泠禹曰:女戒之哉。”陸德明指出:“真,司馬本作直。泠音零。禹,司馬云:‘泠,曉也。謂以直道曉禹也。’泠,或作命,又作令。命猶教也。”①王引之云:“直當爲卤。卤,籀文乃字,隸書作迺。卤形似直(繹山碑:“乃今皇帝”,乃字作卤,形似直字),故訛作直,又訛作真。命與令古字通。作命作令者是也。卤令禹者,乃命禹也。”②

丙　因篆文而誤

《商子·境内》篇云:“内通則積薪,積薪則燔柱。”孫詒讓云:“‘内’當爲‘穴’,篆文相似而誤。《墨子·備穴》篇云:‘古人有善攻者,穴土而入,縛柱施火,以壞吾城。’即穴攻之法也。”③

《戰國策·秦策》云:“秦王愛公孫衍,與之間有所立。”王引之云:“‘間有所立’四字,文不成義。立當爲言,間私也,謂與之私有所言也,故下文即云:‘因自謂之曰:寡人且相子。’篆文言字作[illegible],隸作[illegible],因訛而爲立。《韓子·外儲説》右篇,正作‘間有所言’。”④

---

①《經典釋文》卷二七。“司馬本”批司馬彪《莊子注》。
②《讀書雜志》餘篇上《莊子·真泠禹曰》。
③《札迻》卷五。
④《讀書雜志·戰國策第一·秦·間有所立》。

丁　因隸書而誤

《史記·秦始皇本紀》云：三十三年，“西北斥逐匈奴。自榆中並河以東，屬之陰山，以爲三十四縣，城河上爲塞。又使蒙恬渡河，取高闕、陶山、北假中，築亭障以逐戎人。”王念孫以爲：“陶山之名不見於各史志。陶當爲陰，隸書陶字或作陰，陰字或作陰，二形相似，故陰訛陶。《水經·河水注》：‘秦始皇逐匈奴，並河以東，屬之陰山。’今本陰訛作陶，即其證也。”①

《論衡·謝短》篇：“服革於腰，佩刀於右，舞劍於左，何人備？”孫詒讓指出：“‘舞’當作‘帶’，隸書‘帶’字或作‘帶’，又變作‘帶’（《禮記·雜記》‘率帶’，《釋文》云：‘本又作帶。’漢孟郁脩《堯廟碑》《張壽碑》‘帶’並作‘帶’）與‘舞’形近而誤。”②

戊　因草書而訛

《淮南子·原道》篇：“是故鞭噬狗、策蹏馬而欲教之，雖伊尹、造父弗能化，欲寅之心亡於中，則飢虎可尾，何況狗馬之類乎？”王念孫校云：

“欲寅之心”，“寅”當爲“宍”，字之誤也。宍與肉同。（《干禄字書》云：“宍，肉。上俗下正。”《廣韻》亦云：“肉俗作宍。”《墨子·迎敵祠》篇：“狗彘豚鷄食其宍。”《大元元數》：“爲食爲宍。”）欲肉者，欲食肉也。諸本及莊本，皆作欲害之心，害亦宍之誤。（害字草書作宍，與宍相似）《文子·道原》篇亦誤作害，劉績注云：“古肉字。”則劉本作宍可知，而今本亦作害。蓋世人多見害，少見宍，故傳寫皆誤也。（《吴越春秋·句踐陰謀外傳》：“斷竹續竹，飛土逐宍。”今本宍誤作害。《論衡·感虚》篇“厨門木象生肉足”，今本《風俗通義》，

①《讀書雜志·史記第一·秦始皇本紀·陶山》。

②《札迻》卷九。

肉作害。害亦宎之誤)[①]

顧廣圻復指出:"欲宎之心亡於中,宋本宎未誤寅。"[②]從而證實了王念孫所校不誤。

又,《陳垣史源學雜文·書十七史商榷第一條後》亦舉一例:"李勉百衲琴事,出唐人李綽撰《尚書故實》,韋絢《劉賓客嘉話録》亦載之。今《學海類編》本《劉賓客嘉話》作李汧公勉取桐絲之精者雜綴爲琴。桐絲當作桐孫,草書相似而訛也,《寶顔堂秘笈》本《尚書故實》正作桐孫。桐孫者,桐之幼枝。《太平御覽》九五六引《風俗通》云:'梧桐生於嶧山陽岩石之上,采東南孫枝爲琴,聲甚清雅。'《庾子山集》五《詠樹》詩'楓子留爲式,桐孫待作琴',以孫對子,是也。"

己 因俗字而訛

所謂俗字是指在民間流行的通俗字體。潘重規曾將敦煌俗寫的習慣歸納成:"字形無定、偏旁無定、繁簡無定、行草無定、通假無定、標點無定等條例。字形無定,如雨、兩不分,人、入不分等;偏旁無定,如木、扌不分,忄、巾不分等;繁簡無定,如佛作仏、蘭作蘭等;行草無定,如風作[illegible]、通作[illegible]等;通假無定,如知麽作知磨,今宵作金宵等;標點符號也和現代通用符號大不相同,如删除符號作'卜'等。"[③]

俗字當然也會反映在書面材料中,《九經三傳沿革例》已云:"開元所書《五經》,往往以俗字易舊文,如以頗爲陂,以便爲平之類更多。"[④]對俗字缺乏了解,同樣會使書面材料出現訛誤。

---

①《讀書雜志·淮南内篇第一·原道·欲寅之心》。

②《讀書雜志·淮南内篇補》。

③《敦煌卷子俗寫文字與俗文學》,載《"中研院"國際漢學會議論文集》,一九八一年十月。

④《九經三傳沿革例·字畫》。

《逸周書・大聚》篇云："闢閈修道。"王念孫指出："闢閈修道，文不成義。閈本作關。闢關修道，皆所以來遠人。故下文言'遠旅來至，關人易資'也。俗書關字作閞，閈字作開，二形相似而誤。《玉海》二十四、六十引此並作辟關。"[①]

郭在貽、張涌泉亦曾就此舉例云：

> 《敦煌變文集・百鳥名》："花没鴿，色能姜，一生愛踏伽藍地。"（頁八五三）文中的"能"相當於"恁"，表"如此"的意思。（詳《敦煌變文字義通釋》）如同篇下文："青雀兒，色能青。""能"字義同。但"色能青"好懂，而"色能姜"則費解，顯然文字上有錯誤。蔣禮鴻先生在《敦煌變文字義通釋》"能"條下引了這句話，校"姜"爲"美"，但没有説明理由。考"美"字俗書或作"羙"，（慧琳《一切經音義》卷十："美，《説文》從羊從大，經從父作羙，非也。"）如《敦煌變文集・父母恩重經講經文》："長大了擇時騁與人，[②]六親九族皆歡美。"（頁六八六）原卷伯二四一八"美"作"羙"，是其例。"羙""姜"形至近，"色能姜"之"姜"顯然就是"羙"字形近之誤，"羙"則又是美的俗書。[③]

庚　因簡化字而訛

一九六四年五月，中國文字改革委員會編出《簡化字總表》，作爲使用簡化字的規範，共計二千二百三十八個簡化字，一共簡化了二千二百六十四個繁體字。一九七七年十二月，中國文字改革委員會又公布了《第二次漢字簡化方案》（草案）。書面材料在繁體字轉换爲簡化字、簡化字轉换爲繁體字的過程中，往往會

---

①《讀書雜志・逸周書第二・大聚・闢閈修道》。
②案騁爲聘之誤字。
③《俗字研究與古籍整理》，載《古籍整理與研究》第五期。

出現一些訛誤。如：

江西人民出版社一九八三年版《周邦彦集》附有清真集詩文輯佚一卷，其中《楚村道中之一》云："果逢南使還，冯寄好消息。"謝思煒指出："'冯'爲'馮'的簡化字，'馮'的本字應是'憑'，即憑借的憑，選用簡化字當選用'凭'字，不可用'冯'字。"①

同恕《榘庵集》卷十二《壽趙翁九十》詩："正大天興事不遺，白閒春染黑絲絲。……緑酒辦誰留此日，青山能我對當時。"第二句裏的"閒"字，《全元詩》初校者把它看作"閑"字的異體，並依現在規範化的漢字，改閒作"閑"。李知文指出："'閒'字在這裏有其特定的讀音與釋義，可改作現在規範化的'間'（间），讀jiān。如果寫成'閑'（闲），則音義俱失，變得不可解了。'白閒春染黑絲絲'，謂趙翁心有春意，精神愉快，白髮的間隙中生出纖細的黑髮，意即越活越年輕。"②這裏也可看出簡化字有其局限性，增加了整理與閱讀古書的困難。

中華書局點校本《穀山筆麈》云："處士以虛名被徵爲世所譏者，代有一人焉。漢之樊英、唐之田游岩、宋之種放、國朝之吴與弼是也。"王邁指出："此誤以种爲種之簡體，排版或過録，誤翻爲種。按《姓源》，种爲仲山甫之後，避仇改爲种。望出河南。种放雖爲時人所譏，但其兄子世衡以下，世出名將，亦可欽之族姓也。小説《水滸》亦有老种經略相公。种非稀姓，不應有誤。"③

四　因重文作二畫而訛

明楊慎云："古鐘鼎銘文'子=孫='，字皆不複書，漢石經改

①《周邦彦集點校失誤舉例》，載《古籍整理出版情況簡報》第一七五期。

②《略論校異文與校是非》，載《古籍整理出版情況簡報》第一九七期。

③《古籍整理中出現的字誤》，載《古籍整理出版情況簡報》第一八一期。

篆爲八分,如《易》之'乾〻'、《書》之'安〻',亦如之,今行草皆然,竟不知其何義也?嘗質之李文正公,公曰:'〻乃古文上字,言字同於上,省複書也。千古書流,習而不察,關係雖小,亦所當知。'"①

清俞樾於此亦曾舉例云:"古人遇重文,止於字下加二畫以識之,傳寫乃有致誤者。如《詩·碩鼠》篇:'逝將去女,適彼樂土;樂土樂土,爰得我所。'《韓詩外傳》兩引此文,並作'逝將去女,適彼樂土;適彼樂土,爰得我所。'又引次章亦云:'逝將去女,適彼樂國;適彼樂國,爰得我直。'此當以韓詩爲正。《詩》中疊句成文者甚多。如《中谷有蓷》篇疊'慨其歎矣'兩句,《丘中有麻》篇疊'彼留子嗟'兩句,皆是也。毛、韓本當不異。因疊句從省不書,止作'適〻彼〻樂〻土〻',傳寫誤作'樂土樂土'耳。下二章同此。"②

重文符號還有作其他形式的,也可能産生訛誤。如中華書局一九八三年版《王梵志詩校輯》第二五一首詩云:"生促死路長,久住何益當。"郭在貽指出:"原文當爲'生促死路長,長住何益當'。下句'長'字寫一個重文符號'々',《校輯》誤録爲'久'。"③

陳垣也曾指出:"古書遇重文,多作二畫。元刻《元典章》重文多作兩點,沈刻既改爲工楷,故有兩點變成'二'字者:吏五三二'止於本等官上許進一階,二滿者更不在封贈之限。''二滿'應作'階滿'。"又云:"元刻《元典章》重文有作'又'字者,元小字旁寫,沈刻改爲正寫,義遂不明。"如:"刑十一七:'三犯徒者流,又而再犯者死。'應作'流而再犯者死'。"④

---

①《升庵文集》卷六三《篆書重疊字》。李文正公指李東陽。

②《古書疑義舉例》卷五之六五《重文作二畫而致誤例》。

③《〈王梵志詩校輯〉誤校示例》,載《古籍整理出版情況簡報》第一八四期。

④《校勘學釋例》卷二第十七《重文誤爲二字例》。沈指沈家本。

重文符號尚有表示句子重複的,忽略此點也會導致書面材料訛誤,如上海文藝出版社一九八二年版《中國十大古典悲劇集》本李玉《清忠譜》第五折有句唱詞:"滔滔怒浪生生是英英伍相靈。"徐沁君指出:"《古本戲曲叢刊》第三集影印清順治年間樹滋堂刻本在'浪'字斷句,誤,今標點之誤即承此。原刻本'生'字原有一個重文符號,是表示疊句,不是表示疊一個字。按律,'滔滔怒浪生'常疊句,'生'字押韻。所以應點作'滔滔怒浪生,滔滔怒浪生,是英英伍相靈。'"①

五 因闕字作空圍而訛

周亮工云:"古逸書,如《穆天子傳》《汲冢周書》類,凡闕字類作□。武王几銘:'皇皇惟敬,□□生垢,□戕□'亦闕文也。鍾、譚目□爲口字。友夏云:四口字疊出,妙語不以爲纖。伯敬云:讀口戕口三字,竦然骨驚。不知几銘與四口字何涉,可發一噱。"②這段話介紹了一些人不知道空圍是闕字的標志,而誤當成口字所鬧出的笑話。而書面材料也確有因闕字作空圍而致誤的現象,俞樾曾就同一事例分析道:

> 校書遇有缺字,不敢臆補,乃作□以識之,亦闕疑之意也。乃傳寫有因此致誤者。大戴記《武王踐阼》篇:"几之銘曰:'皇皇惟敬,口生咶,口戕口。'"盧注曰:"咶,恥也。言爲君子榮辱之主,可不慎乎?咶,咶詈也。"孔氏廣森《補注》曰:"咶有兩訓,疑記文本作'咶生咶',故盧意謂君有咶恥之

①《〈清忠譜〉整理本校點的失誤》,載《古籍整理出版情況簡報》第一五四期。

②《書影》卷二《古逸書闕字作□》。鍾惺、伯敬及譚元春、友夏評語並見《古詩歸》卷一。

言，則致人之呞詈也。"按：此説是也。惟其由呞生呞，故謂之"口戕口"。今作"口生呞"者，蓋傳寫奪"呞"字，校者作空圍以記之，則爲"□生呞"，遂誤作"口生呞"矣。[①]

《管子·地數》篇云："請刈其莞而樹之，吾謹逃其蚤牙。"孫詒讓云："'吾'當爲'五'，下又挩'穀'字。'請刈其莞而樹之五穀'，言芟艸而蓺穀也，傳本挩'穀'字，校者於五下著一□，寫者不審，遂並爲'吾'字矣。"[②]

下面一例也屬於這種情況。張元濟《校史隨筆·南齊書·地名脱誤》云："《州郡志》上，南徐州南平昌郡安丘縣下，有新樂、東武、高密三縣。又越州齊寧郡開城縣下，有延海、新邑、建初三縣，明監本、汲古本均有之，而殿本均佚。又末行齊隆郡，殿本注先屬交州，中改爲關州，永泰元年改爲齊隆，還屬關州。按是本無兩'關'字，惟原文漫漶不可辨，三朝本同，汲古本各空一格，明監本則各注'闕'字，殿本遂誤闕爲關，郡名無改稱爲關之理，且當時亦無所謂關州也。"

六　因字形缺壞而訛

《戰國策·宋策》云："（宋康王）射天笞地，斬社稷而焚滅之……罵國老諫曰。"鮑改"諫曰"爲"諫臣"（見吴校本）。王念孫指出："'曰'與'臣'形聲俱不相近，若本是臣字，無緣誤爲曰。考《太平御覽·人事部》引此作'罵國老諫者'。《賈子·春秋》篇、《新序·雜事》篇，並作'罵國老之諫者'。則舊本'曰'字乃'者'字脱去上半耳，且諫者即指國老而言，蓋群臣莫敢諫，唯國老尚

---

①《古書疑義舉例》卷五之六七《闕字作空圍而致誤例》。盧指北周盧辯。

②《札迻》卷四。

有諫者,而康王罵之也。鮑不達而以意改之,斯爲妄矣。"[①]

又錢大昕嘗云:"《續漢書·郡國志》:吴郡有安縣。考前書、晉宋志皆無之。此《志》亦不載何年置,前無所承,後無所並,疑即婁之壞字。因婁訛爲安,校書家不能是正,疑有脱漏,又增婁於無錫之後,並改十二城爲十三。盧熊《蘇州府志》謂東漢省錢唐而增安縣,又謂建安中孫權以安縣屬屯田典農校尉,當在無錫以西。然沈約《志》初無以安屬屯田典農校尉之説,未審盧氏何據?大約後人臆造耳。監本無婁字,新刊本依宋本增之。其實宋本未必是,監本未必非也。《漢志》'婁縣'下云:有南武城,闔閭所築以備越。續《志》安縣下注:《越絶》云:有西岑冢,越王孫開所立,以備春申君,使其子守之。子死,遂葬城中。兩縣俱有備越遺迹,益信安與婁非二地矣。"[②]

七　一字訛爲兩字

《戰國策·秦策》云:"范雎至秦,王庭迎,謂范雎曰:'寡人宜以身受令久矣。今者義渠之事急,寡人日自請太后。今義渠之事已,寡人乃得以身受命。'"王念孫云:"既云今義渠之事已,則上文義渠之事急二句,乃追叙之詞,不得言今者。《史記·范雎傳》作'會義渠之事急'是也。言適會義渠之事急,故寡人不得以身受命耳。今者二字,即一會字之訛。"[③]

《國語·晉語》云:"吾觀晉公子,賢人也。其從者,皆國相也。以相一人,必得晉國。"俞樾云:"僖二十三年《左傳》曰:'吾

---

①《讀書雜志·戰國策第三·宋·罵國老諫曰》。吴校本,指吴師道校本。
②《十駕齋養新録》卷六《安縣即婁縣之訛》。
③《讀書雜志·戰國策第一·秦·今者》。

觀晉公子之從者，皆足以相國；若以相，夫子必反其國。'疑此文'一人'二字乃'夫'字之誤。'以相'絶句，即《左傳》所謂'若以相'也。'夫必得晉國'絶句，即《左傳》所謂'夫子必反其國'也。'夫'者，指目其人之辭，説詳襄二十三年《左傳正義》。今誤作'一人'二字，義不可通矣。"①

八　兩字譌爲一字

《戰國策·趙策》云："太后明謂左右：'有復言令長安君爲質者，老婦必唾其面。'左師觸讋願見太后，太后盛氣而揖之。"元吴師道曰："觸讋，姚云：'一本無言字，史亦作龍。'案《説苑》(《敬慎》篇)：'魯哀公問孔子，夏桀之臣，有左師觸龍者，諂諛不正。'人名或有同者，此當從讋以别之。"②王念孫糾之云：

> 吴説非也，此策及《趙世家》，皆作"左師觸龍言願見太后"，今本龍言二字誤合爲讋耳。太后聞觸龍願見之言，故盛氣以待之，若無言字，則文義不明。據姚云，一本無言字，則姚本有言字明矣，而今刻姚本亦無言字，則後人依鮑本改之也。《漢書·古今人表》正作左師觸龍。又《荀子·議兵》篇注曰："《戰國策》：'趙有左師觸龍。'"《太平御覽·人事部》引此策曰："左師觸龍言願見"，皆其明證矣。又《荀子·臣道》篇曰："若曹觸龍之於紂者，可謂國賊矣。"《史記·高祖功臣侯者表》有臨轅夷侯戚觸龍；《惠景閒侯者表》有山都敬侯王觸龍。是古人多以觸龍爲名，未有名觸讋者。③

---

①《古書疑義舉例》卷五之六三《一字誤爲二字例》。

②《戰國策校注》卷六《趙》。

③《讀書雜志·戰國策第二·趙·觸讋》。姚指宋姚宏。

一九七三年十二月在長沙馬王堆三號漢墓出土的帛書《戰國縱横家書》作"左師觸龍言願見"①,從而證實了王説的正確。

又,張元濟《校史隨筆·南齊書·舌中血出》云:"殿本《紀》第一:'秉弟遐坐通嫡母殷氏養女,殷舌中血出,衆疑行毒害。'三朝本、汲古本均作'殷言中血出'。言字不可通,明監本改爲舌字。然其人生存,僅僅舌中血出,何足以云毒害,是本乃作'殷亡,口中血出',原板'亡口'二字略小,墨印稍溢,遂相混合。由'亡口'而誤爲'言',由'言'而變爲'舌',愈離愈遠矣。按《宋書·長沙景王道憐傳》:'義宗子遐,字彦道,與嫡母殷養女雲敷私通,殷每禁之。殷暴卒,未大殮,口鼻流血。'與是本'殷亡口中血出'云云相合,殿本沿監本之訛,而案情輕重,相去不可以道里計矣。"②

九 因假借字而訛

字音相同或相近是書面材料致訛的主要原因之一。陸德明《經典釋文序》引鄭玄云:"其始書之也,倉卒無其字,或以音類比方,假借爲之,趣於近之而已。受之者非一邦之人,人用其鄉,同言異字,同字異言,於兹遂生矣。"今舉例略述如下:

甲 因音同而訛

《論衡·案書》篇云:"韓非著書,李斯採以言事;楊子雲作《太玄》,侯鋪子隨而宣之。非、私同門,雲、鋪共朝。"孫詒讓指出:"'私',當作'斯'",音同而誤。③

一九七五年,在江西星子縣横塘鄉開挖排水溝時,出土了一

①《戰國縱横家書》,文物出版社一九七六年版。

②"是本"指宋治平二年(一〇六五)刻本。

③《札迻》卷九。

座宋墓，墓中發現兩部宋本邵堯夫詩集：一部題爲《重刊邵堯夫擊壤集》，一部題爲《邵堯夫先生全集》。胡迎建取之與今傳明刊本《擊壤集》相校，發現集中《年老逢春》詩有云："故宅廢功除瓦礫，新畦加意種蘭薰。""'廢'，宋本作'費'。'費'與'加'俱爲動詞，對仗。明本字以同音而誤。"①

乙　因音近而訛

《禮記·禮運》云："大夫死宗廟，謂之變。"鄭玄注："變當爲辯，聲之誤也。辯猶正也。"孔穎達疏曰："讀爲辯，辯即正也。以聲相近，故致字誤。"②又，《禮記·大學》云："見賢而不能舉，舉而不能先，命也。"鄭玄注曰："'命'讀爲'慢'，聲之誤也。舉賢而不能使君以先己，是輕慢於舉人也。"③

又，胡静《〈明史·李自成傳〉勘誤一則》云："《明史·李自成傳》載，清順治二年，'自成走延寧、蒲圻，至通城，竄於九宮山。'李自成是否到過通城，本文不願涉及。但至於延寧一名，查《明史·地理志》《寰宇通志》及《讀史方輿紀要》，皆無蹤影。按：'延寧'爲'咸寧'之誤，即今湖北咸寧縣。延寧、咸寧音近而誤。據《綏寇紀略》卷九：'自成將東下，遇風雹，乃以四月二十四日改由金牛、保安走咸寧、蒲圻至通城，竄九宫山。'光緒十一年重修《武昌縣志》卷八：'李自成主武昌，謀奪舟南下，改由金牛、保安，走咸寧、蒲圻過通城。'即是咸寧誤爲延寧的確證。"④

此外，古代漢語裏同音或音近的字的通用或假借，即所謂古音通假，已見前引鄭玄之説。不了解這種情況，或缺少這方面的知識，也會導致書面材料的訛誤。如中華書局一九八三年版張

①《新發現的宋刻本邵堯夫詩集》，載《古籍整理出版情況簡報》第一九三期。
②《禮記正義》卷二二。
③《禮記正義》卷六〇。
④載《史學月刊》一九八四年第四期。

錫厚《王梵志詩校輯》第七十九首詩云:“東西無濟着,到處即安居。”校記:“安居,原作女居,據文義改。”郭在貽指出:“‘女’即‘汝’字通假,不必改。”[①]

丙 因希圖省筆用同音字而訛

陳垣説:“何謂希圖省筆? 廣州音‘黄’‘王’不分,今沈刻《元典章》多誤‘黄’爲‘王’,但不見誤‘王’爲‘黄’,則不過希圖省筆而已,蓋以爲更人姓名無關重輕也。”並舉例道:“刑九十一庫官王慶,元作‘黄慶’。刑十六廿六王喜兒,元作‘黄喜兒’。”[②]

十 因字習見與否而訛

書面材料中的不習見字爲習見字所代替,這也是經常出現的錯誤原因之一。如《淮南子·説山》篇云:“視日者眩,聽雷者聾。”王念孫校云:“人視日則眩,聽雷則未必聾也。《玉篇》:‘聵,女江切。《淮南子》曰:“聽雷者聵。”注云:“耳中聵聵然。《埤蒼》云:耳中聲也。”’(《廣韻》與《埤蒼》同)據此則古本作‘聽雷者聵’,今本‘聵’作‘聾’,而無‘耳中聵聵’之注,則後人以意删改之耳。”[③]這顯然是因爲人們習見聾而少見聵的緣故。

不習見的多音節詞中的某個字,往往也會被習見的多音節詞中的某個字所代替。如《淮南子·覽冥》篇云:“鳳皇之翔至德也,雷霆不作,風雨不興,川谷不澹,草木不摇。而燕雀佼之,以爲不能與之争於宇宙之間。”《注》:“宇,屋簷也。宙,棟梁也。《易》曰:上棟下宇。”王叔岷曰:

---

①《〈王梵志詩校輯〉誤校示例》,載《古籍整理出版情況簡報》第一八四期。

②《校勘學釋例》卷二第十三《聲近而誤例》。

③《讀書雜志·淮南内篇第十四·説山·聽雷者聾》。

"宇宙"當作"宇楝",高《注》本作"宇,屋簷也。楝,梁也。《易》曰:上楝下宇。"釋宇楝之義後,又引《易》以證之也。世人習見宇宙連文,罕見宇楝連文,傳寫遂誤爲宇宙,又於《注》文"楝"上妄加"宙"字耳。燕雀所適,在於宇楝,故輕侮鳳皇,以爲不能與之争於宇楝之間也。若作宇宙,則不倫矣。①

不習見人名往往也會被習見人名所代替。如《管子·小匡》篇云:"故使鮑叔牙爲大諫。"王念孫指出:"鮑叔牙本作東郭牙。下文管仲曰:'犯君顔色,進諫必忠,不辟死亡,不撓富貴,臣不如東郭牙,請立以爲大諫。'是其證。《晏子春秋·問》篇、《吕氏春秋·勿躬》篇、《韓子·外儲説》左篇、《新序·雜事》篇並同。世人多聞鮑叔牙,寡聞東郭牙,故以意改之耳。"②

十一　因上下文而訛

甲　因上文而訛

《管子·形勢》篇云:"蛟龍得水,而神可立也;虎豹得幽,而威可載也。"王念孫曰:"得幽,當依明仿宋本及朱東光本作託幽,此涉上句'得'字而誤,後《形勢解》正作'託幽'。"③

又,《漢書·張馮汲鄭傳》云:"河内失火,燒千餘家。上使黯往視之。還報曰:家人失火,屋比延燒,不足憂。臣過河内,河内貧人傷水旱萬餘家,或父子相食。臣謹以便宜持節,發河内倉

①《校讎通例》八八《習見連文之誤》,載《歷史語言研究所集刊》第二十三本下册。
②《讀書雜志·管子第四·小匡·鮑叔牙》。
③《讀書雜志·管子第一·形勢·得幽》。

粟,以振貧民。”王念孫以爲:“《史記》‘臣過河内’及‘河内貧人’、‘河内倉粟’,三‘河内’並作‘河南’,唯上文‘河内失火’作‘河内’。”並分析道:

> 《史記》是也。蓋河内失火,武帝使黯往視,道經河南,見貧民傷水旱,因發倉粟振之。是黯未至河内,先過河南,故曰“臣過河南”。若黯已至河内,而發粟振民,則當云“臣至河内”,不得言“過”矣。《漢書》後三“河内”,皆因上文“河内失火”而誤。[①]

乙 因上文偏旁而訛

《莊子·外物》篇:“魚不畏網,而畏鵜鶘。”王叔岷云:“鶘當作胡,此因鵜字而誤加鳥旁也。《六帖》九八引無鶘字。《劉子新論·去情》篇:‘魚不畏網,而畏鵜’,即用此文,亦無鶘字。唐寫本,鵜鶘作鵜胡。此鳥本單呼鵜,以其頷下胡大能抒水,(詳《詩·曹風·候人》正義引陸璣疏)故又名鵜胡,則作鵜鶘者,非也。舊鈔卷子本原亦作鵜胡,後又將胡字塗去,而改爲鶘,反失古本之舊矣。”[②]

又,王利器《杜集校文釋例》三十一《涉上下偏旁而誤》云:“宋刊門類增廣十注本卷第四《别李義》:‘憶惜初見時。’宋刊本作‘憶昔初見時。’此涉上文而妄沾偏旁也。”[③]

丙 因下文而訛

《吕氏春秋·適音》篇:“觀其音而知其俗矣,觀其政而知其主矣。”王叔岷謂:“上觀字當作聽,《淮南子·主術》篇:‘聽其音則知其俗’(《文子·精誠》篇作:‘聽其音則知其風’),即本此文,

---

①《讀書雜志·漢書第九·張馮汲鄭傳·河内》。
②《校讎通例》九《因偏旁而誤加》,載《歷史語言研究所集刊》第二十三本下册。
③載《王利器論學雜著》。

字正作聽。今本作觀，蓋涉下觀字而誤。《先初》篇：'是故聞其聲而知其風。'(《注》：風，俗。)聞猶聽也，可爲旁證。"[①]

又，《吴越春秋·吴太伯傳》云："古公曰：'君子不以養害害所養。'"孫詒讓云："此文不可通，當作'君子不以養者害所養'。徐《注》引《孟子》可證。此'者'字涉下'害'字而誤。"[②]

丁　因下文偏旁而訛

《詩經·周南·關雎》云："悠哉悠哉，輾轉反側。"王引之指出："展字因轉字而誤加車(《説文》車部無輾字。尸部：'展，轉也。'則展與轉同義，故以展轉連文。《釋文》：'輾，本亦作展。'是舊本尚有不誤者)。"[③]

又，《管子·輕重》篇云："紲繑而踵相隨。"王念孫以爲："繑與屩同(《集韻》：'屩，或作繑。')，紲當作曳。曳，引也。言引屩而踵相隨也。今作紲者，因繑字而誤加糸耳。"[④]

十二　因注文而訛

《韓非子·外儲説》左篇云："吾父獨冬不失袴。"舊注曰："刖足者不衣袴，雖終其冬夏，無所損失也。"俞樾云："正文本作'吾父獨終不失袴'，故注以'終其冬夏無所損失'釋之。今作'冬不失袴'，即涉注文而誤'終'爲'冬'。"[⑤]

《淮南子·覽冥》篇云："羽翼弱水，暮宿風穴。"王念孫云："'羽翼弱水'四字，文不成義。'羽翼'當爲'濯羽'，故高《注》云：

①《校讎通例》三《涉上下文而誤》，載《歷史語言研究所集刊》第二十三本下册。
②《札迻》卷三《吴越春秋》。徐指徐天祐。
③《經義述聞》卷三二《通説》下《上下相因而誤》。
④《讀書雜志·管子第十二·輕重戊·紲繑》。
⑤《古書疑義舉例》卷五之五六《涉注文而誤例》。

'濯羽翼於弱水之上。'今本作'羽翼',即涉注内羽翼而誤也。舊本《北堂書鈔·地部二·穴下》引此正作'濯羽弱水,暮宿風穴。'(陳禹謨本删去)《文選·辯命論》注、《白帖》九十四並同。《説文》'鳳濯羽弱水,莫宿風穴',即用《淮南》之文。"[①]

十三　因誤改而訛

古人校書,因誤改致訛見譏,《顔氏家訓·書證》篇多有其例。唐初顔師古《漢書叙例》已謂:"《漢書》舊文多有古字,解説之後,屢經遷易。後人習讀,以意刊改,傳寫既多,彌更淺俗。"蘇軾《東坡志林》復云:"近世人輕以意改書,鄙淺之人,好惡多同,從而和之者衆,遂使古書日就訛舛,深可忿疾!"顧炎武亦稱:"三代《六經》之音,失其傳也久矣。其文之存於世者,多後人所不能通;以其不能通而輒以今世之音改之,於是乎有改經之病,始自唐明皇改《尚書》,而後人往往效之。然猶曰舊爲某,今改爲某,則其本文猶在也。至於近日,鋟本盛行,而凡先秦以下之書,率臆輕改,不復言其舊爲某,則古人之音亡而文亦亡,此尤可嘆也。"[②]顧千里亦云:"予性素好鉛槧,從事稍久,始悟書籍之訛,實由於校。據其所知,改所不知,通人類然,流俗無論矣。"[③]今將誤改書面材料的情況分類舉例如下:

甲　因不明詞義而改

《戰國策·趙策》云:"魯連見辛垣衍,辛垣衍曰:'吾視居此圍城之中者,皆有求於平原君者也。今吾視先生之玉貌,非有求於平原君者,曷爲久居若圍城之中而不去也。'"王念孫指出:"鮑

---

①《讀書雜志·淮南内篇第六·覽冥·羽翼》。

②《亭林文集》卷四《答李子德書》。

③《思適齋集》卷一五《書文苑英華辨證後》。

據上文及《史記·魯仲連傳》，改'若'爲'此'，吴云：'若'，疑'居'字訛衍。"並分析道：

> 鮑之改，吴之疑，皆非也。若，猶此也。隱四年《公羊傳》："以子翬恐若其言聞乎桓"，謂此其言也。莊四年《傳》："有明天子，則襄公得爲若行乎"，謂此行也。《論語·公冶長》篇："君子哉若人"，謂此人也。古字或兼數義，後人不能徧識，或改之，或删之，而古義寖亡矣。[1]

不明詩文中所用成語典故，也可能導致誤改。佚名《漫叟詩話·黄山谷用船官事》："'王侯文采似於菟，洪甥人間汗血駒。相將問道城南隅，無屋止借船官居。'或云當作'官船居'，非也。庾子山賦云：'風吹雲夢，凍合船官'，注：'船官，官船也。'凡讀人詩，不可以臆見擅改字。"[2]郎瑛亦云："東坡《跋和靖詩集》：'詩如東野不言寒，書似西臺差少骨。'蓋西臺乃南唐李建中，今因不知李而改爲西施，謬解遠矣。"[3]

乙　因不明通假而改

蔣禮鴻云："周邦彦《漁家傲》詞：'賴有蛾眉煖客，長歌屢勸金杯側。'各本都作'煖客'，鄭文焯疑'煖'是錯字，據《西泠詞萃》本改作'緩'，'緩客'反而不可通了。他不知道'煖、暖、軟'都是'餪'的假借字，唐宋以來有軟脚、暖房、煖女、暖壽等説法，是以酒食餉人的意思。《集韻》上聲二十四緩韻：'餪，乃管切（作者按：這正與"煖"同音），《博雅》："餪、餫，饋也。"一曰：女嫁三日後餉女曰餪女。'宋代學者宋祁曾改正兒媳家裏送食物書的'煖父'

①《讀書雜志·戰國策第二·趙·久居若圍城之中》。鮑指鮑彪，吴指吴師道。

②《宋詩話輯佚》卷上。

③《七修類稿》卷四二《和靖詩刻》。案：蘇詩原文作"差少肉"，此肉作骨，蓋郎瑛誤記也。

爲‘餪女’，見邵博《邵氏聞見後録》卷二十九。由此可知，‘煖客’和‘餪女’一樣，都是以酒食餉人之意，所以周詞下句是‘長歌屢勸金杯側’。鄭氏不知宋人俗間常語，也不知溯源於《博雅》的‘餪’，輕信《詞萃》，以誤改不誤，其所以然之故，就是不通訓詁。”①

又張錫厚《王梵志詩校輯》録王梵志詩云：“人有七貧時，七富還相報。從財不顧人，且看來時道。”校曰：“從，原作‘徒’，據大藏本改。”袁賓指出：“‘從財’不辭，改‘徒’作‘從’，誤。‘徒’係‘圖’的同音借字。敦煌卷子中常見借‘徒’爲‘圖’例，如《捉季布傳文》：‘爲立千金搜季布，家家圖賞罷耕耘。’（《敦煌變文集》六十七頁）例中‘圖’字，原卷即作‘徒’，係據他本校改。（參《變文集》原校記）又梵志詩《夫婦擬百年》：‘入户圖衣食，不肯知家事。’（一百八十五頁）‘圖’原亦作‘徒’，《校輯》校改爲‘圖’，是，可作本例之證。”②

丙　因不審文義而改

没有把詩文意思弄明白而誤改的現象，也常常出現。如《逸周書·明堂》篇云：“天子之位，負斧扆南面立，率公卿士，侍於左右。”王念孫校云：

> “率公卿士”本作“群公卿士”。“侍於左右”，謂侍於周公之左右也。今本作“率公卿士”者，後人不曉文義而改之耳。上文既言“周公攝政，君天下，大朝諸侯於明堂之位”，則此“負扆南面立”者，即周公也。乃又言“率公卿士，侍於左右”，則“率公卿士”者，果何人耶？此理之不可通者也。

①《懷任齋文集·誤校七例》。

②《〈王梵志詩校輯〉校釋補正》，載《社會科學》一九八五年第六期。

《玉海》九十五引此正作“群公卿士”。[①]

又,蔣禮鴻指出:

> 沈括《夢溪筆談·雜志一》:“嘉祐中,蘇州崑山縣海上,有一船,桅折,風飄抵岸。……蓋東夷之臣屬高麗者。……時贊善大夫韓正彦知崑山縣事,召其人,犒以酒食。食罷,以手捧首而輾,意若歡感。”王秉恩校“輾”爲“驒”,他的意思是“驒然”是笑貌,同“歡感”相應。然而他没有考慮到,假如是笑,那明明是“歡”了,“意若”這兩個字豈非多餘?他也没有考慮到船上來的是殊方異俗之人,自有其表示歡喜和感激的動作方式。這個“輾”就是打滚。洪邁《夷堅丁志·閻四老》:“方城縣鄉民閻四老,得疾已亟,忽語其子曰:‘吾且爲驢,試視我打輾。’即翹足仰身,翻復作勢,其狀真與驢等。”王氏没有從異域情調設想,隨便改字,未免把文章看得簡單了。[②]

不明詩意、詞意而改字的現象也不少。楊慎嘗云:“古人詩句,不知其用意用事,妄改一字,便不佳。孟蜀牛嶠《楊柳枝詞》:‘吴王宫裏色偏深,一簇烟條萬縷金。不分錢唐蘇小小,引郎松下結同心。’按古樂府《小小歌》有云:‘妾乘油壁車,郎乘青驄馬。何處結同心,西陵松柏下。’牛詩用此意詠柳而貶松,唐人所謂尊題格也。後人改‘松下’作‘枝下’,語義索然矣。”[③]蔣禮鴻也指出:“文章的意義要通貫,文字中間自然也有脈絡可尋,不審察文字中間的脈絡,就難免有輕易改竄或割裂的危險。例如周邦彦

---

①《讀書雜志·逸周書第三·明堂·率公卿士》。

②《懷任齋文集·校勘略説》。

③王仲鏞箋證本《升庵詩話》卷五《松下》,上海古籍出版社一九八七年。

《蝶戀花》詞:'不見長條低拂酒,贈行應已輸先手。'各本都作'先手',勞巽卿抄校本作'纖手',鄭文焯從勞氏改'纖'。按:古人折柳贈别,'不見長條',是因爲已被先前送行的人折掉,現在再要折贈,已經遲了。'先手'和'不見',正是一因一果的關係,改作'纖手',這個關係就被破壞了。這也是'纖手'太爲人所熟悉,所以不顧文脈所輕易改竄。"①

丁　因不知修辭手段而改

爲了加强語言的表達效果,作者往往在行文中運用一些修辭手段,稍有忽視,即會出現誤改之弊。

有不知對偶而改者。如《淮南子·覽冥》篇云:"當此之時,禽獸蝮蛇,無不匿其爪牙,藏其螫毒。"王念孫指出:"此後人妄改之也,禽獸蟲蛇,相對爲文,所包者甚廣,改'蟲蛇'爲'蝮蛇',則舉一漏百,且與禽獸二字不類矣。《文子·精誠》篇正作禽獸蟲蛇,《韓子·五蠹》篇亦云人民不勝禽獸蟲蛇。"②

有不知排比而改者。如楊慎指出:"孟東野詩:'花嬋娟,泛春泉。竹嬋娟,籠曉烟。雪嬋娟,不長妍。月嬋娟,真可憐。'其辭風華秀艷,有古樂府之意。'雪嬋娟',今本或作'妓嬋娟',非也。余嘗令繪工繪此爲四時嬋娟圖,以花當春,以竹當夏,以月當秋,以雪當冬也。"③

有不知叶韻而改者。爲了便於記憶、誦讀,並形成一定的藝術效果,古書中除詩歌以外也有用韻的。不了解這一點,也會産生誤改現象。如《列子·説符》篇云:"爵高者,人妒之;官大者,主惡之;禄厚者,怨逮之。"俞樾云:"《淮南子·道應》篇作'禄厚

①《懷任齋文集·誤校七例》。

②《讀書雜志·淮南内篇第六·覽冥·蝮蛇》。

③《升庵詩話》卷九《四嬋娟》。王仲鏞箋證云:"《四部叢刊》本影印明弘治本《孟東野詩集》即作'妓嬋娟'。"

者，怨處之。'是也。'怨處之'，謂怨讎之所處也。猶曰：爲怨府也。處與妒、惡爲韻，若作逮，則失其韻矣。蓋由淺人不達處字之義而臆改。"[①]王重民謂"俞説是也，《御覽》四百五十九引逮正作處。"[②]王叔岷也提出了補證："《册府元龜》七八八引《韓詩外傳》、《藝文類聚》三五引《文子》，亦並作'禄厚者，怨處之'。"[③]

有不知互文而改者。在引文中，詞句間的含義相互包容、相互補充的現象稱爲互文。不熟悉這種修辭手法，也會誤改，如《荀子・王霸》篇："國危者，無樂君；國安者，無憂民。亂則國危，治則國安。今君人者急逐樂而緩治國，豈不過甚矣哉？"蔣禮鴻指出：

> 顧廣圻以爲"無憂民"應作"無憂君"。用今人作文的眼光來看，"樂君"和"憂君"豈不是一氣貫串，十分確當嗎？其實這裏的"樂君"、"憂民"就是互文見義的一例。因爲國危無樂君，當然也不會有樂民；國安無憂民，當然更不會有憂君。以君包民，以民包君，這就是互文。説國安無憂民，就能表現治國的利益之大，也就反襯了逐樂的爲害之甚，比之象顧氏那樣改字，意義豐富多了。[④]

有不知語氣之爲反問而誤改者。王梵志詩云："爲人何必樂，爲鬼竟何怨？"張錫厚《王梵志詩校輯》校記云："何必樂，原作'可必樂'，據文義改。"蔣紹愚糾正道："'可必樂'不誤，唐代可有豈義（見張相《詩詞曲語辭匯釋》），'可必樂'，即'豈必樂'，改爲

①《諸子平議》卷一六《列子・説符》。
②《列子校釋》，載《國立北平圖書館月刊》第三卷第二號。（一九二九年八月）
③《校讎通例》七九《改字而失韻》，載《歷史語言研究所集刊》第二十三本下册。
④《懷任齋文集・誤校七例》。顧校原文見《讀書雜志・荀子補遺》。

‘何必樂’反而不妥。”①

戊 因誤據本書而改

《淮南子·精神》篇云:“其生也天行,其死也物化。静則與陰俱閉,動則與陽俱開。”王念孫指出:“‘與陰俱閉,與陽俱開’,本作‘與陰合德,與陽同波’。後人以《原道》篇云:‘與陰俱閉,與陽俱開’,故據彼以改此也。不知‘波’與‘化’爲韻,若如後人所改,則失其韻矣。《文子·九守》篇‘静即與陰合德,動即與陽同波’,即用《淮南》之文。《莊子·天道》篇‘其生也天行,其死也物化。静而與陰同德,動而與陽同波’(《刻意》篇同),又《淮南》所本也。”②

己 因誤據他書而改

《史記·孔子世家》云:“詩有之,高山仰止,景行行止。”王念孫指出:“宋本‘行止’作‘行之’,王應麟《詩考》引此,亦作‘行之’。今本仍作‘行止’者,後人依詩文改之也。案《小雅·車舝》,《釋文》曰:‘仰止,本或作仰之’,又《表記》引《詩》‘高山仰止,景行行止’,《釋文》曰:‘仰止,本或作仰之;行止,《詩》作行之。’是陸本《毛詩》,上句作‘止’,下句作‘之’也。《詩》正義曰‘仰之’、‘行之’,則上下句皆作‘之’,未可輒據今本《毛詩》以改《史記》也。《三王世家》載武帝《制》曰:‘高山仰之,景行嚮之,朕甚慕焉。’雖‘嚮’與‘行’異文,而上下句亦皆作‘之’。”③

楊慎論古書不可妄改,舉例云:“曹子建《名都篇》:‘膾鯉臇胎蝦,寒鱉炙熊膰。’此舊本也。五臣妄改作‘炰鱉’。蓋‘炰鱉膾鯉’,《毛詩》舊句,淺識者孰不以爲‘寒’字誤而從‘炰’字邪?不

①《〈王梵志詩校輯〉商榷》,載《北京大學學報》一九八五年第五期。

②《讀書雜志·淮南内篇第七·精神·静則與陰俱閉動則與陽俱開》。

③《讀書雜志·史記第三·孔子世家·景行行止》。

思'寒'與'炰'字形相遠，音呼又別，何得誤至於此?《文選》李善注云:'今之時餔謂之寒，蓋韓國饌用此法。'《鹽鐵論》:'羊淹鷄寒。'《崔駰傳》亦有'鷄寒'，曹植文'寒鵠蒸麑'，劉熙《釋名》'韓鷄爲正'，古字'寒'與'韓'通也。"[①]

庚　因據誤本而改

書面材料出現各種錯誤現象後，校讀者没有發現，反而進行了誤改，也是有的。今舉數例如下:

因本有訛文而改。王念孫《讀書雜志・淮南内篇》後序云:"有因誤字而誤改者。《道應》篇:'孔子亦可謂知化矣。'知化，知事理之變化，化誤爲礼，而後人遂改爲禮矣。"

因本有脱文而改。《淮南子・時則》篇云:"若或失時，行罪無疑。"王叔岷指出:"《吕氏春秋・仲秋紀》作:'無或失時，行罪無疑。'《月令》作:'毋或失時，其有失時，行罪無疑。'此文'若或失時'當作'無或失時'，'時'下更當有'其有失時'四字，蓋由後人不知'時'下有脱文，乃妄改'無'爲'若'耳。"[②]

因本有衍文而改。《韓非子・詭使》篇云:"名之所以成，城池之所以廣者，戰士也。"俞樾校曰:"'池'乃'地'字之誤，'名之所以成'、'地之所以廣'，相對成文，不當有城字，'城'即'成'字之訛而衍也。"[③]案:"城"字蓋涉上文"成"字而衍，校讀者不知，遂改"城地"爲"城池"。

因本有倒文而改。《史記・高祖功臣侯者年表》云:"棘蒲剛侯陳武，以將軍，前元年，率將二千五百人起薛。"王念孫以爲"'率將二千五百人'，當依《漢表》作'將卒二千五百人'。上文'陽夏侯陳豨，以特將將卒五百人'即其證。今本'將卒'二字誤

---

①《升庵詩話》卷五《古書不可妄改》。
②《校讎通例》十七《因脱而妄改》，載《歷史語言研究所集刊》第二十三本下册。
③《古書疑義舉例》卷五之五三《兩字形似而衍例》。

倒,‘卒’字又誤作率。”其説可信。[①]

十四 因避諱改字而訛

甲 因避諱而改

因避諱而改字是我國古代書面材料的普遍現象,如錢大昕指出:“唐石經《毛詩》:‘洩洩其羽’、‘桑者洩洩兮’、‘無然洩洩’、‘是絏絆也’、‘俾民憂洩’,避世旁。‘甿,刺時也’,‘甿之蚩蚩’、‘甿六章’,避民旁。”[②]這段話是説唐石經《毛詩》中的“泄”、“紲”、“氓”字,之所以分别被改寫成“洩”、“絏”、“甿”諸字,是因爲避唐太宗李世民的諱。

因避諱而改字在一定程度上造成了書面材料的混亂。如陳垣云:“《漢書·藝文志》,儒家有莊助四篇、縱横家有莊安一篇、賦有莊怱奇賦十一篇、嚴助賦三十五篇。師古曰:‘上言莊怱奇,下言嚴助,史駮文。’蓋莊爲漢諱,故列傳改作嚴助、嚴安、嚴怱奇。《志》之或莊或嚴,則録自《七略》避改有未盡,或後人回改也。”[③]

對避諱改字現象,也容易産生誤會。陳垣復云:“《後漢書·儒林傳》:孔僖因讀吴王夫差時事,廢書嘆曰:‘若是所謂畫龍不成反爲狗者。’劉攽注曰:‘按古語皆云畫虎不成,此誤。’《野客叢書》三十謂:‘此非誤,蓋章懷太子避唐諱所改爾。正如令狐德棻《後周書》引韋祐語,古人稱不入獸穴、焉得獸子同意。亦避虎字,非誤也。’”[④]

---

①《讀書雜志·史記第二·高祖功臣侯者年表·率將》。
②《十駕齋養新録》卷三《石經避諱改字》。
③《史諱舉例》卷四《因避諱而生之訛異》。
④《史諱舉例》卷六《不講避諱學之貽誤》。

真本，曩之所疑，於是砉然凍解也。

清人刻書，爲避清朝滿族統治者種族之諱而改字的現象，也屬這種情況。如王利器《杜集校文釋例》四十三《清人避諱改字》云：

> 宋本卷第十六《有感五首》之五："胡滅人還亂。"玉句草堂本作"盜滅人還亂"，此清人避諱改字也。宋本卷第二《塞盧子》："胡行速如鬼。"《全唐詩》"胡行"改"寇行"；宋本卷第七《八哀詩》之三《贈左僕射鄭國公嚴公武》："胡騎忽縱横。"《全唐詩》"胡騎"改"賊騎"；《八哀詩》之七《故著作郎貶台州司户滎陽鄭公虔》："胡塵昏坱莽。"《全唐詩》"胡塵"改"邊塵"；同一"胡"字，恣意改之，竟一爲"寇"，一爲"賊"，一爲"邊"也。[①]

丙　爲蒙蔽讀者而改

爲了蒙蔽讀者，封建社會的統治者也常改動書面材料，乾隆四十六年（一七八一）圖明阿的一份奏摺即可説明這一點。其奏摺云："奴才圖明阿跪奏，爲恭録勘辦劇本，進呈御覽事。竊照查辦劇曲，昨奴才擬請凡有關涉本朝字句，及宋、金劇本扮演失實者，應遵旨刪改抽掣，另繕清本，同原本粘簽進呈；其餘曲本，有情節乖謬，恐其誑惑愚民者，亦照此辦理；若但係字句違礙，則止將原本粘簽改正進呈等情具奏。奉到原硃批：'好，知道了。此亦正人心之一端，但不可過於滋擾耳。欽此。'"[②]乾隆批語中"正人心"三字恰可作爲蒙蔽讀者的注脚。

魯迅曾指出："單看雍正、乾隆兩朝的對於中國人著作的手

①載《王利器論學雜著》。

②《元明清三代禁毁小説戲曲史料》（增訂本）：《乾隆四十六年圖明阿奏遵旨查辦戲劇違礙字句》。

段，就足够令人驚心動魄。全毁、抽毁、剜去之類也且不説，最陰險的是删改了古書的内容。乾隆朝的纂修《四庫全書》，是許多人頌爲一代之盛業的，但他們却不但搗亂了古書的格式，還修改了古人的文章；不但藏之内廷，還頒之文風頗盛之處，使天下士子閲讀，永不會覺得我們中國的作者裏面，也曾經有過很有些骨氣的人。"他還舉例道："《四部叢刊》續編裏的影明抄本宋晁説之《嵩山文集》在這裏，卷末就有單將《負薪對》一篇和四庫本相對比，以見一斑的實證，現在摘録幾條在下面，大抵非删則改，語意全非，彷彿宋臣晁説之已在對金人戰栗，囁嚅不吐，深怕得罪似的了。"如舊鈔本"金賊以我疆埸之臣無狀，斥堠不明，遂豖突河北，蛇結河東"。被四庫本改成"金人擾我疆埸之地，邊城斥堠不明，遂長驅河北，盤結河東。"舊鈔本"彼金賊雖非人類"，被四庫本改成"彼金人雖甚强盛"。舊鈔本"忍棄上皇之子於胡虜乎？"被四庫本改成"忍棄上皇之子於異地乎？"①

十六 爲方便讀者而改

爲了便於讀者閲讀理解，古人常對引文中深奥的詞語進行改寫。今人張鈞才對這個問題作過研究，他認爲司馬遷《史記》引《尚書》有"以訓詁字代經文例"，指出：

> 《尚書》文義之艱深，甚於他經，經士傳説，多已改爲簡明之字，史公作史，尤貴明易，故每以訓詁字代之。
>
> 《五帝本紀》曰："敬順昊天。"《堯典》篇曰："欽若昊天。"案《爾雅·釋詁》曰："欽，敬也。"《釋言》曰："若，順也。"

①《且介亭雜文·病後雜談之餘》。

張鈞才認爲《史記》引《尚書》還有"以通用及義近之字代經文例》"：

> 史引經文，往往以通用字及義近字代之，此或所據本不同，或任意更改，求其義明者耳。
>
> 《五帝本紀》曰："盲者子。"《堯典》篇曰："瞽子。"案"盲"、"瞽"二字義相近。《説文》目部曰："盲，目無牟子。""瞽，目但有眹也。"段氏曰："用於散文則通，用於對文則别。"①

又，張元濟曾舉出："《元史·泰定帝紀一》即位詔書，原爲口語譯文，改作文言。"②同樣也是爲了便於讀者閲讀。

十七　因提高文字水平而改

爲提高文字水平而改字的現象出現甚早。今本《尚書大傳·周傳》有云："别風淮雨。"《後漢書·南蠻西南夷列傳》作"烈風雷雨"，注曰："别風淮雨。"劉勰指出："《尚書大傳》有'别風淮雨'，《帝王世紀》曰：'列風淫雨。''别'、'列'，'淮'、'淫'，字似潛移。'淫'、'列'義當而不奇，'淮'、'别'理乖而新異。傅毅制誄，已用'淮雨'，固知愛奇之心，古今一也。"③

再如高彦休《唐闕史》卷上引鄭畋題馬嵬詩云："肅宗迴馬楊妃死，雲雨雖亡日月新。終是聖明天子事，景陽宫井又何人。"陳寅恪校云：

> 吴曾《能改齋漫録》捌《馬嵬詩》條載臺文此詩，"肅宗"

---

①《史記引尚書文考例》，載《金陵學報》第六卷第二期。

②《涉園序跋集録·影印百衲本二十四史序》。

③《文心雕龍·練字》。

作"明皇","聖明"作"聖朝"。計有功《唐詩紀事》伍陸亦載此詩,惟改"肅"字爲"玄"字(又"聖明"作"聖朝"),今通行坊本選録臺文此詩,則並改"雖亡"爲"難忘",此後人逐漸改易,尚留痕迹者也。但臺文所謂"肅宗迴馬"者,據《舊唐書》拾《肅宗紀》略云:

於是玄宗賜貴妃自盡。車駕將發,留上(肅宗)在後宣諭百姓。衆泣而言曰,請從太子收復長安。玄宗聞之,令〔高〕力士口宣曰,汝好去。上(肅宗)迴至渭北,時從上惟廣平、建寧二王,及四軍(寅恪案,此言四軍,可與《舊唐書》伍壹《后妃傳·楊貴妃傳》參證)將士纔二千人,自奉天而北。

蓋肅宗迴馬及楊貴妃死,乃啓唐室中興之二大事,自宜大書特書,此所謂史筆卓識也。"雲雨"指楊貴妃而言,謂貴妃雖死而日月重光,王室再造。其意義本至明顯平易。今世俗習誦之本易作:

玄宗迴馬楊妃死,雲雨難忘日月新

固亦甚妙而可通,但此種改易,必受《長恨歌》此節及玄宗難忘楊妃令方士尋覓一節之暗示所致,殊與臺文元詩之本旨絶異。①

後人將"肅宗"改爲"玄宗","雖亡"改爲"難忘",從而表現了玄宗舊地重游,見到物是人非所産生的無限情思。這樣做雖然大大提高了原詩的感染力,但是也改變了原詩的本來面目。

順便提及,有的作者對自己的作品被改動,還表示了贊賞。如李東陽《麓堂詩話》云:"《唐音遺響》所載任翻《題台州寺壁》詩曰:'前峰月照一江水,僧在翠微開竹房。'既去,有觀者取筆改

①《元白詩箋證稿》第一章《長恨歌》。

'一'字爲'半'字。翻行數十里，乃得'半'字，亟回欲易之，則見所改字，因嘆曰：'台州有人。'"但這已經不屬於校勘學而屬於修辭學範疇的事了。

第二節　致脱的原因

致脱的原因，有自然因素，也有人爲因素。在人爲因素中，有無意而脱，也有有意而删。今分别舉例如下：

一　因書籍缺損而脱

書面材料因爲火燒、水浸、蟲蛀、霉爛，或在流傳過程中散佚、磨損等原因都會出現缺脱現象。

唐弢説過："建國初期，我在華東文化部文物處工作，由於廢紙破書集中城市，曾經發動書商，從堆棧裏檢出不少珍貴古籍和革命文獻。今存北京圖書館的三十卷本五臣注《文選》殘本，就是當時收獲之一。這部書最後印有一行牌記：'杭州猫兒橋河東岸開箋紙馬鋪鍾家印行。'"[①]蕭新祺進一步介紹了這部書的情况："一九六四年春，中國書店專家服務部從安定門内國子監孔廟遷到琉璃廠海王村營業。開業前，將歷年收進的宋元明諸善本，已售於各圖書館及學術單位的佳本古籍，借了回來，舉辦善本書展，内有宋刻本《文選五臣注》，南宋初年杭州猫兒橋開箋紙馬鋪鍾家刊本，清王懿榮題簽，季振宜舊藏。原書三十卷，惜僅

---

①《晦庵書話・書城八記・版本》。

存二十九、三十兩卷。每半頁十二行,行十九字,注文雙行,行二十七字,左右雙欄,白口,單魚尾,字歐體。第二十九卷售予北京大學圖書館,第三十卷售予北京圖書館。"[①]顯然,這部宋刻五臣注《文選》所缺二十八卷是在流傳過程中亡佚的。另外,歷史上大量出土的簡書、帛書、紙書,由於斷裂、腐爛,不少已變得殘缺不全,也極爲可惜。

脱文一般用墨釘或空圍來表示。例如一九七三年十二月長沙馬王堆漢墓出土的《老子》甲、乙本皆有闕文。經整理後,其中有一段甲本作:"天下有道,□走馬以糞;天下無道,戎馬生於郊。罪莫大於可欲,禍莫大於不知足,咎莫憯於欲得,□□□□□,恒足矣。"[②]

脱文較多可約計脱文字數,空出一定的行格。如顧廣圻於元刊本《詩外傳》十卷跋云:"此綬階袁君三硯齋書也……其標目分條以至佚字脱句,皆未失古意,足正後來不能闕疑之非。即宋本之善,應不過是也。内失葉二十餘翻,他本無足中補寫者,予謂宜但作烏絲闌虚以待焉,想袁君亦必以爲當也。"[③]

校勘家對脱文常以"闕"、"下闕"、"疑闕"、"以下脱若干字"等字樣表示。如《晏子春秋》内篇《諫下》云:"梁邱據死。景公召晏子而告之曰:'據忠且愛我,我欲豐厚其葬,高大其壟。'晏子曰:'敢問據之忠與愛於君者,可得聞乎?'公曰:'吾有喜於玩好,有司未能我共也,則據以其所有共我,是以知其忠也。每有風雨,暮夜求必存,吾是以知其愛也。'晏子曰:'嬰對則爲罪,不對則無以事君,敢不對乎?嬰聞之,臣專其君,謂之不忠;子專其父,謂之不孝;妻專其夫,謂之嫉。事君之道,導親於父兄,有禮

①《宋刻本〈文選五臣注〉殘帙簡介》,載《古籍整理出版情況簡報》第二〇三期。
②《馬王堆漢墓出土〈老子〉釋文》,載《文物》一九七四年第十一期。
③《思適齋集外書跋》經類。

於群臣，有惠於百姓，有信於諸侯，謂之忠。爲子之道，以鍾愛其兄弟，施行於諸父，慈惠於衆子，誠信於朋友，謂之孝。爲妻之道，使其衆妾皆得歡忻於其夫，謂之不嫉。今四封之民，皆君之臣也。而維據盡力以愛君。'"盧文弨注云："疑闕。"[①]王念孫注云："此下各本脱去九十九字。"[②]據《群書治要》，此九十九字爲："何愛者之少邪？四封之貨，皆君之有也，而維據也以其私財忠於君，何忠者之寡邪？據之防塞群臣，壅蔽君，無乃甚乎！公曰：'善哉！微子，寡人不知據之至於是也。'遂罷爲壟之役，廢厚葬之令，令有司據法而責，群臣陳過而諫，故官無廢法，臣無隱忠，而百姓大説。"再如屈萬里指出："《魏書·廣平王懷傳》'廣平王懷'下，宋本就注了一個'闕'字，可見在宋時已有殘闕，但究竟闕了多少字，現已無法知道。"[③]

有些書面材料的脱文没有標明，少數人甚至還設法泯滅脱文的痕迹。如王重民在談到明嘉靖間刻本《臨川王先生荆公文集》一百卷時説："及持嘉靖間翻臨川本相較，脱詩每均在一整葉上，而此本既不標明脱葉，反將脱葉抹煞，連接其葉數，以泯其真蹟。葉相接矣，而詩不相接，爲此本舊主所發覺，因用嘉靖本校補之。安正堂刻書頗多，於是集乃竟草率若是，此坊本所以不見重於學人也。"[④]再如張元濟在校勘《宋史》時指出："傳第一百八十八《張栻傳》，元本末葉爲第二十五葉，前葉末句爲'卒年四十有'。成化本行款已改，然於'有'字下猶留墨板，爲待訪補刻之地。至北監本，則於'有'字下增八字，足成語氣，以掩其不全

---

①見黄以周《晏子春秋校勘》上《内篇諫下第二》。
②《讀書雜志·晏子春秋第一·内篇諫下·脱文九十九》。
③《讀古書爲什麽講究板本》，載《大陸雜志》二卷七期。
④《中國善本書提要》集部别集類。

之迹。”[①]

需要注意的是，書面材料中對脱文的標注可能有錯誤。詳見本章第三節《致衍的原因》十六《本無闕文而誤加空圍》。

二 因重文而脱

《列子·仲尼》篇云：“孤犢未嘗有母，非孤犢也。”俞樾指出：“此本作‘孤犢未嘗有母，有母非孤犢也。’《莊子·天下》篇釋文引李云：‘言孤則無母，孤稱立則母名去’，是其義也。因兩‘有母’字相連，誤脱其一。”[②]

《吕氏春秋·審爲》篇云：“不能自勝則縱之，神無惡乎！”畢沅校曰：“‘縱之’下當再疊‘縱之’二字，《文子·下德》篇、《淮南子·道應》篇俱疊作‘從之，從之’。”王叔岷補證云：“畢氏謂‘縱之’二字當疊，是也。《注》：‘言人不能自勝其情欲則放之，放之，神無所憎惡。’以‘放’詁‘縱’，而疊‘放之’二字，則正文本疊‘縱之’二字明矣。”[③]

又，《春秋繁露·身之養重於義》篇云：“今握棗與錯金以示嬰兒，必取棗而不取金也。握一斤金與千萬之珠以示野人，野人必取金而不取珠也。”孫詒讓指出：“《日鈔》引，疊‘嬰兒’二字是也，當據校補。下文亦疊‘野人’二字，文例正同。”[④]

---

①《校史隨筆·宋史·張栻傳補闕一葉》。
②《古書疑義舉例》卷六之七二《字以兩句相連而誤脱例》。“李”指晉李頤。
③《校讎通例》五三《誤不疊》，載《歷史語言研究所集刊》第二十三本下册。
④《札迻》卷二。《日鈔》指黄震《黄氏日鈔》。

三　因忽略重文符號而脱

古書中的重文符號在傳鈔轉刻的過程中,可能被寫錯了,也可能被寫脱了。如《漢書·霍光傳》云:"先是,後元年,侍中僕射莽何羅與弟重合侯通謀爲逆,時光與金日磾、上官桀等共誅之,功未録。"管吉指出:

> "後元年"句有脱漏。"後元"乃漢武帝年號,共二年。此指何年,甚不明確。今查同書《武帝紀》,當爲後元元年。該年六月條記載:"侍中僕射莽何羅與弟重合侯通謀反,侍中駙馬金日磾、奉車都尉霍光、騎都尉上官桀討之。"古人書寫重字,但於字下作小"="，疑本條"後元元年"即如此,流布過程中,重字符號被傳抄者脱去。現當據《武帝紀》補上。[①]

有的重文符號還表示句子的重複,稍有疏忽就會造成句子或字詞的脱漏。如《説苑·反質》篇云:"故上不禁技巧,則國貧民侈,國貧窮者爲奸邪,而富貴者爲淫佚,則驅民而爲邪也。"王利器云:

> 這段文章,義不相屬,敦煌本作"故上不禁技巧則國=貧=民=侈=則貧窮者爲奸耶,而富足者爲淫泆,則驅民爲耶也"。《群書治要》作"故上不禁技巧,則國貧民侈;國貧民侈,則貧窮者爲奸邪,而富足者爲淫泆,則驅民而爲邪也",正和敦煌本同。因爲今本都脱小"=",於是就搞不通了。[②]

---

①《漢書校記二則》,載《史學月刊》一九八三年第六期。

②《王利器論學雜著》:《校讎學方法論》四《重文與疊語》。

又,《論衡·語增》篇云:"凡天下之事,不可增損。考察前後,效驗自列。自列,則是非之實有所定矣。"裘錫圭校曰:

> 此文本當作"考察前後,效驗自列。效驗自列,則是非之實有所定矣"。古人於重複之字句皆用重文符號表示。如此文,於漢時必書作"考察前後,效二驗二自二列二,則是非之實有所定矣"。蓋"效驗"二字後之重文符號因傳寫脱落,遂成今本之文。《論衡》中脱落重文之例頗爲常見,《校釋》《集解》皆曾屢加舉正,可參閲。[①]

如前所述,重文符號是多種多樣的,其他形式的重文符號,稍不留心也會造成脱文。潘重規曾舉一例:

> 倫敦藏斯坦因五五四〇號敦煌卷子鈔寫了《山花子》四行。王重民《敦煌曲子詞集》、任二北《敦煌曲校録》、饒宗頤《敦煌曲》都收録了這一首絶妙好詞,但都顯示出殘缺不全的面貌。現在先將他們記録的詞句寫下:
>
> 去年春日長相對,今年春日千山外。落花流水東西路,離期會。　　西江水竭南山碎,憶得終日心無退。當時只合同携手,悔□□。
>
> 任二北《校録》云:"'悔'字下,王《集》注'下缺',乃缺二字,待補。'悔'亦可能爲韻,則所缺二字在'悔'字之上。"饒著《敦煌曲》"悔"字下同樣作缺字符號。(據黄建基先生見告,一九七四年九月一日香港中文大學《新亞學報》第十一卷上册,饒宗頤先生《〈長安詞〉〈山花子〉及其他》已將缺文補出。)王重民、饒宗頤兩先生久居歐陸,親見原卷,任二北

① 《論衡札記》,載《文史》第五輯。案:《校釋》,黄暉《論衡校釋》也。《集解》,劉盼遂《論衡集解》也。

教授或許只看見照片。三人都出同樣的紀録，使得一首美妙無比的名作，到最後戛然打斷，令人心頭綁上一個死結，非常的不舒服。今年雙十“國慶”，我在倫敦圖書館，把原卷借出，原來是一本蝴蝶裝册子，共三葉，每半葉八行，鈔寫了《百行章》《燕子賦》等。第三葉就是這首《山花子》詞。由於歲隔千年，紙墨顔色非常黯淡。仔細辨認，“悔”字下正中有分開相當距離的兩點，作“悔、、”。……寫本使用標點符號的慣例，不但兩點“、、”表示重文，有時一點也表示重文。所以這兩個單點即是兩個重文。而且這首詞抄寫的人增加句號，每一斷句處都有一圓點“·”，“悔、、”的最後一點的旁側，也加了一個斷句的圓點“·”，可見這一句是“悔悔悔”三個字。既不是“悔”字下缺兩個字，也不是“悔”字上缺兩個字。……這首詞情思的婉轉，設想的恢奇，開闢了後代詞家新境界。南宋朱淑真有名的《生查子》詞，以“去年元日”、“今年元日”兩兩對比，正是此詞“去年春日”、“今年春日”的翻版。陸放翁有名的《釵頭鳳》，在“一懷愁緒，幾年離索”，無可奈何之餘，不禁吐出了“錯！錯！錯！”的哀音，文情體態，不正是《山花子》“悔！悔！悔！”的同調嗎？失去了這個精彩的結尾，玉缺便不成其爲完璧了！[①]

四　因上下文而脱

這種現象是由傳鈔者的錯覺造成的。脱文的末一字或末數字往往與上下文的末一字或末數字相同。陳垣曾論之云：

①《敦煌詞話·完整無缺的山花子曲子調》。

> 鈔書脱漏，事所恒有，惟脱漏至數字或數十字者，其所脱之末一二字多與上文同，在沈刻《元典章》中此爲通例，因鈔書之人，目營手運，未必顧及上下文理，一時錯覺，即易將本行或次行同樣之字句誤認爲已經鈔過，接續前鈔，遂至脱漏數字數行而不知。此等弊端，尤以用行款不同之鈔格者爲易犯。
>
> 其脱漏三數字者，其末字多與上文同：
>
> 吏二十五“立嫡長子”下　脱“若嫡長子”四字。
>
> 兵一三七“大小軍官”下　脱“首領官”三字。
>
> 兵一五三“萬户千户”下　脱“百户”二字。
>
> 其脱漏數十字以上者，其末一二字亦多與上文同：
>
> 吏六六五一行“吏目”下　脱五十四字。末二字亦爲“吏目”。
>
> 刑十九四十十行“的人”下　脱七十八字。末二字亦爲“的人”。①

又，《論衡·卜筮》篇云：“又試使人罵天而卜，毆(毆)地而筮，無道至甚，亦得兆數。苟謂兆數天地之神，何不滅其火，灼其手，振其指，而亂其數，使之身體疾痛，血氣湊踊?”裘錫圭指出：

> “兆數”不得謂爲“天地之神”。下文有“兆數非天地之報”語，此文“苟謂兆數天地之神，何不滅其火……”，本當作“苟謂兆數天地之報，天地之神何不滅其火……”。蓋鈔書者誤將“之報”前之“天地”，與“之神”前之“天地”混而爲一，遂致脱去“之報天地”四字。②

---

①《校勘學釋例》卷二第十四《因同字而脱字例》。

②《論衡札記》，載《文史》第五輯。

五　正文誤入注文

前人早已注意到古書中正文注文互相闌入這種現象。唐人郭京著有《周易舉正》，自序云："得王輔嗣、韓康伯手寫真本，比校今所習者，或將經入注，用注作經。"正文誤入注文，對正文來説是脱，對注文來説則是衍，我們在這兒僅從正文的角度來談這個問題。如《淮南子·説林》篇云："栗得水濕而熱，甑得火而液。水中有火，火中有水。疾雷破石，陰陽相薄。"注曰："自然之勢。"王念孫指出："'自然之勢'四字，乃是正文，非注文，言疾雷破石，此陰陽相薄，自然之勢也。《太平御覽·火部》二引此，四字在正文内，是其證。"[①]又同篇有云："行者思於道，而居者夢於床。慈母吟於巷，適子懷於荆。"注曰："精相往來也。"王念孫云：

> "巷"當爲"燕"，字之誤也。"道"與"床"相對，"燕"與"荆"相對，今本"燕"作"巷"，則非其指矣。"精相往來也"五字，乃是正文，非注文。《吕氏春秋·精通》篇："身在乎秦，所親愛在於齊，死而志氣不安，精或往來也。"高彼《注》曰："《淮南》記曰：'慈母在於燕，適子念於荆，言精相往來也。'"《太平御覽·人事部》十九："《淮南子》曰：'適子懷於燕、慈母吟於荆，情相往來也。'"詞雖小異，而字皆作"燕"，且精相往來句，皆與上二句連引。[②]

---

①《讀書雜志·淮南内篇第十七·説林·自然之勢》。案：《二十二子》本《淮南子》，"自然之勢"四字即在注中。

②《讀書雜志·淮南内篇第十七·説林·吟於巷 精相往來也》。高謂高誘。

六 因字體殘闕而删

陳垣《校勘學釋例》卷一第七《字體殘闕逕行删去例》對這個問題作過分析，今節録如下：

鈔刻書籍，遇有殘闕字體，應爲保留，以待考補，不得將殘闕字句逕行抹去。今沈刻《元典章》目録禮部門内，殘闕多條，尚留空位待補，是也。然亦有將殘闕字句逕行删去，不留空位者：

目録三六　望講經史　應作“朔望講經史例”。

（中略四條）

舉程式條目　應作“科舉程式條目”。

……

右六條，每條之上，皆殘闕一字，緣吴氏繡谷亭本（即涵芬樓藏本）此數葉紙有殘闕也。由此可知沈刻此卷實由繡谷亭本出，特未知是直接是間接耳。然所闕者目録，本可用本書校補，即未及校補，亦應預留空位，今乃逕行删去，疏忽之誚，似不能辭。又書中標目，亦有似此殘闕逕行抹去者。

兵三五十　馳驛　“馳”上應有“枉道”二字。

刑七十四　犯姦出舍　“犯”上應有“舍居女”三字。

右目二條，因元刻上有殘闕，本可據卷首目録校補，即未及校補，亦應預留空位，不應逕行抹去，致令人疑爲無闕也。

又，户八六三“提調官歸縣達魯花赤”，“‘歸’上元有一字殘闕，據汲古閣藏本尚殘留‘禾’字，當是秭歸。”户八八一“大字直書鹽不得犯界”，“‘鹽’上元有一字殘闕，據汲古閣藏本尚殘留‘厶’字，當是私鹽。”

七　因不識假借字而删

《戰國策·齊》云:"衛鞅謀於秦王曰:夫魏氏,其功大而令行於天下,有十二諸侯而朝天子,其與必衆。"王念孫曰:"'有十二諸侯',有下當有從字,有讀爲又。(《戰國策》通以有爲又,《史記》《漢書》及諸子並同)上文云'又從十二諸侯朝天子'是也。下文亦云'今大王之所從十二諸侯'。今本無從字者,後人誤讀有爲有無之有,則與從字義不相屬,因删去從字耳。"[①]

《淮南子·人間》篇:"此何遽不爲福乎?"王念孫校云:"'何遽不爲福'本作'何遽不能爲福',能與乃同。('乃'、'能'古字通,説見《漢書·谷永傳》'能或滅'之下)言何遽不能爲福也。下文曰:'此何遽不能爲禍乎?'即其證。此及下文兩'何遽不爲福',《藝文類聚·禮部》《太平御覽·禮儀部》,並引作'何遽不乃爲福'。又'何遽不能爲禍',亦引作'何遽不乃爲禍'。"[②]王氏還進一步指出,這是"有不識假借之字而妄删者。《人間》篇:'此何遽不能爲福乎?'能,讀曰乃。言何遽不乃爲福也。後人不知能與乃同,遂删去能字矣"。[③]

八　因不明詞義而删

《淮南子·道應》篇:"敖幼而好游,至長不渝。"王念孫曰:"此本作'至長不渝解',今本無解字者,後人不曉渝解二字之義而削之也。不知渝與解同義。《太元·格次三》:'裳格鞶鉤渝。'

---

①《讀書雜志·戰國策第一·齊·有十二諸侯》。

②《讀書雜志·淮南内篇第十八·人間·何遽不爲福》。

③《讀書雜志·淮南内篇》後序。

范望曰:'渝,解也。'字亦作愉。《吕氏春秋·勿躬》篇:'百官慎職而莫敢愉綖',高注曰:'愉,解也;綖,緩也。'又《方言》:'揄,脪,脱也;解,輸,脱也。'郭璞曰:'挩,猶脱耳。'《文選·七發》:'揄棄恬怠,輸寫淟濁。'李善注引《方言》:'揄,脱也。'脱亦解也。渝、愉、揄、輸,並聲近而義同。《太平御覽》引作'至長不渝解',《蜀志》注引作'長不喻解',《論衡》作'至長不偷解',字雖不同,而皆有'解'字。"①

《淮南子·道應》篇復云:"得其精而忘其粗,在内而忘其外。"王念孫指出:"'在'下本有'其'字,後人以意删之也。《爾雅》曰:'在,察也。'察其内即得其精也,忘其外即忘其粗也。後人不知在之訓爲察,故删去'其'字耳,《蜀志·郤正傳》注引此,正作'在其内而忘其外',《列子》同。《白帖》引作'見其内而忘其外',雖改'在'爲'見',而'其'字尚存。"②

九 因不審文義而删

書面材料中常有校讀者没有弄清詩文的整體含義,誤認爲其中某些字句、段落是衍文而删去的現象。蔣禮鴻曾舉一例論之云:

> 已故的羅根澤、戚法仁兩先生的《先秦散文選注》選録《荀子·天論》,終於"故錯人而思天,則失萬物之情"句,注道:"本文下面還有兩段,都與《天論》無關,疑他篇竄入,兹不録。"近來選録《天論》的大多這樣處理,這實在是錯誤的。《荀子》這一篇"故錯人而思天,則失萬物之情"這一段的開

①《讀書雜志·淮南内篇第十二·道應·不渝》。

②《讀書雜志·淮南内篇第十二·道應·在内》。

頭説:"在天者莫明於日月,在地者莫明於水火,在物者莫明於珠玉,在人者莫明於禮義。故日月不高則光輝不赫,水火不積則暉潤不博,珠玉不睹(睹)乎外則王公不以爲寶,禮義不加於國家則功名不白。故人之命在天,國之命在禮。"很明顯,"禮義不加於國家則功名不白"、"國之命在禮"是這段文章裏的主要意思,而"在人者"的"禮義"也正是"錯人而思天"的"人"的命根。那麽請看羅、戚兩先生認爲是他篇竄入的第一段裏的話:"水行者表深,表不明則陷;治民者表道,表不明則亂。禮者,表也。非禮,昏世也;昏世,大亂也。"這裏的"明"豈不是"在人者莫明於禮義"的"明","禮"豈不也是"在人者莫明於禮義"、"國之命在禮"的"禮"嗎?要是羅、戚兩先生認爲"在人者莫明於禮義"、"國之命在禮"與《天論》有關,那麽憑甚麽斷言"治民者表道,表不明則亂。禮者,表也"與《天論》無關呢?再者,在這個"他篇竄入"的第一段裏又提到了"道貫"和"道",説道:"故道之所善,中則可從,畸則不可爲,匿則大惑。"楊倞注以爲"言禮可以爲道之條貫也",又説:"畸者,不偶之名,謂偏也。"這是不錯的。而"他篇竄入"的第二段的開頭就説:"萬物爲道一偏,一物爲萬物一偏,愚者爲一物一偏,而自以爲知道,無知也。"這不是"畸者不可爲"的申説嗎?這裏所説的"道",不就是"治民者表道"的"道"嗎?就這兩段被删去的本文和這兩段的前一段的本文加以尋繹,就足以證明這三段文章脈絡貫通,不容割裂。①

中華書局編輯部《史記點校後記》也曾論及這種情況:"我們發見金陵局本有兩處是删得不妥當的。一處是《周本紀》'夫獸

①《懷任齋文集·誤校七例》。

三爲群，人三爲衆，女三爲粲。王田不取群，公行不下衆，王御不參一族'。張文虎據《國語》韋昭注及曹大家説，删去'公行不下衆'的'不'字。其實按上下的語氣，這個'不'字是不應該删的。《國語》無'不'字，顯然是脱誤，正好據《史記》來校正《國語》。朱駿聲也認爲應作'公行不下衆'。他説：'蓋公行則人宜下車以避，有三人則下車較緩，且恐仍不及避以致罪也，此曲體人情也。'(《經史答問》卷二)一處是《高祖本紀》'忽聞漢軍之楚歌'，張文虎據梁玉繩説删去'之'字。其實有個'之'字也講得通，吴汝綸更認爲删去了倒反'失史文之神理'。這兩處我們都把它改回來了。"

又，中華書局一九八八年版《宋東京考》卷十一《望京樓》云："望京樓，即汴城西門樓也。樓舊無名，唐令狐綯登樓詩有'因上此樓望京國'，便名樓作望京樓。"下有校記云："便名樓作望京樓，此句下原有'句因名'三字，於文義不通，係爲衍文，今删。"崔文印指出：

> "句因名"三字並非衍文，點校者所以誤認作衍文，是把令狐綯的兩句詩，誤認作一句所致。令狐綯的《登望京樓賦》收在《全唐詩》卷五六三，全詩四句："夷門一鎮五經秋，未得朝天不免愁。因上此樓望京國，便名樓作望京樓。"
>
> 需要指明的是，《宋東京考》大部分都是因襲《汴京遺迹志》而來，《汴京遺迹志》卷八《望京樓》條云："即汴城西門樓也，樓舊無名，唐令狐綯登樓詩有'望京'字，因名。"《宋東京考》的作者，只是移録了令狐綯的兩句詩，連《汴京遺迹志》的原句式都没有改變，其因襲之迹是不待辨而自明的。準此，更可證明"句因名"三字非衍，正確的標點應該是："樓舊無名，唐令狐綯登樓詩有'因上此樓望京國，便名樓作望京

樓'句，因名。"①

十　因據他書而删

《荀子·勸學》篇云："蓬生麻中，不扶而直。"王念孫指出："此下有'白沙在涅，與之俱黑'二句，而今本脱之。《大戴記》亦脱此二句。今本《荀子》無此二句，疑後人依大戴删之也。楊不釋此二句，則所見本已同。今本此言善惡無常，唯人所習，故'白沙在涅'與'蓬生麻中'義正相反，且'黑'與'直'爲韻，若無此二句，則既失其義，而又失其韻矣。《洪範》正義云：'荀卿書云：蓬生麻中，不扶自直；白沙在涅，與之俱黑。'褚少孫續《三王世家》云：'傳曰：蓬生麻中，不扶自直；白沙在泥，與之皆黑者，土地教化使之然也。'《索隱》曰：'蓬生麻中以下，並見《荀卿子》。'案上文引傳曰：青采出於藍云云；下文引傳曰：蘭根與白芷云云，皆見《荀子》，則此所引傳亦《荀子》也。然則漢唐人所見《荀子》，皆有此二句，不得以大戴無此二句而删之也。又案《群書治要》：'《曾子·制言》篇云：故蓬生麻中，不扶乃直；(《燕禮》注：乃猶而也)白沙在泥，與之皆黑。(大戴同)'考《荀子》書多與《曾子》同者，此四句亦本於《曾子》，斷無截去二句之理。"②

又，《史記·刺客列傳》云："故嘗事范、中行氏。"王念孫校曰："'范、中行氏'，本作范氏及中行氏。今本無'氏及'二字者，後人依《趙策》删之也。不知古人屬文，或繁或省，不得據彼以删此。下文言'范、中行氏'者，前詳而後略耳，亦不得據後以删前。《索隱》本出'事范氏及中行氏'七字，解云：'范氏，謂范昭子吉射

①《宋東京考誤删一例》，載《古籍整理出版情況簡報》第二五三期。

②《讀書雜志·荀子第一·勸學·蓬生麻中不扶而直》。

也。中行氏,中行文子荀寅也。'則有'氏及'二字明矣。《群書治要》引此,亦作'范氏及中行氏'。"①

十一 因據誤本而删

書面材料産生各種錯誤後,校讀者没有發現,爲了文從字順,往往會出現據誤本之文更加删削,以致形成錯上加錯的現象。

甲 因訛文而删

《大戴禮記·曾子立事》篇云:"君子既學之,患其不博也;既博之,患其不習也;既習之,患其無知也;既知之,患其不能行也;既能行之,貴其能讓也。"王念孫校云:"'貴其能讓也',本作'患其不能以讓也'。篇内五患,其文義相承,此句不當獨異。'患'與'貴'上半相似,因訛而爲'貴'。後人不得其解,因删去'不'字、'以'字耳。盧注本作'患其以己能而競於人',今本作'貴不以己能而競於人',亦是後人據已誤之正文改之。《群書治要》引《曾子》,正作'患其不能以讓也'。《説苑·説叢》篇:'既能行之,患其不能以讓也。'即用《曾子》之文。今依阮氏芸臺《曾子注釋》訂正。"②

乙 因脱文而删

《莊子·天道》篇云:"廣廣乎其無不容也。淵乎其不可測也。"王叔岷校云:"《道藏》褚伯秀《義海纂微》本廣字不疊,與下句作'淵乎'相耦。陳碧虚《闕誤》引江南古藏本疊淵字,與上句作'廣廣乎'相耦,江南古藏本是也,褚本蓋不知下句脱一'淵'

①《讀書雜志·史記第五·刺客列傳·范中行氏》。

②《經義述聞》卷一一《大戴禮記》上《貴其能讓也》。盧注本指北周盧辯注本。

字，乃於上句妄删一‘廣’字耳。”[①]

王念孫《讀書雜志·淮南内篇》後序也指出：“有既脱而又妄删者，《天文》篇：‘天地之偏氣，怒者爲風；天地之合氣，合者爲雨。’藏本上句脱‘地’字，劉本又删去下句‘天’字，則是以風屬天，雨屬地，其失甚矣。”[②]

丙　因衍文而删

俞樾云：“凡有衍字，宜從删削，乃有删削不當，反失其本真者。《周易·升》象傳：‘君子以順德，積小以高大。’《釋文》曰：‘以高大，本或作以成高大。’按：此本作‘積小以成大’，《正義》所謂‘積其小善以成大名’也。後誤衍‘高’字而作‘積小以成高大’，則累於辭矣。校者不知‘高’字之衍而誤删‘成’字，此删削不當而失其本真者也。”[③]

丁　因倒文而删

《淮南子·主術》篇：“堯舜禹湯文武，王皆坦然天下而南面焉。”王念孫校云：“次句當作‘皆坦然南面而王天下焉’。今本顛倒，不成文理。劉本删去‘王’字，尤非。（莊本同）”[④]

十二　寫工闕鈔

也有因寫工疏忽導致闕鈔的現象，如毛扆于《宋名家詞》第三集周必大《近體樂府》一卷題識云：“宋詞六十家，從收藏家遍

①《校讎通例》三三《因脱而妄删》，載《歷史語言研究所集刊》第二十三本下册，褚本指宋褚伯秀《南華真經義海纂微》。

②劉本，指明劉績本。

③《古書疑義舉例》卷五之五九《因誤衍而誤删例》。

④《讀書雜志·淮南内篇第九·主術·王皆坦然天下而南面焉》。劉本指明劉績本。莊本指清莊逵吉本。

借舊録本校勘，鎮廿年矣。惟益公詞，昔年以家藏集本付梓，先君所謂句錯字淆者是也，未借別本一校，挂懷不釋。己巳正月廿四日，因往崑山，從含經堂借得集本，即日返棹，到家已夜分矣。次早比較一過，《點絳唇》前一首脱後段，後一首脱前段，蓋因二首皆是一韻，抄書者但看底字韻，便接後去。所以抄書，必當影寫，方無此失，即此可以爲戒。”查原文，周必大《點絳唇》共四首，第一首、第二首的最後一個字均爲“翠”，頗易看錯。

寫工闕鈔造成的脱文多爲闕篇，故意少寫字句者較少見。周煇談到王荆公與宋次道同爲三司判官時，“次道出其家藏唐詩百餘編，託荆公選其佳者。荆公乃簽出俾吏鈔録，吏每於長篇字多倦於筆力，隨手削去。荆公醇德，不疑其欺也。今世所傳本，乃群牧吏所删者”。[①]

陳垣也曾指出：“沈刻《元典章》闕文甚多，其所闕最巨者，爲吏部卷三，闕倉庫官等六門，凡三十六葉，在方氏等半葉十行本則爲四十七葉，蓋所據將此卷分裝二册，而闕鈔其下册也。其餘所闕，則刑部卷内爲多，且每在一類之末一二條，似有意刊落，而非偶然脱漏者。”如在繫獄類末就少抄了“孕囚出禁分娩”三條。[②]

又，潘景鄭云：“陶岳《五代史補》世鮮善本，汲古閣本亥豕滿目，爲世所鄙。嘗讀《蕘圃藏書題識》，著録校鈔本《五代史補》一書，有徐駿跋，蓋蕘翁亦過録徐校者。徐校原本，不可蹤蹟，而蕘翁所校一本，亦不知存在何處。頃賈人携示鄉先輩張巽夫先生手校本一册，卷末附徐駿跋語，與蕘翁所録，當同出一源，得之狂喜。按徐氏跋於雍正三年，有云：‘王明清《揮麈餘話》所録毋昭裔刊書一事，載陶岳《五代史補》，此編獨遺其事，想未爲全書，或

①《清波雜志》卷八。

②《校勘學釋例》卷一第六《闕文例》。

繕寫人手倦删去，鈔本書最患此病，每爲廢卷嘆息，可見此書早無完本矣。'"①

十三　出版單位刊落

書面材料的某些闕文也有的是由出版單位無意或有意刊落造成的，約有以下三種類型：

甲　漏刻

如明嘉靖三十年高翀、吴鳳刊《重校鶴山先生大全文集》一百十卷，杜信孚指出其中"卷四《豢龍詩》、卷六十七《賀帥子長啟》、卷七十《教授彭子遠墓志銘》，均不見於目。"②這顯然是在無意中漏刻造成的。

乙　誤删

唐圭璋云："毛氏既誤補名詞，亦有誤删名詞者。復舉一例明之。如歐公《清商怨》云：'關河愁思望處滿。漸素秋向晚。雁過南雲，行人回淚眼。　雙鸞衾裯悔展。夜又永、枕孤人遠。夢未成歸，梅花聞塞管。'此詞見宋人《歐陽文忠公近體樂府》，原無可疑。乃毛氏據《庚溪詩話》，以爲確是晏殊之作，乃删歐集而增入晏《珠玉詞》。但予復按《庚溪詩話》，原文云：'紹興庚午歲，余爲臨安秋賦考試官。同舍有舉歐陽公長短句詞曰："雁過南雲，行人回淚眼"，因問曰："南雲其義安在？"余答曰："嘗見江總詩：'心逐南雲去，身隨北雁來。故園籬下菊，今日見花開。'恐出於此耳。"'此又分明言'雁過南雲'一首乃歐公之作。毛氏誤記，因而誤删。吾人閱《六十名家詞》，凡毛氏所增所删，皆須考訂，

①《著硯樓書跋·張巽夫校五代史補》。
②《明代版刻綜録》卷四。

切不可信之不疑。”[1]

丙　故削

明郎瑛指出:“我朝太平日久,舊書多出,此大幸也,惜爲福建書坊所壞。蓋閩專以貨利爲計,但遇各省所刻好書,聞價高,即便翻刊。卷數目録相同,而於篇中多所減去,使人不知,故一部止貨半部之價,人争購之。近徽州刻《山海經》,亦效閩之書坊,只爲省工耳。”[2]清周亮工曾舉一例:“故老傳聞羅氏爲《水滸傳》一百回,各以妖異語引其首。嘉靖時,郭武定重刻其書,削其致語,獨存本傳。金壇王氏《小品》中亦云:‘此書每回前各有楔子,今俱不傳。’予見建陽書坊中所刻諸書,節縮紙板,求其易售,諸書多被刊落。此書亦建陽書坊翻刻時删落者。”[3]

十四　因避諱而删

陳垣《史諱舉例》卷四《因避諱空字後人連寫遂脱一字例》云:“《南》《北史》於官名治書侍御史及治中從事,多脱去‘治’字,今本有‘治’字者,皆後人增入也。《四庫全書通志考證》於梁吴平、侯景傳及梁伏曼容傳,均云:‘治書侍御史,刊本沿唐諱,删治字,今據《梁書》增。’疑當時實係空而不書,後人連寫,遂脱一字耳。後晉天福八年,義成軍節度使匡翰碑,匡翰,建瑭之長子也。碑於建字下,空文以避石敬瑭諱,此其例也。《容齋三筆》卷十:‘鄂州興唐寺鐘題誌云:“唐天祐二年鑄。”勒官階姓名者兩人,一曰金紫光禄大、檢校尚書左僕射,兼御史大陳知新;一曰銀青光

①《詞學論叢·讀詞札記·毛晉誤删名詞》。

②《七修類稿》卷四五《書册》。

③《書影》卷一。

禄大、檢校尚書右僕射，兼御史大楊琮。大字之下，皆當有夫字，而悉削去。楊行密父名怤，怤與夫同音。是時行密據淮南，故將佐爲之諱。'於'夫'字皆空而不書。其後建國曰吴，乃改大夫爲大卿。因此，疑避諱去人名一字者，亦多元本空字，特後人連寫耳。"

十五　因政治原因而删

有些書面材料的字句、段落、篇章，往往因爲政治原因而遭到删削，有些書面材料甚至還因此遭到查禁焚毁。今略舉數例分别述之如下：

甲　删字句

此類現象在清代尤爲普遍，如傳世的王建詩集有八卷本和十卷本之别。十卷本除宋本外，尚有清康熙四十一年洞庭席氏琴川書屋刻《唐詩百名家全集》本。沈津指出："席刻多有墨釘，而宋本則小有數處，可補席刻之缺。如卷一第一首《涼州行》中'邊頭州縣盡胡兵'、'洛陽家家學胡樂'，'胡'字在席刻中被墨釘隱去。"[①]王重民《中國善本書提要》楊殿珣序引王氏説云："余持《大典》本《兩朝綱目備要》，以校《四庫》輯本卷十三之前十葉，發現差誤之處甚多。……因避清代忌諱而删節者，如'六月丁亥。韃靼之先與女真同種，蓋皆靺鞨之後也。'《四庫》本删節爲'塔坦蓋靺鞨之後'。'方金人盛時，韃靼歲時入貢。'《四庫》本删節爲'方金人盛時入貢'。如此則失其本來意義矣。"

國民黨政府對魯迅的雜文，也曾采用過删削的手段。後來魯迅在編雜文集時，將删去的部分一一補上，並用黑點在旁邊標

①《跋宋刻本王建詩集》，載《文史》第二十六輯。

明,一覽可知。如《過年》中的一段話:“中國的可哀的紀念太多了,這照例至少應該沉默;可喜的紀念也不算少,然而又怕有‘反動分子,乘機搗亂’,所以大家的高興也不能發揚。”[①]孫用指出:“‘反動分子’四字被删,編者只好添一‘人’字。”[②]《過年》中下面這段話被删去得更多:

在實際上,悲憤者和勞作者,是時時需要休息和高興的。古埃及的奴隸們,有時也會冷然一笑。這是蔑視一切的笑。不懂得這笑的意義者,只有主子和自安於奴才生活而勞作較少,并且失了悲憤的奴才。

乙　删段落

如魯迅一九三六年寫的《“這也是生活”……》曾説過:“記得前年,也在病後,做了一篇《病後雜談》,共五節,投給《文學》,但後四節無法發表,印出來只剩了頭一節了。”[③]現將魯迅的另一篇雜文《同意和解釋》中全文被删的兩段鈔録於下:

據説現在的世界潮流,正是龐大權力的政府的出現,這是十九世紀人士所夢想不到的。意大利和德意志不用説了;就是英國的國民政府,“它的實權也完全屬於保守黨一黨”。“美國新總統所取得的措置經濟復興的權力,比戰争和戒嚴時期還要大得多”。大家做動物,使上司不必徵求什麽同意,這正是世界的潮流。懿歟盛哉,這樣的好榜樣那能不學?

不過我這種解釋還有點美中不足,中國自己的秦始皇帝焚書坑儒,中國的韓退之等説:“民不出米粟麻絲以事其

①《魯迅全集》第五卷《花邊文學》。
②《魯迅全集校讀記·花邊文學校讀記》。
③《魯迅全集》第六卷《且介亭雜文附集》。

上則誅。"這原是國貨，何苦違背着民族主義，引用外國的學說和事實——長他人威風，滅自己志氣呢？[①]

這種删節書面材料的做法，在"文革"期間也不乏其例，例如中華書局一九七七年印行的陳邦瞻《宋史紀事本末》，有的段落就被砍掉了，王樹民曾指出：

原書還有一段正文："陳邦瞻曰：交州在宋世凡再叛，初以侯仁寶，後以沈起。仁寶死，起竄，足爲邊臣不務安輯而生事者之戒。雖然，交州小丑，再勤王師，卒無成功，宋之不振甚矣。"排印時因其無關紀事，且有"放毒"之嫌，全文删去，破壞了全書的完整性。[②]

丙　删篇章

金聖嘆腰斬《水滸傳》就是一個著名的例子，魯迅指出："至於刊落之由，什九常因於世變。胡適（《文存》三）說：'聖嘆生在流賊遍天下的時代，眼見張獻忠、李自成一班强盜流毒全國，故他覺得强盜是不能提倡的，是應該口誅筆伐的。'故至清，則世異情遷，遂復有以爲'雖始行不端，而能翻然悔悟，改弦易轍，以善其修，斯其意固可嘉，而其功誠不可泯'者，截取百十五回本之六十七回至結末，稱《後水滸》，一名《蕩平四大寇傳》，附刊七十回之後以行矣。"[③]鄭振鐸也說：

他又删去了不少詩詞。其中有些是不應該删去的。特别像第十回裏面的《恨雪》詞："廣莫嚴風刮地，這雪兒下的正好，扯絮撏綿，裁幾片大如栲栳，見林間竹屋茅茨，争些兒

①《魯迅全集》第五卷《准風月談》。
②《標點本〈宋史紀事本末〉正誤》，載《河北師範學院學報》一九八四年第一期。
③《魯迅全集》第九卷《中國小説史略》第十五篇《元明傳來之講史》下。

被他壓倒。富室豪家,却道是'壓瘴猶嫌少',向的是獸炭紅爐,穿的是棉衣絮襖,手捻梅花,唱道'國家祥瑞',不念貧民些小。高卧有幽人,吟詠多詩草。"這和大家都知道的白日鼠白勝在炎夏的時候所唱的歌:"赤日炎炎似火燒,野田禾稻半枯焦。農夫心内如湯煮,樓上王孫把扇摇。"同樣充滿了被壓迫者的怨和怒。金聖嘆删去這一類的詩詞,顯然是從他那反動的政治思想出發的。[①]

魯迅的作品被國民黨政府整篇删去的也很多,他在一九三四年十一月二十八日致劉煒明的信中説:"《二心集》我是將版權賣給書店的,被禁之後,書店便又去請檢查,結果是被删去三分之二以上,聽説他們還要印,改名《拾零集》,不過其中已無可看的東西,是一定的。"[②]魯迅逝世後,許廣平將編好的《魯迅全集目録》呈送内政部審核登記,結果:

完全禁止發行的,有:《毁滅》(係法捷耶夫長篇小説譯本,三閑書屋印行)《二心集》(一九三〇—三一年雜文,合泉書店出版)《僞自由書》(一九三二—三三年作短評集)《南腔北調集》(一九三二—三三年的雜文,聯華書局印行)四種。

必需改名的,是:《准風月談》改爲《短評七集》,《花邊文學》改爲《短評八集》。

部分删改的最多。《壁下譯叢》(譯俄國及日本作家與批評家之論文集)删改達三分之一。《三閑集》中之《太平歌訣》《鏟共大觀》兩文均删去。《頭》《現今的新文學概觀》均删去一段。《華蓋集》中之《十四年的讀經》,也被删去。《壞

①《水滸全傳》卷首《水滸全傳序》,人民文學出版社一九五四年版。
②《魯迅書信集》下卷。

孩子》(譯本)部分删。《小小十年小引》删一段。[①]

又,建國後中華書局重印高步瀛《唐宋詩舉要》,原引有曾國藩評語,因范文瀾《中國近代史》上編第一分册從一九四五年在延安草成時,即附有《漢奸劊子手曾國藩的一生》一文。直至一九五一年這部書已發行七版,此文仍未改動,影響很大,所以中華書局也將曾氏評語全部删去。其實所評對唐宋詩篇頗有見解,不應以人廢言。

第三節　致衍的原因

致衍的原因,多爲無意之增,也有有意之加,細加分析,約有以下幾種類型:

一　因形似而衍

俞樾《古書疑義舉例》卷五有《兩字形似而衍例》,舉了不少的例子。如《墨子·天志》下篇云:"而況有踰人之牆垣,担格人之子女者乎?"俞樾指出:"'担'字衍文,'格人之子女'與'踰人之牆垣'相對成文,'担'即'垣'字之誤而衍者。"此外,他還舉例道:

> 《商子·兵守》篇:"四戰之國,好舉興兵以距四鄰者,國危。""舉"字即"興"字之誤而衍。《管子·事語》篇:"彼壤狹

---

①沈鵬年輯《魯迅研究資料編目》附録六《關於國民黨反動政府内政部所命令通過、禁止和删改魯迅全集的記載》。

> 而欲舉與大國争者。""舉"字即"與"字之誤而衍。《吕氏春秋·異寶》篇:"其主,俗主也,不足與舉。""舉"字亦即"與"字之誤而衍。《淮南子·泰族》篇:"夫欲治之主不世出,而可與興治之臣不萬一。""興"字亦即"與"字之誤而衍。

再如《莊子·徐無鬼》篇云:"是以一人之斷制利天下。"王叔岷指出:"'斷制'下有'利'字,不詞。蓋即'制'字之誤而衍者也。唐寫本正無'利'字。《注》:'則其斷制不止乎一人。'《疏》:'恣其鴆毒,斷制天下。'是正文原無'利'字明矣。"①

二　因殘字而衍

《莊子·山木》篇:"此木以不材得終其天年。夫子出於山。"《釋文》本無子字,云:"夫者,夫子,謂莊子也。本或即作夫子。"王叔岷指出:

> 今本並作"夫子"。《藝文類聚》九一、《意林》、《御覽》九一七、《事類賦》十九《禽部》二、《天中記》五八引,並無"夫子"二字。《釋文》本無"子"字,是也。惟"夫"乃"矣"之壞字,當屬上絶句,"此木以不材得終其天年"下,《御覽》九五二引有"矣"字,是其明證。因"矣"壞而爲"夫",後人遂於"夫"下妄加"子"字,以之屬下讀矣。《吕氏春秋·必己》篇正作:"此以不材得終其天年矣('此'下疑脱'木'字)。出於山。"當據正。②

①《校讎通例》十《由誤而衍》,載《歷史語言研究所集刊》第二十三本下册。

②《校讎通例》五六《因壞而妄加他字》,載《歷史語言研究所集刊》第二十三本下册。

三　因不明通假字而衍

《莊子·讓王》篇云:"今周見殷之亂,而遽爲政,上謀而下行貨,阻兵而保威。"王念孫以爲:"'上謀而下行貨','下'字後人所加也。'上'與'尚'同,上謀而行貨,阻兵而保威,句法正相對。後人誤讀'上'爲上下之上,故加'下'字耳。《吕氏春秋·誠廉》篇正作'上謀而行貨,阻兵而保威'。"①

《淮南子·人間》篇云:"戰武士必其死。"王念孫云:"'戰武',戰士也。'必'與'畢'同,言戰士皆致死也。《淮南》一書,通謂士爲武,後人不達,又於武下加士字,必下加其字矣。"②指出《太平御覽·疾病部》四、《刑法部》五,引此句並作"戰士畢死"。

又,《史記·范雎蔡澤列傳》云:"吾聞先生相李兑曰:百日之内,持國秉政,有之乎?"王念孫云:

> "政"字後人所加,《索隱》本出"持國秉"三字而釋之曰:"案《左傳》云:'國子實執齊秉。'(見哀十七年傳,今本秉作柄)服虔曰:秉,權柄也。"據此,則"秉"下本無"政"字,"持國秉"即"持國柄"也。《絳侯世家》:"許負相條侯曰:君相三歲而侯,侯八歲爲將相,持國秉。"是其明證矣。(《説文》,柄或作棅。書傳通作秉。《齊語》:"治國家不失其柄。"《管子·小匡》篇作秉。《史記·天官書》:"二十八舍,主十二州,斗秉兼之。"《周官·鼓人》注:"鐃如鈴,無舌有秉。"並讀與柄同)後人不知秉爲柄之借字,故妄加政字。《太平御覽·方術部》引此作"持國秉政",亦後人依《史記》加之。《人事部》

①《讀書雜志》餘編上《莊子·讓王·上謀而下行貨》。
②《讀書雜志·淮南内篇》後序。

引此正作“持國柄”。[①]

四 因兩字義同而衍

俞樾云:“古書有兩字同義而誤衍者。蓋古書未有箋注,學者守其師説,口相傳受,遂以訓詁之字誤入正文。”[②]

如《國語・晉語》云:“若無天乎?云若有天,吾必勝之。”王念孫校曰:“‘若無天乎云’文不成義,且與下二句不相聯屬。‘云’字當在下文‘若’字下,而以‘若無天乎’爲一句,‘若云有天’爲一句。”[③]俞樾補充道:

> 王説是矣,而未盡也。古本蓋止作“若無天乎?若云天,吾必勝之”。云,即有也。《廣雅・釋詁》曰:“云,有也。”文二年《公羊傳》曰:“大旱之日短而云災,故以災書。此不雨之日長而無災,故以異書也。”“云災”、“無災”,相對爲文。云災,即有災也。此以“無天”、“云天”相對爲文,正與彼同。“云”、“有”二字同義而誤衍,傳寫又誤倒之耳。[④]

《墨子・備城門》篇:“令吏民皆智知之。”俞樾謂:“‘智’、‘知’義同。《釋名・釋言語》曰:‘智,知也。’《墨子》原文本作‘令吏民皆智之’。傳其學者謂此‘智’字乃知識之‘知’,因相承而衍‘知’字矣。《淮南子・人間》篇:‘曉然自以爲智知存亡之樞機,禍福之門户。’‘知’字亦誤衍,與《墨子》同。”[⑤]

---

①《讀書雜志・史記第四・范睢蔡澤列傳・持國秉政》。
②《古書疑義舉例》卷五之五二《兩字義同而衍例》。
③《經義述聞》卷二一《國語》下《若無天乎云》。
④《古書疑義舉例》卷五之五二《兩字義同而衍例》。
⑤《古書疑義舉例》卷五之五二《兩字義同而衍例》。

又《荀子·仲尼》篇云:"能耐任之,則慎行此道也;能而不耐任,則恐失寵,則莫若早同之,推賢讓能,而安隨其後。"楊倞注"能耐任之"曰:"耐,忍也。言人有賢能者,雖不欲用,必忍而用之。"又注"能而不耐任"曰:"有能者,不忍急用之。"王念孫指出:

> "能耐任之"、"能而不耐任",兩"能"字皆衍文,"耐"即"能"字也。(《禮運》:"故聖人耐以天下爲一家,以中國爲一人者。"鄭注曰:"耐,古能字。傳書世異,古字時有存者,則亦有今誤矣。"《樂記》:"故人不耐無樂。"鄭注曰:"耐,古書能字也。後世變之,此獨存焉。"成七年《穀梁傳》:"非人之所能也。"《釋文》能亦作耐。《管子·入國》篇:"聾盲喑啞,跛躄偏枯,握遞不耐自生者。"耐即能字)"耐任之則慎行此道"者,言能任國家之大事(此承上"理任大事"而言),則慎行此道也。今作"能耐任之"者,後人記"能"字於"耐"字之旁,而傳寫者因誤合之也。"而不耐任"云云者,"而"讀爲"如",言如不能任其事,則莫若推賢讓能也。今作"能而不耐任"者,傳寫者既"能"、"耐"並録,而"能"字又誤在"而不"二字之上也。楊氏不得其解,故曲爲之詞。①

五　因不明詞義而衍

詞義是發展變化的,只知詞的今義而不知詞的古義,或不知某時代的特殊用語,不知詞所涉及的名物典章制度,反以爲書面材料有錯誤,爲了文從字順而增字的現象,也不乏其例:

①《讀書雜志·荀子第二·仲尼·能耐任之　能而不耐任》。

甲 不知古義而衍

《漢書·西南夷兩粵朝鮮傳》云:"獨左將軍並將戰益急,恐不能與。"如淳曰:"不能與左將軍相持也。"師古曰:"此説非也。不能與,猶言不如也。"《史記》"恐不能與"下有"戰"字。王念孫論之云:

如、顔皆未曉"與"字之義。《史記》"與"下有"戰"字,則後人妄加之也。"與",猶敵也,言左將軍並將兩軍,而戰益急,恐不能敵也。古者謂相敵曰與。《匈奴傳》曰:"單于自度,戰不能與漢兵",言不能敵漢兵也。襄二十五年《左傳》曰:"閭丘嬰與申鮮虞乘而出,行及弇中,將舍。嬰曰:'崔慶其追我。'鮮虞曰:'一與一,誰能懼我?'"懼,病也。言狹道之中,一以敵一,雖崔慶之衆,不能病我也。哀九年《傳》曰:"宋方吉,不可與也",言宋不可敵也。《越語》曰:"彼來從我,固守勿與",《老子》曰:"善勝敵者不與",皆謂兩軍相敵也。《管子·輕重戊》篇曰:"即以戰鬥之道與之矣。"與之,敵之也。《秦策》曰:"以此與天下,天下不足兼而有也",言以此敵天下也。《淮南·人間》篇曰:"大之與小,强之與弱也,猶石之投卵,虎之啗豚。"言以大敵小,以强敵弱也。《史記·燕世家》曰:"龐煖易與耳";《白起傳》曰:"廉頗易與";《淮陰侯傳》曰:"吾平生知韓信爲人易與耳"。"易與",皆謂易敵也。《高祖紀》曰:"上自東往擊陳豨,聞豨將皆故賈人也。上曰:'吾知所以與之'",言吾知所以敵之也。後人不知"與"之訓爲敵,故或曰"不能與左將軍相持",或曰"不能與猶言不如",又或於《史記》"恐不能與"之下,妄加"戰"字,蓋古義之失其傳久矣。(杜預注《左傳》"不可與"曰"不可與戰"。韋昭注《越語》"固守勿與"曰"勿與戰"。王弼注《老子》"善勝敵者不與"曰"不與争"。蓋誤釋"與"爲"與共"之

"與",而以戰字、争字,增成其義,不知"與"訓爲"敵",即是戰争之義也。如淳曰"不能與左將軍相持",亦是增字以成其義。而讀《史記》者,遂於"與"下加"戰"字矣)[①]

乙　不知某時代特殊詞義而衍

《顔氏家訓·風操》云:"昔侯霸之子孫,稱其祖父曰家公。"盧文弨校曰:"《王丹傳》:'丹徵爲太子少傅。時大司徒侯霸,欲與交友,及丹被徵,遣子昱候於道。昱迎拜車下,丹下答之。昱曰:家公欲與君結交,何爲見拜?丹曰:君房有是言,丹未之許也。'案:此'孫'字、'祖'字或誤衍。"[②]王利器補證云:

> 趙與峕《賓退録》四引此文,並云:"之推,北齊人,逮今七百年,稱家祖者,復紛紛皆是,名家望族,亦所不免。家父之稱,俗輩亦多有之,但家公家母之名少耳。山簡謂'年三十不爲家公所知'(案見《晉書·山簡傳》),蓋指其父,非祖也。"左暄《三餘偶筆》十:"《孔叢子》:'子高以爲趙平原君,霸世之士,惜其不遇時也。其子子順以爲衰世好事之公子,無霸相之才也。申叔問子順曰:子之家公,有道先生,既論之矣;今子易之,是非安在?'是對子而亦稱其父爲家公也。"

誠如錢玄所説:"舊校者不知當時稱'家公'即指家父,而誤以'公'是祖輩之稱,故妄增'孫'、'祖'兩字。"[③]

丙　不明詞中所涉名物制度而衍

《淮南子·覽冥》篇云:"夫陽燧取火於日,方諸取露於月。"王念孫指出:

---

①《讀書雜志·漢書第十四·西南夷兩粤朝鮮傳·恐不能與》。

②《抱經堂叢書》本《顔氏家訓》卷二《風操》盧文弨補注。

③《校勘學》第一章《字句校勘》第二節《衍文》四《不審詞義而妄增》。

“夫陽燧”本作“夫燧”，今本有“陽”字者，後人所加也。彼蓋誤以“夫”爲語詞，又以《天文》篇“陽燧見日則然而爲火，方諸見月則津而爲水”，故加入“陽”字。不知夫燧即陽燧也。“夫燧”與“方諸”相對爲文，《周官》“司烜氏掌以夫遂取明火於日”。（“遂”與“燧”同）鄭注曰：“夫遂，陽遂也。”下文云：“夫燧之取火，慈石之引鐵”，並以“夫燧”二字連文，故高注云：“夫，讀大夫之夫。”則“夫”非語詞明矣。[①]

《晉書·阮瞻傳》：“舉止灼然。見司徒王戎……戎咨嗟良久，即命辟之。”勞格《晉書校勘記》曰：“孫志祖云‘止’字疑衍。‘灼然’者，晉世選舉之名，於九品中正爲二品。”[②]見《温嶠傳》《鄧攸傳》。余嘉錫也指出：“余考《書鈔》六十八引《續漢書》云：‘陳寔字仲躬，舉灼然，爲司徒屬，大丘長。’則灼然爲科目，自後漢已有之，不起於魏之中正也。”[③]顯然，校者不知灼然爲科目之名，而把“舉灼然”改成了“舉止灼然”。

陳垣《校勘學釋例》卷五爲《元代名物誤例》。其第三十四《不諳元時年代而誤例》云：“元年號有至大，有大德，而沈刻《元典章》有至大德，其中必有一字係衍文：吏二三一‘近睹至大德二年’，‘德’字衍。”“又元時大德年號祇有十一年，今乃有十六年：吏五廿七‘大德十六年’，‘六’字衍。”第三十五《不諳元朝帝號廟號而誤例》云：“元世祖不稱高皇帝，而沈刻《元典章》有世祖高皇帝，蓋清人習聞清朝帝號，乃以加之元帝也。新刑五三‘世祖高皇帝’，‘高’字衍。”第三十七《不諳元代地名而誤例》云：“刑十四八‘河南行省咨陝州路’，元作‘峽州’，陝州元時不稱路。”“新刑六十

---

①《讀書雜志·淮南内篇第六·覽冥·夫陽燧》。

②《晉書校勘記》卷二《阮瞻傳》。

③《世説新語箋疏》中卷下《賞譽第八》。

‘婺州路蘭州溪州同知’，元作‘蘭溪州同知’，‘蘭’下‘州’字衍。若蘭州，則不屬婺州路。”第四十一《不諳元代專名而誤例》云：“一時代有一時代所用之專名，校書者對於本書時代所用之專名，必須有相當之認識，此《方言》《釋名》所由作也。”如“‘係官公廨’‘係官房舍’爲元代專名，沈刻輒改爲‘係是官員房舍’，有同蛇足矣。工二十八‘委實係是官員公廨’，元作‘委是係官公廨’。工二二十‘禁賣係是官員房舍’，元作‘禁賣係官房舍’。”第四十二《不諳元時體制而誤例》云：“元制，皇帝聖旨稱‘欽此’，皇太后懿旨及太子令旨稱‘敬此’。”“刑十五四五‘麼道懿旨了也敬此欽此’，‘欽此’二字衍。”“又元制，笞杖始於七，止於百七，朝綱一五‘諸杖罪一百七十以下’，‘十’字衍。”

六　因不明文義而衍

没有弄清詩文的含義，爲了符合自己對書面材料的理解而加字的現象也是常有的。如《戰國策·趙策》云：“士爲知己者死，女爲悦己者容，吾其報知氏之讎矣。”王念孫曰：

> “之讎”二字，後人所加也。“吾其報知氏”者，承上文“爲知己者死”言之，謂報知氏之恩，非報知氏之讎。下文曰：“知伯以國士遇臣，臣故國士報之。”又曰：“而可以報知伯矣。”並與此句同義。後人以下文多言爲知伯報讎，故加“之讎”二字。不知彼自言報讎，此自言報恩也。《史記·刺客傳》曰：“今智伯知我，我必爲報讎而死，以報智伯。”此雖兼報讎言之，而“報智伯”三字，仍謂報恩，非謂報讎也。《太平御覽·人事部》引此策有“之讎”二字，則所見本已誤。

《文選·報任少卿書》注引此正作“吾其報知氏矣”。[①]

《莊子·山木》篇：“昨日山中之木，以不材得終其天年；今主人之鴈，以不材死。”王叔岷校云：“上文所言木與鴈，皆昨日之事，則‘主人之鴈’上，不當有‘今’字，蓋淺人妄加也。《文選》盧子諒《贈劉琨詩》注、《藝文類聚》九一、《意林》、《御覽》九一七、《事類賦》十九《禽部》二、《事文類聚後集》四六、《合璧事類别集》六六引，皆無‘今’字。《吕氏春秋·必己》篇同。當據删。”[②]

七 因不明句讀而衍

不明句讀而衍實際上也就是不明文義而衍的一種，因爲這種情況是限於斷句方面，所以單列一例。

《戰國策》趙策云：“秦攻趙於長平，大破之，引軍而歸，因使人索六城於趙而講。趙王與樓緩計之曰：與秦城何如？不與何如？”王念孫指出：“此以‘與秦城’爲句，‘何如不與’爲句。‘不與’下本無‘何如’二字。齊策：‘田侯召大臣而謀曰：救趙，孰與勿救？’猶此言‘與秦城，何如不與’也。後人誤讀‘與秦城何如’爲句，因於不與下加‘何如’二字，而不知其謬也。《太平御覽·人事部》引此作‘與秦地，何如勿與？’”[③]

《淮南子·覽冥》篇云：“以治日月之行，律治陰陽之氣，節四時之度。”王念孫引陳觀樓説云：“‘律’下本無‘治’字，‘律陰陽之氣’與上下相對爲文，讀者誤以‘律’字上屬爲句，則‘陰陽之氣’

①《讀書雜志·戰國策第二·趙·報知氏之讎》。

②《校讎通例》二三《不審上下文而妄加》，載《歷史語言研究所集刊》第二十三本下册。

③《讀書雜志·戰國策第二·趙·與秦城何如不與何如》。

四字文不成義，故又加'治'字耳。高注'律，度也'三字，本在'律陰陽之氣'下，傳寫誤在'律'字之下，'陰陽'之上，隔斷上下文義，遂致讀者之惑。"並補證道："《文子·精誠》篇作'調日月之行，治陰陽之氣'，此用《淮南》而改其文也。後人不知'律'字之下屬爲句，故依《文子》加'治'字耳。"①

又，《漢書·酷吏傳》云：尹齊"以刀筆吏，稍遷至御史，事張湯，湯素稱以爲廉武。帝使督盜賊。"王念孫指出："'帝'字後人所加，此言張湯素稱尹齊之廉武，使之督盜賊。非謂武帝使督盜賊也。《史記》'使督'上無'帝'字，是其明證矣。後人誤以'廉'字絶句，而以'武'字屬下讀，因妄加'帝'字耳。下文曰：'上以爲能，拜爲中尉。'方指武帝言之。"②

八 注文誤入正文

古書在傳寫時，注文即於正文之下，而字體大小相差也往往不够分明，鈔録時稍不留心，注文即會混入正文。如《莊子·天運》篇云："夫至樂者，先應之以人事，順之以天理，行之以五德，應之以自然；然後調理四時，太和萬物。"王叔岷指出：

> 唐寫本、趙諫議本、道藏成玄英本、王元澤本、林希逸本，皆無此三十五字，乃疏文誤入正文者也。見道藏本成疏"故曰：汝近自然也"下。上文"吾奏之以人，徵之以天，行之以禮義，建之以太清"，與下文"四時迭起，萬物循生，一盛一衰，文武倫經"云云，本爲韻文，意亦一貫。《書鈔》一百五、

①《讀書雜志·淮南内篇第六·覽冥·律治陰陽之氣》。

②《讀書雜志·漢書第十四·酷吏傳·湯素稱以爲廉武帝使督盜賊》。

《玉海》一百三引，亦並無此三十五字，宣穎本删之，是也。[①]

《淮南子·人間》篇云："非其事者勿仞也，非其名者勿就也，無故有顯名者勿處也，無功而富貴者勿居也。"王引之曰："'無故有顯名者勿處也'，義與上句無别，當即是上句之注，而今本誤入正文也。下文云：'夫就人之名者廢，仞人之事者敗，無功而大利者後將爲害，'皆承上文言之，而此句獨不在内，則非正文明矣。"[②]

錢大昕《十駕齋養新録》卷六《後漢書注攙入正文》也指出："《郭太傳》'初太史'至'南州'以下七十四字，本章懷注引謝承《後漢書》之文，今誤作大字，溷入正文。予嘗見南宋本，及明嘉靖己酉福建本，皆不誤。蔚宗書避其家諱，於此傳前後皆稱林宗字，不應忽爾稱名。且其事已載《黄憲傳》，毋庸重出也。"[③]該書同卷尚有《三國志注誤入正文》一篇可參看。

九　校者旁記之字誤入正文

王念孫曾指出："書傳多有旁記之字誤入正文者。"[④]如《晏子春秋》内篇《問》下云："《詩》云：'高山仰止，景行行止之'者其人也。"盧文弨指出："下止字衍"，並分析道："今《詩》作'景行行止'，而古來所引，每作'行之'。王伯厚《詩考》引《史記·孔子世家》作'行之'，今《史記》改作'行止'矣。《禮記·表記》釋文又

①《校讎通例》六一《注疏誤入正文》，載《歷史語言研究所集刊》第二十三本下册。趙諫議本指宋蜀中安仁趙諫議宅本《南華真經注》十卷。趙諫議無考。

②《讀書雜志·淮南内篇第十八·人間·無故有顯名者勿處也》。

③范曄字蔚宗，其父名泰。郭泰字林宗。范曄爲避家諱，改郭泰爲郭太，遇泰名皆稱林宗。

④《經義述聞》卷三二。

云:'行止,《詩》作行之',又互異也。此書必本作'行之',後人以今《詩》'止'字注其旁,遂誤入正文耳。"①

《淮南子·時則》篇云:"始雨水,桃李始華,倉庚鳴。"王念孫引其子引之説云:

> 次句内本無"始"字,今本有者,後人據《月令》,旁記"始"字,因誤入正文也。高注曰:"自冬冰雪,至此春分穀雨,(案:'春分穀雨'四字,乃後人所改。《逸周書·時訓》篇:'雨水之日桃始華',則非春分穀雨時也。《吕氏春秋》注作'自冬冰雪至此,土發而耕'。)故曰始雨水。"是首句有"始"字也。又曰:"桃李於是皆秀華",是次句無"始"字也。《月令》:"桃始華,倉庚鳴。"皆三字爲句,若無"始"字則句法參差矣。此文"桃李華,倉庚鳴"亦三字爲句,若加一"始"字,則句法又參差矣。故桃李華不言始,而桃華則言始;倉庚鳴不言始,而蟬鳴則言始;蟬鳴言始,而寒蟬鳴則不言始。皆變文協句也。《吕氏春秋·仲春》篇,正作"桃李華"。②

校讀者旁記之字有涉及詞義的,也有涉及名物、諱字的,今分别舉例如下。《史記·司馬相如列傳》云:"相如乃與馳歸,家居徒四壁立。"王念孫指出:

> "家居徒四壁立"本作"居徒四壁立"。居即家也。(家、居二字,古聲義並相近,故《説文》曰:"家,居也。"《周官·典命》注曰:"國家,國之所居。")《索隱》引孔文祥云:"家空無資儲,但有四壁而已。"家字正釋居字,故《漢書》作"家徒四壁立"。宋本及各本皆作"家居徒四壁立",則文不成義。此

①《群書拾補》:《晏子春秋》内篇《問》下第四。
②《讀書雜志·淮南内篇第五·時則·桃李始華》。

後人依《漢書》旁記家字，而寫者因誤入正文也。汲古閣單行《索隱》本，本作“居徒四壁立”，後補入“家”字，而字形長短不一，補刻之迹顯然。《文選·詠史》詩注，引作“居徒四壁立”。《六帖》二十二曰：“司馬相如，居徒四壁。”則無家字明矣。①

《史記·曆書》云：“端旃蒙者，年名也。”王念孫謂：“《爾雅》之‘旃蒙’，《史記》作‘端蒙’。此作‘端旃蒙’者，後人旁記‘旃’，因誤入正文耳。”②又，陳垣亦曾就此舉例云：

《史記·酈生傳》：“王者以民人爲天，而民人以食爲天。”《索隱》引《管子》云：“王者以民爲天，民以食爲天。”今本正文，皆作民人，蓋唐人避太宗諱，民作人，後人於人旁注民，其後遂將民人二字連寫，致衍人字。

《通典·食貨》篇：“荆河豫州，厥土惟壤。”豫，唐代宗諱。代宗時改豫州爲蔡州。杜佑於古豫州不得改爲蔡州，又不得直稱爲豫州，於是用《禹貢》“荆河惟豫州”一語，稱古豫州爲荆河州。後人於荆河旁注豫字，鈔書者遂並荆河豫三字連寫，成此衍文。③

又，王重民《午風堂叢談跋》云：“《遺書》本卷三《歐陽文忠集考異》條云：‘此本尚是元刻，余於書攤得此，藏書家不多見也。此明洪武五年刻。’‘此明洪武五年刻’七字，殊爲贅疣，檢原本無之，必讀者注語誤入正文者。甚矣，校刻書之難也！”④此亦一

①《讀書雜志·史記第六·司馬相如列傳·相如乃與馳歸家居徒四壁立》。
②《讀書雜志·史記第二·曆書·端旃蒙》。
③《史諱舉例》卷四。
④《中國善本書提要》附録《中國善本書題跋》。《遺書》指《常州先哲遺書後編》。

特例。

此外,有的讀者將可參考的文字寫在所讀書旁,也會被後人鈔入正文。如《史記·司馬相如列傳》云:"相如雖多虚辭濫説,然其要歸引之節儉,此與《詩》之風諫何異。"爲了加以比較,讀者將《漢書·司馬相如傳》末贊語中的一段話鈔在旁邊,後人將其混入了正文。

十　涉上下文而衍

涉上下文而衍的字皆與上下文中的某個字或某些字相同,這顯然是傳鈔不慎造成的。

甲　涉上文

《史記·孝景本紀》云:"二年秋,衡山雨雹,大者五寸,深者二尺。"王念孫云:"'深者二尺','者'字因上句而誤衍也。雹有大小,故言'大者五寸',若深二尺,則平地皆然,不得言'深者二尺'也。《秦始皇紀》:'二十一年,大雨雪,深二尺五寸。'《漢書·五行志》:'宣帝地節四年五月,山陽濟陰雨雹如鷄子,深二尺五寸。'皆不言深者二尺五寸也。又《五行志》:'元帝建昭二年十一月,齊楚地大雪,深五尺',不言深者五尺也。《初學記》《太平御覽·天部》引《史記》,並無'者'字。"①

又,《史記·商君列傳》云:"孝公既用衛鞅,鞅欲變法,恐天下議己。衛鞅曰:'疑行無名,疑事無功。'"王念孫指出:"'鞅欲變法','鞅'字因上文而衍。此言孝公欲從鞅之言而變法,恐天下議己也。孝公恐天下議己,故鞅有疑事無功之諫。若謂鞅恐天下議己,則與下文相反矣。《商子·更法》篇:'孝公曰:今吾欲

①《讀書雜志·史記第二·孝景本紀·深者二尺》。

變法以治,更禮以教百姓,恐天下之議我也。公孫鞅曰:疑行無成,疑事無功。君亟定變法之慮,殆無顧天下之議之也。'是其明證矣。《新序·善謀》篇同。"①

乙 涉下文

《管子·樞言》篇云:"衆人之用其心也,愛者,憎之始也;德者,怨之本也。唯賢者不然。"王念孫謂:"此六句,皆涉下文而衍。下文云:'衆人之用其心也:愛者,憎之始也;德者,怨之本也。其事親也,妻子具,則孝衰矣;其事君也,有好業,家室富足,則行衰矣。唯賢者不然。'此則重出而脱其太半矣。又下文尹氏有注,而此無注,若果有此六句,則尹氏何以注於後而不注於前?然則尹所見本無此六句明矣。"②

又如中華書局編輯部《史記點校後記》云:"《楚世家》'於是靈王使棄疾殺之',《左傳》作'王使速殺之'。疾速同義,'疾殺之'就是'速殺之',只因下文有'公子棄疾',就衍了一個'棄'字,如果不删去,'棄疾'二字連讀,那就變成人名了,所以我們標點作'於是靈王使(棄)疾殺之。'"③

丙 涉上下文

《爾雅·釋地》云:"北方有比肩民焉,迭食而迭望。"郭璞注:"此即半體之人,各一目、一鼻、一孔、一臂、一脚,亦猶魚鳥之相合。"周祖謨《爾雅校箋》卷中曰:"'各有一目、一鼻、一孔',唐寫本作'各有一目、一鼻孔'。《文選》王元長《曲水詩序》注,引作'人各有一目、一鼻孔'。案:《山海經·海外西經》云:'一臂國,一目、一鼻孔。'即此注所本。今本'鼻'下衍'一'字,當據唐寫本改正。"錢玄亦就此謂:"'一鼻'則與常人無異,'一孔'則其義不

①《讀書雜志·史記第四·商君列傳·鞅欲變法》。

②《讀書雜志·管子第二·樞言·衍文六句》。尹氏指唐尹知章。

③中華書局點校本《史記》卷末。

明。此因上下均有'一'字而誤衍。"[①]

《淮南子·人間》篇云:"事或欲以利之,適足以害之;或欲害之,乃反以利之。利害之反,禍福之門户,不可不察也。"王念孫指出:"或欲利之,或欲害之,相對爲文。'利'字上不當有'以'字,此因下句'以'字而誤衍也。《太平御覽·學部》三引此無'以'字。'禍福之門户','户'字亦因上文'禍福之門户'而衍。利害之反,禍福之門,相對爲文,則'户'字可省。《覽冥》篇'利害之路,禍福之門'即其證。《太平御覽》引此無'户'字,《文子·微明》篇同。"[②]

十一　誤疊

因字詞誤疊而衍,實際上是涉上下文而衍的一種特殊形式。如《莊子·天運》篇云:"故西施病心而矉其里,其里之醜人見而美之,歸亦捧心而矉其里。其里之富人見之,堅閉門而不出;貧人見之,挈妻子而去之走。"俞樾校曰:"兩'其里'字,皆不當疊,'病心而矉'、'捧心而矉',文義甚明,若作'矉其里',則不可通矣。皆涉下句而衍。"[③]王叔岷補證云:"俞説是也。唐寫本上'其里'字不疊,《御覽》三九二、七四一,《記纂淵海》五五、《事文類聚》前集一二、别集二四、《合璧事類》續集四四、《錦繡萬花谷》後集一五,引兩'其里',字皆不疊。"[④]周祖謨也分析道:"此處'其

---

①《校勘學》第一章《字句校勘》第二節《衍文》。《山海經》原文作"一臂國在其北,一臂一目一鼻孔"。

②《讀書雜志·淮南内篇第十八·人間·欲以利之　門户》。

③《諸子平議》卷一八《莊子》二《天運》。

④《校讎通例》七二《因誤疊而失句讀》,載《歷史語言研究所集刊》第二十三本下册。

里’二字傳寫誤重，當删。‘矉’是蹙額的意思，字亦作‘噸’。它是個自動詞，後面不能帶賓語。”①

《淮南子·地形》篇云：“鳥魚皆生於陰，陰屬於陽。”王念孫指出：“下‘陰’字蒙上而衍，此謂鳥魚皆屬於陽，非謂陰屬於陽也。《大戴禮》《家語》並作‘鳥魚皆生於陰，而屬於陽。’盧辯曰：‘生於陰者，謂卵生也；屬於陽者，謂飛游於虚也。’則無下‘陰’字明矣。《文選·辯命論》注、《太平御覽·羽族部》一引《淮南》，皆無下‘陰’字。”②

又，上海古籍出版社版《中吴紀聞》云：“洞與潘閬、錢易爲友，狂放不羈。閬坐盧多遜黨，亡命，乃變姓名，僧服入中條山。洞密贈之詩曰：‘潘逍遥，平生才氣如天高。倚天大笑無所懼，天公嗔汝口呶呶。罰教臨老頭，補衲歸中條。我願中條山，山神鎮長在。驅雷叱電，依前趕出這老怪。’”王邁指出：“‘我願中條山，山神鎮長在’，應删去一‘山’字，兩句合爲一句，作九字句。點校者已校出兩種讀法，但采取了錯誤讀法，也未下斷語應作九字句。丁傳靖《宋人軼事彙編》‘我願’句，亦作九字。”③

陳垣認爲此類錯誤“有以已鈔爲未鈔而誤衍者”，有的甚至重鈔了十多字。如沈家本刻《元典章》：“兵一三七‘照依樞密院條畫禁的事理不得違犯仰樞密院條畫禁的事理不得違犯仰樞密院’，衍‘條畫’至‘樞密院’十四字。”“新吏四‘本部呈先准中書省劄付本部呈先准中書省劄付’，衍‘本部’至‘劄付’十字。”④

---

①《古籍校勘述例》，載《中國語言》一九八〇年第二期。

②《讀書雜志·淮南内篇第四·地形·陰屬於陽》。

③《古籍整理中出現的字誤》，載《古籍整理出版情況簡報》第一八一期。

④《校勘學釋例》卷二第十五《因重寫而衍字例》。

十二　涉注文而衍

前已論及,古書一般都是正文注文連寫,而以大小字區別之。這也會出現正文受注文影響而增字的現象。

如《荀子・仲尼》篇云:"任重而不敢專,財利至則言善而不及也,必將盡辭讓之義然後受。"楊倞注曰:"'善而不及',而,如也。言己之善寡如不合當此財利也。"元刻正文無"言"字。王念孫指出:"無'言'字者是也,據楊注云:'善而不及',而,如也。'則善上無言字明矣。注又云:'言己之善寡如不合當此財利也。'此'言'字乃申明正文之詞,非正文所有也。宋本有'言'字,即涉注文而衍。"①

《淮南子・脩務》篇云:"禹沐浴霪雨,櫛扶風。"高誘注曰:"禹勞力天下,不避風雨,以久雨爲沐浴。扶風,疾風。以疾風爲梳櫛也。"王念孫指出:

> "沐"下本無"浴"字,此涉高《注》"沐浴"而誤衍也。沐霪雨、櫛扶風,相對爲文。多一"浴"字,則句法參差矣。(劉本又於'櫛'上加'梳'字以對沐浴,尤非)《藝文類聚・帝王部》一、《太平御覽・皇王部》七、《文選》謝朓《和王著作八公山詩》注,引此皆無"浴"字。《莊子・天下》篇"禹沐甚雨,櫛疾風",此即《淮南》所本。②

《禮記・曲禮》上云:"前有塵埃,則載鳴鳶;前有車騎,則載飛鴻;前有士師,則載虎皮。"王引之指出:"'飛'字涉注文而衍。

①《讀書雜志・荀子第二・仲尼・財利至則言善而不及也必將盡辭讓之義而後受》。

②《讀書雜志・淮南内篇第十九・脩務・沐浴霪雨》。

《注》云:'鴻,取飛有行列也。'此釋'載鴻'之義,非經文有'飛'字也。下載'虎皮'注云:'虎,取其有威勇也。'亦是釋'載虎皮'之義,經文豈有威勇字邪?《正義》釋'載鳴鳶'云:'不直言鳶而云鳴者,鳶不鳴則風不生,故畫作開口如鳴時。'此專釋鳴字之義也。若'鴻'上有'飛'字,則《正義》亦必專釋之。而《正義》云:'前有車騎則載鴻者,鴻,鴻鴈也。鴈飛有行列,與車騎相似。若軍前遥見有車騎,則畫鴻於旌首而載之,使衆見而爲防也。'但言畫鴻而不言畫飛鴻,則所見本無'飛'字可知。……案郭璞注《爾雅》'錯革鳥曰旟'云:'此謂全剥鳥皮毛置之竿首,即《禮記》云載鴻及鳴鳶。'是古本無'飛'字也。鈔本《北堂書鈔·武功部》八引作'則戴鴻'('戴'與'載'同),《車部》上引作'則載鴻',足證隋唐間舊本尚不誤。唐石經始衍'飛'字。"①

十三 因據誤本文字而加

書面材料有錯誤,讀不通,人們未經認真校勘,相反地却根據自己的理解而增字的,也不乏其例:

甲 因訛文而加

《淮南子·俶真》篇:"雲臺之高,墮者折脊碎腦,而蟁蝱適足以翱翔。"高誘注曰:"蟁蝱微細,故翱翔而無傷毁之患。"王念孫校曰:

> "適足以翱翔"當作"適足以翾"。高注"翱翔而無傷毁之患",當作"翾飛而無傷毁之患"。《説文》:"翾(許緣反),小飛也。"《原道》篇曰:"跂行喙息,蠉飛蝡動。"蠉與翾同。下文曰:"飛輕微細者,猶足以脱其命。""飛輕"二字,正承

①《經義述聞》卷一四《禮記》上《載飛鴻》。

"翾"字言之。若翺翔則爲鳥高飛之貌。蝨蝨之飛,可謂之翾,不可謂之翺翔也。又下文"雖欲翺翔",高注曰:"翺翔,鳥之高飛,翼上下曰翺,直刺不動曰翔。"而此注不釋翺翔之義,則正文本無翺翔二字明矣。隸書翺字或作翾(見漢唐公房碑),形與翾相近,故翾誤爲翺。後人不知翺爲翾之誤,因妄加翔字耳。《藝文類聚·蟲豸部》引此正作"蝨蝨適足以翾"。①

又,《漢書·匈奴傳》云:"朕與單于,俱由此道,順天恤民,世世相傳,施之無窮,天下莫不咸嘉使。"王念孫指出:"'天下莫不咸嘉使'本作'天下莫不咸便'。便,安也。言順天恤民,天下咸安之也。下文'漢與匈奴鄰敵之國',乃起下之詞,非承上之詞。'便'與'使'相近,因誤爲'使'。後人不得其解,遂於'咸'下增'嘉'字。……《史記》作'天下莫不咸便'是其證。"②

陳垣總結校《元典章》經驗時也説:"有誤字不知爲誤,而疑爲脱,仍將誤字録存,另加他字者,則又誤又衍矣。"如:"吏三十八'歷一任者即陞教授',元作'歷一考即陞教授','考'誤爲'者',遂加'任'字。"③

乙　因脱文而加

《莊子·至樂》篇:"吾安能棄南面王樂,而復爲人間之勞乎?"王叔岷指出:"陳碧虚《闕誤》引張君房本,'人間'作'生人',據上文'諸子所言,皆生人之累也'則作'生人'者是也。《疏》:'誰能復爲生人之勞,而棄南面王之樂邪?'是成本亦作'生人'。今本作'人間',蓋由'人'上脱'生'字,後人乃於'人'下妄加'間'

①《讀書雜志·淮南内篇第二·俶真·翺翔》。
②《讀書雜志·漢書第十四·匈奴傳·天下莫不咸嘉使》。
③《校勘學釋例》卷二第十六《因誤字而衍字例》。

字耳。”①

《淮南子·主術》篇：“是故十圍之木，持千鈞之屋。五寸之鍵，制開闔。”王念孫云：“‘制開闔’三字，文義未足。《説苑·説叢》篇作‘而制開闔’。《文子》作‘能制開闔’。能亦而也。二書皆本於《淮南》，則《淮南》原文本作‘五寸之鍵，而制開闔’明矣。道藏本脱‘而’字，劉績不能考正，乃於‘制開闔’下加‘之門’二字，而諸本及莊本皆從之，謬矣。”②

《大戴禮記·曾子立事》篇云：“多知而無親，博學而無方，好多而無定者，君子弗與也。”俞樾謂：“下文云：‘君子多知而擇焉，博學而算焉，多言而慎焉。’據此，則本文‘好多’二字亦當作‘多言’，校者因奪‘言’字而誤補‘好’字，此校補之不當者也。”③

丙　因衍文而加

《淮南子·氾論》篇云：“履天子之圖籍，造劉氏之貌冠。”王念孫云：“‘履天子之圖籍，造劉氏之貌冠。’本作‘履天子之籍，造劉氏之冠。’《史記·高祖紀》曰：‘高祖爲亭長，以竹皮爲冠。及貴，常冠，所謂劉氏冠乃是也。’故曰‘造劉氏之冠’。今本作‘履天子之圖籍，造劉氏之貌冠’者，‘貌’字涉高注‘委貌冠’而衍。後人又誤以籍爲圖，遂於‘籍’上加‘圖’字，以與‘貌冠’相對，而不知‘貌’爲衍文，且圖籍不可以言履也。”④

又，《史記·周本紀》云：“幽王以虢石父爲卿。用事，國人皆怨。石父爲人佞巧，善諛好利。王用之，又廢申后，去太子也。申侯怒，與繒西夷犬戎攻幽王。”王念孫指出：

---

①《校讎通例》二六《因脱而妄加》，載《歷史語言研究所集刊》第二十三本下册。成指成玄英。

②《讀書雜志·淮南内篇第九·主術·制開闔》。莊指莊逵吉。

③《古書疑義舉例》卷五之六一《因誤奪而誤補例》。

④《讀書雜志·淮南内篇第十三·氾論·貌冠》。

> 廢申后去太子一事，已見上文，此處不應重見。“王用之”三字，亦與上文用事相複。今案：“王用之，又廢申后去太子也”本作“王之廢申后去太子也”，乃復舉上文，以起下文申侯與犬戎攻周之事，與虢石父之事各不相涉。祇因王之廢申后去太子，“王”下衍一“用”字，遂致不成文理。後人不得其解，遂於“廢申后”上加一“又”字，以曲爲彌縫耳。《群書治要》引此，作“王之廢后去太子也”。《太平御覽·皇王部》十引作“幽王之廢申后去太子也”。今據以訂正。[①]

丁　因倒文而加

《晏子春秋》内篇《諫》上云：“夫陽生而長，國人戴之。”孫星衍校本於“而長”上加“生”字，云：“今本脱一‘生’字，以意增。”王念孫正之曰：“孫加‘生’字非也。此文本作‘夫陽生長而國人戴之。’言陽生長於荼，而爲國人所戴也。今本‘長而’誤作‘而長’，又加‘生’字於其上，則贅矣。《群書治要》正作‘夫陽生長而國人戴之。”[②]

《史記·張耳陳餘列傳》云：“外黄富人女甚美，嫁庸奴亡其夫去抵父客。”《集解》於“亡其夫”下注曰：“一云其夫亡也。”王念孫指出：

> 一本是也。“嫁”字後人所加，“亡”字本在“其夫”下。“庸奴其夫”爲句，“亡去”爲句，“抵父客”爲句。《漢書》作“外黄富人女甚美，庸奴其夫。（師古曰：言不恃賴其夫，視之若庸奴）亡邸父客。（如淳曰：父時故賓客也）”是其證也。因“亡”字誤在“其夫”之上，遂與“庸奴”二字義不相屬。後人不得其解，輒於“庸奴”上加“嫁”字，而讀“嫁庸奴”爲句。（《廿

①《讀書雜志·史記第一·周本紀·王用之又廢申后去太子也》。

②《讀書雜志·晏子春秋第一·内篇諫上·而長》。

二史劄記》謂"所嫁者乃庸奴,故逃之。"非也,既爲富人女,而又甚美,則無嫁庸奴之理)"亡其夫"爲句,其謬甚矣。①

十四 因誤據他篇而加

《史記·秦始皇本紀》云:"更爲書賜公子扶蘇、蒙恬,數以罪,其賜死。"王念孫指出:"'賜死'上本無'其'字,後人據《李斯傳》加之耳。不知彼言'其賜死',乃趙高所爲始皇書語;此言'賜死',乃史公記事之文,不當有'其'字也。《太平御覽·皇王部》引此無'其'字。"②

《漢書·景紀》云:"丞相屈氂下獄,要斬妻子梟首。"王念孫校云:"'妻'下'子'字,乃後人依《劉屈氂傳》加之也。(《劉屈氂傳》云:'妻子梟首華陽街。')景祐本無'子'字。宋祁亦曰:'舊本無子字。'據鄭氏《注》云:'妻作巫蠱,夫從坐,但要斬也。'則鄭所見本無'子'字明矣。《五行志》曰:'屈氂坐祝禮要斬,妻梟首。'《漢紀》曰:'屈氂妻坐爲巫蠱祝詛,屈氂要斬,妻梟首。''妻'下皆無'子'字。"③

十五 因誤據他書而加

《墨子·七患》篇云:"一穀不收謂之饉,二穀不收謂之旱,三穀不收謂之凶,四穀不收謂之餽,五穀不收謂之饑。"畢沅於此下增"五穀不孰謂之大侵",並説:"八字舊脱,據《藝文類聚》增。"王念孫糾之云:"既言'五穀不收謂之饑',則不得又言'五穀不孰謂

①《讀書雜志·史記第五·張耳陳餘列傳·嫁庸奴亡其夫去》。

②《讀書雜志·史記第一·秦始皇本紀·其賜死》。

③《讀書雜志·漢書第一·景紀·妻子》。

之大侵'。《藝文類聚·百穀部》引《墨子》'五穀不孰謂之大侵'者,乃涉上文引《穀梁傳》'五穀不升謂之大侵'而衍。故《太平御覽·時序部》二十、《百穀部》一引《墨子》皆無此八字。《墨子》所記本與《穀梁傳》不同,不可强合也。"①

又,《史記·曹相國世家》云:"北救東阿。"王念孫指出:"'阿'上本無'東'字,此後人依《漢書》加之也。東阿故城,在今陽穀縣東北,本戰國時阿邑,《田完世家》所謂'齊威王烹阿大夫'者也。漢始置東阿縣,故《史記》中或謂之阿,或謂之東阿。《索隱》本出'北救阿'三字,注云:'阿即東阿也。'《正義》曰:'今濟州東阿也。'則正文内無'東'字甚明。今本既加'東'字,又删去《注》内'阿即東阿也'五字,其失甚矣。《絳侯世家》:'擊秦軍阿下',亦不稱東阿。"②

十六　本無闕文而誤加空圍

《逸周書·本典》篇云:"能求士□者,智也;與民利者,仁也。"王念孫指出:"能求士者,智也;與民利者,仁也。句法上下相同,則上句不當有闕文。下文'士有九等,皆得其宜',正所謂'能求士者,智也。'其無闕文明矣。《玉海》六十七引此無闕文。"③

《逸周書·官人》篇云:"有知而言弗發,有施而□弗德。"王念孫校曰:"此文本作'有知而弗發,有施而弗德','發'讀曰'伐'。高注:'《淮南·修務》篇曰:伐,自矜大其善也。'有知而弗

---

①《讀書雜志·墨子第一·七患·五穀不孰謂之大侵》。畢沅校語見畢沅校本《墨子》卷一。

②《讀書雜志·史記第三·曹相國世家·東阿》。

③《讀書雜志·逸周書第三·本典·能求士□者智也》。

發，有施而弗德，皆五字爲句，上句本無‘言’字，下句亦無闕文。後人於‘弗發’上加‘言’字，（後人不知‘發’與‘伐’同，而誤以爲發言之‘發’，故加‘言’字）則上句多一字矣。校書者不知‘言’字爲後人所加，而以爲下句少一字，遂於下句内作空圍，以對‘言’字，此誤之又誤也，《大戴記》正作‘有知而不伐，有施而不置’。（‘置’與‘德’同，《繫辭》傳：‘勞而不伐，有功而不德。’《釋文》：‘德，鄭、陸、蜀本作置。’鄭云：‘置當爲德。’《荀子·哀公》篇：‘言忠信而心不德，仁義在身而色不伐。’《大戴記·哀公問五義》篇，‘德’作‘置’）”①

又，孔凡禮《全宋詞校補》載沈伯文《望海潮》云：“山連嵩岱，疆分齊魯，濟南自古多奇月。魄墮英星，芒剪瑞□（按此處脱一字，補□），來參漢主龍飛。”劉凱鳴指出：

> 查詞譜，《望海潮》上片第三句爲六字句，非七字句，當至“奇”字句斷，孔校誤將“月”字從上，遂從而誤判“脱一字”。“月”爲韻脚，與“龍飛”以下“枝、龜、蹊、旗、扉、歸、嘶、衣、池”等韻字不叶，且導致割裂“月魄”、“星芒”。今謂實無脱文。“濟南自古多奇”，奇，奇士，猶名士。沈詞蓋化用杜甫《陪李北海宴歷下亭》“濟南名士多”句意。奇，上平聲支韻字，與“飛、枝……衣、池”等支韻、微韻字并屬詞韻第三部。而“月”入聲字，屬第十八部，自不能與第三部通押。②

十七　爲牟利而加

在古籍傳播中，爲了牟利而故意加字的情況是很少的，任繼

---

①《讀書雜志·逸周書第三·官人·言弗發 □弗德》。

②《〈全宋詞補輯〉校語辨正》，載《文史》第二十八輯。

愈曾舉一例:“如《房山雲居寺石經》可謂善本,其中有些石刻佛經體現了《遼藏》的面貌,但其中也有刻工貪圖省工,出現許多上下文不相連屬的‘一’字,從一般校勘原理看,這與字形、字音、字義或上下的錯簡毫無關係,只是由於刻工按版計酬,爲了省力,又能占滿版面,才出現了不應出現的許多‘一’字,漢字中只有一字筆劃最少,刻起來又省力,用來充字數最方便。”①

十八　爲説明自己的觀點而加

汪辟疆云:“余家舊藏明黄正色活字本《御覽》,《文部》五百八十六引鍾嶸《詩品》。其上品十二家之末,下有‘陶潛’二字,分注平列,張海鵬、鮑崇城二本同。頗疑元明間人不滿記室平品,因除去古詩一家不計外,擅移中品之陶公於小注,以足十二人之數。此明人妄改古書之明證也。今日偶取涵芬樓景印宋本《御覽》覆按之,果無陶潛,而以《詩品》評陶一條,别行引之,益足取證也。”②

蔣禮鴻亦曾舉一例:“《樂府詩集》卷五十九所引的唐人劉商《胡笳曲序》説:‘蔡文姬善琴,能爲離鸞、别鶴之操。胡虜犯中原,爲胡人所掠。入番爲王后,王甚重之。武帝與邕有舊,敕大將軍贖以歸漢。胡人思慕文姬,乃卷蘆葉爲吹笳,奏哀怨之音。後董生以琴寫胡笳聲爲十八拍,今之《胡笳弄》是也。’序中的董生是誰,有人以爲是唐代著名琴師董庭蘭,有一位名家則以爲就是文姬歸漢後所嫁的董祀,而序中‘董生’前頭應補上個‘嫁’字。因爲他老人家認爲現傳的《胡笳十八拍》曲辭確是蔡文姬所撰而

①《任繼愈學術論著自選集・關於編輯〈中華大藏經〉(漢文部分)的意義》。
②《汪辟疆文集・讀常見書齋小記・明人妄改詩品》。

不是像很多人那樣認爲的僞作(或擬作),如若不補這個'嫁'字,那麽胡笳曲的琴譜就是'董生'所作而非文姬所作,'如果胡笳聲都不是蔡文姬譜出的,那麽《胡笳十八拍》的辭更不是蔡文姬作的了。'這就是所以要補字的原由。但是頗有疑竇。大凡校書補字,或者上下文有過這個缺文,或者見於别的書或類書所稱引,才算有憑有據。現在補上這個字,兩種根據都没有,僅因文姬曾嫁過董祀,這衹能説是想當然的揣測,不能算作科學的論斷。董生是否董庭蘭,也還要找證據。但是元稹的《小胡笳引》却給了我們一些材料。這篇樂府歌辭的題注道:'桂府王推官出蜀匠雷氏琴,請姜宣彈。'歌辭道:'哀彈慢指董家本,姜生得之妙思忖。'這是有個姓董的人制作了胡笳的琴曲而爲姜宣所學習所彈奏的確證。這個人當然不是文姬,也更不可能是董祀。那麽劉序的'後董生'應補成'後嫁董生'的説法更加動摇了。元稹和劉商同是唐人,我們有理由設想元詩所説那個姓董的人就是劉序的董生。再按劉序的文字,'卷蘆葉爲吹笳,奏哀怨之音'出於胡人,是文姬歸漢以後的事,文姬何從知道而寫之以琴呢?《胡笳十八拍》曲辭的著作權問題可以再討論(有人説'曲以拍名,起於唐代',至少漢代尚無拍名,這是值得注意的),但爲肯定著作權屬於蔡文姬而在劉序中加字,這是淺昧所未以爲安的。"①

十九　爲便於閲讀而加

古文簡奥,後人爲便於閲讀,往往在書面材料中改字或加字。如李零云:"在《孫子》一書的校勘上,銀雀山簡本的發現對

①《懷任齋文集·誤校七例》。名人,指郭沫若,其《談蔡文姬的〈胡笳十八拍〉》云:"序文裏的'後董生'應該是'後嫁董生',董生即陳留董祀。"文載《郭沫若全集》文學編卷八《蔡文姬》附録。

我們有很多的啟發。首先,我們發現今本之間的差異與簡本相比,往往微不足道,簡本與今本之間的差異要比這大得多。這種差異可分爲三種情況,一種是屬於换字,如簡本《實虛》'膠其所之也','膠'是'繆'的借字,今本改爲'乖',《九地》'輕地吾將使之僂','僂'是'遱'的借字,今本改爲'屬',都是把難懂的字换成易懂的字。一種是填字,如簡本'善者',今本都改爲'善用兵者',也是爲了便於讀懂。還有一種是變散文爲對句,如簡本《刑》'善守者,臧(藏)九地之下,動九〔天之上〕',今本在'動九〔天之上〕'前加'善攻者'。這種差異在古書流傳中應當是一種帶有普遍性的現象。"①

陳垣校沈家本刻《元典章》也發現有類似現象,指出:"刑部卷内有一句添至三四字者,頗似經生之添字解經,有時或較元文意義顯明,然實不可爲訓,假令别有所本,亦當注明出處也。"如:"刑十九四,'召其親人認識領去完聚',元作'召親完聚',四言成句,而六字妄添。""刑十九八,'此實古今之通論也',元作'古今通論也',五言成句,而四字妄添。"②

第四節　致倒的原因

古籍文字顛倒,有的出自無心,有的則出於有意乙正。因爲人們對古書的理解有深淺,故校者乙正之文,也有是有非。今就

①《關於〈孫子兵法〉研究整理的新認識》,載《古籍整理與研究》一九八七年第一期。

②《校勘學釋例》卷二第二十《妄添三例》。原文"而四字妄添"當爲"而三字妄添"。參看《經義述聞》卷三二《通説》下《增字解經》。

其求是反非的情況詳加分析，以見讀古書之不易。校書時，妄乙也和妄改、妄删、妄補一樣，都是不負責任的表現，學者所應特别注意。

一　因上下字相關聯而倒

上下兩個字或幾個字相連或相隔不遠，傳鈔者稍有疏忽，就可能産生相互顛倒的現象。

甲　兩字平列而倒

《禮記·月令》篇云："制有小大，度有長短。"王念孫指出："'長短'本作'短長'，與裳、量、常爲韻，今作'長短'，則失其韻矣。此蓋涉下文'視長短'而誤。《正義》作'長短'，亦後人依已誤之經文改之。唐《月令》已删此二句，無從考正，唯宋撫州本及岳本皆作'短長'，《吕氏春秋·仲秋》篇同，足正今本之失。"[①]《禮記·月令》篇復云："量小大，視長短。"俞樾指出："'小大'當依衛湜《集説》本作'大小'。上文云：'制有小大，度有短長。'則'小'字當在'大'字之前，以下句'短'字在'長'字之前，'小大''短長'各相當也。此云：'量大小，視長短'，則大字當在小字之前，以下句長字在短字之前，'大小'、'長短'，亦各相當也。《正義》曰：'大，謂牛、羊、豕成牲者；小，謂羔、豚之屬也。'先釋大字，後釋小字，是其所據本不誤。此類宜悉心訂正，庶不負古人文理之密察也。"[②]俞樾説："平列之字，本無順倒，雖有錯誤，文義無傷；然亦有不可不正者。"[③]上述兩例涉及叶韻、對偶、文章内容，當然是應當糾正的。

---

①《經義述聞》卷一四《禮記》上《長短》。

②《古書疑義舉例》卷七之八一《兩字平列而誤倒例》。

③《古書疑義舉例》卷七之八一《兩字平列而誤倒例》。

乙　字相連不平列而倒

書面材料中,字相連基本上都不平列,故此類錯誤較多。

如《國語·周語》云:"若貪陵之人來而盈其願,是不賞善也。"王念孫指出:"'不賞善',《左傳》成十三年《正義》引作'賞不善'是也。貪陵之人,不善之人也,而如其願以予之,則是賞不善也。今本'賞'、'不'二字倒轉,則義不可通。"①

《商子·更法》篇云:"愚者笑之,智者哀焉;狂夫之樂,賢者喪焉。"孫詒讓指出:"'笑之',《新序》作'之笑',與下文'狂夫之樂'正相對,是也,當據正。'哀',《新序》作'憂',義亦較長。"②

《淮南子·精神》篇云:"是故視珍寶珠玉猶石礫也,視至尊窮寵猶行客也,視毛嬙、西施猶頬醜也。"王引之云:"'石礫'本作礫石。《説文》:'礫,小石也。'《逸周書·文傳》篇云:'礫石不可穀。'《楚辭·惜誓》:'相與貴夫礫石。'王注云:'相與貴重小石也。'《韓詩外傳》云:'太山不讓礫石,江海不辭小流。'皆其證也。'石'與'客'、'魄'爲韻,若作石礫,則失其韻矣。'頬醜'本作'倛魄',此'魄'誤爲'醜',後人又改'倛'爲'頬'耳。"③

丙　字相近而倒

字不相連,但相距甚近,也容易形成誤倒現象。如《逸周書·官人》篇云:"以其隱觀其顯。"王念孫指出:"此本作以其顯觀其隱。人之聲顯而易見,其心氣則隱而不可見,故曰'以其顯觀其隱',即上文所云'聽其聲,處其氣'也。今本'顯'、'隱'二字互易,則義不可通。《大戴記》作'以其見占其隱','見'亦'顯'也。"④

①見王引之《經義述聞》卷二〇《國語》上《不賞善》。

②《札迻》卷五。

③《讀書雜志·淮南内篇第七·精神·石礫》。

④《讀書雜志·逸周書第三·官人·以其隱觀其顯》。

再如《漢書·李廣蘇建傳》云："武罵律曰：'女爲人臣子，不顧恩義，畔主背親，爲降虜於蠻夷，何以女爲見？'"師古曰："言何用見女爲也。"王念孫謂："'見'字當本在'女'字上，'何以見女爲'，猶《論語》言'何以文爲'、'何以伐爲'耳。若云'何以女爲見'，則文不成義矣。《漢紀·孝昭紀》作'何用見女爲兄弟乎'，'爲'下加'兄弟'二字，遂失其指，然據此知《漢書》本作'何以見女爲'也。"①

丁　詞組平列而字倒

《老子》二十一章云："自古及今，其名不去，以閱衆甫。"馬叙倫校曰："各本作自古及今，非是。古、去、甫，韻。"②帛書《老子》甲、乙本及王弼注皆作"自今及古"。③

《莊子·山木》篇云："一上一下，以和爲量。"俞樾指出："此本作'一下一上，以和爲量'，上與量爲韻；今作一上一下，失其韻矣。《秋水》篇：'無東無西，始於元冥，反於大通。'亦後人所改。《莊子》原文本作'無西無東'，東與通爲韻也。王氏念孫已訂正。'上下''東西'，人所恒言，後人口耳習熟，妄改古書，由不知古人倒文協韻之例耳。"④

《逸周書·大聚》篇："具百藥以備疾災，畜五味以備百草。"王念孫校云："下句當作'畜百草以備五味'（'百草'與'百藥'對文）。今本'百草'與'五味'互易，則義不可通。"⑤

戊　兩句平列而字倒

①《讀書雜志·漢書第十·李廣蘇建傳·何以女爲見》。
②《老子校詁》卷二。
③參見《馬王堆漢墓出土老子釋文》，載《文物》一九七四年十一期。
④《古書疑義舉例》卷一之一三《倒文協韻例》。王念孫説見《讀書雜志餘篇》上《莊子·秋水·無東無西》。
⑤《讀書雜志·逸周書第二·大聚·畜五味以備百草》。

俞樾説:“古書有上下兩句平列,而傳寫互誤其字者。”如《論語·季氏》篇云:“不患寡而患不均,不患貧而患不安。”他指出:“‘寡’、‘貧’二字,傳寫互易,此本作‘不患貧而患不均,不患寡而患不安。’‘貧’以財言,‘不均’亦以財言,不均則不如無財矣,故‘不患貧而患不均’也。‘寡’以人言,‘不安’亦以人言;不安則不如無人矣,故‘不患寡而患不安’也。《春秋繁露·度制》篇引孔子曰:‘不患貧而患不均’,可據以訂正。”①

《晏子春秋》内篇《問》下云:“從重不爲進,從輕不爲退。”王念孫以爲:“當作‘從輕不爲進,從重不爲退’。輕,易也(見《吕氏春秋·知接》篇注);重,難也(見《漢書·元帝紀》注)。謂不見易而進,不見難而退也。今本‘輕’、‘重’互易,則義不可通。《家語·三恕》篇作‘從輕勿爲先,從重勿爲後’。注曰:‘赴憂患,從勞苦,輕者宜爲後,重者宜爲先。’語意正與此同。”②

《莊子·大宗師》篇云:“故曰:天之小人,人之君子;人之君子,天之小人也。”奚侗校曰:“此文四句義複,下二句‘人’字、‘天’字互誤。”③王叔岷補證云:“奚説是也,舊鈔本《文選》江文通《雜體詩》注引下二句正作‘天之君子,民之小人’。今本‘民’作‘人’,唐人避太宗諱改。”④

己　句相連不平列而字倒

書面材料中,句相連但不平列的現象居絶大多數,故此類錯誤也不少。

《漢書·何武王嘉師丹傳》云:“事下將軍中朝者,光禄大夫孔光、左將軍公孫禄、右將軍王安、光禄勳馬宫、光禄大夫龔勝,

①《古書疑義舉例》卷五之六九《上下兩句互誤例》。
②《讀書雜志·晏子春秋第一·内篇問下·從重 從輕》。
③《莊子補注》卷一。
④《校讎通例》五一《互誤》,載《歷史語言研究所集刊》第二十三本下册。

劾嘉迷國罔上不道,請與廷尉雜治。勝獨以爲嘉備宰相,諸事並廢,咎由嘉生;嘉坐薦相,罪微薄,以應'迷國罔上不道',恐不可以示天下。"王念孫論此文之誤曰:

> "劾嘉"之上,不當有"光禄大夫龔勝"六字,下文"勝獨以爲"上,當有"光禄大夫龔"五字。此謂諸臣皆"劾嘉迷國罔上",而光禄大夫龔勝獨以爲不然,故師古曰:"孔光以下,衆共劾嘉,而勝獨爲異議也。"若"劾嘉"上有"光禄大夫龔勝"六字,則與"勝獨以爲"之語相反。校書者不知此六字之爲衍文,反删去下文之"光禄大夫龔"五字,斯爲顛倒矣。《漢紀·孝哀紀》云:"事下將軍中朝者,皆劾嘉迷國罔上不道,光禄大夫龔勝獨以爲嘉坐薦相等罪微薄,應以迷國罔上不道,不可以示天下。"足正今本之誤。又《龔勝傳》云:"左將軍公孫禄、司隸鮑宣、光禄大夫孔光等十四人,皆以爲嘉應迷國不道法。勝獨曰:嘉舉相等過微薄。"尤足與此傳互相證明。[①]

《淮南子·主術》篇云:"所謂亡國,非無君也,無法也;變法者,非無法也。有法者而不用,與無法等。"王念孫指出:"'有法者而不用','者'字當在上文'所謂亡國'下,與'變法者'相對爲文,今誤入此句内,則文不成義。"[②]

二 因上下句相關聯而倒

上下兩句或數句相連,意思相關,傳鈔者稍有疏忽,便可能造成句子間相互顛倒的現象。

---

①《讀書雜志·漢書第十三·何武王嘉師丹傳·光禄大夫龔勝 勝獨以爲》。
②《讀書雜志·淮南内篇第九·主術·所謂亡國 有法者》。

甲　兩句平列而倒

就此俞樾曾以《論語》爲例云："《論語·公冶長》篇：'朋友信之，少者懷之。'《韓詩外傳》引作'少者懷之，朋友信之'。《雍也》篇：'知者樂水，仁者樂山。'李鼎祚《周易集解》引作'仁者樂山，知者樂水'。《泰伯》篇：'啟予足，啟予手。'《魏書·崔光傳》引作'啟予手，啟予足'。'巍巍乎其有成功也，煥乎其有文章。'《後漢書·馬融傳》注引作'煥乎其有文章，巍巍乎其有成功'。'菲飲食而致孝乎鬼神，惡衣服而致美乎黻冕。'《文選·東京賦》注引作'惡衣服而致美乎黻冕，菲飲食而致孝乎鬼神'。《鄉黨》篇：'與下大夫言，侃侃如也；與上大夫言，誾誾如也。'《史記·孔子世家》作'與上大夫言，誾誾如也；與下大夫言，侃侃如也。'《先進》篇：'言語，宰我、子貢；政事，冉有、季路。'《鹽鐵論》作'政事，冉有、季路；言語，宰我、子貢'。'有民人焉，有社稷焉。'《論衡·問孔》篇作'有社稷焉，有民人焉'。《顏淵》篇：'非禮勿視，非禮勿聽，非禮勿言，非禮勿動。'《禮記·曲禮》正義引作'非禮勿動，非禮勿言，非禮勿視，非禮勿聽'。《子路》篇：'父爲子隱，子爲父隱'。《韓詩外傳》引作'子爲父隱，父爲子隱。'《憲問》篇：'晉文公譎而不正，齊桓公正而不譎。'《風俗通義·皇霸》篇引作'齊桓公正而不譎，晉文公譎而不正'。《季氏》篇：'危而不持，顛而不扶。'《後漢書·安帝紀》引作'顛而不扶，危而不持'。《子張》篇：'仕而優則學，學而優則仕。'《玉篇·人部》'仕'下引作'學而優則仕，仕而優則學'。以上並見翟氏灝《論語考異》。按：即《論語》一書，而它書所引上下倒置者已不可勝計，則群經可知矣。雖於義理無甚得失，亦讀古書者所宜知也。"①

乙　數句平列而倒

①《古書疑義舉例》卷六之七〇《上下兩句易置例》。

俞樾云："古書凡三四句平列者，其先後本無深義，傳寫或從而易置之。"[①]但其中有涉及到文章内容和形式者，則校勘時也當注意糾正，不可疏忽。

《老子》第二十一章云："道之爲物，惟恍惟惚。惚兮恍兮，其中有象；恍兮惚兮，其中有物。"俞樾指出："'惚兮恍兮'兩句，當在'恍兮惚兮'兩句之下。蓋承上'惟恍惟惚'之文，故先言'恍兮惚兮，其中有物'，與上文'道之爲物，惟恍惟惚'四句爲韻。下云'惚兮恍兮，其中有象'，乃始轉韻也。王弼注曰：'萬物以始以成，而不知其所以然，故曰："恍兮惚兮，惚兮恍兮，其中有象"也。'注文當是全舉經文，而奪'其中有物'四字，可知王氏所據本猶未倒也。"[②]

《淮南子·俶真》篇："勢利不能誘也，辯者不能説也，聲色不能淫也，美者不能濫也，智者不能動也，勇者不能恐也。"俞樾謂："'聲色'句當在'辯者'句前，則聲色貨利以類相從；辯者、美者、智者、勇者，亦以類相從矣。《文子·九守》篇正如此，可據以訂正。"[③]

丙　句相連相近而倒

句子雖不對仗、平列，但相連、相近也易造成互倒現象，此類錯誤在詩歌中出現較多。仇兆鰲《杜詩詳注·凡例·杜詩刊誤》云："至於上下錯簡，句法顛倒者，如《古柏行》'君臣已與時際會'二句，當在'雲來'、'月出'之下。如《姜少府設鱠》'偏勸腹腴愧年少'二句，當在'落砧'、'放筯'之下。如《過吴侍御宅》'仲尼甘旅人'二句，當在'閉口'、'嘆息'之下。如《郭代公故宅》'精魄凜如'二句，當在顧步涕落之下。如《夢李白》《贈蘇渙》《呈聶耒陽》

①《古書疑義舉例》卷六之七〇《上下兩句易置例》。

②《古書疑義舉例》卷六之七〇《上下兩句易置例》。

③《古書疑義舉例》卷六之七〇《上下兩句易置例》。

諸詩，各有顛錯之句，今皆訂正，文義方順。”

句相連而倒，如《古柏行》：“孔明廟前（一作階）有老柏，柯如青銅根如石。霜（一作蒼）皮溜雨（一作水）四十圍，黛色參天二千尺。雲來氣接巫峽長，月（一作日）出寒通雪山白。（二句舊在‘愛惜’之下，今依須溪改正）君臣已與時際會，樹木猶爲人愛惜。（首詠夔州柏，而以君臣際會結之。銅比幹之青，石比根之堅。霜皮溜雨，色蒼白而潤澤也。四十圍，二千尺，形容柏之高大也。氣接巫峽，寒通雪山，正從高大處想見其聳峙陰森氣象耳。君臣際會，即起下先主武侯。）”[①]此爲《古柏行》之第一段，正如仇氏所分析的那樣，寫了古柏之柯、之根，之大、之高，之氣勢、之影響，以“老柏”開頭，以“樹木”作結，並以君臣際會引起下文，顯得相當自然而貼切。若原先的倒文未加乙正，則詩人的構思難以體現，詩意也會受到很大影響。

句相近而倒，如《夢李白二首》其一：“死别已吞聲，生别常惻惻。江南瘴癘地，逐（一作遠）客無消息。故人入我夢，明我長（一作常）相憶。君今在羅網，何以（一作似）有羽翼。（‘君今’二句，舊在‘關塞黑’之下，今從黄生本移在此處，於兩段語氣方順。）恐非平生魂，路遠（一作迷）不可測。魂來楓林（一作葉）青，魂（一作夢）返關塞黑。落月滿屋梁，猶疑照（一作見）顔色。水深波浪闊，無使蛟龍得。”仇氏指出：“此章次序，當依黄氏更定，分明一頭兩脚體，與下篇同格。”[②]

散文中當然也會有此類現象，如《法言·學行》篇云：“吾不睹参辰之相比也，是以君子貴遷善。遷善者聖人之徒也。百川學海而至於海，丘陵學山而不至於山，是故惡夫畫也。頻頻之

①《杜詩詳注》卷一五。

②《杜詩詳注》卷七。

黨，甚於鶤斯，亦賊夫糧食而已矣。"俞樾云："'遷善'與'參辰'不相比，意不相承；'頻頻之黨'與'惡畫'之義，亦不相承，此兩節疑傳寫互易。當曰：'吾不睹參辰之相比也，頻頻之黨，甚於鶤斯，亦賊夫糧食而已矣。百川學海而至於海，丘陵學山而不至於山，是故惡夫畫也。是以君子貴遷善，遷善者聖人之徒也。'兩節傳寫互易，而其義皆不可通。"[①]乙正之後就説得通了。

三　因錯簡錯葉而倒

書籍在流傳的過程中，簡書中的一簡或數簡改變了原來的次序即造成了錯簡現象；紙書中的一葉或數葉改變了原來的次序即造成了錯葉現象。帛書初由簡書傳寫，某些部分當然也會出現顛倒現象。錯簡、錯葉及其他文字較多、距離較遠的倒文現象，一般可統稱爲錯簡。

錯簡現象多數是在編連、裝訂過程中疏忽造成的。王念孫《讀書雜志·淮南内篇》後序云："有錯簡者，《天文》篇：'陽氣勝，則日脩而夜短；陰氣勝，則日短而夜脩。其加卯酉，則陰陽分，日夜平矣。'各本'其加卯酉'三句，錯簡在下文'帝張四維，運之以斗'一節之下，則既與上文隔絶，又與下文不相比附矣。"[②]

明吕兆禧《吕錫侯筆記》云："宋刻陸賈《新語·辨惑第五》，其末云'權歸於三家邑土單於彊'，下便云'無以制其剛'，文理甚不接。嘗與友人王季常讀之，得其脱簡於《慎微第六》'人不堪其憂'之下，'齊夫用人若彼'至'不操其柄者則'凡二百二十七字。考之閩浙新本皆然。如南雍《子匯》、河北《西京遺編》，俱名公校

①《古書疑義舉例》卷六之七四《簡策錯亂例》。

②參看《讀書雜志·淮南内篇第三·天文·其加卯酉三句》。

讎，亦復仍誤，當是千慮一失耳。"李偉國云：

查今《四部叢刊》本及《諸子集成》本《新語·辨惑第五》末云："……而定公拘於三家，陷於衆口，不能卒用孔子者，内無獨見之明，外惑邪臣之黨，以弱其國而忘其身，權歸於三家，邑土單於彊，無以制其剛。"此叙述孔子和魯國之事未完，且"邑土單於彊"不成語，亦無法與下句連接。

又《慎微第六》有云："顔回一箪食，一瓢飲，在陋巷之中，人不堪其憂。齊夫用人若彼，失人若此，然定公不覺悟，信季孫之計，背貞臣之策……夫言道因權而立，德因勢而行，不在其位者，則無以齊其政，不操其柄者，則回也不改其樂……"開頭説的是顔回，中間突然涉及魯國國政，至"不操其柄者"，語實未完，又轉到了顔回之事，難以理解。

如從吕兆禧的説法，第五篇末了的文字應爲："而定公拘於三家……邑土單於彊齊。夫用人若彼……不操其柄者，則無以制其剛。"第六篇述顔回的一段則應爲："顔回一箪食，一瓢飲，在陋巷之中，人不堪其憂，回也不改其樂，禮以行之，遜以出之。"無論從整段的意思，還是從語句的銜接來看，都相契合，證明吕説是正確的。①

再如《漢書·百官公卿表》云："地節三年七月壬辰，大司馬禹下獄要斬。"王念孫校云："此十二字，當在四年下。'七月'二字與上文相複，則其爲四年之七月可知。《宣紀》《外戚表》《五行志》及《漢紀》《通鑑》載誅禹事，皆在四年。"②

除正文外，目録也有這種現象。王利器曾指出："漢人稱《吕氏春秋》爲《吕覽》，以當時傳本篇次爲《八覽》《六論》《十二紀》故

①《陸賈〈新語〉的一處錯簡》，載《中華文史論叢》一九八二年第四輯。

②《讀書雜志·漢書第三·百官公卿表·錯簡十二字》。

也。古書往往以首篇爲大名，而以序文爲全書大尾；今《序意》篇在《十二紀》之末，正是古書舊式。但《序意》篇有'一作《廉孝》'之説，此與《序意》全無干涉；當是由以《有始覽》所缺之篇目錯入者；當於《序意》篇出之，而於《有始覽》入之，如是，則《有始覽》所缺者不缺，而《序意》篇所錯入者得歸原位，庶幾毫無遺憾矣。"①又張元濟跋《西村翁詩集》云："徐君曉霞贈余一部，與此同出一板。目録第一、二葉，因斷板致錯簡，此未訂正。"②

還有的錯簡則是由書籍編輯整理時疏忽造成的，例如《全金元詞》所録程文海詞，有三首的部分句子彼此淆亂，現將王鍈《〈全金元詞〉刊誤》的有關内容録之於下：

> 第七九二至七九四頁程文海詞三首彼此淆亂，兹以江刻宋元名家詞《雪樓樂府》比勘於下：
>
> 《全金元詞》
>
> 臨江仙　壽聰山
>
> 海鶴松間襟韻，梅花雪後精神。皇家著蔡老元臣。彝常千載事，品物四時春。　人道聰山毓秀，秀如嵩岳帝京賢牧守，人世妙神仙。　年甲偶同人却别，我今早已華顛。羨君福禄正如川。印章金磊磊，階樹玉娟娟。
>
> 《雪樓樂府》
>
> 臨江仙　壽聰山
>
> 海鶴松間襟韻，梅花雪後精神。皇家著蔡老元臣。彝常千載事，品物四時春。　人道聰山毓秀，秀如嵩岳生申。壽身壽國壽斯文。三階明紫極，一氣轉洪鈞。
>
> 《全金元詞》

①《王利器論學雜著·訪日講學記》引其《吕氏春秋釋名》講稿大旨。
②《涉園序跋集録·西村翁詩集》。

臨江仙　壽尹留守

六月濼陽天似水，月弓初上新弦。一篇來壽我同年。物爲春，向擎斂中間寓至仁。是紱麟盛旦，黄鐘應候，一陽方動，萬彙俱萌。億兆蒼生，鈞陶繫命，壽國端如壽此身。梅花遠，倩新詞描寫，來侑芳尊。

《雪樓樂府》

臨江仙　壽尹留守

六月濼陽天似水，月弓初上新弦。一篇來壽我同年。帝京賢牧守，人世現神仙。　　年甲偶同人却别，我今早已華顛。羨君福禄正如川，印章金磊磊，階樹玉娟娟。

《全金元詞》

沁園春　壽李秋谷平章　十一月朔

河漢無雲，淡月疏星，玉宇初澄。漸金仙掌上，露華高潔，西風陣裹，霜氣崚嶒。浪蕊浮花，狂茨怪蔓，此日紛紛一掃平。誰歟似，有天公錫號，秋谷山人。須知與生申。壽身壽國壽斯文。三階明紫極，一氣轉洪鈞。

《雪樓樂府》

沁園春　壽李秋谷平章　十一月朔

河漢無雲，淡月疏星，玉宇初澄。漸金仙掌上，露華高潔，西風陣裹，霜氣崚嶒。浪蕊浮光，狂茨怪蔓，此日紛紛一掃平。誰其似，有天公錫號，秋谷山人。　　須知與物爲春，向擎斂中間寓至仁。是紱麟聖旦，黄鐘應候；一陽方動，萬彙俱萌。億兆蒼生，鈞陶繫命，壽國端如壽此身。梅花遠，倩新詞描寫，來侑芳樽。

由右列《雪樓樂府》三詞的結構可知：一、《全金元詞》之《臨江仙·壽聰山》中加點部分，應接《臨江仙·壽尹留守》未加點部分。二、《臨江仙·壽尹留守》中加點部分，應接

《沁園春》之未加點部分。三、《沁園春》中加點部分,應接《臨江仙·壽聰山》未加點部分。此外,二者字詞尚有小異,可存而不論。[①]

還有的錯簡是由傳鈔及刊行時疏忽造成的。如陳垣指出:"沈刻《元典章》錯簡之例有三:曰單錯,曰互錯,曰衍漏錯。單錯者,本處有闕文,錯簡在他處是也。互錯者,本處有闕文,錯簡在他處,他處亦有闕文,錯簡在本處,所謂彼此互錯也。衍漏錯者,本處有闕文,而重出他處之文於此,又衍又漏是也。"其中以互錯之例最能説明問題,如:"吏七六,四行'公出疾病在假即日'八字,應在五行'長官'下;五行'掌判其行用印信'七字,應在四行'長官'下。户三七,五行'因而在外另籍或'七字,應在七行'漏籍人口'下;七行'各年軍籍内'五字,應在五行'附籍人口'下。"[②]由於錯簡處上面兩三個字完全相同,可見爲傳鈔者竄行所造成。

四　因不明字音而乙

《史記·太史公自序》云:"惠之早霣,諸吕不台;崇彊禄、産,諸侯謀之;殺隱幽友,大臣洞疑,遂及宗禍。"王念孫指出:"'諸侯謀之',本作'諸侯之謀'。之,是也(若《詩》言'先君之思'、'嬿婉之求'、'維子之好'之類)。言吕后崇彊禄、産而謀劉氏,故下文即云'殺隱幽友'也。後人以'謀'與'台'、'疑'韻不相協,故改'之謀'爲'謀之'。而不知'謀'字古讀若'媒'(詳見《唐韻正》),正與'台'、'疑'爲韻。且吕后稱制之時,諸侯未敢謀之也。"[③]

---

①載《古籍整理出版情況簡報》第九九期。
②《校勘學釋例》卷一第五《錯簡例》。
③《讀書雜志·史記第六·太史公自序·諸侯謀之》。

《荀子・解蔽》篇："《詩》曰：'鳳皇秋秋，其翼若干，其聲若簫。有鳳有皇，樂帝之心。'"王念孫指出："'有鳳有皇'，本作'有皇有鳳'。'秋'、'簫'爲韻，'鳳'、'心'爲韻。《説文》，鳳從凡聲，古音在侵部，故與心爲韻也。鳳從凡聲，而與心爲韻，猶風從凡聲，而與心爲韻也。後人不知古音，而改爲有鳳有皇，則失其韻矣。王伯厚《詩考》引此已誤。《藝文類聚》祥瑞部，《太平御覽》人事部、羽族部引此並作有皇有鳳。"[①]

又，楊慎《升庵詩話》卷三《梁宫人前溪歌》云："'當曙與未曙，百鳥啼前窗。獨眠抱被嘆，憶我懷中儂，單情何時雙。'用韻甚古。窗，粗叢切；雙，疎工切。今《樂府》刻倒其字作'窗前'，失其音矣。"[②]

五　因不明假借字而乙

《墨子・尚賢中》云："故（一本作胡）不察尚賢爲政之本也。"盧文弨校曰："當云'尚賢之爲政本'。"[③]王念孫辯之云："盧説非也。下文曰：'胡不察尚賢爲政之本也。且以尚賢爲政之本，亦豈獨墨子之言哉。'與此文同一例，則不得倒'之'字於'爲政'上矣。'故'與'胡'同，故下文又曰：'故不察尚賢爲政之本也。'（今本脱'爲'字）《管子・侈靡》篇：'公將有行，故不送公。'亦以'故'爲'胡'。"[④]顯然，盧氏没有注意到"故"爲"胡"之假借字，而將原句"之"字倒在"爲政"上，從而將原來的反問句改成了陳述句。

---

①《讀書雜志・荀子第七・解蔽・有鳳有皇》。

②詩見《樂府詩集》卷四五，題爲《前溪歌》，作者爲包明月。該句作"百鳥啼窗前"。中華書局點校本。

③見畢沅校本《墨子》卷二《尚賢中》。

④《讀書雜志・墨子第一・尚賢中・故不察尚賢爲政之本》。

《吕氏春秋·愛類》篇云:"且有不義。"王叔岷指出:"'且有'當作'有且','有'讀爲'又'。《淮南子·脩務》篇作'又且爲不義',是其塙證。本書《觀世》篇'有且以人言',《壅塞》篇'有且先夫死者死',並與此同例。今本作'且有',蓋淺人不知'有'與'又'同,而妄乙之耳。"[①]

又,王念孫《讀書雜志·淮南内篇》後序云:"有不識假借字而顛倒其文者。《人間》篇:'國危不而安,患結不而解,何謂貴知?'而,讀曰能。言危不能安,患不能解,則無爲貴智也。後人不知'而'與'能'同,遂改爲'國危而不安,患結而不解'矣。"[②]

六 因不明詞義而乙

人們不知詞涉古語、方言、名物制度的特殊含義,爲了讀通書面材料而誤乙的現象也時有發生,今略述如下:

甲 不知詞涉古語方言而乙

《漢書·食貨志》云:"枯旱蝗蟲相因。"王念孫校曰:"'蝗蟲'本作'蟲蝗'。枯旱、蟲蝗相對爲文。後人不解蟲蝗二字之義,故改爲蝗蟲。案:蟲蝗猶言蟲螟(見《月令》),亦猶《禮》言草茅,《傳》言鳥烏,《荀子》言禽犢,今人言蟲蟻耳。《五行志》引京房《易》傳曰:'厥風微而温,生蟲蝗,害五穀。'《月令》曰:'孟夏行春令,則蟲蝗爲災。'(今本改爲'蝗蟲',辨見《經義述聞》)[③]《説文》曰:'禽獸蟲蝗之怪謂之蠥。'皆其證也。又《荆燕吴傳》:'蝗蟲起'(《史記》亦誤作'蝗蟲'),《夏侯勝傳》:'蝗蟲大起。'皆本作

①《校讎通例》三六《不識假借字而妄乙》,載《歷史語言研究所集刊》第二十三本下册。

②參看《讀書雜志·淮南内篇第十八·人間·而不》。

③見《經義述聞》卷一三《禮記》上《蝗蟲》。

‘蟲蝗’，而後人改之。凡言蟲蝗者，非獨蝗爲災也，他蟲亦有焉。考《五行志》，自武帝元光五年，至征和四年，兼有螟蝗之災，故夏侯勝總而言之曰：‘蟲蝗大起。’不得改‘蟲蝗’爲‘蝗蟲’也。”①

陳垣也指出沈家本刻《元典章》有“不知古語而妄乙，失其意義者。”如：“户七八，‘依添上答價值’，元作‘依上添答價值’，不諳‘添答’方言，妄乙爲‘添上’。”“户七十八，‘今年後銷糧内’，元作‘今後年銷糧内’，不諳‘年銷’用語，妄乙爲‘今年’。”②

乙　不知詞涉名物制度而乙

楊慎云：“杜子美詩：‘近來海内爲長句，汝與東山李白好。’流俗本妄改作‘山東李白’。按樂史序《李白集》云：‘白客游天下，以聲妓自隨，效謝安石風流，自號東山，時人遂以東山李白稱之。’子美詩句，正因其自號而稱之耳，流俗不知而妄改。近世《大明一統志》，遂以李白入山東人物類，而引杜詩爲證，近於郢書燕説矣。噫！寡陋一至此哉?”③

又陳垣指出，沈家本刻《元典章》，“户八八三，‘路府州縣司’，元作‘司縣’，不諳‘路府州司縣’等第，妄乙爲‘州縣’。”“户九二十，‘勸司農官吏’，元作‘勸農司官吏’，不諳‘勸農司’官制，妄乙爲‘司農’。”“新兵十一‘整治赤站（本葉二見）’元作‘站赤’，不諳‘站赤’專名，妄乙爲‘赤站’。”④亦屬此類。

①《讀書雜志·漢書第四·食貨志·蝗蟲》。

②《校勘學釋例》卷二第二二《妄乙三例》。

③《升庵詩話》卷七《東山李白》。王仲鏞《箋證》云：“樂史《李翰林别集序》無此語。李陽冰《草堂集序》云：‘公乃浪迹縱酒，以自昏穢，詠歌之際，屢稱東山。’魏灝《李翰林集序》云：‘間携昭陽金陵之妓，迹類謝康樂，世號爲李東山。’則太白嘗有東山之號，故升庵以此爲説也。由於長處謫戍，升庵著書，每憑腹笥，偶有疏誤，誠所難免。”

④《校勘學釋例》卷二第二二《妄乙三例》。

七 因不明文義而乙

中華書局編輯部《史記點校後記》云:"有幾處文字前後倒置,把它移正比較方便的,我們就移正了。例如《夏本紀》:'予辛壬娶塗山癸甲生啟予不子',《尚書》作'娶于塗山,辛壬癸甲,啟呱呱而泣,予弗子。'裴駰《集解》引僞《孔傳》只增一'四'字,説'辛日娶妻,至於甲四日,復往治水',張守節《正義》也只據《集解》爲説,可見他們所見的本子都作'予娶塗山,辛壬癸甲',而别本傳寫偶誤,把'辛壬'錯在'塗山'上了。我們把它移正,標點作:'予(辛壬)娶塗山,〔辛壬〕癸甲,生啟予不子。'這一移正很重要,否則就得讀爲'予辛壬娶塗山,癸甲生啟,予不子',那就講不通了。司馬貞也説'豈有辛壬娶妻,經二日生子,不經之甚'。"[①]

因不明文義而誤讀,誤讀往往也會導致誤乙。如《漢書·韓彭英盧吴傳》云:"願君留意臣之計,必不爲二子所禽矣。"王念孫指出:

> "必不爲二子所禽矣",本作"不,(句)必爲二子所禽矣。"不與否同,言若不用臣之計,則必爲二子所禽也。《史記》作"否,必爲二子所禽矣",是其證。後人不知"不"字自爲一句,而以"不必"二字連讀,遂不得其解,而改"不必"爲"必不",以爲陳餘用李左車之計,則必不爲二子所禽,不知上文明言兩將之頭,可致戲下,豈特不爲所禽而已乎？弗思甚矣。(《通典·兵》十三作:"不然,必爲所禽矣。"《通鑑·漢紀二》作:"否,則必爲二子所禽矣。")[②]

① 中華書局點校本《史記》卷末。
② 《讀書雜志·漢書第八·韓彭英盧吴傳·必不爲二子所禽矣》。

八　因不明修辭手法而乙

爲了增强語言的表達效果，古書常采用一些修辭手法，傳鈔轉刻者或有忽略，也往往會出現誤乙現象，出現較多者有以下兩種情況：

甲　不明對偶而倒

《墨子·非儒下》云："夫仁人事上竭忠，事親得孝，務善則美，有過則諫。"俞樾指出："'得'字、'務'字傳寫誤倒，本作'事親務孝，得善則美。''務孝'與'竭忠'，'得善'與'有過'，皆相對成文。"①

有的對句字數較多，易於出現倒文，而且頗難發現。如《墨子·魯問》篇云："翟慮耕天下而食之人矣。"王念孫將其改爲："翟慮耕而食天下之人矣。"並注明："舊本'而食'二字在'天下'之下，今據下文乙正。"②案畢沅校本《墨子》原云："翟慮耕天下而食之人矣盛，然後當一農之耕分諸天下，不能人得一升粟，籍而以爲得一升粟，其不能飽天下之饑者，既可睹矣；翟慮織而衣天下之人矣盛，然後當一婦人之織分諸天下，不能人得尺布，籍而爲得尺布，其不能煖天下之寒者，既可睹矣。"顯然這是一個對句，上下兩句各個部分之間的句法應當是一致的，所以王念孫根據"翟慮織而衣天下之人矣"，而將這段話的開頭十字乙正爲"翟慮耕而食天下之人矣"，就文同一律，更加通順了。

詩歌也有這種現象，如《全唐詩》卷七九三載皮日休、陸龜蒙聯句詩《獨在開元寺避暑頗懷魯望因飛筆聯句》有云："煙重迴蕉

---

①《古書疑義舉例》卷六之七三《字句錯亂例》。

②《讀書雜志·墨子第四·魯問·倒文四》。

扇，輕風拂桂帷。”陳漢英指出：“《甫里集》作‘風輕’。案‘風輕’是，《全唐詩》應予乙正，與‘煙重’對偶。”[①]

乙　不明叶韻而倒

《管子·宙合》篇云：“可淺可深，可沈可浮，可曲可直，可言可默。”王引之指出：“‘可沈可浮’，當從上文作‘可浮可沈’。‘深’、‘沈’爲韻，‘直’、‘默’爲韻。”[②]

《莊子·秋水》篇：“無南無北，奭然四解，淪於不測。無東無西，始於元冥，反於大通。”王念孫云：“‘無東無西’，當作‘無西無東’，‘北’、‘測’爲韻，‘東’、‘通’爲韻。”[③]

《淮南子·俶真》篇云：“若夫真人，則動溶於至虚，而游於滅亡之野，騎蜚廉而從敦圄，馳於外方，休乎宇内，燭十日而使風雨，臣雷公，役夸父，妾宓妃，妻織女，天地之間何足以留其志。”王念孫指出：“馳於外方，休乎内宇，宇與野、圄、雨、父、女爲韻。各本作‘宇内’，則失其韻矣。”[④]

九　因習見詞語而乙

《莊子·山木》篇云：“純純常常，乃比於狂。削迹捐勢，不爲功名。”王叔岷指出：“‘功名’當作‘名功’，功（古音讀如岡）與上文‘常’、‘狂’爲韻，今本誤倒，遂失其韻矣。唐寫本正作‘不爲名功’。”[⑤]又，《莊子·庚桑楚》篇云：“能抱一乎，能勿失乎，能無卜筮而知吉凶乎。能止乎，能已乎，能舍諸人而求諸己乎。”王念孫

---

①《點校陸龜蒙集所見全唐詩之誤》，載《古籍整理出版情況簡報》第一八八期。

②《讀書雜志·管子第二·宙合·可沈可浮》。

③《讀書雜志·餘編上·莊子·無東無西》。

④《讀書雜志·淮南内篇》後序。

⑤《校讎通例》七七《誤倒而失韻》，載《歷史語言研究所集刊》第二十三本下册。

指出:"'吉凶'當爲'凶吉','一'、'失'、'吉'爲韻,'止'、'已'、'已'爲韻。《管子·心術》篇:'能專乎,能一乎,能毋卜筮而知凶吉乎。'是其證。"[①]這兩段話中的"名功"、"凶吉"之所以被誤乙爲"功名"、"吉凶",顯然是因爲"功名"、"吉凶"常見,"名功"、"凶吉"不常見。

陳垣也指出沈家本刻《元典章》有"習見常語而妄乙,失其意義者"。如:"臺綱二四'所用飲食火油紙札',元作'油火',因習見'火油'二字而妄乙之。""吏二十六,'親賫文解及祖父原受的宣敕',元作'父祖元受的宣敕','父祖'謂父與祖,妄乙爲'祖父',則單指祖父矣。""户八廿六,'場官知情賣貨者',元作'貨賣者',因習見'賣貨'二字而妄乙之。"[②]

十　因據誤本而乙

不知所讀之書文字本有訛、脱、衍、倒,爲讀通而誤乙之,也是致倒的一個原因,今分别述之如下:

甲　因訛文而乙

《列子·力命》云:"臣奚憂焉?"王重民校曰:"吉府本'臣'作'詎',疑本作'奚巨憂焉?'奚巨複詞,讀者不達其義,遂以意移巨於奚字之上也。"[③]王叔岷補證云:"《道藏》白文本'臣'亦作'詎'。林希逸本作'巨',云:'巨與詎同',是也。'奚巨'誤爲'奚臣',後人乃妄乙爲'臣奚'耳。"[④]

《荀子·君道》篇云:"以天下之王公莫好之也,然而于是獨

---

①《讀書雜志·餘編上·莊子·吉凶》。

②《校勘學釋例》卷二第二二《妄乙三例》。

③《列子校釋》,載《國立北平圖書館月刊》第三卷第二號。

④《校讎通例》三七《因誤而妄乙》,載《歷史語言研究所集刊》第二十三本下册。

好之;以天下之民莫欲之也,然而于是獨爲之。好之者貧,爲之者窮,然而于是獨猶將爲之也。"王念孫校曰:"三'于是'皆義不可通,當依《外傳》作'是子'。'是子'二字,對上文'王公'與'民'而言。下文曰:'非于是子莫足以舉之,故舉是子而用之'是其證。今本作'于是'者,'是子'訛爲'是于',後人因改爲'于是'耳。"①

乙 因脱文而乙

《逸周書·周祝》篇云:"石有玉而傷其山,萬民之患在□言。"王念孫指出:"此闕文本在'在'字上,今在'在'字下,誤也。考其原文,本作'石有玉而傷其山,萬民之患固在言。'言山之所以受傷者,以其有玉,人之所以致患者,故在言也。('故'今通作'固')上文云:'文之美而以身剥,自謂智者故不足。'文義正與此同。《文子·符言》篇:'石有玉,傷其山,黔首之患固在言。'即用《周書》之文。"②

《大戴禮記·帝繫》篇:"顓頊娶於滕氏,滕氏奔之子,謂之女禄。"王念孫云:此文"當作'顓頊娶於滕奔氏,滕奔氏之子,謂之女禄。'今本上'滕奔氏'脱'奔'字,下'滕奔氏','奔'字又倒在'氏'字下,今訂正。"③顯然,下"滕奔氏"的"奔"字之所以倒在"氏"字下,是因爲上"滕奔氏"脱去"奔"字造成的。

丙 因衍文而乙

俞樾云:"校古書者鹵莽滅裂,有遇衍字不加删削,而以意移易使成文理者。《大戴記·哀公問於孔子》篇:'君何以謂已重焉?'此本作'君何謂以重焉'。'以重'即'已重','以'、'已'古字通也。後人據《小戴記》作'已重',旁記'已'字,因而誤入正文,

①《讀書雜志·荀子第四·君道·于是》。

②《讀書雜志·逸周書第四·周祝·在□言》。

③《經義述聞》卷一一《大戴禮記上·滕氏》。

校者不知删削，乃移'以'字於'謂'字之上，使成文理。此因誤衍而誤倒者也。"[①]

《大戴禮記·曾子大孝》篇云："加之如此謂禮終矣。"王念孫指出："此本作'如此之謂禮終矣'。今本'加'字即'如'字之誤而衍者，'之'又倒在'如此'上，則文不成義。《祭義》作'此之謂禮終'是其證。"[②]可見這段話在衍一"加"字之後，文理不通，後人就又將"之"字倒在"如此"上，與"加"字構成"加之"一詞，遂錯上加錯。

又，揚子《太玄·玄瑩》篇云："嘖情也，抽理也，瑩事也，昭君子之道也。"俞樾校云："上文云：'陰陽所以抽嘖也，從横所以瑩理也，明晦所以昭事也。'此當云：'抽嘖也，瑩理也，昭事也'，方與上合。今'抽嘖'誤作'嘖情'，'情'字蓋即'嘖'字之誤而衍者。於是移'抽'字以易下句'瑩'字，而'瑩理'誤作'抽理'矣。又移'瑩'字以易下句'昭'字，而'昭事'誤作'瑩事'矣。至'昭'字無可易，乃移置下句之首，而'君子之道也'誤作'昭君子之道也'。蓋因一字之誤衍，而遂使諸字以次而疊降，以此校書，亦可云不憚煩矣。"[③]

丁　因倒文而乙

書面材料中出現了倒文，實際上就導致一處出現了衍文，一處出現了脱文，糾正的方法是加以乙正，如果乙正錯了就會出現新的倒文。王念孫所校正的《墨子》錯簡六條，大抵屬於這種情況，今録其一：

《尚賢》下篇：是故昔者堯有舜，舜有禹，禹有皋陶，湯有

---

①《古書疑義舉例》卷五之六十《因誤衍而誤倒例》。

②《經義述聞》卷一一《大戴禮記上·加之如此》。

③《古書疑義舉例》卷五之六〇《因誤衍而誤倒例》。

> 小臣，武王有閎夭、泰顛、南宫括、散宜生，而天下和，庶民阜。是以近者安之，遠者歸之，日月之所照，舟車之所及，雨露之所漸，粒食之所養，（自“而天下和”至此凡三十七字，舊本誤入下文“國家百姓之利”之下，今移置於此。）得此莫不勸譽。且今天下之王公大人士君子，中實將欲爲仁義，求爲上士。上欲中聖王之道，下欲中國家百姓之利。（自“得此莫不勸譽”至此，凡四十五字，舊本誤入上文“而天下和之”上，今移置於此。“得此莫不勸譽”，舊本脱“莫”字，今補。“求爲上士”，舊本脱“上”字，今據各篇補。）故尚賢之爲説，而不可不察此者也。①

還有史表，如果一格出現了倒文，以下幾格將會出現錯亂現象。如《漢書・景武昭宣元成功臣表》云：“江陽康侯蘇息。”王念孫指出：

> 此條第三格内，當有“四月壬申封三年薨”八字。（四月者，景帝六年四月也。至中元年凡三年，而康侯息薨。其中二年，則爲懿侯盧之元年。）史表云：“六年四月壬申，康侯蘇嘉元年。”是其證。其“中二年懿侯盧嗣”云云，則當在第四格内，今本第三格内脱去八字，而第四、第五、第六三格内之字，皆以次移上一格，當改正。②

此外，古書正文出現了倒文，注文往往也會因之出現倒文。王念孫曾舉《漢書・張騫李廣利傳》文爲例，今録之如下：

> 圍其城，攻之四十餘日，其外城壞，虜宛貴人勇將煎靡，（師古曰：宛之貴人爲將而勇者，名煎靡也。煎音子延反。）

---

①《讀書雜志・墨子第六・雜守・錯簡六條》。

②《讀書雜志・漢書第三・景武昭宣元成功臣表・脱八字》。

宛大恐，走入中城，相與謀曰：漢所爲攻宛，以王毋寡，（自“其外城壞”至此，凡三十二字，又注文師古曰“宛之貴人”云云，凡二十一字，舊本並誤入下文“共殺王”之下，今依《史記·大宛傳》移置於此。）匿善馬，殺漢使，（師古曰：毋寡，宛王名。）今殺王而出善馬，漢兵宜解，即不，迺力戰而死，未晚也。宛貴人皆以爲然，共殺王，（自“匿善馬”至此，凡三十七字，又注文“師古曰毋寡宛王名”八字，舊本並誤入上文“其外城壞”之上，今依《史記》移置於此。舊本“匿善馬”之上，又衍“宛貴人謀曰王毋寡”八字，今依《史記》删。）持其頭，遣人使貳師。[①]

十一　因誤據他書而乙

《左傳》宣十八年云：“楚莊王卒，楚師不出，既而用晉師，楚於是乎有蜀之役。”俞樾指出：“此二十一字，本在上文‘夏，公使如楚乞師，欲以伐齊’之下，編次者因經書‘甲戌楚子旅卒’，在‘邾人戕鄫子于鄫’之後，遂割傳文而綴諸此，使經事相次耳，非左氏之舊。”[②]

《吕氏春秋·觀世》篇云：“此吾所以不受也。其卒，民果作難殺子陽。受人之養，而不死其難，則不義。死其難，則死無道也。死無道，逆也。”王叔岷校曰：

“其卒，民果作難殺子陽”九字，當在下文“死無道，逆也”下，“受人之養”云云，正承上文“此吾所以不受也”而言，

①《讀書雜志·漢書第十一·張騫李廣利傳·錯簡正文六十九字注文二十九字》。

②《古書疑義舉例》卷六之七四《簡策錯亂例》。

仍是《列子》之辭,《新序》作:"此吾所以不受也。且受人之養,不死其難,不義也。死其難,是死無道之人,豈義也哉?('也'字據《册府元龜》八百五引補。)其後,民果作難殺子陽。"是其明證。今本"其卒,民果作難殺子陽"九字,錯在"此吾所以不受也"下,疑後人據《莊子》《列子》《高士傳》諸書所妄乙,不知《莊子》《列子》《高士傳》諸書,本無"受人之養"以下之文也。①

十二　因政治原因而顛倒原書

較爲突出的例子是唐代李姓皇帝爲了提高自己的地位,冒認老子爲祖先,並封之爲玄元皇帝。爲了提高老子的地位,還將他列爲《史記》列傳之首,張文虎指出:

《伯夷列傳》,王、柯本題《老子伯夷列傳第一》。别行注云:"《正義》本,老子、莊子、伯夷居列傳之首。《正義》曰:'老子、莊子,開元二十三年奉敕升爲列傳首,處夷、齊上。然漢武之時,佛教未興,道教已設。道則禁惡,咸致正理,制禦邪人,未有佛教可導,故列老、莊於申、韓之上。今既佛道齊妙,興法乖流,理居列傳之首也。'今依《正義》本。"凌本亦有此注,而無末五字。蓋《正義》止"老子"以下至"首也"七十九字,首尾皆合刻者語。王、柯本皆依《正義》次序,以老子居列傳首。凌本雖亦用宋人合刻本,而不依其次,故删去末五字。其餘各本,本無《正義》,悉依史公舊次。《索隱》本成書在《正義》前,未奉開元敕改,更無論矣。今校刊本亦依

①《校讎通例》三八《依他書妄乙》,載《歷史語言研究所集刊》第二十三本下册。

凌本之次，並删去此條，恐讀《正義》者以爲不備，故附列於此。[①]

錢曾也説過："唐尊老子爲玄元皇帝，開元二十三年敕升於《史記》列傳之首，處伯夷上。予昔藏宋刻《史記》有四，而開元本亦其一焉。"[②]

此外，《唐會要》卷五十云："天寶元年二月二十日敕曰：'《古今人表》玄元皇帝升入上聖。'"宋吴曾也談道：徽宗"政和八年詔：'《史記》老子升於列傳之首，自爲一袟。《前漢·古今人表》，引於上聖，其舊本並行改正。'"[③]

---

①《校刊史記集解索隱正義札記》卷五。王指明王延喆，柯指明柯維熊，凌指明凌稚隆。

②《讀書敏求記》卷二《史記一百三十卷》。

③《能改齋漫録》卷一三《詔史記升老子傳爲列傳首》。

第四章　校勘的資料

校勘目的既然是糾正書面材料中的各種錯誤，使之恢復或接近本來面目，那就必須掌握一批可以用來比勘、佐證的資料。

校勘的取資範圍是相當廣泛的，王鳴盛在談到自己長期從事校勘工作時，曾"購借善本，再三讎勘。又搜羅偏霸雜史、稗官野乘、山經地志、譜牒簿録，以暨諸子百家、小説筆記、詩文别集、釋老異教，旁及於鐘鼎尊彝之款識、山林冢墓祠廟伽藍碑碣斷闕之文，盡取以供佐證。"[①]

校勘的資料雖然十分廣泛，但基本上可分爲本書的異本，他書的引文，其他有關資料等三類，現分述如下：

第一節　本書的異本

早在西漢劉向校書時，就十分注意對異本的搜集。清章學誠指出："校書宜廣儲副本，劉向校讎中秘，有所謂中書，有所謂外書，有所謂太常書，有所謂太史書，有所謂臣向書、臣某書。夫

①《十七史商榷序》。

中書與太常太史，則官守之書不一本也；外書與臣向臣某，則家藏之書不一本也。夫博求諸本，乃得讎正一書，則副本固將廣儲以待質也。”[①]廣搜異本的傳統一直被我國校勘家保持着，清葉名澧的《橋西雜記》在介紹邵懿辰《四庫簡明目録標注》的編寫情況時説：“位西居京師[②]，購書甚富，案頭置《簡明目録》一部，所見宋元舊刻本、鈔本，手記於各書之下，以備校勘之資。”此書廣求各書異本，分别加以著録，以便按圖索驥，就很適應校勘工作的需要，至今爲學者所重視。下面我們就對各種異本作些介紹。

一　稿本

稿本一般指作者成書時的最初文字記録，亦即此書的本來面目，因此它是校勘最可靠的依據。從一些零星記載來看，前人已注意到這個問題。如《洪駒父詩話》十《樂天詩草》指出：“世傳樂天詩云：‘文誇蓋世徒爲爾，命壓人頭不奈何。’予見李侍郎家收得樂天墨迹詩草，乃云‘病壓人頭’。”[③]宋曾季貍也曾記載：

> 荆公《定林》詩云：“定林修木老參天，横貫東南一道泉。五月杖藜尋石路，午陰多處弄潺湲。”嘗見許子禮吏部云：“渠親見定林題壁，不云‘修木’云‘喬木’，不云‘石路’云‘去路’，不云‘弄潺湲’云‘聽潺湲’。”又《試院中》詩云：“白髮無聊病更侵，移床向竹卧秋陰。”子禮云見荆公真本，不云“向竹卧秋陰”，却云“卧竹向秋陰”。皆與印本不同。[④]

①《校讎通義》卷一《校讎條理第七》。
②位西，邵懿辰字。
③《宋詩話輯佚》卷下。
④《歷代詩話續編·艇齋詩話》。

當然,時代較早的稿本,我們現在已經很難見到了。但是一些時代較近因而得以保存至今的稿本,我們在校勘時還是應當充分利用的。如近年來發現的蒲松齡《聊齋志異》手稿雖然只有半部,仍舊是校勘《聊齋志異》諸刻本最原始、最珍貴的資料。像《聊齋志異·仇大娘》下面這段文字:"時有巨盜,事發遠竄,乃誣禄寄資,禄依令徙口外。"讀起來很通順,似乎毫無問題,但用稿本對校,才知道本作"魏又見絶,嫉妒益深。恨無瑕之可蹈,乃引旗下逃人誣禄寄貲。國初立法最嚴,禄依令徙口外。"顯然,今傳刻本的文字是因爲怕觸犯滿族統治者的忌諱而竄改了的。

再如,清陳廷焯《白雨齋詞話》稿本原有十卷,光緒二十年(一八九四)夏,始由其門人許正詩等删并成八卷問世。嗣後,竟相翻印。如果將八卷本同原稿相比,就會發現原稿被删去三十五條,另有一條删五字,一條删兩句,兩條各删一段,一條删兩段,一條删三段,此外還被改動十九處。校勘此書,這個稿本當然是最珍貴的資料。[①]

潘景鄭《著硯樓書跋》還專門介紹了《説文解字音韻表》稿本的校勘價值:

> 此江子蘭先生《説文解字音韻表》稿本,存十六、十七兩部,都二卷。全書已刻入《續經解》中,此猶是先生手筆。卷前並録段懋堂先生序語,及先生自撰弁言,爲《經解》本所無。卷末有道光二十九年先生孫光煒跋語,云:"先生以三十年之精力,得成此編,欲募刊而罕有顧問者,因出篋中所存録副未竟者數卷,先出以問諸當世。"則此本雖非全帙,當募刊時,即以此本爲號呼者,惜未有所成,至刻入《經解》,其間訛奪益復不可勝計矣。此册猶是先生手筆,楷書精整,版

①《白雨齋詞話》十卷本,現已由其後人交由上海古籍出版社印行。

心鐫明《説文解字音韻表》七字，署名猶稱江沅略疏。蓋先生虚受之懷，不敢居爲撰述也。取《經解》本略校一過，文字移易處甚多。如"㛿"字，稿本在卷首，而《經解》本移在"企"字下，其後來傳刻之誤，可概見也。[①]

但用稿本校勘時要注意，某些稿本可能是作者的初稿而非定稿。古人著書態度極爲嚴肅，往往多次修訂，方成定稿。故用稿本校勘時，特别要注意將各種稿本的是非優劣問題與異同多寡問題分别處理，其出作者手定之稿，或經删改而更能代表作者的見解，或因完備而更有資料價值，這是使用稿本特别是手稿時所必須注意的。詩文稿本尤其如此，例如歐陽修寫文章喜歡反復推敲，其定稿的校勘價值自然要超過初稿。朱熹曾指出："《醉翁亭記》稿，初説'滁州四面有山'，凡數十字。末後改定，只曰'環滁皆山也'五字而已。"[②]朱自清曾將歐陽修《吉州學記》的初稿與定本加以比較，指出："初稿繁，定本簡，是一望而知的。細加比較，定本似乎更得體些，也更扼要些。"[③]可見初稿的校勘價值往往不如定本。初稿當然是重要的校勘資料之一，但如果不加别擇，遥據初稿修改定本，那將會違背作者意願。

宋沈作喆云："歐陽公晚年嘗自編定平生所爲文，用思甚苦。其夫人止之，曰：'何自苦如此？尚畏先生嗔耶？'公笑曰：'不畏先生嗔，却怕後生笑。'"[④]這又産生了一個新問題，文章經過反復修改，當然會改變它公開發表産生社會影響時的面貌。校勘工作究竟以何本爲據，的確是一個複雜的問題，需要分别具體對待。

---

①《著硯樓書跋·説文解字音韻表稿本》。

②《朱子語類大全》卷一三九。

③《朱自清古典文學論文集·剪裁一例》。《吉州學記》定本見於歐陽修手定的《居士集》卷三九，初稿見於《外集》卷十三。

④《寓簡》卷八。

二 鈔本

稿本爲數甚少,留存無多。在雕版印刷術發明之前,書籍是以鈔寫的方式流傳的;即在雕版印刷術發明之後,特别是其初期,鈔本仍不失爲書籍的一種主要形式。因此,鈔本,特别是舊鈔本的校勘價值是相當高的。如《舊唐書·顔師古傳》云:“太宗以經籍去聖久遠,文字訛謬,令師古於秘書省考定《五經》。師古多所釐正,既成奏之。太宗復遣諸儒重加詳議。於時諸儒傳習已久,皆共非之。師古輒引晉、宋已來古今本,隨言曉答,援據詳明,皆出其意表,諸儒莫不歎服。於是兼通直散騎常侍,頒其所定之書於天下,令學者習焉。”今録顔師古利用鈔本校勘一例:

> 孔安國《古文尚書序》云:“先君孔子,生於周末,覩史籍之煩文,懼覽者之不一,遂乃定禮樂,明舊章。”“覽者”謂習讀之人,猶言學者爾。蓋思後之讀史籍者,以其煩文,不能專一,將生異説,故删定之。凡此數句,文對旨明,甚爲易曉。然後之學者,輒改“之”字居“者”字上,云“覽之者不一”。雖大意不失,而顛倒本文,語更凡淺,又不屬對,亦爲妄矣。今有晉、宋時書不被改者,往往而在,皆云“覽者之不一”。①

鈔本種類甚多,現依文獻載體,分别述之如下:

甲 簡書

現存簡書,可以説基本上是舊鈔本,較多地保留了書的原貌,是極可珍貴的校勘資料。早在北宋時代,黄伯思就利用漢簡

①《匡謬正俗》卷二《尚書》。

校勘過《後漢書》，並撰有《漢簡辨》一文，今録於此：

近歲關右人發地，得古甕，中有東漢時竹簡甚多，往往散亂不可考。獨永初二年《討羌符》文字尚完，皆章草書，書蹟古雅可喜。其詞云："永初二年六月丁未朔二十日丙寅，得車騎將軍幕府文書，上郡屬國都中二千石守(此五字古本缺)丞廷義縣令三水，十月丁未到府受印綬，發夫討畔羌，急急如律令。"案范曄《後漢書・安紀》，永初元年夏，先零種羌畔，遣車騎將軍鄧騭、征西校尉任尚討之。二年正月，騭爲羌所敗於冀西。七月戊辰詔，有"羌貊畔戾，夙夜克己"之語。其年十月庚寅，任尚與羌戰於平襄。十一月辛酉，拜騭大將軍，召還。則此簡所謂車騎將軍者，即鄧騭也。所討畔羌者，即先零也。然以《紀》所書日月及漢簡參考之，簡云六月丁未朔，則二十日正得丙寅，而戊辰乃此月二十二日也。六月末既有戊辰，則七月不應復有之。而《安紀》是年復有戊辰之詔，蓋《紀》誤也。又據《安紀》，是年七月之後，繼書閏月。閏月有辛丑，九月有庚子，亦當復有辛丑，即是年閏當在七月。據漢簡六月丁未朔，則後百二十日得兩丁未，故簡又云十月丁未正合也。而據《紀》於七月閏，則丁未當在九月矣，又與簡不相合，亦《紀》誤也。又《紀》書永初元年夏，羌畔，遣騭討之，二年冬始召還。而騭本傳云："永初元年夏，羌畔，於是詔騭將左右羽林北軍五校及諸部兵擊之。西屯漢陽。冬，召騭班師。"據《紀》，討羌在元年夏，召騭在二年冬，漢簡亦有二年之文，正與《紀》合，而傳云元年詔還班師者，亦誤也。簡書甚明，乃當時文字，又日月首尾相應，非如史之先後差謬，宜以簡所書爲正。於戲！千載之下，幸是簡偶存，得以考正范史所書之誤，是以君子貴乎博學而多識也。[1]

關於簡書，在中國歷史上有許多次重大發現，每次發現都給校勘工作提供了許多重要資料。例如清光緒三十四年（一九〇八），英人斯坦因在新疆、甘肅一帶所得漢朝至晉代木簡有九百九十一枚之多，現存英國倫敦博物院。其中有許多關於邊防的文書檔案，還有語言學著作《蒼頡》《急就篇》等。近人羅振玉、王國維利用這批材料編成《流沙墜簡》。羅氏序云：

遺文所記，裨益甚宏，如玉門之方位，㸑燧之次第，西域二道之分歧，魏晉長史之治所。部尉曲候，數有前後之殊；海頭樓蘭，地有東西之異。並可補職方之記載，訂史氏之闕遺。若夫不觚證宣尼之歎，馬夫訂墨子之文；字體别搆，拾洪丞相之遺；書跡遞遷，證許洨長之説。此又名物藝事，考鏡所資。如斯之類，僂指莫罄。[2]

下面我們再舉兩個利用簡書進行校勘的實例。一九七二年，山東臨沂銀雀山漢墓出土了大量竹簡，其中有《孫子兵法》，又有《孫臏兵法》，這就解決了從漢代以來懸而未決的《孫子兵法》著作權問題，同時也爲校勘今本《孫子兵法》提供了依據。許荻指出：

《孫子兵法》殘簡雖僅存千餘字，對於校訂今本是十分有益的。僅舉一個例子：今本《虛實》篇："出其所不趨，趨其所不意。"漢殘簡："出於所必"。（下缺）"必"下所缺自是"趨"字。今本作"不趨"，漢殘簡作"必趨"，兩意相反。無論從理論上看，或者從旁證來看，漢殘簡是正確的。今本，縱

①《東觀餘論》卷上。
②《流沙墜簡》卷首。

是宋刊本(中華書局有影印本和排印本)、明刊本(即《四部叢刊》本)都作“不趨”,顯然是錯誤的。理論上,上文是講敵佚(逸)而我能勞之,我要先處戰地以待敵,以逸待勞。則我出兵,是求敵人來犯。若敵人不趨,我豈不撲空?自應作“必趨”。旁證是曹操注:“攻其所必愛,出其所必趨。”李筌注:“出其所必趨,擊其所不意。”由此看來,魏、唐人所據本也作“必趨”。孫星衍校本(《岱南閣叢書》本,以後《諸子集成》本)也用它改“不”爲“必”,是有理由的。由此也可見漢殘簡的可貴之處。①

一九七五年,湖北省雲夢縣睡虎地十一號秦墓出土了一千多枚竹簡,其中有秦國的《編年紀》,對校勘《史記·秦本紀》也極有參考價值。安平秋指出:

中華點校本無論在校勘上,還是在標點上,都存在一些錯誤。如:《秦本紀》有“王齕將伐趙(武安)皮牢,拔之。”(中華點校本第一册第二一四頁)原有“武安”二字,中華點校本删去,所依據的是張文虎在《校刊史記集解索隱正義札記》裏説的“蓋‘武安’二字涉上而衍”(中華書局一九七七年版第六四頁),即認爲上面有“武安君”三字,此處又有“武安”,必是衍文;而梁玉繩也曾説過:“《白起傳》言齕攻拔皮牢,不言武安……二字宜衍。”(《史記志疑》,中華書局一九八一年版第一五九頁)即認爲并無拔武安事。但一九七五年,湖北雲夢睡虎地出土的秦簡中有秦國的《編年紀》,其中有秦昭襄王“卌八年,攻武安”,可見攻武安確有其事,删去“武安”二字不妥。②

①《略談臨沂銀雀山漢墓出土的古代兵書殘簡》,載《文物》一九七四年第二期。
②《〈史記〉版本述要》,載《古籍整理與研究》一九八七年第一期。

乙 帛書

帛書也是一種舊鈔本，其校勘價值與簡書同。一九七三年十二月，在長沙馬王堆三號漢墓中出土了一批古代帛書，中有《易經》《老子》《戰國策》等。其中《老子》保存較多，且有兩種鈔本。一種不避漢高帝劉邦的諱，可證它是劉邦稱帝以前鈔寫的，被稱爲甲本；一種獨避劉邦的諱，而不避惠帝劉盈和文帝劉恒的諱，可證它是劉邦稱帝以後，劉盈、劉恒爲帝以前鈔寫的，被稱爲乙本。這批帛書皆可用作校勘之資。

以《老子》爲例，帛書甲、乙本均不分章，可見不分章是《老子》書的原樣。而今本《老子》的某些錯誤則是由分章引起的。高亨、池曦朝校云：

> 有的本是一章而誤分爲兩章，例如第十八章："大道廢，有仁義。慧智出，有大僞。六親不和，有孝慈。國家昏亂，有忠臣。"第十九章："絶聖棄智，民利百倍。絶仁棄義，民復孝慈。絶巧棄利，盜賊無有。此三者以爲文不足，故令有所屬，見素抱樸，少私寡欲。"依文意，這兩章本是一章，是老子反對儒家所講的仁義忠孝等德目教條。先講有這些東西，都是亂的現象，後講拋棄這些東西，才有治的結果。今本分爲兩章是錯誤的。有的把上章的語句誤劃入下章，例如第十九章的末句，今本列爲第二十章的首句。第二十章的原文是："絶學無憂。唯之與阿，相去幾何？善之與惡，相去何若？人之所畏，不可不畏。……"很明顯，"絶學無憂"一句，與第十九章"見素抱樸，少私寡欲"文意并列關聯，與第二十章"唯之與阿"等語絶不相關。那麽，這一句應當劃入第十九章，而今本劃入第二十章，是錯誤的。[①]

①《試談馬王堆漢墓中的帛書〈老子〉》，載《文物》一九七四年第十一期。

帛書《老子》甲、乙本對糾正今本《老子》段落間的錯亂現象也是有幫助的。如果我們將今本《老子》和帛書相對照，就會發現第二十四章在第二十二章之前，第四十、四十一章次序顛倒，第八十、八十一章在第六十七章之前①。過去有關《老子》某些章節的爭論，也因帛書的發現而得到解決。所以洪誠以爲："古鈔本之可貴，在於能定校勘之是非，決疑文之真僞。如王弼本《老子》第三十一章，或疑非老子作，或以爲注文雜入正文。今漢初帛書本出土，全章文字赫然俱在，一切臆説皆破滅無餘。"②

據帛書《老子》還可糾正今本字句上的一些錯誤，如今本《老子》第十章云："滌除玄覽，能無疵乎？"高亨、池曦朝指出：

> "滌除玄覽"四字講不圓通。"覽"字當讀爲鑒，"鑒"與"鑑"同，即鏡子。《淮南子・脩務》："執玄鑒於心，照物明白。"《太玄・童首》"修其玄鑒"，都是此義。老子是説：洗去内心的塵垢，即清除内心的私欲等，則觀察事物就能没有錯誤了吧？現在我們一查帛書，"覽"字甲本作"藍"，乙本作"監"。"監"字即古"鑒"字。《説文》作"㔋"，古銅器銘文作

① 參看張舜徽《中國文獻學》第三編《整理古代文獻的基礎知識之一——版本》第三章《雕版印書以前的古寫本》。

②《訓詁學》第二章《與訓詁有關的書面上的基本情況》第三節《傳寫有訛誤》。洪誠原注道：董恩靖《太上老子道德經集解》(《叢書集成》五三九册)三十一章："王弼云：'此章疑非老子所作'，然此語蓋因時而發也。"晁説之《道德經跋》也謂王弼知"佳兵"章非老子語。晁氏跋作於公元一一一五年，董氏序作於公元一二四六年，二人之言相同如此。董氏且謂王弼之語因時而發，則王弼注中確有此語可知。今傳本無有，殆爲後人刪去。畢沅云："今所傳王弼本獨此章無注，故晁氏云爾。然王弼未嘗明指其非是也。"畢説非晁氏意。蘇轍《老子解》割"君子居則貴左"至章末列入注文。焦竑《老子翼》(《叢書集成》五四一册)引明人王純甫云："此章自兵者不祥之器以下，似古之義疏混入經者。"日人島田翰《古文舊書考》亦謂全章係注文雜入正文。

> “[illegible]”（頌鼎）、作“[illegible]”（頌壺），乃從人、從目（不是臣）、從皿，中有一點像水。古人用盆裝上水，當做鏡子，以照面孔，稱它爲“監”，所以“監”字像人張目以臨水盆之上。《尚書》記周公姬旦引古人的話：“人無於水監，當於民監。”（《酒誥》）即古人用水盆做鏡子的明證。以後才有銅鏡，再後才有玻璃鏡。乙本作“玄監”，自是《老子》原文。後人不懂“監”字本義，改作“覽”字是錯誤的。甲本作“藍”，則以同聲借用。[①]

其他帛書同樣具有校勘價值。如吴楓云：“《戰國縱横家書》寫於漢初，共二十七章三百二十五行一萬一千多字。其中有十一章内容見於《戰國策》和《史記》，文字大體相同。另外十六章是久已失傳的佚書。帛書與《戰國策》《史記》的有關篇章相對照，可以補充或糾正後者的一些錯誤。西漢末年劉向編輯《戰國策》時未見此書，因而把公元前三世紀的蘇秦事迹，推到四世紀末，把張儀、蘇秦的時序改爲蘇秦、張儀。把五國伐秦錯成了六國合縱，還推早了四十五年（前二八八至前三三三）。帛書《戰國縱横家書》的重要文獻價值，在於保存了已被埋没兩千多年的真實可信的關於蘇秦的書信和談話十四章，既可以糾正有關蘇秦歷史的許多錯誤，又可校補這段戰國時代的歷史記載。”[②]

丙　紙鈔本

簡書、帛書畢竟留存不多，比較豐富的當然還是六朝以來各個時期的紙鈔本。北齊顔之推就已談到他和當時的一些人利用紙鈔本進行校勘的情況，兹舉二例：

> 《詩》云：“將其來施施。”毛《傳》云：“施施，難進之意。”

---

①《試談馬王堆漢墓中的帛書〈老子〉》，載《文物》一九七四年第十一期。

②《中國古典文獻學》第二章《古典文獻的源流與分類》第二節《甲骨、金文、簡牘與帛書》。

> 鄭《箋》云："施施，舒行皃也。"《韓詩》亦重爲施施，河北《毛詩》皆云施施。江南舊本悉單爲施，俗遂是之，恐爲少誤。
>
> 《漢書》："田肯賀上"，江南本皆作宵字，沛國劉顯博覽經籍，偏精班《漢》，梁代謂之漢聖。顯子臻不墜家業，讀班史呼爲田肯。梁元帝嘗問之，答曰："此無義可求，但臣家舊本以雌黄改宵字爲肯。"元帝無以難之。吾至江北，見本爲肯。①

既云"以雌黄改宵字"，可見《顔氏家訓》中提到的江北本、江南本、臣家舊本等皆爲紙鈔本。

紙書不易保存，所以流傳至今的古鈔本多爲出土文物，其時代最早的紙鈔本當推一九二四年在新疆鄯善縣發現的東晉寫本《三國志·吴書》殘卷。張元濟介紹道："友人有得新疆鄯善古寫本《國志》者，起《吴書·虞翻傳》'權於是大怒'句'怒'字，訖《張温傳》'臣自入遠境'句'境'字，凡八十行，中有蠹損，存字一千九十許，用校此本，頗有異同。"如宋本《吴書·張温傳》云："便欲大搆於蜀"，古寫本"搆作構，蜀作丕"。他又指出：

> 其"大搆於丕"一句，友人謂足以糾正宋本之非。按張温使蜀，爲吴黄武三年，是時魏以兵力迫吴，曹休、曹仁、曹真等先後進擊，權以揚越蠻夷多未平集，内難未弭，不得不屈意求和，然外託事魏，而非誠服也，故與蜀釋嫌修好，先以鄭泉往聘，逮蜀以鄧芝來報，邦交漸復。吴是時實有聯蜀圖魏之意，故於後來黄龍元年與蜀所立盟辭，痛斥操、丕，且有"今日滅叡，禽其徒黨，非漢與吴，將復誰在"之語。若如宋本原文，"便欲大搆於蜀"，則與前後事實均不相應，且果欲

①《顔氏家訓》卷六《書證》。

搆蜀，權何必以“恐諸葛孔明不知吾所以與曹氏通意”之語語温？温到蜀後，又何敢爲稱美蜀政之辭？是可知宋本“蜀”字實訛，而寫本“丕”字爲正，誠可謂一字千金矣。①

敦煌卷子的發現爲我們打開了古代紙鈔本的寶庫，給我們提供了極爲豐富而可靠的校勘資料。例如敦煌寫本《文心雕龍》雖然所存僅占全書百分之二十六，但專家們比較一致的意見，認爲可據以校正今本誤字四百七十餘。趙萬里指出：“據以迻校嘉靖本，其勝處殆不可勝數。又與《太平御覽》所引及黄本所改輒合；而黄本妄訂臆改之處，亦得據以取正。彦和一書，傳於人世者殆遍，殆未有如此卷之完勝者也。”②楊明照也説以敦煌寫本“比對諸本，勝處頗多。吉光片羽，確屬可珍。”③敦煌卷子對校訂唐代詩歌，作用也十分明顯。孫欽善曾舉一例：

《高適詩集》，伯三八六二，凡三十六題，四十八首，爲敦煌殘卷保存高詩較多者，訂訛補遺之價值亦很高。如其中有後世傳本佚詩三首：《雙六頭賦送李參軍》《遇崔二有别》《奉寄平原顔太守》。第三首思想藝術成就尤高，又是考證高適身世的重要資料。《武威作》二首即後世傳本之《登百丈峰》二首，可據以訂正後人嚴重妄改之訛誤。如《其一》首句，諸本均作“朝登百丈峰”，此本作“朝登百尺烽”。以“百尺烽”爲是，“烽”即烽火臺，古時烽火臺甚高，西北地區至今仍有遺迹。“烽”因形近誤作“峰”（或後人不解古時烽燧之制而妄改），遂又將“百尺”妄改爲“百丈”。其他可資訂訛之

①《校史隨筆・三國志・古寫本之異同》。此本指宋紹興刻本《三國志》。
②《唐寫本〈文心雕龍〉殘卷校記》，載《清華學報》第三卷第一期。
③《文心雕龍校注拾遺》附録《版本第八》—《寫本》：《唐人草書殘卷本》。

處尚多，此不贅述。[①]

敦煌卷子的内容涉及面甚廣，對他類著作同樣也具有很高的校勘價值。如劉俊文《談談〈唐律疏議〉的點校經過》云：

> 我一共校讀過四遍，每遍各有重點。……第二遍是用敦煌、吐魯番出土的唐人寫本校讀，重點是通過比較寫本與版本形式和内容的異同，考查《唐律疏議》的原貌。在這方面，我獲得了較大的成功。例如在形式上，滂喜齋本疏文前作"'疏'議曰"，而至正本等則作"疏議曰"，二者究竟哪個更接近原貌呢？從敦煌、吐魯番出土的六件律疏殘卷來看，其疏文前皆作"議曰"，根本没有"疏"字。因知"疏"字乃後人傳刻時所加，滂喜齋本把"疏"字括在"議曰"的外面更接近原貌。又如在内容上，滂喜齋本卷六有三處疏文，末尾又出現"議"云云，而至正本、文化本等只有其中一處。從"議"云云的文字來看，並不是在疏解律文，且與上下疏文語意不屬。這究竟是怎麽回事呢？經過核查吐魯番出土律疏殘卷，根本没有"議"云云，因知各種版本出現之"議"云云乃是後代傳刻時妄增，並非《唐律疏議》原有之内容。這就爲校改提供了堅實有力的依據。[②]

舊鈔本的"舊"主要指鈔書時間與著書的時間較近，亦即與作者原稿時間較近，所以《聊齋志異》《紅樓夢》的清代鈔本當然也就算舊鈔本了。例如："《聊齋志異》在作者生前就有不少鈔本流傳，但後來都已失傳。乾隆十六年（一七五一），歷城張希傑根據濟南朱氏殿春亭鈔本過録了一個本子，是爲《鑄雪齋鈔本聊齋

---

①《高適集版本考》，載《文獻》第十一輯。

②載《書品》一九八七年第三期。文化本指日本文化二年刻本。

志異》。殿春亭本是雍正元年(一七二三)根據蒲松齡的原稿本鈔録的,此本久已亡佚。蒲氏的原稿本建國後雖已發現,但只剩半部。還有半部的面目如何,只能從現存最早而又保存最完整的鑄雪齋鈔本中去窺其端倪。"[①]則該鈔本在校勘方面的價值當然是不言而喻的。例如我們在上文論及稿本時曾引用過《聊齋志異·仇大娘》中的一段話,該刻本爲避清諱進行了删改,而鑄雪齋鈔本則同稿本一樣,保持了原貌。

國外,特别是日本和朝鮮保存着不少我國古書鈔本,也可取資。如日本京都高山寺藏有兩種六朝鈔本《史記》殘卷,一九一八年曾以《古寫本史記殘卷》名義影印刊出。其中之一爲《史記集解酈生陸賈列傳》全卷,安平秋指出它可以勘正今本的一些訛誤:

> 如:中華點校本有"酈生食其者,陳留高陽人也。好讀書,家貧落魄,無以爲衣食業,爲里監門吏。然縣中賢豪不敢役,縣中皆謂之狂生"。(第八册,第二六九一頁)張守節《正義》爲:"《戰國策》云:齊宣謂顔斶曰:'夫監門閭里,士之賤也。'"里閭的監門這個職務,是個賤職,不屬吏,説"爲里監門吏",於義理不通。而鈔卷後半句作"爲里監門然吏縣中賢豪不敢役縣中皆謂之狂生",與今本相比,"然"、"吏"二字順序相倒。按鈔卷文字,斷句則爲:"好讀書,家貧落魄,無以爲衣食業,爲里監門,然吏、縣中賢豪不敢役。"這即是説酈食其雖身任里監門這個低賤的小職務,但官吏及縣中賢豪都不敢役使他。鈔卷較今本文義明白、合理。[②]

前此,錢曾也説過:

---

①上海古籍出版社版《鑄雪齋抄本聊齋志異》卷首《出版説明》。

②《〈史記〉版本述要》,載《古籍整理與研究》一九八七年第一期。

童年讀《史記·孔子世家》,引子貢曰:"夫子之文章,可得聞也;夫子之言天道與性命,弗可得聞也已。"又讀《漢書》列傳四十五卷贊引子貢云:"夫子之言性與天道,不可得而聞已矣。"竊疑古文《論語》與今本少異,然亦無從辨究也。後得高麗鈔本何晏《論語集解》,檢閲此句,與《漢書》適合,因思子貢當日寓嗟嘆意於不可得聞中,同顏子之"如有所立,卓爾"。故以"已矣"傳言外微旨,若脱此二字,便作了語,殊無低徊未忍已之情矣。他如"與朋友交言而不信乎"等句,俱應從高麗本爲是。此書乃道蕭公諱應宫監軍朝鮮時所得。甲午初夏,予以重價購之於公之乃孫,不啻獲一珍珠船也。[①]

王利器《文鏡秘府論校注》據以校勘的資料,以日本的鈔本和刻本爲主。他介紹道:"本書整理,係以日本京都藤井佐兵衛版行本爲底本,而校以日本東方文化學院影印宫内省圖書寮所藏古鈔本、日本古典保存會影印觀智院所藏《地卷古鈔本》,及《弘法大師全集》本《文筆眼心鈔》"等。他在談到宫内省圖書寮所藏古鈔本的校勘價值時指出:

本書所引用資料,足以參證古本之真,糾正傳本之失者,亦復所在多有。北卷《帝德録》云:"或可引南方越常國,候無别風淮雨。"案《文心雕龍·練字》篇:"《尚書大傳》有'别風淮雨',《帝王世紀》云:'列風淫雨。'"保存《尚書大傳》之"别風淮雨",除《文心》而外,惟有《隋書·虞綽傳》所載《大鳥銘序》和本書,足以互證,尤爲足珍。又《帝德録》載黄帝業績,兩言"佪齊",《説文繫傳》卷十《人部》:"佪,疾也。

①《讀書敏求記》卷一經類何晏《論語集解》十卷。

從人旬聲。臣鍇案:《史記》曰:'黄帝幼而徇齊。'猶疾也,蘇徇反。"《群書治要》卷十一引同。今本《史記·五帝本紀》則誤作"徇齊"了。南卷《定位》篇引陸機《文賦》全文,今取以與《文選》相校,則佳字勝義,層出不窮。如"或本隱以末顯",與李善注引或作合;"或鉏鋙而不安",與李善注引《楚辭》合;"思按之而愈深",與李善合,今本則通作"逾"了;"吾亦以濟夫所偉",今本脱"以"字;"猶弦緩而徽急","緩""急"對言,其義自明,今本則誤作"弦么"了;"是蓋輪扁之所不得言",今本脱"之"字;"故亦非華説之所能明",今本"明"誤作"精",則與上文"後精"韻復緟了;"踸踔於短韻",今本"韻"誤作"垣",李注又從而爲之辭,則其誤久矣。又南卷《定位》篇引《詩序》"政得失",與《釋文》言"本又作"合。這些,猶如吉光片羽,更爲覺得珍貴了。至如天卷《四聲論》言"洛陽王斌撰《五格四聲論》",詳著其里貫,當必有所本,而《南史》及《南齊書·陸厥傳》則俱言"王斌不知何許人也",此更足以補史之缺文了。[①]

當然也不是説舊鈔本就一定比刻本可靠。鈔本與刻本互有異同,是可以互益互補的。郭沫若論《再生緣》前十七卷校訂本的鈔本和刻本云:"鈔本和刻本是互有出入的。有的固然是刻本的奪誤,這所占的百分比很大;但有的却是鈔本的奪誤,這是由於刻本所據的鈔本有所不同。既然互相出入,因而相得益彰。在核校時,既可以依據鈔本來更正刻本,也可以依據刻本來裁奪鈔本。這樣核校的結果,可以説是綜合了鈔本和刻本的好處,而削減了鈔本和刻本的壞處。"[②]這可以説是一個通例,對其他書也

①《文鏡秘府論校注》卷首《前言》。

②《序再生緣前十卷校訂本》,載《光明日報》一九六一年八月七日。

適用。但有一前提,即刻本所據的鈔本有所不同,而非原稿。

三　拓本

爲了使某些資料能够長期保存,人們便將它們刻在石上。爲了使這些刻在石上的資料能够廣泛傳播,人們又用紙墨將它們摹拓下來,於是便成了拓本。拓本自然也可供校勘者取資。

我國有將經書刻石的傳統,先後有漢熹平石經、魏正始石經、唐開成石經等。其中唐石經不僅時間早,而且至今還比較完整,因此最有校勘價值。嚴可均云:

> 若漢、若魏、若唐、若宋嘉祐、紹興,各立石經。今僅嘉祐四石、紹興八十七石,皆殘本。而唐大和石壁二百廿八石巍然獨存,此天地間經本之最完最舊者。……取今本與石經對校,審知今本遜宋版本,宋版本遜石經,而石經又非善之善者。……然而後唐雕版,實依石經句度鈔寫。歷宋、元、明轉刻轉誤,而石經本幸存。以之復古則不足,以正今誤則有餘。世間無古本,石經即古本矣。①

早在宋代,就有人利用石經從事校勘,如《相臺書塾刊正九經三傳沿革例·注文》曾指出:"《尚書·召誥》注'今天其命哲',末曰'雖説之,其實在人'。'雖説之'三字,亦不可曉。考《石經》則曰:'雖説之於天。'添'於天'二字,意始明。"②

明末清初的顧炎武在利用唐石經進行校勘方面成績突出,《九經誤字》爲其代表作,他在該書自序中説:"余至關中見唐石壁九經,復得舊時摹本讀之,雖不無踳駮,而有足以正今監本之

①《鐵橋漫稿》卷五《唐石經校文叙》。
②關於《沿革例》一書的作者,參見《版本編》第四章第三節。

誤者,列之以告後學,亦庶乎離經之一助云。"[1]他還指出:

十三經中《儀禮》脱誤尤多,《士昏禮》脱"壻授綏姆辭曰未教不足與爲禮也"一節十四字(賴有長安石經據以補此一節,而其注疏遂亡),《鄉射禮》脱"士鹿中翿旌以獲"七字,《士虞禮》脱"哭止告事畢賓出"七字,《特牲·饋食禮》脱"舉觶者祭卒觶拜長者答拜"十一字,《少牢·饋食禮》脱"以授尸坐取簞興"七字。此則秦火之所未亡,而亡於監刻矣。[2]

錢大昕也撰有《唐石經考異》,兹舉其所校《爾雅》兩例:

《釋草》:"蒙,王女。"《注》:"蒙,即唐也,女蘿别名。"案:女蘿之大者謂之王女,猶王彗、王芻,魚有王鮪、鳥有王雎也。今本訛王爲玉,唯唐石經不誤。[3]

《釋草》:"孟,狼尾。"今本孟作盂。"澤,烏蘈。"今本蘈作薞。《釋鳥》:"燕,白脰烏。"今本烏作鳥。"鸉,白鷢。"今本分楊鳥爲二字。"鳶,烏醜,其飛也翔。"今本烏作鳥。《釋獸》:"麐,大麕。"今本麕作麐。此皆轉寫之訛,唯唐石經字畫分明可信。顧寧人《金石文字記》轉據流俗本,指爲石刻之誤,毋乃憒憒不分皂白乎?《釋木》:"桑辨有葚、梔。"辦,俗字,當從唐石經作辨。[4]

同樣,人們也早就注意到利用石經以外的各種石刻及其拓本從事校勘工作。如王安石的曾孫王珏談到他整理王安石文集的情況時説:

---

①《亭林先生遺書彙輯·九經誤字》。
②《日知録》卷一八《監本二十一史》。
③《十駕齋養新録》卷三《王女》。
④《十駕齋養新録》卷三《今本爾雅誤字》。

曾大父之文,舊所刊行,率多舛誤。政和中門下侍郎薛公,宣和中先伯父大資皆被旨編定,後罹兵火,是書不傳。比年臨川、龍舒刊行,尚循舊本。珏家藏不備,復求遺稿於薛公家,是正精確,多以曾大父親筆石刻爲據,其間參用衆本,取舍尤詳。至於斷缺則以舊本補校足之,凡百卷,庶廣其傳云。①

後來方崧卿校勘韓愈集,特别注意利用拓本。其《韓集舉正叙録》首列石本,共著録《汴州東西水門記》《燕喜亭記》《鄆州谿堂詩》《送李愿歸盤谷序》等一十七種。此外,在宋人筆記雜著中也載有利用拓本進行校勘工作的心得。如袁文指出:"蘇東坡詩云:'關右玉酥黄似酒',碑本乃作'土酥'。土字是也,况末句又云:'明朝積玉高三尺',無用兩玉字之理,則是'土'字無疑。"②下面我們再舉一個現代利用拓本從事校勘的實例。胡適云:

坊間石印《聊齋文集》附有張元所作《柳泉蒲先生墓表》,其中記蒲松齡"卒年八十六",這是"卒年七十六"之誤,有《國朝山左詩鈔》所引墓表及原刻碑文可證。但我們若單讀"卒年八十六"之文,而無善本可比較,决不能引起疑難,也决不能發見錯誤。又《山左詩鈔》引這篇墓表,字句多被删節,如云:"'先生'少與同邑李希梅及余從父歷友結郢中詩社。"此處無可引起疑難,但清末國學扶輪社鉛印本《聊齋文集》載墓表全文,此句乃作:"與同邑李希梅及余從伯父歷視友,旋結爲郢中詩社。"(甲本)依此文,"歷視"爲從父之名,"友"爲動詞,"旋"爲"結"之副詞,文理也可通。石印本《聊齋文集》即從扶輪社本出來,但此本的編校者熟知《聊齋

① 見《王國維遺書》第十二册《兩浙古刊本考》卷上《臨川王先生文集一百卷》。
②《甕牖閒評》卷五。

志異》的掌故，知道“張歷友”是當時詩人，故石印本墓表此句改成下式：“與同邑李希梅及余從伯父歷友親，旋結爲郢中詩社。”（乙本）最近我得墓表的拓本，此句原文是：“與同邑李希梅及余從伯父歷友、視旋諸先生結爲郢中詩社。”（丙本）視旋是張履慶，爲張歷友（篤慶）之弟，其詩見《山左詩鈔》卷四十四。他的詩名不大，人多不知道“視旋”是他的表字，而“視旋”二字出於《周易・履》卦“視履考祥，其旋元吉”，很少人用這樣罕見的表字。甲本校者竟連張歷友也不認得，就妄倒“友視”二字，而删“諸先生”三字，是爲第一次的整理。乙本校者知識更高了，他認得“張歷友”而不認得“視旋”，所以他把“視友”二字倒回來，而妄改“視”爲“親”，用作動詞，是爲第二次的整理。此兩本文理都可通，雖少有疑難，都可用主觀的論斷來解決。倘我們終不得見此拓本，我們終不能發見甲乙兩本的真錯誤。[①]

四 印本

總的來説，稿本、鈔本和拓本都不多，所以從事校勘主要還得依靠各種印本。印本包括刻本和活字本。各種注本、選本和校本也多采用印本形式，但它們皆各有特點，我們將在下面逐一討論。

《叢書集成初編》本署名爲岳珂的《相臺書塾刊正九經三傳沿革例・書本》，列舉了據校的二十三種不同的版本，其中至少有二十一種係印本。[②] 隨着時間的推移，校勘家越來越重視對印

①《胡適文集》第五册《校勘學方法論》。

②參看本書《版本編》第一章第二節所引原文。

本的搜聚，今録盧文弨所刻《新書》卷首臚列的據校書目爲例：

建本　是宋時刻本。明毛斧季、吴元恭皆據以改近世之本，宋即有謬誤，亦悉仍之。前失去序文，故不知是何年所梓。惟目録後有“建寧府陳八郎書鋪印”一行，故今稱爲建本。

潭本　宋淳祐八年長沙刻，即從淳熙八年程漕使本重雕者，題《賈子》。

吴郡沈頡本　明弘治十八年刻，毛斧季就謄宋建本於此本上。其吴元恭所用之本，雖無沈頡名而實不異，當是沈名後來刊去也。其第七卷中缺《退讓》篇，吴據宋本鈔補，而毛本則仍缺此篇。

李空同本　明正德八年刻，亦名《賈子》。後有欽遠猷者，不知何時人，合郴陽何燕泉本、長沙本、武陵本合校是書。何本於文義不順者，頗加竄改。又於《過秦論》後，補《審取舍》一篇，乃録《大戴禮記・禮察》篇全文，今不用。

陸良弼本　明正德九年爲長沙守時刻。

程榮本　刻《漢魏叢書》内。

何允中本　二本皆同出陸本。

江陰趙曦明敬夫校。

餘姚盧文弨召弓父合衆本校。

可見盧氏不僅爲校《新書》搜集到了衆多刻本，而且對各本的源流與價值作了研究和評介。

在刻本中，校勘家又特别重視那些既早而又可靠的本子。陸敕先校《管子》二十四卷跋云：“古今書籍，宋板不必盡是，時板不必盡非。然較是非以爲常，宋刻之非者居二三，時刻之是者無六七，則寧從其舊也。余校此書，一遵宋本，再勘一過，復多改正。後之覽者，其毋以刻舟目之。康熙五年歲次丙午五月七日，敕先典再識。"[①]黄丕烈也説："校勘群籍，始知書舊一日，則其佳處猶在，不致爲庸妄人删潤，歸於文從字順。故舊刻爲佳也。"[②]顧千里在《韓非子識誤序》中對此亦有所論：

> 前人多稱道藏本，其實差有長於趙用賢刻本者耳，固遠不如宋槧也。宋槧首題"乾道改元中元日黄三八郎印"，亦頗有誤。通而論之，宋槧之誤，由乎未嘗校改，故誤之迹往往可尋也。而趙刻之誤，則由乎凡遇其不解者，必校改之，於是而並宋槧之所不誤者，方且因此以至於誤，其宋槧之所誤又僅苟且遷就仍歸於誤，而徒使可尋之迹泯焉，豈不惜哉！[③]

人們早就注意利用舊刻本來進行校勘工作，如宋陳振孫在《高氏小史一百三十卷》的解題中説："此書舊有杭本，全本用厚紙裝襀夾面，寫多錯誤，俟求杭本校之。"[④]宋錢佃校《荀子注》，撰《荀子考異》，其跋云：

> 舊嘗患此書無善本，求之國子監，亦未嘗板行。比集諸家所藏，得二浙西蜀本凡四。增寡同異，莫適取正。末乃於廬陵學官藏書中，得元豐國子監刻者，遂取以爲據，然猶有謬誤。用諸本參校，凡是正一百五十有四字。其有疑而未決者，并世俗所習熟而未定，如青出於藍而青於藍者；監本所出而文義或非，如美善相樂者。皆不敢没其實，著之卷末，又一百二十有六條。雖未敢以爲盡善，然耳目所及，已

①《皕宋樓藏書志》卷四二《兵家類》。敕先名貽典。

②《士禮居藏書題跋記續》卷上《武林舊事六卷跋》。

③《思適齋集》卷九。

④《直齋書録解題》卷四别史類。

特爲精好。謹刻之江西計臺，俾學者得以考訂而誦習焉。淳熙八年六月丙午，吴郡錢佃謹識。①

錢佃校刻的《荀子注》在當時就受到了肯定，陳振孫云："淳熙中，錢佃耕道用元豐監本參校，刊之江西漕司，其同異著之篇末，凡二百二十六條，視他本最爲完善。"②他如方崧卿校韓愈集，其《韓集舉正》卷首有《叙録》一篇，對據校各本一一作了介紹，兹舉"祥符杭本"提要爲例：

杭州明教寺大中祥符二年所刊本，時尚未有外集，與閣本多同。洪慶善謂劉統軍碑，傳本作"反柩於京師"，後得祥符間印本乃作"反机"，蓋此本也。劉碑世有石本，實作"反机"，則知此本最爲近古。頃嘗於姜秘監補之家得校韓文一秩，考訂頗密，亦以此本爲正，而參之己見。又李漢老本，每字皆注閣本、舊本二語。所謂舊本亦此本也。信知前輩取與之不繆。③

宋以後，凡有成就的校勘家，皆注意用舊刻本作爲校勘的依據。如清錢大昕云：

予撰《漢書考異》，謂《哀帝紀》"元壽二年春正月"，"元壽"二字衍文。《景武昭宣元成功臣表》孝成五人，"成鄉"當作"成都"，"樂城"下衍"龍"字。《百官公卿表》"寧平侯張歐"，"寧"當作"宣"；"俞侯樂賁'，"樂"當作"欒"；"安年侯王章"，"年"當作"平"；"平喜侯史中"，"喜"當作"臺"；"廣漢太守孫實"，"實"當作"寶"。《五行志》"能者養之以福"，"之

① 載《對雨樓叢書》本《荀子考異》卷末。
② 《直齋書録解題》卷九。
③ 影印《四庫全書》集部别集類二。

以"當作"以之"。《地理志》"逢山長谷諸水所出","諸"當作"渚";"博水東北至鉅定","博"當作"時"。《張良傳》"景駒自立爲楚假王,在陳留","陳"字衍。《枚乘傳》"凡可讀者,不二十篇","不"當作"百"。《韓安國傳》"梁城,安人也","城"當作"成"。《韋賢傳》"畫爲亞人",當作"𠀚"。《佞幸傳》"龍雒思侯夫人","雒"當作"額"。頃見北宋景祐本,此十數處,皆與予説合。(景祐本後題"二年九月校書畢,凡增七百四十一字,損二百一十二字,改一千三百三字"。)①

古舊印本雖然可貴,但也不應偏信盲從;晚近印本的校勘價值雖然不高,但也可能有可取之處。總之,對據校的各種版本,要根據具體情況,進行具體分析。黄丕烈的下面這段話是可供校勘家參考的:

今人校書多據宋本,亦有高下之别。即如《説文》,汲古閣校刊據北宋本,而錢君(景開)所據以校汲古閣者又爲麻沙本。是二本者,安知不有瑕瑜耶?金壇段君玉裁,爲今之名儒,取錢君校本於宋本之謬者旁抹之,誠爲有識。然余將近時傳本展閲,亦有一二可據,何必過信汲古閣之本而没其善也。②

五 注本

對古書加以解釋發揮,舊有傳、注、説、故、訓、記、解、箋、章句等多種名稱。凡按原書結構次序加以解釋的,無論其爲附在

①《十駕齋養新録》卷六《漢書景祐本》。
②《蕘圃藏書題識》卷一《説文》。

原書之後的，或脱離原本而單行的[①]，都可稱之爲注本。其中少數是手稿和鈔本，多數爲刻本。注本也是很重要的校勘資料，它可以用作校勘工作的底本，也可用作比勘的異本。

人們早就注意利用注本來從事校勘工作。如《詩經·關雎》篇"君子好逑"，鄭玄箋云："怨偶曰仇。"據此，唐陸德明指出："本亦作'仇'，音同，鄭云：'怨偶曰仇。'"[②]屈原《離騷》云："曰黄昏以爲期兮，羌中道而改路。"宋洪興祖指出："一本有此二句，王逸無注。至下文'羌内恕己量人'，始釋'羌'義。疑此二句後人所增耳。《九章》曰：'昔君與我誠言兮，曰黄昏以爲期。羌中道而回畔兮，反既有此他志。'與此語同。"[③]

後來人們更加自覺地利用注本進行校勘。如夏炯在《書抱經堂叢書後》深有體會地説："據注以校經，據疏以校注，據他經之注疏以校本經之注疏，如是，不可通者少矣。"[④]王念孫《讀書雜志》二《史記序》亦云："太史公書，東漢以來，注者無多，又皆亡逸，今見存者，唯裴駰《集解》、司馬貞《索隱》、張守節《正義》而已。……余壽好此學，研究《集解》《索隱》《正義》三家訓釋，而參考經史諸子，及群書所引，以釐正譌脱。"兹舉一例。《史記·五帝本紀》云："北至於幽陵，南至於交阯，西至於流沙，東至於蟠木。"王氏云："'西至'本作'西濟'，此涉上下三'至'字而誤也。《正義》曰：'濟，渡也。'則本作濟明矣。唐魏徵《群書治要》，引此正作'濟'。《大戴禮·五帝德》篇同。"[⑤]

---

①如唐宋注疏有離經單刻的稱單疏本，後人補注校勘古籍，亦每别行，不附在原著之後。

②《經典釋文》卷五《毛詩音義》上。

③《楚辭補注》卷一。

④《夏仲子集》卷三。

⑤《讀書雜志·史記第一·五帝本紀·西至於》。

注本之所以能被有效地用作校勘之資，主要是因爲它的正文與注文之間存在着對應關係。下面我們就看看人們是怎樣利用這種關係，來糾正書面材料中的錯誤的。

《逸周書·大戒》篇云："無□其信，雖危不動。"王念孫校曰："闕文是轉字。轉者，移也。上守信而不移，則下親其上，雖危而不可動矣。故曰：'無轉其信，雖危不動。'孔注曰：'轉，移。'是釋正文'轉'字也。下文曰：'上危而轉，下乃不親。'正與此文相應。"①

《管子·心術》篇云："毋代馬走，使盡其力；毋代鳥飛，使弊其羽翼。"周祖謨校曰："這裏'羽'字誤衍。'使盡其力'與'使弊其翼'文例相同。尹注云：'能走者，馬也；能飛者，鳥也。今不任鳥馬之飛走，而欲以人代之，雖盡力弊翼，而終竟不能盡。'據此可證'羽'爲衍文。"②

《吕氏春秋·重己》篇云："是其所謂非，非其所謂是，此之謂大惑。"陶鴻慶校曰："'非'、'是'二字當互易。原文注云：'是其所謂是，非其所謂非。'上文云：'其所謂是者，未嘗是。'是'是其所謂是'也。又云：'其所謂非者，未嘗非。'是'非其所謂非'也。今本互易，則非其旨。高注云：'是己之所是，非己之所非，而以此求同於己者也，故謂之大惑。'是其所見本不誤。"③

王利器校杜甫詩云："宋刊分門集注本《舟中出江陵南浦奉寄鄭少尹審》：'別燕赴秋菰。'注言：'別之而起去。'則'赴'當從注作'起'，宋本卷第十七正作'起'。元刊集千家注分類本注引李充：'別燕背人去，雙起秋浦菰。'此正少陵所本。"④"《秋日夔府

①《讀書雜志·逸周書第二·大戒·無□其信》。孔指晉孔晁。

②《古籍校勘述例》，載《中國語文》一九八〇年第二期。尹指尹知章。

③《讀諸子札記》卷五。高指高誘。

④《王利器論學雜著》：《杜集校文釋例》五十六《正文與注文不應》。

詠懷奉寄鄭監審李賓客之芳一百韻》，宋千家本、宋分類本、元千家本、元分類本'潮海蹴吴天'，注俱以'江、漢朝宗於海'爲言，則'潮'當作'朝'，毛、錢抄本、趙本正作'朝'，不誤。"[①]

我們還可利用一書的其他注本作爲校勘資料。如孫詒讓校《莊子》郭象注就用了陸德明的《經典釋文》。《莊子·盜跖》篇："穴室樞户。"他指出："《釋文》云：'樞户，尺朱反；徐，苦溝反。司馬云："破人户樞而取物也。"'案：依徐音，則'樞'當爲'摳'。殷敬順《列子釋文》云：'摳，探也。''樞'、'摳'聲類同，形亦相近。"[②]

當然，他書之注也可據以校勘。關於這個問題，下文將專門探討，這裏僅略提一下。蔣禮鴻云：

> 現在舉一個利用箋注本校勘的例，以見一斑：《淮南子·天文訓》[③]"青女乃出，以降霜雪"句的高誘注道："青女，天神，青霄玉女，主霜雪也。"宋本霄字作媄。我疑心霄字應作署字，因爲道家書裏（如《靈飛經》）多講青署玉女，而署和媄又是同音。但没證據。後來讀宋李壁《王荆文公詩集箋注》二十七裏王荆公《雪》詩"神女青腰寶髻鴉"的注："《淮南子》：'至秋三月…青女乃出，降以霜雪。'青女，青腰玉女也，主霜雪。"可見宋本《淮南子》的確是作青署，署和腰祇是一個字的兩種寫法而已。附帶説一句，這個署字，即使没有李壁明引《淮南子》注的文字，從王荆公的詩句來看，也可以證明其確鑿。（宋人陳元靚《歲時廣紀》三引《淮南子》注："青女乃天神青腰玉女，主霜雪也。"也是作"腰"的確證。）這説

①《王利器論學雜著》：《杜集校文釋例》五十八《以注文校正文》。
②《札迻》卷五《莊子郭象注》。
③訓指高注，當作篇。

明校勘取材的途徑應該廣闊一些,光靠版本是不够的。[①]

值得注意的是,注文同正文一樣,也會出現各種錯誤,除無心之誤外,也有不少是被後人誤改造成的。王引之云:

經典譌誤之文,有注、疏、《釋文》已誤者;亦有注、疏、《釋文》未誤而後人據已誤之正文改之者。學者但見已改之本,以爲注、疏、《釋文》所據之經已與今本同,而不知其未嘗同也。如《易·繫辭傳》"莫善乎蓍龜",唐石經"善"誤爲"大",而諸本因之,後人又改《正義》之"善"爲"大"矣(説見《周易》下)。《小雅·十月之交》篇"山冢卒崩",唐石經誤依《釋文》"卒"作"崒",而諸本引之,後人又改《箋》及《正義》之"卒"爲"崒"矣(説見《毛詩》中)。……凡此者,皆改不誤之注、疏、《釋文》以從已誤之經文,其原本幾不可復識矣。然參差不齊之迹終不可泯,善學者循其文義,證以他書,則可知經文雖誤,而注、疏、《釋文》尚不誤,且據注、疏、《釋文》之不誤以正經文之誤可也。[②]

王念孫《讀書雜志·淮南内篇》後序,曾對注文被改的情況作過分析歸納,今摘録如下:

有既誤而又改注文者。《原道》篇:"夫萍樹根於水。"高注:"蘋,大萍也。"正文"蘋"字誤作"萍",後人遂改注文之"蘋,大萍"爲"萍,大蘋",以從已誤之正文矣。

有既誤而又增注文者。《俶真》篇:"辯解連環,辭潤玉石。"高注:"潤,澤也。"正文"辭"字涉注文而誤爲"澤"。後人又於注文"潤,澤也"上加一"澤"字,以從已誤之正文

①《懷任齋文集·校勘略説》。

②《經義述聞》卷三二《通説》下《後人改注疏釋文》。

矣。……

有既誤而又移注文者。……《詮言》篇:“蘇秦善説而亡身。”高注:“蘇秦死於齊也。”正文“亡身”誤爲“亡國”。後人又移注文於“亡”字之下,“國”字之上,則是以“亡”字絶句,而以已誤之“國”字下屬爲句,其失甚矣。

有既改而又改注文者。《原道》篇:“干越生葛絺。”高注:“干,吴也。”劉本改“干越”爲“于越”,并改高注,而不知“于”之不可訓爲“吴”也。……

有既改而復增注文者。《道應》篇:“吾與汗漫期於九垓之上。”高注:“九垓,九天也。”後人改“之上”爲“之外”,又於注文“九天”下加“之外”二字矣。《詮言》篇:“三關交争,以義爲制者,心也。”高注:“三關謂食、視、聽。”後人改“三關”爲“三官”,又於注文“三關”上,加“三官”二字,其失甚矣。

有既改而復删注文者。《時則》篇:“迎歲於西郊。”高注:“迎歲,迎秋也。”後人依《月令》改“迎歲”爲“迎秋”,又删去注文矣。《繆稱》篇:“甯戚擊牛角而歌,桓公舉以爲大田。”高注:“大田,田官也。”後人改“大田”爲“大政”,又删去注文矣。

可見古書注本的確存在着不少問題,我們在用注本進行校勘時,也應持慎重態度。清人盧文弨指出:“大凡昔人援引古書,不盡皆如本文。故校正群籍,自當先從本書相傳舊本爲定。況未有雕版以前,一書而所傳各異者,殆不可以徧舉。今或但據注書家所引之文,便以爲是,疑未可也。”①

①《抱經堂文集》卷二〇《與丁小雅進士論校正方言書》。

六 選本

總集是按一定體例將兩家以上的文字作品匯編在一起的書。《四庫全書總目》集部總集類叙云:"文籍日興,散無統紀,於是總集作焉。一則網羅放佚,使零章殘什,並有所歸;一則删汰繁蕪,使莠稗咸除,菁華畢出。是固文章之衡鑒,著作之淵藪矣。"可見總集基本上分兩大類:一類是全集性總集,另一類是選集性總集,也稱選本。兩類總集皆可作爲校勘之資。其中不少選本,由於編輯時間較早,校勘價值尤大,因此我們在這裏着重討論一下選本。

因爲選本是選録群書而自成一書的,所以對於那些入選的書來説,也算是異本的一種。選本中文字與原書不同,或者是選家所改,或者是選家當時别有根據,經過彼此互校,往往可以使得某些文獻更接近本來面目。如羅振玉輯《鳴沙石室佚書》敦煌卷子本《唐人選唐詩》提要云:

> 詩選殘卷,其存者凡六家。前三首,撰人名在斷損處,不可見,今據《全唐詩》,知爲李昂。其名存者:曰王昌齡、曰邱爲、曰陶翰、曰李白、曰高適。都計詩數完者七十一篇,殘者二篇。今以諸家集本傳世者校之:李昂詩,《全唐詩》載一篇,而佚其二;王龍標詩,卷中十七篇,見於集本者僅三篇;邱爲詩六篇,陶翰詩三篇,今載於《全唐詩》者各一篇;太白詩三十四篇,又《古意》以下九篇誤羼入陶翰詩後,共得四十三篇,則悉載集中;高常侍詩二篇,則今集本一存一佚。其卷中諸詩,今集本雖存,而異同至多,篇題亦有異同,殆每篇中必有數字,予既録入《群書點勘》中。其尤甚者,爲二李與高常侍三家。《全唐詩》載李昂《戚夫人楚舞歌》,以此卷校

之,中間少四句。太白《胡無人》篇,卷本無末三句。《臨江王節士歌》《陌上桑》《魯中都有小吏逢七朗以斗酒雙魚贈余於逆旅因鱠魚飲酒留詩而去》三篇中,卷本亦較集本各少二句。《古意》篇(今集題作《效古》),則卷多末二句。《瀑布水》篇(今集題作《望廬山瀑布》),則卷集全異者四句。《贈趙四》篇(今本題作《贈人》),異者且過半。《千里思》篇,集本八句,卷本則四句,而四句中之第三句亦全異,第四句與校注中之一本合。《獨不見》篇,則除末二句但異一字外,其餘均不同。高常侍《信安王出塞》篇(集本題作《信安王幕府詩》),以卷本校集本,則後半先後錯列者四句。太白集在生前已家家有之(見唐劉全白《李君碣記》),或傳寫異同,或中間改訂,卷集互岐,理所應有。若高詩,卷中但存一篇有半耳,而以校正集本,得益已如此之巨。至李、王、邱、陶、高諸佚篇,可據以補今本之缺,則尤可喜也。①

再如,《四庫全書總目》卷一八六《才調集》提要,也稱其所録"頗有諸家遺篇,如白居易《江南贈蕭十九》詩、賈島《贈杜駙馬》詩,皆本集所無。又沈佺期《古意》,高棅竄改成律詩;王維《渭城曲》'客舍青青楊柳青'句,俗本改爲'柳色新';賈島《贈劍客》詩'誰爲不平事'句,俗本改爲'誰有'。如斯之類,此書皆獨存其舊,亦足資考證也"。

宋太宗時期編纂而成的《文苑英華》一千卷,其中唐代作品約占十分之九,由於時代較早,所以也是校唐人詩文集的重要依據。如《四庫全書總目》卷一四九《陳拾遺集》提要指出:

此本(引者案:指内府藏本)傳寫多訛脱,第七卷闕兩

①"逢七朗",原卷影印本作"逄七朗"。

葉。據目録尋之,《禡牙文》《禜海文》在《文苑英華》九百九十五卷,《祭孫府君文》在九百七十九卷。又送崔融等序之後,據目録尚有《餞陳少府序》一篇,此本亦佚,《英華》七百七十九卷有此文。今並葺補,俾成完本。《英華》八百二十二卷收子昂《大崇福觀記》一篇,稱武士彠爲太祖孝明皇帝,此集不載其目,殆偶佚脱,今併補入。

再如錢謙益云:

《文苑英華》載王右丞詩,多與今行槧本小異,如"松下清齋折露葵","清齋"作"行齋"。"種松皆作老龍鱗"作"種松皆老作龍鱗"。並以《英華》爲佳。《送梓州李使君》詩:"山中一半雨,樹杪百重泉",作"山中一半雨",尤佳。蓋送行之詩,言其風土,深山冥晦,晴雨相半,故曰"一半雨",而續之以楚女巴人之聯也。①

錢曾據此判斷所藏《王右丞文集》十卷爲宋刻佳本,他説:"寶應二年正月七日,王縉搜求其兄'詩筆'十卷,隨表奉進。此刻是麻沙宋板,集中《送梓州李使君》詩,亦如牧翁所跋,作'山中一半雨,樹杪萬重泉'。知此本之佳也。"②

某些編輯稍晚的選本,由於所據資料時代較早或源出兩途,往往也可用作校勘之資。如陳伯君所撰《阮籍集校注》,就利用了清人陳元龍編的《歷代賦匯》。孫通海談到陳氏在從事校注工作時,"凡清末以前諸大家之選本均校之。如《東平賦》'□士惟中'一句,諸本皆然,通過檢校陳元龍等輯《歷代賦匯》及張惠言《七十家賦鈔》,則此句作'厥土惟中',於是缺字迎刃而解。注者

①《初學集》卷八三《跋王右丞集》。

②《讀書敏求記》卷四《王右丞文集十卷》。

在校勘時遇可疑之處，是極爲審慎的，非有一種版本作爲根據是決不臆斷的。如《亢父賦》之‘亢’字，諸本皆作元，遍查有關史地書籍實無‘元父’這一地名，顯然‘元’爲‘亢’之字誤，但注者直待檢得梅鼎祚本正作‘亢’，又《歷代賦匯》‘元’字下注‘一作亢’後，始據以校改。”①

應當説明選本也不盡可據，由於選者的目的、態度、識見、所依據的資料來源不同，不少選本甚至會造成一些新的異文。如隋樹森指出：“元人曲書大部分刊刻不精，脱字脱句，誤字衍文，所在多有。同一首曲子，在不同的選本裏，文字上常有很大的出入，題目和作者也往往不一致。就文字來説，例如馬致遠有八首描繪八景的《落梅風》小令，見《陽春白雪》，而《梨園樂府》中也有這八首小令，未注作者。兩書的文字差異很大，其中《遠浦帆歸》《平沙落雁》《漁村夕照》三首，僅末句全同，前四句皆異。《瀟湘夜雨》《江天暮雨》兩首，竟然完全不同。如果因此便説兩本書裏的這八首曲子根本不是一個人作的，那又不一定對。明人編的《盛世新聲》《詞林摘艷》《雍熙樂府》等曲選裏所收的元人散曲，往往與元人曲書裏的同一作品文字上有很大的差異。”②可見我們在利用選本進行校勘時，同樣需要做一番考訂工作。

七　校本

凡經校勘的書稱校本。從事校勘當然應當充分利用前人的校勘成果，而校本則是保存校勘成果的一種重要形式。

前人讀書十分强調校勘工作，如王鳴盛云：“欲讀書必先精

①《阮籍集校注》，載《古籍整理出版情況簡報》第一八八期。

②《全元散曲·自序》。

校書,校之未精而遽讀,恐讀亦多誤矣。”[①]葉德輝甚至説:“書不校勘,不如不讀。”[②]學者們讀書勤於校勘的例子是屢見不鮮的,宋葉夢得云:“余在許昌得宋景文用監本手校西漢一部,末題用十三本校。中間有脱兩行者。惜乎,今亡之矣。”[③]錢曾藏《洛陽伽藍記》有趙琦美跋云:“歲已亥(一五九九),覽吴琯《古今逸史》中《洛陽伽藍記》,讀未數字,輒齟齬不可句。因購得陳錫玄、秦西巖、顧寧宇、孫蘭公四家鈔本,改其訛者四百八十八字,增其脱者三百二十字。丙午又得舊刻本,校於燕山龍驤邸中,復改正五十餘字。凡歷八載,始爲完書。”[④]

有的校本還特别注重迻録他人的校勘成果,萬曼在談到《沈下賢文集》時指出:

> 沈集宋元以來,向無刊本,僅賴傳鈔,流布未廣。鈔本中瞿氏《鐵琴銅劍樓藏書目録》著録一種,云係稽瑞樓藏本,揚州吴葵生彙各本校過,有吴氏翌鳳跋云:“余傳此本於青芝張氏閲八年矣,壬寅春復借毛裒藏本對校一過,又二年復從《文苑英華》對讀一過。”後來黄丕烈又從周香嚴家得一舊鈔綿紙本,時吴氏已去世,黄氏乃從其子借得録校語於周本上。黄氏跋云:“此舊鈔綿紙本,爲故人周香嚴藏書,於其身後得之其家者,蓋後人各房分散,故去之而得之,因思借本讎校。惟吴大枚庵曾有是書,惜枚庵云逝,請假爲難,幸其子晉齋允其請,仍啟篋出示,俾得對勘一過,兹悉校於上方不改。本文云作者,枚庵録本,即青芝張氏本也。云校者,

①《十七史商榷·序》。
②《藏書十約·校勘》。
③《石林燕語》卷八。
④《讀書敏求記》卷二《楊衒之洛陽伽藍記五卷》。

即枚庵借毛裹藏本對校存參數字者也。云《英華》者,即枚庵復校《英華》本也。己卯十一月望日校畢,復翁黄丕烈。”(《蕘圃藏書題跋》七)最後陳子準又用這個本子託吴景恩臨校一過,吴景恩跋云:“此本爲吾友陳子準所藏,舊有紅筆校勘頗精審,今年秋子準從錢塘何夢華假得黄復翁所校周氏本,屬余臨校,余爲對勘一過。云張本者,即枚庵所録青芝堂本;云毛本者,即毛裹本;或但稱吴校者,亦是枚庵所校毛裹本也;云周本者,即香嚴藏本,黄復翁所校者也;或但稱作某字無某字,亦具是香嚴本也。周本、張本異字悉爲標明;其不標張本者,周本、張本同者也。舊校與周本異字,亦悉爲標明;其不標周本者,舊校與周本同者也。諸本參錯,校例不一,故詳具之,庚辰秋七月校完志。”(《鐵琴銅劍樓目》十九)瑣瑣録此,可以看出三個本子,經過七八個人,幾十年的工夫反覆校勘,爲之無已,説明前人讀書的認真和辛苦。①

上述例子説明校本確是藴藏豐富的校勘資料寶庫。校本還有兩個優點:一是前人據以校書的某些版本及有關資料可能已經亡佚,某些版本及有關資料雖未亡佚,往往被藏家視爲珍秘,難以見到。而這些資料却常能在校本中覓得。再是凡勤於校勘者多爲專家學者,他們的校勘成果當然具有較高的參考價值。因此,凡從事校勘者都非常注意利用前人的校本。如宋沈揆有《顔氏家訓考證》一卷,其跋云:

揆家有閩本,嘗苦篇中字訛難讀,顧無善本可讎。比去年春來守天台郡,得故參知政事謝公家藏舊蜀本,行間朱墨細字,多所竄定,則其子景思手校也。迺與郡丞樓大防取兩

①《唐集叙録·沈下賢文集》。

> 家本讀之。大抵閩本尤謬誤，五皓實五白，蓋博名而誤作傳，元嘆本顧雍字，而誤作凱。《喪服經》自一書，而誤作經。馬牝曰騲，牡曰騭，而誤作驊騮。至以吴趨爲吴越，桓山爲恒山，僮約爲童幼，則閩、蜀本實同。惟謝氏所校頗精善，自題以五代宫傅和凝本參定，而側注旁出，類非取一家書。然不正童幼之誤，又秦權銘文鼎實古則字，而謝音制，亦時有此疏舛。讎書之難如此！於是稍加刊正，多採謝氏書，定著爲可傳，又别列考證二十有三條爲一卷，附於左。若其轉寫甚訛與音訓辭義所未通者，皆存之，以竢洽博君子。淳熙七年春二月，嘉興沈揆題。[①]

顯然，沈揆校《顔氏家訓》充分考慮了謝景思的校勘意見。王念孫校《荀子》也盡可能地吸收了各家校本的可取之處。其《荀子補遺序》云：

> 余昔校《荀子》，據盧學士校本而加案語。盧學士校本則據宋吕夏卿本而加案語。去年陳碩甫文學以手録宋錢佃校本異同郵寄來都，余據以與盧本相校，已載入《荀子雜志》中矣。今年顧澗蘋文學又以手録吕、錢二本異同見示，余乃知吕本有刻本、影鈔本之不同。錢本亦有二本，不但錢與吕字句多有不同，即同是吕本，同是錢本，而亦不能盡同，擇善而從，誠不可以已也。時《荀子雜志》已付梓，不及追改，乃因顧文學所録而前此未見者，爲《補遺》一編，並以顧文學所考訂，及余近日所校諸條，載於其中，以質於好古之士云。道光十年五月二十九日，高郵王念孫叙，時年八十有七。[②]

---

①此書在《知不足齋叢書》第十一集。

②《讀書雜志》。

近人校勘古籍也非常注意吸取前人的校勘成果。如郭沫若的《管子集校》，除所據十七種《管子》宋明版本外，還引用了校釋書四十二種，特别是利用了許維遹、聞一多的校勘成果《管子集釋》。

需要注意的是，就校本而言，因爲後人可以吸取前人的校勘成果，所以後出轉精是正常現象。我們從事這項工作，當然要充分利用已有成果，尤其是近人著作。如張舜徽云：

> 一部《漢書》，從宋代劉敞、劉攽（敞弟）、劉奉世（敞子）作《刊誤》以來，清代學者繼起校勘。其中以錢大昕的《漢書考異》、錢大昭的《漢書辨疑》、王念孫的《漢書雜志》、沈欽韓的《漢書疏證》、周壽昌的《漢書注校補》最爲專門。清末王先謙，便薈萃群言和其他筆記、專著中闡明《漢書》舊義的見解，再加以自己數十年間鑽研校訂的心得，寫成《漢書補注》一百卷，精刊行世。照理講，今天閲讀《漢書》，自以王氏《補注》爲最完備了。但是近人楊樹達，一生讀《漢書》最爲精熟，在王氏《補注》的基礎上，復有所訂正。早年寫成《漢書札記》，一九二四年復由商務印書館出版《漢書補注補正》。近年又有所增益，刊行了《漢書窺管》。有些地方，較過去學者們用心更細、校勘更密了。[①]

但張氏所説，只是問題的一方面；另一方面，今人學力和學風也頗有不及古人的，因而主觀臆斷、誤解妄改之處亦復不少。所以也不一定都是“今是而昨非”。《荀子·正名》篇所説的“以仁心説，以學心聽，以公心辨”，始終是我們做人爲學的準繩，從事校勘之學，當然也應如此。

---

①《中國古代史籍校讀法》第二編《分論上——關於校書》第二章《校書的依據》第六節《儘量利用近人校書的成果》。

第二節 他書的引文

校勘古籍，除了用本書的各種異本外，還可利用其他古書的引文。引用各書較多的有古類書、古書注及書鈔。由於這些書的輯注者所見古書年代較早，傳刻次數較少，比較接近古書原貌，所以這些書的引文是僅次於本書異本的重要校勘資料。

一 古類書的引文

類書原來是廣搜群籍，分類或按照字順編排，以便人們在寫作及研究時查考成語、故事的。其中多係節録各書原文，有時甚至將整部書籍完全收入，而較古的類書如《北堂書鈔》《藝文類聚》《太平御覽》《册府元龜》等，還是在書籍刻本大量流行以前編成的，其所收材料大體上是直接從古鈔本轉録，因此用古類書引文校勘，往往比用同書的後出版本校勘更爲近真，獲益更多。

利用類書來進行校勘，宋人就已開始了。如王應麟云："《太平御覽》引《戰國策》曰：吴子問孫武曰：'敵人保山據險，擅利而處，糧食又足，挑之則不出，乘間則侵掠，爲之奈何？'武曰：'分兵守要，謹備勿懈，潛探其情，密候其怠，以利誘之，禁其牧采，久無所得，自然變改，待離其故，奪其所愛。'今本無之。"[①]

明人利用類書校勘也不乏其例。如楊慎云："《梁鴻傳》載鴻詩二首，'麥含含兮方秀'，刻本皆如此。《藝文類聚》引之，作'麥

①《困學紀聞》卷一一《考史》。

含金'爲是。'金'與'含'相似而衍爲二字也,此當表出之。"[①]楊氏復云:"《古歌銅雀詞》:'長安城西雙貝闕,上有一雙銅雀宿。一鳴五穀生,再鳴五穀熟。'此詩《文選注》所引有缺字,今考《太平御覽》,足之。"王仲鏞箋證云:"《文選》卷五十六陸佐公《石闕銘》李善注引此作《魏文帝歌》,首句作'長安城西有雙圓闕',次句'宿'字缺,餘同。《太平御覽》引作'員',次句'銅雀'下注'或有宿字',即升庵所據。然則歌辭中'貝闕'當是'員闕'之誤,員、圓古字通。"[②]

廣泛運用古類書的引文來從事校勘工作,則從清乾嘉時代開始,尤以高郵王念孫、王引之父子成績最著。汪辟疆云:

> 類書品格最下,通人恒不重視。然閲時既久,古籍日亡,而前代類書,反爲考訂輯佚所取資,其重視又不亞於經史。此可怪也。今《皇覽》《華林遍略》《修文御覽》,皆已久佚。唐宋間類書之獲存者,如《北堂書鈔》《藝文類聚》《初學記》《白孔六帖》《太平御覽》《册府元龜》《山堂考索》《事文類聚》《海録碎事》《玉海》等,乾嘉諸公,皆以此爲考證大轅。高郵王氏之學,卓絶千古,嘉道之間頗有傳其訂正群書,皆先檢古本類書,及馬總《意林》《群書治要》諸書所引用經子原文,如遇異文,條記座右,然後詳稽音詁,力求貫通,再證以宋以前類書群籍引用異文,定爲某宜作某,或衍或奪,每下一義,確不可易,皆類書之助也。[③]

乾嘉諸老利用類書從事校勘而獲得正確結論的實例,已屢見前文。

---

① 王仲鏞箋證本《升庵詩話》卷一《麥含金》。
② 王仲鏞箋證本《升庵詩話》卷一《古歌銅雀詞》。
③《汪辟疆文集·工具書之類别及其解題》。

此後,人們將古類書引文用於校勘,皆有創獲。陳垣云:“道光間,劉文淇諸人爲岑氏校勘《舊唐書》,即大用《册府》,成績甚著,亦以《册府》所採唐五代事,不獨用劉、薛二家之書。當其修《册府》時,唐五代各朝實録存者尚衆,故今《册府》所載,每與舊史不盡同也。”[①]陳氏還談到他曾據《册府元龜》校補《魏書》一頁:

> 《册府》材料豐富,自上古至五代,按人事人物,分門編纂,凡一千一百餘門,概括全部十七史。其所見史,又皆北宋以前古本,故可以校史,亦可以補史。《舊唐》《舊五代史》無論,《魏書》自宋南渡後即有缺頁。嚴可均輯《全後魏文》,其三十八卷劉芳上書言樂事,引《魏書·樂志》僅一行,即注“原有闕頁”;盧文弨撰《群書拾補》,於《魏書》此頁認爲“無從考補”,僅從《通典》補得十六字。不知《册府》五百六十七卷載有此頁全文,一字無闕。盧、嚴輯佚名家,號稱博洽,乃均失之交臂,致《魏書》此頁埋没八百年。[②]

以上所舉爲用《册府元龜》一書改正舊文之例,其他類書也莫不爲名家校書所取資。王欣夫嘗舉劉師培所校書爲例,其《墨子拾補·所染》篇云:“子墨子言,見染絲者而歎曰。案《閒詁》曰:言字似衍。今考《群書治要》《後漢書·馮衍傳》注、《黨錮傳》注、《太平御覽》八百十四所引,並無言字,則言字碻爲羡文。”又《非儒下》篇云:“孔丘窮於蔡陳之間,藜羹不糂。案畢校云:《藝文類聚》引作藜烝不糂。今考《書鈔》一百四十四、一百四十五,並引作藜烝。《御覽》八百五十九亦引作藜烝不糂。是古本羹字作烝,羹則後人所改。”又《荀子校補·勸學》篇:“故不積蹞步,無

① 影印明本《册府元龜》卷首《影印册府元龜序》。岑指岑建功,劉指劉昫,薛指薛居正。

② 影印明本《册府元龜》卷首《影印册府元龜序》。

以至千里。不積小流，無以成江海（元本作河）。案元本非也。《初學記》六、《事類賦注》六，引此文並作江海。《文選·海賦》注、《白帖》六並引作河海。海與里叶韻，若作江河，失其韻矣。"又《大略》篇："子夏貧，衣若懸鶉。案《書鈔》一百二十九、《事類賦注》十二、《御覽》六百八十九所引貧上並有家字，當據補。又《初學記》十八引子夏家貧，徒有四壁，疑亦此處挩文。"[①]王氏云："以上各條，都是據古類書所引以校本文。《群書治要》爲唐魏徵撰，《太平御覽》爲宋李昉等撰，《藝文類聚》爲唐歐陽詢撰，《北堂書鈔》爲唐虞世南撰，《初學記》爲唐徐堅撰，《白孔六帖》爲唐白居易和宋孔傳撰，《事類賦注》爲宋吴淑撰，此處多用簡稱。凡宋以前類書都可以據校。明人類書雖多，而多出臆改，不可信，故不宜引據。"[②]但王氏之説也不盡然，如明《永樂大典》的校勘價值就很高。唐圭璋云："朱本《竹山詞》一卷，係用黄蕘圃藏元鈔本，缺《謁金門》《菩薩蠻》《卜算子》《霜天曉角》《點絳唇》十四首及下半首之《憶秦娥》，上半首之《昭君怨》。毛本并缺。間閲《永樂大典》，得上半首之《昭君怨》，意極欣然，惜其他缺處，未能盡補也。"[③]復云："《彊村叢書》本《水雲詞》二十九首，係用趙氏小山堂鈔《湖山類稿》本。其中《水龍吟》'對漁燈一點，羈愁一搦'，'羈'下原缺一字，兹據知不足齋《湖山類稿》刊本補一'愁'字。《鶯啼序》'鹿豕銜枯薺'下，原缺二字，但水雲此詞，原爲變格，句法與諸家不同，未可斷爲缺字也。又'吹入鍾山，幾重蒼翠'之'重'字下，原缺一字，兹據《欽定詞譜》補一'蒼'字。至據《永樂大典》補

①劉師培校語分别見《劉申叔遺書》中《墨子拾補》卷上《所染第三》、卷下《非儒下第三十九》；《荀子斠補》卷一《勸學第一》、卷四《大略第二十七》。

②《古文獻學要略》第四章《校讎》四《校讎學根據的材料》（七）《據古類書校例》。

③《詞學論叢》：《〈全宋詞〉跋尾·蔣捷竹山詞》。

《柳梢青》一首，亦有脱誤。趙斐雲檢得《大典》原文補正，彌覺可貴。斐雲又據《大典》補得二首，尤令人稱快不置（今《詩淵》又多二十五首）。”①

但是，引用類書需要特别慎重。古人編輯類書時，常常根據内容的需要及篇幅的限制，對引用之書有所删節改易，所以校勘時對之不能完全信賴。近人劉文典已談到過這個問題：

> 清代諸師校勘古籍，多好取證類書，高郵王氏尤甚。然類書引文，實不可盡恃，往往有數書所引文句相同，猶未可據以訂正者，蓋最初一書有誤，後代諸書亦隨之而誤也。如宋之《太平御覽》，實以前代《修文御覽》《藝文類聚》《文思博要》諸書參詳條次修纂而成。其引用書名，特因前代類書之舊，非宋初尚有其書，陳振孫言之詳矣。若《四民月令》一書，唐人避太宗諱，改“民”爲“人”，《御覽》亦竟仍而不改。書名如此，引文可知，故雖隋、唐、宋諸類書引文並同者，亦未可盡恃。講校勘者，不可不察也。②

又裴學海曾專就虚字一端舉例，以明校勘不應全據類書。此類失誤雖王念孫也在所不免。其《類書引古書多以意改説》云：

> 古書多古言古義，而虚字爲尤甚。讀之者不能盡解，恒覺其文不成義，於是於稱引時，輒以意改。類書所引之古

①《詞學論叢》：《〈全宋詞〉跋尾續録・汪元量水雲詞》。

②《三餘札記》卷一《類書》。陳振孫《直齋書録解題》卷一四稱《太平御覽》乃“以前代《修文御覽》《藝文類聚》《文思博要》及諸書參詳條次修纂。本號《太平總類》，太平興國二年受詔，八年書成，改名《御覽》。或言國初古書多未亡，以《御覽》所引用書名故也，其實不然，特因前諸家類書之舊爾。以《三朝國史》考之，館閣及禁中書總三萬六千餘卷，而《御覽》所引書多不著録，蓋可見矣”。

書，其語詞之文，多與其原書不同者，即此故也。不然，我國文體變遷之公例，由深而淺；果類書所引者爲本來面目，則自當多古言古義，深奥難通，何以反較今所存之原書多文從字順乎？《左傳》隱四年："夫兵，猶火也，弗戢，將自焚也。"《漢書·武五子傳》贊引"將"作"必"。《孟子·公孫丑》篇："舍我其誰也？"《論衡·刺孟》篇引"其"作"而"。何晏本《論語·憲問》篇："君子恥其言而過其行。"皇侃本"而"作"之"。姚本《戰國策·秦策》："乃復悉卒乃攻邯鄲，不能拔也。"鮑本下"乃"字作"以"。此四例，雖作"將""其""而""乃"者之於義難通，作"必""而""之""以"者之爲文甚順；然究其實際，則"將"有"必"義，"其"有"而"義，"而"有"之"義，"乃"有"以"義，班、王、皇、鮑諸人之皆爲以意改字；而非今本《左傳》《孟子》之有訛，何本《論語》、姚本《國策》之失其舊也。類書引古書之以意改字，與班、王、皇、鮑之改無以異；乃清代諸樸學大師之校勘古書，不知實事求是，反多據類書所引，以訂正不誤之原書（此就關於語詞者而言），不亦謬乎？此予之所以不敢盲從也，此本書之所由作也。兹將類書引古書之以意改者，略舉數例於左；至於其詳，則散見於本書之各條注語中，兹不贅焉。

一、《吕氏春秋·制樂》篇："故成湯之時，有穀生於庭，昏而生，比旦其大拱。"（"比"，及也）《御覽》引"其"作"而"。畢沅謂作"而"者是。（見畢本《吕氏春秋》）按"其"有"而"義，畢説未允，説詳本書"其"字條。

二、《墨子·貴義》篇："今爲義也君子"，《御覽》引"也"作"之"。畢沅本《墨子》從《御覽》改"也"爲"之"，孫氏《墨子閒詁》亦然。按"也"有"之"義，畢改孫因皆非。説詳本書"也"字條。

三、《韓非子·難三》篇:"夫六晉之時,智氏最强,滅范中行,而從韓魏之兵以伐趙。"《御覽》引"而從"作"又率"。王氏《韓非子集解》從《御覽》改"而從"爲"又率"。按"而"有"又"義,"從"有"率"義,王改未允。說詳本書"而"字條。

四、《晏子春秋·襍》篇:"景公游於紀,得金壺,發其視之。"《御覽》引,"其"作"而"。

五、《晏子春秋·問》篇:"昔三代之興也,謀必度其義。('度'與'宅'同,'居'也)事必因於民。"《群書治要》引"其"作"於"。

六、《管子·戒》篇:"期而遠者莫如年。"《群書治要》引"而"作"之"。

七、《淮南子·氾論》篇:"使鬼神能玄化,則不待户牖之行。"《御覽》引"之"作"而"。

八、《荀子·榮辱》篇:"傷人之言,深於矛戟。"《藝文類聚》引"之"作"以"。

此上五例,《讀書雜志》皆謂類書所引者爲是。按"而"有"之"義,"其"有"而"義及"於"義,"之"有"而"義及"以"義,王説皆未允。

此外值得注意的是,類書也存在由於傳寫而發生的錯誤。如《太平御覽》卷三百六十九和卷七百八十八都引録了竺芝《扶南記》所述騫毗國王事,兩條不但文字繁簡不同,即騫毗王的身長也不一,一條説是一丈二尺,一條説是三丈。顯然,至少有一處是不正確的。

所以清朱一新説:"高郵王氏父子之於經,精審無匹。顧往往據類書以改本書,則通人之蔽。若《北堂書鈔》《太平御覽》之類,世無善本;又其書初非爲經訓而作,事出衆手,其來歷已不可恃,而以改數千年諸儒斷斷考定之本,不亦傎乎!然王氏猶必據有數證而後敢改，不失慎重之意。若徒求異前人，單文孤證，務爲穿鑿，則經學之蠹矣。”[1]汪辟疆也説：“如宋《太平御覽》，至明而始有重刊，黄正色活字本已多臆改，黄蕘圃、顧千里又累竄易，務求其通。它日據此以校經傳子史，將謂《御覽》作某爲可信乎？”[2]

上述意見是有道理的，但以王氏父子爲例却未必恰當。孫詒讓云：“乾嘉大師，唯王氏父子郅爲精博，凡舉一誼，皆塙鑿不刊。其餘諸家，得失間出。”[3]郭沫若《〈管子集校〉引用校釋書目提要》亦稱《讀書雜志》“乃清代考證學之白眉，博洽精審，至今尚無人能出其右者”[4]。這都是經過深入研究之後得出的結論，絶非泛泛而談。王氏父子所校難免有疏忽之處，但總的來説是精審的。

首先，王氏父子校勘的態度非常謹嚴，如王引之云：“吾用小學校經，有所改，有所不改。周以降，書體六七變，寫官主之，寫官誤，吾則勇改。孟蜀以降，槧工主之，槧工誤，吾則勇改。唐、宋、明之士，或不知聲音文字而改經，以不誤爲誤，是妄改也，吾則勇改其所改。若夫周之末，漢之初，經師無竹帛，異字博矣，吾不能擇一以定，吾不改。假借之法，由來久矣，其本字什八可求，什二不可求，必求本字以改假借字，則考文之聖之任也，吾不改。寫官槧工誤矣，吾疑之，且思得之矣，但群書無佐證，吾懼來者之滋口矣，吾又不改。”[5]

---

①《無邪堂答問》卷二。

②《汪辟疆文集・工具書之類别及其解題》。

③《札迻》卷首《自序》。

④《郭沫若全集》歷史編卷五《管子集校》。

⑤《高郵王氏遺書》：《王氏六葉傳狀碑誌集》卷一龔自珍《工部尚書高郵王文簡公墓表銘》。

其次，王氏父子所依據的校勘資料十分豐富，並不只是依靠類書的引文。而且，王氏父子對類書的引文也是加以鑒别有所去取的。如《淮南子·俶真》篇云："夫牛蹏之涔，無尺之鯉；塊阜之山，無丈之材。所以然者何也？皆其營宇狹小，而不能容巨大也。"莊氏伯鴻校本自敘云："《太平御覽》(地部三)引作'牛蹄之涔，無徑尺之鯉；魁父之山，無營宇之材。'無下'營宇'二字，足證今本之脱訛。"王念孫論之云：

> 此《御覽》誤，非今本誤也。尺之鯉、丈之材相對爲文；若作"營宇之材"，則文不成義，且與上句不對。營宇狹小，所以不能容巨大，若無營宇二字，則文義不明。鈔本《御覽》作"牛蹄之涔，無徑尺之鯉；魁父之山，無丈之材，營宇狹小，而不能容巨大也。""尺"上有"徑"字，乃後人不識古文辭而妄加之。(後人以"尺之鯉"文義未足，故加一"徑"字，此未識古人句法也。《原道》篇曰："聖人不貴尺之璧，而重寸之陰。"《吕氏春秋·舉難》篇曰："尺之木，必有節目；寸之玉，必有瑕璫。"屬句並與此同，加一"徑"字，則與下句不對矣。《御覽·鱗介部》八引此又作"無盈尺之鯉"，"盈"字亦後人所加。)其"無丈之材"及"營宇狹小"，則皆與今本同。刻本《御覽》作"無營宇之材"，而下文無"營宇"二字，此皆後人妄改，不足爲據。《藝文類聚·山部》上引作"牛蹄之涔，無尺之鯉；魈府之山，無丈之材。皆其營宇狹小，而不能容巨大也。"正與今本同，足證刻本《御覽》之誤。"尺"上無"徑"字，并足證鈔本《御覽》之誤。①

王氏父子當然也清楚地知道類書引文不盡相同，如王念孫

①《讀書雜志·淮南内篇第二·俶真·尺之鯉 丈之材 營宇狹小》。

指出《晏子春秋》内篇《諫下》有一處脱了九十九字，並據《群書治要》補足，説明道："《太平御覽·禮儀部》三十七作'晏子曰：不可。公遂止。'乃取《晏子》原文而約取之，故與《治要》不同。"[①]對於類書中的引文，王氏父子也是注意校勘訂正的。如《逸周書·王會》篇云："文馬，赤鬣，縞身，目若黄金，名古黄之乘。"盧文弨校曰："古黄，《説文》作吉黄，《海内北經》注引作吉黄。此從舊本作古黄，與《初學記》所引亦合。"王念孫却認爲：

> 作"吉黄"者是也。王本作"吉黄"，與《説文》《山海經》注合。《山海經》圖讚亦作吉黄。《文選·東京賦》注引《瑞應圖》云："騰黄，神馬，一名吉光。"光黄古同聲。"吉光"即"吉黄"也。《海内北經》作"吉量"，下字雖不同，而上字亦作"吉"，則作"吉黄"者是也。《藝文類聚·祥瑞部》下、《初學記·獸部》引此並作"古黄"，乃類書相沿之誤，不可從。[②]

所以，我們對王氏父子用類書引文校勘也要具體分析，對於其個别失誤，當然應予糾正，而於其總體成果，則不應輕易否定。本書引用校例以王念孫的《讀書雜志》爲基礎，也是基於這一認識。

二　古書注的引文

某些古書注本，由於注者知識豐富、方法謹嚴，在作注時往往博引群書原文，以求作者措辭所本、用意所在，這些引文的本書又出自較早的鈔本或刻本，比較接近書的原貌，因此也常被用作校勘之資。如《四庫全書總目》卷四五陳壽《三國志》提要稱該

①《讀書雜志·晏子春秋第一·内篇諫下·脱文九十九》。
②《讀書雜志·逸周書第三·王會篇·古黄》。

書裴松之注“網羅繁富，凡六朝舊籍今所不傳者，尚一一見其厓略。又多首尾完具。……故考證之家，取材不竭，轉相引據者反多於陳壽本書焉。”《總目》卷一四〇《世説新語》提要復云：“孝標所注，特爲典贍，高似孫《緯略》亟推之。其糾正義慶之紕繆，尤爲精核。所引諸書，今已佚其十之九，惟賴是注以傳，故與裴松之《三國志注》、酈道元《水經注》、李善《文選注》，同爲考證家所引據焉。”

王念孫校《漢書》就特别注意利用《史記》《後漢書》的注釋，《水經注》也是常用的資料。如《漢書·高惠高后文功臣表》云：“使黄河如帶，泰山若厲。”王氏校云：

> “黄”字乃後人所加，欲以黄河對泰山耳。不知西漢以前，無謂河爲黄河者，且此誓皆以四字爲句也。《北堂書鈔》《藝文類聚·封爵部》引此皆有“黄”字，則所見本已誤。《漢紀》及《吴志·周瑜傳》有“黄”字，亦後人依誤本《漢書》加之。《史》表無“黄”字，如淳注《高紀》引《功臣表》誓詞云：“使河如帶，大山若厲。”此引《漢》表，非引《史》表也（《史》表作“如厲”，《漢》表作“若厲”）。而亦無“黄”字，則“黄”字爲後人所加甚明。[①]

王氏父子校勘其他資料，同樣也注意利用古書注的引文，如《禮記·曲禮》云：“前朱鳥而後玄武。”王念孫指出：“‘朱鳥’本作‘朱雀’，此後人以他書改之也。自開成石經已然，而各本皆從之。開成以前書引此有作‘朱鳥’者，亦是後人所改。”王引之進而分析道：

> 《正義》述經文正作“朱雀”。又“朱雀”字，《正義》凡三

---

①《讀書雜志·漢書第二·高惠高后文功臣表·黄河》。

見,“雀”字一見。又引崔靈恩説亦作雀。又《堯典》“日中星鳥”,《正義》引《曲禮》“前朱雀後元武”而釋之云:“雀即鳥也”,則《曲禮》自作“朱雀”明矣。《後漢書·張衡傳》注、《北堂書鈔·帝王部》十三、十六、《武功部》五、《太平御覽·兵部》三十七引此並作“朱雀”。(衛湜《禮記集説》作“朱雀”,則宋時本尚有不誤者。)①

後人校勘依據古書注引文者也不乏其例,如《韓詩外傳》卷四云:“士不信焉又多知,譬之豺狼與,其難以身近也。《周書》曰:‘爲虎傅翼也,不亦殆乎!’”孫詒讓指出:

《後漢書·翟酺傳》李注引《外傳》云:“無爲虎傅翼,將飛入邑,擇人而食。夫置不肖之人於位,是爲虎傅翼也。”今本“《周書》曰”下,語氣未完,蓋捝“無爲”至“位是”二十二字,當據李引補。“無爲虎傅翼”三句,《逸周書·寤儆》篇文。(《法言·淵騫》篇宋咸注引此書亦有“將飛入邑”二語,疑北宋本尚未捝。)②

古書注的引文也可據以作推理的校勘,如《漢書·王子侯表》云:“淯侯不疑。”王念孫指出:

“淯”當依《史》表作“涓”。《水經·濰水》注云:“涓水出馬耳山北,注於濰水。”馬耳山在今青州府諸城縣西南,涓水出於其陰,北過諸城縣西,又北入濰水。此侯封於涓,蓋鄉聚之以水得名者。若淯水則在南陽,此侯爲城陽頃王子,不當遠封南陽也。俗書“涓”字作“㴋”,與“淯”相似而誤。師

①二王説並見《經義述聞》卷一四《禮記》上《朱鳥》。
②《札迻》卷二《韓詩外傳》。李指李賢。

古音育,失之矣。[①]

又《漢書·地理志》云:"南陽郡宛縣南有北筮山。"王念孫指出:"宛縣故城,爲今南陽府治,其地無北筮山。'山'當爲'聚','筮'即'澨'字也。《水經·淯水》注曰:'淯水左右,舊有二澨,所謂南澨北澨。'澨者,水側之濆。(《楚辭·九歌》注:澨,水涯也。)聚在淯陽之東北,下文'育陽有南筮聚',則此當爲北筮聚明矣。"[②]

但是,也應當注意古人撰寫注釋,爲了節省篇幅,往往對引文加以删節;此外,爲了遷就所注正文,往往對引文的個别地方加以改動,因此古書注的引文往往同原書有差異。例如酈道元的《水經注》問題就比較多。清沈炳巽指出:"道元博覽群書,掇其精華以注《水經》,誠從來所未有,但注中所引頗多訛誤。"[③]其《水經注集釋訂訛》指出《水經注》引文訛、脱、衍、倒現象甚夥。如《水經注·河水一》云:"積石圃南頭,昔西王母告周穆王:去咸陽三十六萬里。"沈炳巽指出:"《十洲記》作'王母告周穆王云:咸陽去此四十六萬里。'"[④]又《水經注·河水二》云:"《後漢·西羌傳》曰:羌無弋爰劍者,秦厲公時,以奴隸亡入三河,羌爲神,推以爲豪。河湟之間多禽獸,以射獵爲事,遂見敬信,依者甚衆,其曾孫忍因留湟中,爲湟中羌也。"沈炳巽指出:

> 此節《後漢·西羌傳》,殊未明白,因附録原文於後:"羌無弋爰劍者,秦厲公時,爲秦所拘執,以爲奴隸。後得亡歸,而秦人追之,急藏於巖穴中得免。羌人云爰劍初藏穴中,秦人焚之,有景象如虎爲其蔽火,得以不死,遂亡入三河間。

---

①《讀書雜志·漢書第二·五子侯表·淯》。

②《讀書雜志·漢書第六·地理志·北筮山》。

③《水經注集釋訂訛》卷首《凡例》。

④《水經注集釋訂訛》卷一。

諸羌見其被焚不死,怪其神,共畏事之,推以爲豪。河湟間少五穀,多禽獸,以射獵爲事。爰劍教之田畜,遂見敬信。羌人謂奴爲無弋,以爰劍嘗爲奴隸故,因名之。其後世世爲豪,至爰劍曾孫忍時,秦獻公初立,欲復穆公之迹,兵臨渭,首滅狄,獂戎諸羌畏徙,忍及弟舞,獨留湟中。"①

所以盧文弨云:"大凡昔人援引古書,不盡皆如本文,故校正群籍,自當先從本書相傳舊本爲定。況未有雕版以前,一書而所傳各異者殆不可遍舉,今或但據注書家所引之文,便以爲是,疑未可也。"②

事實上,一些嚴肅的校勘家,往往廣收古書注的引文,並結合其他校勘資料,經過認真的分析研究,然後才判定底本是非的。如《禮記·月令》云:"仲秋之月,雷始收聲。"王引之指出:

"雷始收聲"本作"雷乃始收"。古人多以"乃始"二字連文。《初學記·歲時部》及《周官·韗人》疏引《月令》皆作"雷乃始收",《淮南·時則》篇同,是經文"始"上有"乃"字,而"收"下無"聲"字。後人以仲春雷乃發聲,又以注云"雷始收聲在地中",遂於正文内加入"聲"字。若山井鼎考文所引古本、足利本及《吕氏春秋》,並作"雷乃始收聲"是也。(案高誘注曰:"雷乃始收,藏其聲不震也。"則正文本無"聲"字明矣。)又或嫌其句法之累,則删"始"字,而存"乃"字,唐《月令》作"雷乃收聲"是也。(鈔本《北堂書鈔·歲時部》三:"雷始收。"注引《禮記》云:"雷乃收聲。"案正文曰"雷始收",則注内引《禮記》,亦當作"雷乃始收",今作"雷乃收聲",後人據俗本《月令》改之也。)或删"乃"字而存"始"字,宋撫州本

①《水經注集釋訂訛》卷二。
②《抱經堂文集》卷一二《與丁小雅進士論校正〈方言〉書》。

以下諸本《禮記》及今本《逸周書》,並作"雷始收聲"是也。(鈔本《北堂書鈔·天部》四曰:"春分發聲,秋分乃收。"注引《周書》曰:"秋分雷乃收聲。"又《歲時部》二曰:"雷始收。"注引《周書》曰:"秋分之日,雷乃收聲。"案正文曰"秋分乃收",又曰"雷始收",皆本《周書》,則注内引《周書》,亦當作"雷乃始收"。今作"雷乃收聲",皆後人據俗本《月令》改之也。《藝文類聚·歲時部》上引《周書》曰:"秋分之日,雷乃始收。雷不收,諸侯淫汏。"是其明證矣。《易通卦驗》:"秋分雷始收",亦無聲字。他書引《月令》或有"聲"字者,皆是後人所改。)無者加之,有者滅之,而原本幾不可見。幸賴引者參差不齊,改之未盡,得以求其蹤跡耳。[①]

對於注文中的錯誤,治學謹嚴的校勘家也能綜合參稽同書或他書注中的引文,以及其他資料,予以糾正。如《漢書·高惠高后文功臣表》云"槀祖侯陳錯",師古曰:"槀音公老反,錯音口駭反。"《史記》作"槀祇侯陳錯"。王念孫指出:

槀當爲槖,字之誤也。《水經·泗水》注曰:"泗水又南逕高平縣故城西。縣,故山陽之槖也。漢高帝七年,封將軍陳錯爲槖侯。"《漢書·五行志》:"山陽槖茅鄉,社有大槐樹。"師古曰:"槖,縣名也,音拓。"《地理志》:"山陽郡槖",薛瓚曰:"音拓。"則其字本作槖。師古此注"音公老反",失之矣。《史記索隱》曰"漢志槖縣屬山陽",則司馬所見本正作槖,故引《漢志》爲解,而今本《索隱》亦作槀,則後人以師古注改之也。古無以祖爲謚者,"祖"當依《史記》作"祇",亦字之誤也。蔡邕《獨斷》説謚法曰:"治典不殺曰祇。"是其證。

①《經義述聞》卷一四《禮記》上《雷始收聲》。

師古不解祇字，蓋所見本已訛爲祖矣。“鍇”與“錯”未知孰是，《史記索隱》亦云“錯”，《漢》表作“鍇”，引《三蒼》云：“九江人名鐵曰鍇。”[①]

總之，古書注的引文可用作校勘之資。但古書注的引文不盡同原文，所以對之不應偏信盲從。我們在利用古書注的引文進行校勘時，應盡可能地參稽其他資料進行綜合考辨。

三　其他古書的引文

除古類書、古書注外，我們還可利用其他古書的引文。其他古書的引文雖然情況複雜，檢索不易，使用起來有一定困難，但它們仍然是校勘時值得重視的參考資料。

其中特别值得注意的是書鈔。汪辟疆云：“書鈔在六朝唐初最盛，但鈔而不類，故與類書不同。今存者如《群書治要》《意林》，皆可看。亦因其保存古書至多也。”[②]《群書治要》，唐魏徵等奉敕撰。清阮元《四庫未收書目提要》稱其“所采各書，并屬初唐善策，與近刊多有不同”。《意林》爲唐馬總編，其引用書目見洪邁《容齋續筆》卷十六《計然意林》條。《四庫全書總目》卷一二三《意林》提要云：“今觀所採諸子，今多不傳者，惟賴此存其概。其傳於今者，如《老》《莊》《管》《列》諸家，亦多與今本不同。”

由於《群書治要》所引之書於原文皆無所增損，較接近原貌，所以特别受到王氏父子的重視。如王念孫《讀書雜志・晏子春秋序》談到他校《晏子春秋》，曾“合諸本及《群書治要》所引，詳爲校正”。其《讀書雜志・墨子序》復云：“《墨子》書舊無注釋，亦無

①《讀書雜志・漢書第二・高惠高后文功臣表・稾祖侯陳鍇》。

②《汪辟疆文集・讀書説示中文系諸生》。

校本，故脱誤不可讀。至近時盧氏抱經、孫氏淵如，始有校本，多所是正。乾隆癸卯，畢氏弇山重加校訂，所正復多於前，然尚未該備，且多誤改誤釋者。予不揣寡昧，復合各本及《群書治要》諸書所引，詳爲校正。”王念孫校其他書也利用了《群書治要》，如《逸周書·芮良夫》篇云：“烏呼！□□□如之。”孔注曰：“人養之則擾服，不養則畏人，治民亦然也。”王校云：

> 今本“烏呼”下闕三字，考其原文，本作“烏呼！野禽馴服於人，家畜見人而奔，非禽畜之性，實惟人，民亦如之。”注文本作“雖野禽，人養之則擾服，雖家畜，不養則畏人，治民亦然也。”今本正文脱去二十二字，僅存“烏呼如之”四字，則與注文全不相應。注首脱去“雖野禽”三字，則文義不明。《群書治要》注文已與今本同，而正文則一字不闕。①

再如《晏子春秋·諫上》云：“景公將觀於淄上，與晏子閒立。”王氏云：“‘將’字後人所加，與晏子閒立，即謂立於淄上也。則上句本無‘將’字明矣。《群書治要》及《太平御覽·人事部》六十九，皆無‘將’字。”②又《管子·形勢解》云：“使人有禮，遇人有理。”王氏云：“《群書治要》上作‘理’下作‘禮’是也。使人有理，謂使之必以道也；遇人有禮，謂待之必以禮也。《賈子·階級》篇曰：‘遇之有禮，故群臣自喜’，是也。今本‘理’、‘禮’二字互易，則非其指矣。”③

此外，古代小學工具書，由於引文較夥，也可用作校勘的資料。賴炎元《高郵王念孫王引之父子的校勘學》一文指出：“《爾雅》《説文》《方言》《釋名》《廣雅》《玉篇》《類篇》《廣韻》《集

---

①《讀書雜志·逸周書第四·芮良夫·脱文二十二》。
②《讀書雜志·晏子春秋第一·諫上·將觀於淄上》。
③《讀書雜志·管子第十·形勢解·使人有禮遇人有理》。

韻》等文字、聲韻和訓詁學等專書，也是他們校勘時經常運用的資料。”[①]如《廣雅・釋詁一》云：“疛，病也。”王念孫校曰：

> 疛，音肙。《説文》：“疛，小腹痛也。”《玉篇》云：“心腹疾也。”《小雅・小弁篇》：“我心憂傷，惄焉如擣。”毛傳云：“擣，心疾也。”釋文：“擣，韓詩作疛。”《吕氏春秋・盡數》篇：“鬱處腹則爲張爲疛。”高誘注云：“疛，跳動也。”各本疛字訛作痳。曹憲音内肙字又訛作曹。考《説文》《玉篇》《廣韻》《集韻》《類篇》俱無痳字。《説文》云：“疛，讀若紂。”《玉篇》《廣韻》《集韻》及《詩》釋文，疛字並與肙同音。《集韻》引《廣雅》：“疛，病也。”今據以訂正。[②]

又《廣雅・釋詁三》云：“友愛，親也。”王氏校曰：“愛，各本訛作受。《衆經音義》卷十四引《廣雅》：‘友愛，親也。’今據以訂正。”[③]

方志博引群書，也可供校勘時參考。如《水經注》卷十八《渭水》經文“又東逕武功縣北”下注云：“太白山南連武功山，於諸山最爲秀傑，冬夏積雪，望之浩然。渭水又東，温泉水注之。水出太一山，其水沸涌如湯。（杜彦達曰：可治百病，世清則疾愈，世濁則無驗。）其水下合溪流，北注十三里入渭。”其文中夾注，各本多同，惟康熙《隴州志》所引爲：“《水經注》，杜彦達曰：‘可治百病，然水清則愈，濁則不驗。’”[④]這兩句異文的内容比較合理，因此也可備一説。

當然，其他古書中，那些引用或取材故書的資料，校勘價值

---

①載《中國學術年刊》第十期，臺北一九八九年版。

②《廣雅疏證》卷一上《釋詁》。

③《廣雅疏證》卷三下《釋詁》。

④見康熙《隴州志》卷一《方輿志・山川・温泉》。

往往更高。古人著書同今人著書一樣，同時代的作者之間常彼此引用成説，後代學者尤喜援引前人的作品以闡明自己的觀點。由於古人著作權的觀念比較淡薄，這種現象甚爲普遍。章學誠曾指出："諸子之書，多與史部相爲表裏。如周官典法，多見於《管子》《吕覽》；列國瑣事，多見於《晏子》《韓非》。"[①]梁啟超也説：

> 本書文句和他書互見的，例如《荀子·勸學》篇前半和《大戴禮記·勸學》篇全同，《韓非子·初見秦》篇亦見《戰國策》，《禮記·月令》篇亦見《吕氏春秋》。《淮南子》《韓詩外傳》和《新序》《説苑》往往有相重之條，乃至《史記》之録《尚書》《戰國策》，《漢書》之録《史記》。像這類，雖然本書没有别的善本，然和他書的同文便是本書絶好的校勘資料。（例如《荀子·勸學》篇據《大戴記》，可以校出脱句訛字七、八處。）[②]

這些被援引的文字，由於時代較早，一般來説更多地保留了書的舊貌，故常被校勘家用之於校勘。如清劉毓崧就非常注意利用他書引文來從事校勘工作，今録其具有總結性的《校刻〈漢書〉凡例》數則爲例：

> 一、荀氏《漢紀》，雖改紀傳爲編年，而根柢實在《漢書》。所據之本，猶是漢時舊帙。所當取校，以存古本之遺。
>
> 一、類書中時代近古者，如《北堂書鈔》《藝文類聚》《初學記》之類，所引《漢書》，皆唐以前舊本。《太平御覽》雖時代較後，然其書多取材於北齊《修文殿御覽》，所引《漢書》，容有六朝舊本。所當取校，以溯宋本之源。
>
> 一、《册府元龜》作於宋真宗景德、祥符之際，其叙事依

---

①《章氏遺書》卷一三《論修史籍考要略》。

②《中國近三百年學術史》十四《清代學者整理舊學之總成績(2)——校注古籍 辨僞書 輯佚書》。

據正史。西漢一朝，大都出自《漢書》，真北宋初年之本。諸家所列宋本，皆在其後。所當取校，以從宋本之朔。

一、林鉞《漢雋》，作於南宋初年，婁機《班馬字類》，徐天麟《西漢會要》，皆作於南宋中葉；其所見《漢書》，皆兩宋舊本。所當取校，以擇宋本之長。

一、《史記》敘漢初事，爲《漢書》所本；《通鑑》敘漢時事，多本於《漢書》。推之《集解》《索隱》《正義》，以及倪思《班馬異同》，胡三省《通鑑注》，凡與《漢書》有關者，所當取校，以考各本之異。

一、《文選》所録西漢人文，或採《漢書》，或採本集，其字句均可參稽。他如賈長沙、董江都、司馬長卿、揚子雲諸集，其文載入《漢書》者，所當取校，以定各本之殊。

一、各書紀載，可印證《漢書》者：經學如《韓詩外傳》《春秋繁露》之類；小學如《急就篇》《方言》之類；正史如《後漢書》之類；别史如《東觀漢紀》之類；地理如《三輔黄圖》《水經注》之類；政書如《漢官儀》《通典》之類；金石如《隸釋》《隸續》之類；儒家如《新書》《鹽鐵論》《説苑》《新序》之類；術數家如《京氏易傳》《焦氏易林》之類；雜家如《淮南子》之類。所當參校，以求原本之真。

一、前代校《漢書》者，小宋、三劉以外，莫著於吴氏之《兩漢刊誤補遺》。近時校《漢書》者，錢氏《考異》《拾遺》以外，莫著於王氏之《商榷》。若夫群書考證，涉及《漢書》者，後漢人如《論衡》《獨斷》等書；六朝人如《顔氏家訓》等書；唐人如《史通》等書；宋人如《夢溪筆談》《容齋隨筆》《野客叢書》《困學紀聞》等書；明人如《丹鉛雜録》等書；國朝人如《日知録》等書。所當詳校，以正今本之誤。[①]

下面我們舉兩個校勘實例，《史記·淮陰侯列傳》云："項王所過，無不殘滅者。天下多怨，百姓不親附，特劫於威彊耳。"王念孫指出：

> "彊"讀勉彊之彊，"彊"下當有服字，"劫於威"三字連讀，"彊服"二字連讀，言百姓非心服項王，特劫於威而彊服耳。下文云："今楚彊以威王此三人，秦民莫愛也。"語意正與此同。今本脱去服字，則當以"威彊"連讀，而讀"彊"爲"彊弱"之"彊"，非其指矣。《漢書》及《新序·善謀》篇"彊"下皆有服字。顔師古曰："彊音其兩反。"是其證。[②]

又《淮南子·原道》篇云："上游於霄雿之野，下出於無垠之門。"王念孫指出：

> "無垠"下有鄂字，今本正文及注皆脱去。《漢書·揚雄傳》："紛被麗其亡鄂"，顔師古曰："鄂，垠也。"垠鄂與霄雿相對爲文。《文選·西京賦》："前後無有垠鄂。"李善注："《淮南子》曰：'出於無垠鄂之門。'許慎曰：'垠鄂，端崖也。'"（《七命》注同）是許本有鄂字。《太平御覽·地部》二十："《淮南子》曰：'下出乎無垠鄂之門。'高誘曰：'無垠鄂，無形之貌也。'"是高本亦有鄂字。[③]

故書既爲新書引用，則人們既可以用故書校勘新書，也可以用新書校勘故書，兩者之間的關係是相互的。前者的例子如《漢

---

①《通義堂文集》卷五。小宋謂宋祁，三劉謂劉敞、劉攽、劉奉世，錢氏指錢大昕，王氏指王鳴盛。

②《讀書雜志·史記第五·淮陰侯列傳·特劫於威彊耳》。

③《讀書雜志·淮南内篇第一·原道·霄雿 無垠》。

書·韓彭英盧吴傳》云:"願君留意臣之計,必不爲二子所禽矣。"王念孫指出:

《史記》作"否,必爲二子所禽矣"。[①]

關於後者,我們可舉宋王讜的《唐語林》爲例。這部書是博採五十種書中的材料分門别類編成的。校勘《唐語林》,可以利用這五十種書的現存資料;反之,校勘這五十種現存資料,也可利用《唐語林》。如周勛初《唐語林校證·前言》云:

拿《唐語林》中的文字和原書對校,二者之間時見差異,人們總是認爲原書可靠,《唐語林》中出現了改錯的字或傳誤的字。大體説來,校勘之時應該尊重原書,但這並不是説原書定然可靠。因爲筆記小説少有善本傳世,而後人又常是隨意改動文字,因此有些單刻傳世的原書也並不可信。《唐語林》成書較早,王讜能够見到各種原書的祖本,因此經他採入的文字,有的反而比原書更可信。這裏可舉《因話録》爲例以説明之。《唐語林》卷三,三〇六條叙柳元公杖殺神策小將事,中有"不獨試臣"一句,此文原出《因話録》卷二商部,此句作"不獨侮臣"。乍一看來,"試"字似爲誤字,然而《資治通鑑》卷二三九《唐紀》五五憲宗元和十一年《考異》引《因話録》此文,正作"不獨試臣",可知《唐語林》中文字不誤,而《因話録》中的文字却已經過後人改動。又如《唐語林》卷二,一九一條言代宗獨孤妃薨,郭子儀欲致祭,下屬反對,"子儀曰:'此事須柳侍御裁之。'時殿中侍御史柳弁,字伯存,掌書記,奉使在郊,即急召之"。此文原出《因話録》卷一宫部,内云"時予外伯祖殿中侍御史",注曰:"諱芳,字伯

①《讀書雜志·漢書第八·韓彭英盧吴傳·必不爲二子所禽矣》。

存。"讀者如果不作細究，一定認爲原書可靠，因爲柳芳是當時的著名文士，又是趙璘本人的戚屬，記載上不可能有什麽問題。殊不知這裏也已經後人妄改，出現了錯誤。《新唐書》卷二〇二《文藝中·柳并傳》曰："柳并者，字伯存。大曆中，辟河東府掌書記，遷殿中侍御史。"這人纔真是爲郭子儀草祭文的柳伯存，而非字仲敷的柳芳，查齊之鸞本、《歷代小史》本《唐語林》，此人正作"柳并"，可見聚珍本作"柳弁"，乃形近致誤，原書作"柳芳"，乃後人無識而妄改。於此可見，齊之鸞本、《歷代小史》本中的異文不容忽視，《唐語林》在校勘上有重要的價值，而它所依據的原書不見得都可靠，有時反而應該用王讜的引文來糾正今本之誤。

需要説明：古人引書的方式是多種多樣的，如楊慎云："凡傳中引古典必曰《書》云、《詩》云者，正也。《左傳》中最多。又有變例：如子産答子皮云：'子於鄭國，棟也。棟折榱崩，僑將壓焉。'此乃引《周易》'棟橈凶'之義，而不明言《易》。魯穆叔論伯有不敬曰：'濟澤之阿，行潦之蘋藻，寘諸宗室，季蘭尸子，敬也。'此乃引'有齊季女'全詩之義，而不明言《詩》。蓋一法也。又引《書·泰誓》所謂'商兆民離，周十人同者，衆也'。據《泰誓》原文云：'受有億兆夷人，離心離德；予有亂臣十人，同心同德。'省二十字作八字，而語益矯健，此蓋省字，又一法也。郤至聘楚，辭享云：百官承事，朝而不夕，此公侯所以干城其民也。故《詩》曰：'赳赳武夫，公侯干城。'及其亂也，諸侯貪冒，侵欲不已，争尋常以盡其民，略其武夫以爲己腹心。故《詩》曰：'赳赳武夫，公侯腹心'，此先言《詩》意，而後引《詩》辭，又一法也。"[①]再加上文獻在傳鈔轉刻的過程中所産生的一些新錯誤。所以他書引文不完全符合原

①《丹鉛雜録》卷九《古文引用》。

文並非罕見的現象，我們在利用其他古書引文校勘時，理應採取謹慎態度。清朱一新説得好："國朝人於校勘之學最精，而亦往往喜援他書以改本文。不知古人同述一事，同引一書，字句都有異同，非如今之校勘家，一字不敢竄易也。今人動以此律彼，專輒改訂，使古書皆失真面目，此甚陋習，不可從。凡本義可通者，即有他書顯證，亦不得輕改。古書詞義簡奧，又不當以今人文法求之。"①

第三節　其他資料

除本書異本、他書引文外，其他有關資料如甲骨、金石文字、諸家雜記等，皆可用作校勘資料。不過，此類資料和原書的關係往往是間接的。援用時必須更爲審慎，才能避免主觀武斷的弊病，今亦略述如次。

一　甲骨文

甲骨文的時代雖然久遠，但它畢竟是我國文獻的源頭，同後世的典籍有着千絲萬縷的聯繫，因此也可用作校勘之資。如殷人有卜日不吉則改期再卜的習慣，孫詒讓指出："龜文易日字恒見，義蓋皆如是。其字作[illegible]、作[illegible]、作[illegible]、作[illegible]，皆易之象形字也。舊釋爲彤日，形義並未合。今考金文錫字多作[illegible]、作[illegible]，即借易爲錫。此字形與義正同，而讀則當如字。易日猶言更日也。……

①《無邪堂答問》卷三。

蓋皆吉則不易日,不吉則易日也,若釋爲肜日則於文齟齬難通矣。"[①]據此可知《尚書》裏出現的"肜日"二字,可能是"易日"之訛。再如古書中多説湯名天乙,羅振玉《殷商貞卜文字考》云:"以殷初諸王大丁、大甲、大庚、大戊例之,則'天乙'爲'大乙'之訛,殆無可疑。"後來羅氏又考證道:"《史記》作'天乙',《索隱》引譙周説:'天亦帝也,殷人尊湯,故曰天乙。'案'天'與'大'形近易訛,故大戊卜辭中亦作天戊,以大丁、大甲諸名例之,知作'大'者是,譙周爲曲説矣。"[②]王國維《殷卜辭中所見先公先王考》亦云:"湯名天乙,見於《世本》(《書·湯誓》釋文引)及《荀子·成相》篇,而《史記》仍之。卜辭有大乙,無天乙。羅参事謂天乙爲大乙之訛。觀於大戊,卜辭亦作天戊。卜辭之大邑商,《周書·多士》作天邑商。蓋'天'、'大'二字形近故互訛也。且商初葉諸帝,如大丁、如大甲、如大庚、如大戊,均冠以大字,則湯自當稱大乙。"茲後,郭沫若也注意用甲骨文來從事校勘工作。如《管子·形勢》篇云:"飛蓬之問,不在所賓;燕雀之集,行道不顧。"郭氏指出:"'飛蓬之問'、'燕雀之集'兩'之'字均當讀爲是。言輕微不足道之物是問是集,即所謂'逋逃主,萃淵藪'也。'不在所賓','在'當爲'才',墨寶堂宋本作'不',亦'才'之誤。凡甲骨文、金文'在'字多以'才'爲之。'不才'者《左傳》文十八年舉'四凶'之名均斥爲'不才子'。'不才所賓'即《書·牧誓》篇'惟四方之多罪逋逃,是崇是長,是信是使,是以爲大夫卿士'。'道行不顧'則與之相反,言道德行義在所不顧。"[③]經郭沫若用甲骨文、金文校勘後,《管子》這段話的文理變得通暢易懂了。

①《契文舉例》卷上《日月第一》。
②《殷虚書契考釋·帝王第二》。
③《管子集校·形勢篇第二》。

二　金文

同樣，人們也早就注意運用金文來從事校勘工作。如南北朝時期的顔之推指出：

> 《史記·始皇本紀》：二十八年，丞相隗林、丞相王綰等議於海上。諸本皆作山林之林。開皇二年五月，長安民掘得秦時鐵稱權，旁有銅涂鐫銘二所。其一所曰："廿六年，皇帝盡并兼天下，諸侯、黔首大安，立號爲皇帝，乃詔丞相狀、綰，法度量，鼎不壹，歉疑者皆壹明之。"凡四十字。其一所曰："元年，制詔丞相斯、去疾法度量，盡始皇帝爲之，皆刻辭焉。今襲號，而刻辭不稱始皇帝，其於久遠也，如後嗣爲之者，不稱成功盛德。刻此詔於左，使毋疑。"凡五十八字，一字磨滅，見有五十七字，了了分明。……見此稱權今在官庫。其丞相狀字，乃爲狀貌之狀，爿旁作犬，則知俗作隗林非也，當爲隗狀耳。[①]

宋歐陽修編《集古録》，已用金石刻辭訂正史書。之後趙明誠又編《金石録》，其《自序》云："《詩》《書》以後，君臣事迹，悉載於史。……若夫歲月、地理、官爵、世次，以金石考之，其牴牾十常三四。蓋史牒出於後人之手，不能無失，而刻辭當時所立，可信不疑。"顯然，作者已從理論上指出了金石文字作爲校勘資料的可靠性。清末羅振玉也云："往嘗與友人言古之典籍，掌之史氏，民間不獲傳流。孔子轍環列邦，觀百二十國之寶書，乃修《春秋》。吾人對三代列邦古彝器，是不啻不下堂而觀三古列國之寶

①《顔氏家訓》卷下《書證》。

書也。生三千年之後,而神游三千年以前,得據以補《詩》《書》之所遺佚,訂許、鄭諸儒之訛誤,豈非至可快之事哉!”①

下面我們再舉一個利用金文校勘的實例。《尚書·大誥》篇中“寧王”、“寧武”、“寧考”、“前寧人”等詞語頻繁出現。舊時多把這些“寧”字理解爲安寧之寧,如僞孔傳注《大誥》“寧王”説:“安天下之王,謂文王也。”又把“寧武”解釋爲“撫安武事”,牽强難通。清末金石學家王懿榮根據金文首先指出上述“寧”字當爲“文”字之誤。陳介祺於同治十三年(一八七四)十月十三日致潘祖蔭的信中,介紹了王氏説法,並作了補充説明:

> 《尚書》至今日無從得確據以定之。其理之至者,固可以孔、孟、程、朱之説定之。其文之古者,則唯吉金古文可以定之。吉金之文亦唯《尚書》可以通之。福山王廉生農部懿榮書來,謂《大誥》“寧王”、“寧武”皆古“文”字作[illegible]、作[illegible]之訛。②

後吴大澂《字説·“文”字説》也持同樣觀點。孫詒讓接受了吴氏觀點,並作了簡明論述:“蓋秦漢間諸儒,傳讀經典,已不能精究古文,如古多假忞爲文,與寧形近(金文‘文’多作[illegible],與‘寧’作[illegible]絶相似);而《書·大誥》曰‘寧考’、‘寧王’、‘前寧人’、‘寧武’,則皆‘文’之訛也。”③

三　石刻

石刻文字往往出現較早,比較接近文獻的原始面貌,所以頗

①《窓齋集古録序》。

②載陳敬第輯《陳簠齋尺牘》第一册。

③《籀廎述林》卷五。

爲校勘家所重視。我們在本章第一節,已經對石經及其他詩文拓本的校勘價值作了介紹,此外如碑、誌、記、碣、銘、頌、表等各類石刻文字,也皆可供校勘工作者參考。誠如清葉昌熾所指出:"以碑版考史傳,往往牴牾,年月、官職、輿地,尤多異同。"[①]足供比勘。宋洪邁云:"今人書'二十'字爲'廿'、'三十'字爲'卅'、'四十'爲'卌',皆《説文》本字也。廿,音入,二十并也。卅,音先合反,三十之省便,古文也。卌,音先立反,數名,今直以爲四十字。按秦始皇凡刻石頌德之辭,皆四字一句。《泰山辭》曰:'皇帝臨位,二十有六年';《琅玡臺頌》曰:'維二十六年,皇帝作始';《之罘頌》曰:'維二十九年,時在中春';《東觀頌》曰:'維二十九年,皇帝春游';《會稽頌》曰:'德惠修長,三十有七年'。此《史記》所載,每稱年輒五字一句。嘗得《泰山辭》石本,乃書爲'廿有六年',想其餘皆如是,而太史公誤易之,或後人傳寫之訛耳,其實四字句也。"[②]

歐陽修早就注意到石刻對韓愈集的校勘價值,指出:"自天聖以來,古學漸盛,學者多讀韓文,而患集本訛舛。惟余家本屢更校正,時人共傳,號爲善本。及後集録古文,得韓文之刻石者,如《羅池神》《黄陵廟碑》之類,以校集本,舛謬猶多,若《田弘正碑》,則又尤甚。蓋由諸本不同,往往妄加改易。以碑校集印本,與刻石多同,當以爲正。"[③]

後人用石刻校勘也不乏其例,如《風俗通義·十反》篇云:"司徒梁國盛允字子翩爲議郎。"孫詒讓指出:

《後漢書·桓帝紀》李《注》云:"允字子代",與此不同。

①《語石》卷六《輯録碑文一則》。
②《容齋隨筆》卷五《廿卅卌字》。
③《集古録跋尾》卷八《唐田弘正家廟碑》。

> 《水經·獲水注》云:"盧城城東有漢司徒盛允墓碑,允字伯世,梁國虞人也。"酈引碑文,最爲可據。《後漢書》注"世"作"代"者,唐人避太宗諱改耳。此作"翩"者,實當爲"嗣"字,"嗣"與"世"音正相近也。漢隸"嗣"或作"嗣"(見《隸釋》漢石經《尚書》殘碑),與"翩"形近,故傳寫易誤。前《愆禮》篇"河南尹太山羊翩祖",《後漢書·羊陟傳》作"字嗣祖","翩"亦"嗣"之誤,是其證矣。①

又《舊唐書·牛僧孺傳》云:"祖紹,父幼簡,官卑。"傅璇琮等指出:"《新唐書》卷七五上《宰相世系表》五上載孺父幼聞,鄭尉。一作簡,一作聞。今查唐李珏《故丞相太子少師贈太尉牛公(僧孺)神道碑》(《文苑英華》卷八八八)載:'父幼聞,華州鄭縣尉',與《新表》同。則《舊書》作幼簡誤,應作幼聞。"②

再如《文選·洛神賦》序云:"黄初三年,余朝京師。"李善注云:"《魏志》及諸詩序並云四年朝,此云三年,誤。"爲甚麽會出現這樣的錯誤呢?因爲篆文的"四"寫作"亖",缺一横即是三字。把"四"字寫成"亖"字見於商承祚《石刻篆文編》。同時,距曹植較近的天册元年(二七五),孫皓《禪國山碑》中的"四表"即寫成"亖表"。在古書中四經常誤爲三。如《春秋》云:"三軍萃於王卒,必大敗之。"《左傳》襄二十六年曰:"吾乃四萃於其王族,必大敗之。"《正義》曰:"楚語云:三萃以攻其王族,必大敗之。"王引之校云:"'三軍萃於王卒','三萃以攻其王族','三'皆當爲'亖'。《説文》曰:'亖,籀文四。'鄭注《覲禮》曰:'古書作三四,或皆積畫,字相似,由此誤也。'晉之四軍,合而攻楚之中軍,故曰四軍萃於王卒。又曰四萃於其王族,不得言三也。學者多見三,少見

①《札迻》卷十《風俗通義》。

②《兩唐書校勘拾遺》,載《文史》第十二輯。

三，故三字誤書作三，幸有襄二十六年‘四萃’之文，足以證之耳。”[①]

上述諸例子説明，石刻文字較爲原始，較少傳訛，是較可依據的校勘資料。

四　古印、封泥

清馮桂芬云：“鼎彝尊卣槃敨之屬，往往可資以訂經史之訛，而補所不及，故治樸學者有取焉，印章亦其類。”[②]羅振玉云：“古璽印文字，其在周季者爲古文之一體，專以摹印，故與古文或異。及漢兩京官私印信，則易篆勢之婉曲繁縟而爲簡直方正。其體又近古隸書，往往省變違六書之正，然太半在許祭酒作《説文解字》之前，故可以考古文，可以證許書。”[③]馬衡更爲詳盡地説明道：“封泥之名，始見於《續漢書·百官志》，掌於少府官屬之守宫令，蓋古用簡牘，封以璽印，非泥不可。後世易之以紙帛，泥不適用，乃改用朱印，相沿既久，幾不知朱印之前，尚有封泥之事。”[④]因爲古印與封泥屬原始文獻，多涉及官名與地名，因此對校勘古書中的官名與地名特別有用。前人已注意用古印、封泥從事校勘工作，今略舉數例如下。

清錢大昕云：“《史記·王子侯年表》有石洛侯劉敬，《漢》表作原洛侯敢。頃歲諸城李仁煜書山於縣南鄉得古印一，文曰‘石洛侯印’。以太史公書考之，知爲城陽頃王子，諸城與城陽國不

---

①《經義述聞》卷一八《春秋左傳》中《三軍萃於王卒》。

②《二百蘭亭齋古印考藏序》。

③《古璽文字徵序》。

④《封泥存真序》。

遠，或石洛侯封即在其境邪？《漢書》'原'字必是轉寫之訛。"[①]瞿中溶在《集古官印考證》中進一步證實了錢氏的觀點："石洛侯印，《史記·王子侯年表》：石洛侯劉敬，城陽頃王子，元狩元年四月戊寅封。參校《漢書》表，其世系及始封月日皆合，以'石洛'爲'原洛'。據此印足證'原洛'之誤。"王獻唐亦曾舉一例：

> 臨淄西南，舊有畫邑。《孟子·公孫丑》篇："孟子去齊，宿於晝。"即在其地。曲阜孔氏、安邱韓氏刻本，"晝"均作"畫"。劉熙注："畫音獲。"獲爲畫之古音，知劉氏原本正作畫，朱子《集注》："或曰晝當作畫。"是宋本亦或如此。《後漢書·耿弇傳》："進軍畫中。"李注："畫中邑名，故城在今西安城東，南有澅水，因名焉。"畫爲澅之初文，《水經注》"澅水"下，引《孟子》作澅。《史記·惠景間侯者年表》："澅清侯。"《索隱》："音獲，水名，在齊，亦即畫也。"綜上各證，知《孟子》"晝"當作"畫"，以形近而誤。《廣韻》四十九"宥"，"晝"字下云："又姓，畫邑大夫之後。"以字入"宥"，彼時已早作"晝"。證以朱子《集注》，知天水以來即有"畫"、"晝"二本之不同。毛西河《經問》乃爲調停之説，謂畫、晝二邑，前在臨淄西北，燕封王歜於此；後在臨淄西南，爲孟子所宿之處。不知酈引《孟子》出澅，正即王歜封地，毛説殊未審諦。自後趙一清解《水經》，謂當作"畫"，阮芸臺《孟子》校勘記，又以畫爲非，諸説紛紛，迄不能定。今本編收有"畫鄉"封泥，正爲畫中之鄉，字與《史記》《漢書》《水經注》並天水一本相合，知本爲"畫"，可解諸家之争議矣。[②]

[①]《十駕齋養新餘録》卷中《漢書王子侯誤字》。

[②]《臨淄封泥文字叙目·臨淄封泥文字叙》。

近人楊樹達利用古印、封泥校《漢書·地理志》約二十處，成績突出，今略舉兩例。《地理志》有“臨淄”，楊氏指出：

《封泥考略》卷四有臨菑卒尉，又卷七有臨菑二字封泥，《齊魯封泥集存》有臨菑丞印、臨菑市丞、臨菑左尉、臨菑右尉各印。《續封泥考略》卷三有臨菑市丞、臨菑鐵丞印，又卷五有臨菑尉印、臨菑左尉、臨菑右尉各印。《再續封泥考略》卷一有臨菑丞相。字皆從艸作菑，不作淄。陳介祺云：今傳世漢器及印，臨淄、淄川皆作菑，則《志》作淄者誤也。[①]

再如《地理志》有“劇”，楊氏云：“《齊魯封泥集存》有勮丞之印，周明泰《續封泥考略》卷四有勮丞印，字皆從力，不從刀。《地志》此文及前北海郡劇侯國皆從刀作劇。按《説文》有勮無劇，從刀乃從力之誤寫也。”[②]

五　其他書籍中的有關資料

事實上，可以用來校勘古籍的資料是極爲廣泛的，四部群書，皆可互校。兹舉數例如次：

以經校經，如《大戴禮記·五帝德》篇云：“使禹敷土。”王引之指出：“本作傅，此後人依《禹貢》改之也。作‘敷土’者，古文《尚書》；作‘傅土’者，今文《尚書》也，《大戴》與今文同，故作‘傅土’。”[③]

以史校史，如《吴越春秋·句踐歸國外傳第八》云：“陵門四達，以象八風。”孫詒讓指出：“《越絶書·外傳記越地傳》云：‘陸

①《漢書窺管》卷三《地理志第八上之二（漢書二十八）》。
②《漢書窺管》卷三《地理志第八上之二（漢書二十八）》。
③《經義述聞》卷一二《大戴禮記》中《敷土》。

門四,水門一。'則'陵'當爲'陸'之誤。前《闔閭内傳記吴城制》云:'陸門八,以象天八風;水門八,以象地八聰。'亦其證也。"[①]

以子校子,如《荀子·致士》篇云:"人主之患,不在乎不言用賢,而在乎誠必用賢。"盧文弨校曰:"當作'而在乎不誠用賢'。"王念孫進一步指出:"當作'而在乎不誠必用賢',言用賢之不誠不必也。《管子·九守》篇曰:'用賞者貴誠,用刑者貴必。'《吕氏春秋·論威》篇曰:'又況乎萬乘之國,而有所誠必乎?'《賈子·道術》篇曰:'伏義誠必謂之節。'《淮南·兵略》篇曰:'將不必誠必,則卒不勇敢。'枚乘《七發》曰:'誠必不悔,決絶以諾。'皆以'誠必'連文,則必字不可删。"[②]

以集校集,如《李太白全集》卷五《東海有勇婦》詩云:"何慚蘇子卿。"王琦注曰:"蘇子卿無報讎殺人事。以此相擬,殊非倫類。按曹植《精微篇》:'關東有賢女,自字蘇來卿。壯年報父仇,身没垂功名。'是知'蘇子卿'乃'蘇來卿'之誤也。"

經史子集之間的材料當然也可用來互校,兹也略舉數例,以見一般。

以史校子,如《世説新語》上卷下《文學》注云:"裴頠疾世俗尚虚無之理,故著《崇有》二論以折之。"王利器指出:"《三國志·魏志·裴潛傳》注引陸機《惠帝起居注》:'頠理具淵博,贍於論難,著《崇有》《貴無》二論,以矯虚誕之弊。'這裏《崇有》下當有《貴無》二字。"[③]

以子校史,如吴樹平指出:"殿本《梁書·元帝紀》載討侯景檄文,有一句話説:'家有隕山之泣。'誰也不知道是甚麽意思。百衲本、明南監本作'家隕□山之泣',墨丁是表示缺空,文義也

---

①《札迻》卷三《吴越春秋》。

②《讀書雜志·荀子第五·致士·誠必》。

③《王利器論學雜著·宋本〈世説新語〉校勘記》。

不可知。但經過校訂，新本《梁書》改爲：'家隕桓山之泣。'這是完全正確的。據《孔子家語》記載：顔回聞哭聲，'非但爲死者而已，又有生離别者也。……桓山之鳥，生四子焉，羽翼既成，將分於四海，其母悲鳴而送之，哀聲有似於此。'梁元帝正是用了這個典故，説侯景暴虐多端，使江南人民有生死離别的愁苦。長期懸而未決的疑案，被細心的整理者解決了。"①

以集校史，如《明史》卷一八八《周廣傳》云："周廣，字克之。"官大梁指出："'克之'誤，應作'充之'，形近而訛。歸有光《震川先生文集》卷二《玉巖先生文集序》：周廣，'字充之。'古人名與字往往有意義上的聯係。廣，大也；充，長也，高也（克，又疑作克，爲俗充字）。"又，《明史》卷二五八《成勇傳》："成勇，字仁有，安樂人。"官氏又云："'安樂'誤，明代没有安樂這一縣名，'安樂'應爲樂安之誤。樂安，隸山東青州府。徐作肅《偶更堂集・成御史傳》《明清進士題名碑録》均云：成勇，樂安人。"②

書籍中的有關資料面廣量大，只要我們善於運用，常能收到比較好的校勘效果。如《千唐志齋藏志》有《大唐故蒲州猗氏縣令□府君（隆基）墓志銘并序》。張忱石指出："因此志文字漫漶，故姓氏空缺。然據墓志内容及文獻史料，可得知其姓氏。墓志云'隆基爲渤海蓨人'，又云'高祖德政，北齊侍中、左僕射、儀同三司、冀州刺史。……曾祖伯堅，北齊司徒東閤祭酒。'《北齊書》卷三〇有《高德政傳》（《北史》卷三一作'高德正'），傳云高德政，渤海蓨人，北齊尚書右僕射兼侍中，'其子司徒東閤祭酒伯堅'，與墓志基本相合，故墓志所泐姓氏當是'高'字，圖版説明可據補。"③此類例子甚多，餘不備述。

①《新本〈二十四史〉的校勘》，載《讀書》一九七九年第九期。

②《〈明史〉校記三則》，載《史學月刊》一九八三年第五期。

③《千唐志齋藏志圖版説明訂誤》，載《古籍整理出版情況簡報》第一六五期。

六　專家學者的意見

我們從事校勘工作,除廣泛搜集本書異本、他書引文,以及各種有關的文獻資料外,還應博訪通人,傾聽專家學者的意見。清孫慶增云:"若古人有弗可考究無從改正者,今人亦當多方請教博學君子,善於講究古帖之士,又須尋覓舊碑版文字,訪求藏書家祕本,自能改正者。然而校書非數名士相好聚於名園讀書處,講究討論,尋繹舊文,方可有成,否則終有不到之處。所以書籍不論鈔刻好歹,凡有校過之書,皆爲至寶,至於字畫之誤,必要請教明於字學聲韻者,辨别字畫音釋,方能無誤。"①

許多著名的校勘家都非常注意徵求專家學者的意見。如錢大昕云:"盧抱經先生,精研經訓,博極群書,自通籍以至歸田,鉛槧未嘗一日去手。奉廪修脯之餘,悉以購書。遇有秘鈔精校之本,輒宛轉借録。家藏圖籍數萬卷,皆手自校勘,精審無誤。凡所校定必參稽善本,證以他書,即友朋後進之片言,亦擇善而從之。"②盧文弨就曾經向錢大昕請教過在校勘後漢應劭《風俗通》中碰到的問題。錢氏記之云:

> 盧學士召弓嘗寓書問《愆禮篇》載"徐孺子負笥屶涉齎一盤醊","笥屶"二字何義?予答曰:此必箅字之訛。《史記·鄭當時傳》:"其餽遺人,不過算器食。"徐廣云:"算,竹器也。"算與匴同,《説文》:"匴,淥米籔也。"《士冠禮》:"爵弁,皮弁,緇布冠各一匴。"注:"匴,竹器名。"本箅字,誤分爲

①《藏書紀要》第四則《校讎》。

②《潛研堂文集》卷二五《盧氏群書拾補序》。

兩字，遂不可識矣。[①]

王念孫在校勘方面是一代名家，但是他仍虚心地與專家學者們進行討論，如其《讀書雜志·管子叙》云："曩余撰《廣雅疏》成，則於家藏趙用賢《管子》詳爲稽核，既又博考諸書所引，每條爲之訂正。長子引之亦屢以所見質疑，因取其説附焉。余官山東運河兵備道時，孫氏淵如採宋本與今不同者，録以見示。余乃就曩所訂諸條，擇其要者，商之淵如氏。淵如見而韙之，而又與洪氏筠軒稽合異同，廣爲考證，誠此書之幸也。"

阮元在乾隆五十六年充石經校勘官，分得《儀禮》十七篇，撰《儀禮石經校勘記》四卷。焦循爲作後序，稱其"博訪通儒，務從人善。如得以爲昏姻之故爲庶子適人者，則用戴東原編修説。賓服鄉服卿大夫，則用劉端臨教諭説。脊脅胳肺，則用王伯申明經説。《喪服》傳刊去四十字，則用金輔之修撰説。又錢辛楣宫詹，王懷祖給諫，亦曾執手問故"。可見其虚懷若谷、博採通人的良好學風。

可供校勘的各類資料甚多，難以備説，今舉其重要者略述如上。此外，本書的有關文字也可供校勘時參考，我們將在下文第六章本校時專門論及。

①《十駕齋養新録》卷一四《風俗通義》。

第五章　從事校勘所應具備的知識

從表面上看,校勘似乎是一種很機械的工作,但要做得精確,却需要具備多方面的知識,今擇其尤爲重要者,略述如次。

第一節　語言學知識

校勘主要是糾正書面語言的錯誤,所以成就突出者,大抵得力於語言學知識的豐富精深。王引之云:"吾治經,於大道不敢承,獨好小學。夫三代之語言,與今之語言,如燕越之相語也。吾治小學,吾爲之古人焉。其大歸曰:用小學説經,用小學校經而已矣。"[①]俞樾序《札迻》云:"孫詒讓仲容以所著《札迻》十二卷見示,讎校古書共七十有七種,其好治閒事,蓋有甚於余矣。至其精孰訓詁,通達假借,援據古籍以補正訛奪,根柢經義以詮釋古言,每下一説,輒使前後文皆怡然理順。阮文達序王伯申先生《經義述聞》云:'使古聖賢見之,必解頤曰:吾言固如是。數千年誤解,今得明矣。'仲容所爲《札迻》,大率同此。然則,書之受益

① 龔自珍《定盦續集》卷四《高郵王文簡公墓表銘》。

於仲容者，亦自不淺矣。”可見具有豐富的語言學知識是從事校勘工作的基本功。

一　文字

漢字形體自甲骨文以來已屢經變化，並且出現了古今字、異體字、繁簡字等複雜現象。人們在傳鈔、刊刻古籍的過程中，因不識字而産生了許多錯誤，我們在本編第三章第三節已經作了較爲詳細的分析。反之，如果我們具有厚實的文字學知識，當然也會糾正書面材料的不少錯誤。如岳氏云：

> 字學不講久矣。今文非古，訛以傳訛。魏晉以來，則又厭樸拙，嗜姿媚，隨意遷改，義訓混淆，漫不可考。重以避就名諱，如“操”之爲“摻”，“昭”之爲“佋”，此類不可勝舉。唐人統承西魏，尤爲謬亂。至開元所書五經，往往以俗字易舊文，如以“頗”爲“陂”，以“便”爲“平”之類更多。五季而後，鏤版傳印，經籍之傳雖廣，而點畫義訓訛舛自若。今所校本之以許慎《説文》、張參《五經文字》、唐玄度《九經字樣》、顔魯公《干禄字書》、郭忠恕《佩觿集》、吕忱《字林》、秦昌朝《韻略分毫補注字譜》，參以毛晃《韻略》及其子居正所著《六經正誤》，其有甚駭俗者，則通之可識者（如“宧”之爲“宜”，“晉”之爲“晉”之類，皆取之石經遺文），非若近世眉山李肩吾從周所書《古韻》及文公《孝經刊誤》等書純用古體也。凡此者實與同志之精於字學者逐一探討折衷，不使分毫差誤，雖注字、偏旁、點畫必校，庶幾聖經賢傳不墮於俗學之陋，當爲世所善也。①

①《相臺書塾刊正九經三傳沿革例·字劃》。文公指朱熹。

可見書面文字的謬亂由來已久，改正不易。下面舉兩則校勘實例。《漢書》卷八十三《薛宣傳》云："掾宜從衆，歸對妻子，設酒肴，請鄰里，壹关相樂，斯亦可矣！""壹关"二字，注家各有所釋。應劭曰："以壺矢相樂也。"晉灼曰："書篆形'壹关'字象壺矢，因曰壺矢。此説非也。"師古曰："晉説是也。壹关，謂一爲歡关耳。关，古笑字也。"顯然，應劭的注釋係誤解。晉灼指出了應劭產生誤解的原因，但未提供正確答案。最後，顔師古指明关就是古笑字，才文意通暢，解決了問題。再如《史記·魯仲連鄒陽列傳》云："食人炊骨，士無反外之心。"王念孫校曰：

> "外"當爲北。北，古背字。(《説文》："北，乖也。從二人相背。"韋昭注《吴語》曰："北，古之背字。"《管子·君臣》篇："爲人君者，倍道棄法，而好行私，謂之亂；爲人臣者，變古易常，而巧官以諂上，謂之騰。亂至則虐，騰至則北。"北即此所謂反北也。)言雖至食人炊骨，而士卒終無反背之心也。《齊策》作"士無反北之心"是其證。隸書外字或作夘(見漢司隸校尉魯峻碑)，形與北相近，故北誤爲外。《漢書·劉向傳》："孝文皇帝居霸陵，北臨廁"，《張釋之傳》"北"誤作"外"。《方言》：燕之北鄙，今本"北"誤作"外"，是其證。[①]

校勘應識古文字，也應識俗文字。潘重規云："凡欲研某一時代的作品，必須通曉那一時代人寫字的習慣，必須通曉那一時代人用字的習慣，才不會斫傷作品的真面目。"他在研究敦煌卷子中俗字時談道："我把敦煌俗寫的習慣，歸納成：字形無定，偏旁無定，繁簡無定，行草無定，通假無定，標點無定等條例。字形無定，如雨、兩不分，人、入不分等；偏旁無定，如木、扌不分，忄、

---

①《讀書雜志·史記第四·魯仲連鄒陽列傳·反外》。

巾不分等;繁簡無定,如佛作仏,蘭作蘭等;行草無定,如風作[illegible]、通作[illegible]等;通假無定,如知麽作知磨,今宵作金宵等;標點符號也和現代通用符號大不相同,如刪除符號作'γ'等。……唐以後書籍雕版,對文字有很大的整齊作用。但後世刻本的前身,仍然是寫本,其中不免有沿襲寫本遺留下來的俗寫文字。如能加以探索,或可於校讎、訓詁方面開辟一條新途徑。"並引《文心雕龍·諧隐》篇"至魏大因俳説以著笑書"爲例,加以説明道:

> 敦煌寫本"代""大"往往互用,"魏大"當即"魏代"。蔣禮鴻《敦煌變文字義通釋》云:"四代即四大,佛家謂地水火風四大和合成身體,四大即指身體。王昭君變文:'五神俱總散,四代的危危',代和大同音通用。李陵變文:'陵家曆大爲將軍,世世從軍爲國征。'曆大,《變文集》校記作歷代,極確。唐人崔令欽《教坊記》:'大面,出北齊蘭陵王長恭,性膽勇而貌若婦人,自嫌不足以威敵,乃刻木爲假面,臨陣著之。'刻木爲假面,就是代面。《舊唐書·音樂志》二記此事,正作代面。可見唐時大、代二字通用。"是《文心》"魏代"作"魏大",乃唐時俗寫慣例,"魏大"即"魏代",則文辭事義,無不愜當,庶幾可以解向來紛紜不決的疑誤了。[1]

再如《王梵志詩校輯》第一一四首:"女聘待好俅。"校記:"待好俅,原作'帋好仇',據文義改。"郭在貽指出:"此改誤。原文帋是希的形訛,仇是仇的俗别字(見《碑别字新編》第四頁),通'逑'(段玉裁謂'仇與逑古通用',是也),有配偶義。'希好仇'即希望得到好的配偶。《校輯》此條之誤,涉及到不辨形訛、不識俗體、不明通假等多種因素。"[2]

---

① 稿本復印件《敦煌卷子俗寫文字之研究》。

② 《〈王梵志詩校輯〉誤校示例》,載《古籍整理出版情況簡報》第一八四期。

以上例子説明，從事校勘要通曉古今文字，無論正俗諸體，都應究心。

二　音韻

語音也同樣因時代和地區的不同而有差異，這種差異同樣會導致書面材料的錯誤。顧炎武云：

> 三代六經之音，失其傳也久矣。其文之存於世者，多後人所不能通，以其不能通，而輒以今世之音改之，於是乎有改經之病。始自唐明皇改《尚書》，而後人往往效之。然猶曰：舊爲某，今改爲某。則其本文猶在也。至於今日，鋟本盛行，而凡先秦以下之書，率臆輕改，不復言舊爲某，則古人之音亡，而文亦亡，此尤可歎者也。……故愚以爲讀九經自考文始，考文自知音始。以至諸子百家之書，亦莫不然。①

顯然，音韻知識是從事校勘工作的利器。一些卓有成就的校勘學家都具有豐富的音韻學知識。如孫詒讓云：

> 近代鉅儒，修學好古，校刊舊籍，率有記述。而王懷祖觀察及子伯申尚書、盧紹弓學士、孫淵如觀察、顧澗薲文學、洪筠軒州倅、嚴鐵橋文學、顧尚之明經及年丈俞蔭甫編修，所論著尤衆。風尚大昌，覃及異域，若安井衡、蒲阪圓所箋校雖疏淺，亦資考證。綜論厥善，大抵以舊刊精校爲據依，而究其微恉，通其大例。精思博考，不參成見。其是正文字訛舛，或求之於本書，或旁證之它籍及援引之類書，而以聲

①《亭林文集》卷四《答李子德書》。

類通轉爲之鈐鍵。故能發疑正讀,奄若合符。[1]

王念孫還在《淮南雜志》後序中,專門從音韻學的角度總結出"有錯簡而失其韻者,有改字而失其韻者"等十多條誤例。下面我們再舉一些運用音韻學知識校正書面材料錯誤的實例。

詩歌要求押韻,根據詩歌是否符合其寫作時代的押韻要求,往往能糾正一些書面材料的錯誤。如郭璞《游仙詩》云:"朱門何足榮,未若託蓬萊。"王念孫指出:

> 蓬萊本作蓬藜。後人以此是游仙詩,故改蓬藜爲蓬萊也。不知此章但言仕不如隱,未及神仙之事,"朱門何足榮"承上"京華游俠窟"而言,"未若託蓬藜"承上"山林隱遯棲"而言。蓬藜,隱者所居。《鹽鐵論·毁學》篇云"包丘子飯麻蓬藜,脩道白屋之下"是也。下文"靈溪可潛盤,安事登雲梯。漆雲有傲吏,萊氏有逸妻"仍是此意。此章藜字與棲、荑、梯、妻、羝、齊爲韻,於古音屬脂部。第六章"高浪駕蓬萊",與災、臺、杯、頤、垓、孩、才爲韻。於古音屬之部,二部不相通用,此非精於周秦兩漢之音者,不能辨也。[2]

再如武英殿聚珍本宋祁《景文集》卷十五有首《和晏相公夜歸遇雪》詩:"孝王臺下粰花飛,草草歸驂驟碧蹄。斗作瞑寒凌冒絮,更回餘舞拂鄣泥。城連迥闕迷蒼鳳,人度長橋壓素槐。頳玉正酣天幕静,不妨清思入新題。"其中"素槐"的"槐"字,《佚存叢

---

①《札迻·自序》。懷祖,念孫字。伯申已見。紹弓,文弨字。淵如,星衍字。澗薲,廣圻號。筠軒,頤煊號。鐵橋,可均號。尚之,觀光字。蔭甫,俞樾字。

②《讀書雜志餘編》卷下《文選·未若託蓬萊》。案程瑶田《通藝録·釋草小記·釋藜》略云:"萊藜一聲之轉。今不治之地多生藜。藜萊相通,故治荒薉之地曰辟草萊也。……三神山其一曰蓬萊,以其人迹罕至,望之有蓬萊諸草而已。因遂以蓬萊名之。"其説與王異,録以備參。

書》本《景文集》卷二十七，此詩作“蜺”。據當時通行的《集韻》，“槐”爲皆韻，而此詩的其餘韻脚“題”、“蹄”、“泥”三字均爲齊韻，而“蜺”字也屬齊韻。可見“蜺”字正確，“槐”字誤。[①]

此外，通過詩律也可校出某些詩歌作品中的錯誤，朱彝尊《寄查德尹編修書》引李天生之論而申述之云：

> “少陵自詡‘晚節漸於詩律細’，曷言乎細？凡五七言近體，唐賢落韻，共一紐者不連用，夫人而然。至於一三五七句，用仄字上去入三聲，少陵必隔别用之，莫有疊出者，他人不爾也。”蒙聞是言，尚未深信，退與李十九武曾共宿京師逆旅，挑燈擁被，互誦少陵七律，中惟八首與天生所言不符：其一，《鄭駙馬宅宴洞中》云：“主家陰洞細烟霧，留客夏簟青琅玕。春酒杯濃琥珀薄（入），水漿碗碧瑪瑙寒。誤疑茅堂過江麓（入），已入風磴霾雲端。自是秦樓壓鄭谷（入），時聞雜佩聲珊珊。”疊用三入聲字。其一，《江村》云：“清江一曲抱村流，長夏江村事事幽。自去自來梁上燕，相親相近水中鷗。老妻畫紙爲棋局（入），稚子敲針作釣鈎。多病所須惟藥物（入），微軀此外復何求。”疊用二入聲字。其一，《秋興》云：“昆明池水漢時功，武帝旌旗在眼中。織女機絲虚夜月（入），石鯨鱗甲動秋風。波漂菰米沉雲黑（入），露冷蓮房墜粉紅。關塞極天惟鳥道，江湖滿地一漁翁。”疊用二入聲字。其一，《江上值水》云[②]：“爲人性癖耽佳句（去），語不驚人死不休。老去詩篇渾漫興（去），春來花鳥莫深愁。新添水檻供垂釣（去），故著浮查替入舟。焉得思如陶謝手，令渠述作與同游。”疊用三去聲字。其一，《題鄭縣亭子》云：“鄭縣亭

---

①參看王瑞來《古籍校勘與音韻》，載《古籍整理研究學刊》一九八七年第三期。
②原題作《江上值水勢如海聊短述》。

子澗之濱，户牖憑高發興新。雲斷岳蓮臨大路（去），天晴宫柳暗長春。巢邊野雀群欺燕（去），花底山蜂遠趁人。更欲題詩滿青竹，晚來幽獨轉傷神。”疊用二去聲字。其一，《至日遣興》云：“去歲兹辰奉御床，五更三點入鵷行。欲知趨走傷心地（去），正想氤氲滿眼香。無路從容陪語笑（去），有時顛倒著衣裳。何人錯憶窮愁日，愁日愁隨一綫長。”疊用二去聲字。其一《卜居》云：“浣花流水水西頭，主人爲卜林塘幽。已知出郭少塵事（去），更有澄江銷客愁。無數蜻蜓齊上下（去），一雙鸂鶒對沈浮。東行萬里堪乘興（去），須向山陰入小舟。”疊用三去聲字。其一，《秋盡》云：“秋盡東行且未回，茅齋近在少城隈。籬邊老却陶潜菊（入），江上徒逢袁紹杯。雪嶺獨看西日落（入），劍門猶阻北人來。不辭萬里長爲客（入），懷抱何時得好開。”疊用三入聲字。此八詩者，識於懷不忘，久而睹宋、元舊雕本，及《文苑英華》證之，則“過江麓”作“出江底”，“江”不當言“麓”，作“底”良是。“多病”句作“賴有故人分禄米”，“夜月”作“月夜”，“漫興”作“漫與”，“大路”作“大道”，“語笑”作“笑語”，“上下”作“下上”，“西日落”作“西日下”，合之天生所云，八詩無一犯者。由是推之，“七月六日苦炎熱”，下文第三句不應用“蠍”字，作“苦炎蒸”者是也，“謝安不倦登臨賞”，下文第七句不應用“府”字，作“登臨費”者是也。循此説以勘五言，雖長律百韻，諸本字義之異，可審擇而正之；第恐聞之時人，必有訕其無關重輕者。然此義，昔賢所未發，出天生之獨見，善不可没也。①

朱、李之説指明可從詩律的角度糾正書面詩歌材料的錯誤，

①《曝書亭集》卷三三《寄查德尹編修書》。

這當然也離不開音韻學知識。

詩、詞、曲押韻，散文爲了讀起來朗朗上口，便於記憶，往往也押韻，或攙雜一些押韻的文句，人們同樣可以根據這一特點對散文進行校勘工作。如《大戴禮記·武王踐阼》篇云："枉者滅廢，敬者萬世。"王念孫指出：

> 滅廢本作廢滅，後人不通古音，故改爲"滅廢"以與"世"字爲韻，不知世字古又讀設，故與滅爲韻。《大雅·蕩》篇"在夏后之世"，與揭、害（讀若曷）、撥爲韻。《莊子·大宗師》篇"所以行於世也"，與殺爲韻，皆其證也。王應麟曰："《學記正義》《尚書·帝命驗》'滅廢'作'廢滅'。"是王所見《學記正義》本作"廢滅"，而今本《正義》作"滅廢"，則又後人依俗本《大戴》改之也。唯《史記·周本紀正義》引《帝命驗》作"廢滅"，則至今未改。[①]

再如《史記·太史公自序》云："聖人不朽，時變是守。"《漢書·司馬遷傳》"朽"作"巧"，顔師古曰："無機巧之心，但順時也。"王念孫指出：

> 《史記》原文蓋亦作"聖人不巧"。今本作朽者，後人以"巧"與"守"韻不相協而改之也。不知"巧"字古讀若糗，正與"守"爲韻。《韓子·主道》篇："不自操事，而知拙與巧。"《素問·徵四失論》"更名《自巧》"，并與咎爲韻。《參同契》"非種難爲巧"，與酒爲韻，皆其證也。上文云："以虚無爲本，以因循爲用。""以虚無爲本"即所謂"聖人不巧"也。"以因循爲用"即所謂"時變是守"也。又云："有法無法，因時爲業；有度無度，因物與舍。"亦是此意。此皆言道家無爲之

①《經義述聞》卷一二《大戴禮記》中《枉者滅廢》。

術，故顔師古曰："無機巧之心，但順時也。"《韓子·揚榷》篇亦云："聖人之道，去智與巧。"若改爲"聖人不朽"，則與"時變是守"之義迥不相涉矣。《索隱》本出"聖人不朽"四字，《正義》云："言聖人教迹不朽滅"，則所見本皆誤。[1]

由於各地的語音不盡相同，所以校勘往往還用到方音知識。《四庫全書總目》卷一九八《山谷詞》提要云："陸游《老學庵筆記》辨其《念奴嬌》詞：'老子平生，江南江北，愛聽臨風笛'句，俗本不知其用蜀中方音，改笛爲曲以叶韻。今考此本，仍作'笛'字，則猶舊本之未經竄亂者矣。"[2]敦煌文獻與唐五代西北方言有密切關係，因而借助方音從事校勘往往頗見成效，張金泉曾專撰《校勘變文當明方音》一文以明其事。其論《葉净能詩》"皇帝見其樹，高下莫惻（測）其涯，枝條直赴三千大千世界"（《敦煌變文集》二二五頁）。以"赴"代"覆"，云："這是月宫的娑羅樹，我們想象成桂花樹的，赴即覆的同音借字，再也明白不過的了，《變文集》似可加個旁注。無獨有偶，赴、覆又見於敦煌曲子詞。有一首寫松的《生査子》詞裏，借字'赴'同本字'覆'并存，校勘學上叫做有衍字。原來這樹高聳參天，赴、覆二字必有一誤（《敦煌曲子詞集》四九頁）。詞律此調爲五言四句，雙疊，决没有六字句的。所以，《敦煌曲校録》删去赴字，定作'鬱鬱覆云霞'（六三頁），從而，從另一個側面證明方音的存在以及它與校勘的密切關係。"[3]

---

①《讀書雜志·史記第六·太史公自序·聖人不朽》。

②參看《老學庵筆記》卷二。

③一九八三年全國敦煌學術討論會文集《文史·遺書編》下册，甘肅人民出版社一九八七年版。

三 訓詁

詞義與文字、音韻相同，也往往隨着時代的推移而有所變化，後人不知道前人的詞義而誤改書面材料的現象甚爲普遍，因此從事校勘工作，訓詁學知識是不可缺少的。

戴震云："詁訓、聲音，相爲表裏。詁訓明，六經乃可明。後儒語言文字未知，而輕凴臆解以誣聖亂經，吾懼焉。"[①]顯然，校勘古籍應當知道古詞古義。如《韓非子·説林下》有兩句："弱子扞弓，慈母入室閉户。"王引之認爲：

> 其"弱子扞弓"之扞，當作扜，字從于，不從干，扜弓，引弓也。《説文》："弙，滿弓有所鄉也。"字或作扜。《大荒南經》："有人方扜弓射黄蛇。"郭注曰："扜，挽也，音紆。"《吕氏春秋·雍塞》篇："扜弓而射之。"高注曰："扜，引也。"《淮南·原道》篇："射者扜烏號之弓。"高注曰："扜，張也。"弱子扜弓，則矢必妄發，故慈母入室閉户。若作扞禦之扞，則義不可通。[②]

校勘中古以後的文獻，同樣也需要訓詁學知識，蔣禮鴻論之甚詳，今舉一例：

如《黄鸝繞碧樹》："争如盛飲流霞，醉偎瓊樹？"鄭文焯校曰："'盛飲流霞'，汲古作'剩引榴花'四字，并以音近訛。注云：《清真集》作'盛飲流霞'。元本正同，從之。"蔣禮鴻指出：

> 汲古本是也。凡作"盛飲流霞"之本者，以爲此四字言

①《戴東原集》卷十《六書音韻表序》。
②《讀書雜志餘編》卷上《韓子·説林下·扞弓》。

盛飲酒也。彼特不知“剩”字之義,又不知“榴花”之爲酒耳。唐宋以“剩”爲多,説見張相《詩詞曲語辭匯釋》及余《敦煌變文字義通釋》,無煩舉證。白居易《詠家醖》詩云:“猶嫌竹葉爲凡濁,始覺榴花不正真。”榴花爲酒名,灼然無疑。凡美成之言飲酒,如下卷二頁前《鎖陽臺》云:“别時無計,同引離觴。”十二頁後《瑞鶴仙》云:“有流鶯勸我,緩引春酌。”上卷三十四頁前《丹鳳吟》“痛飲澆酒”,元本作“痛引澆愁酒”,余既以愁字必不可少,著之本條之下矣;乃若痛飲痛引,以《鎖陽臺》《瑞鶴仙》校之,則亦引字爲是。彼三引字,與此闋剩引字而爲四,其語出於古之引滿。《漢書·叙傳》云:“引滿舉白。”又杜甫《晚宴左氏莊》詩:“看劍引杯長。”其義皆同。然則剩引榴花,字字可解,字字允愜,且榴花與瓊樹相對切,而乃謂爲訛文,得乎?大鶴未知俗語剩之爲多,於榴花又失考,遂踵前人之謬。校詞雖細事,猶有甚難者在夫![1]

其次,對詞匯的時代特色與時代斷限應當有所了解。因爲隨着時間的推移,有些詞匯可能不用了,而有些新的詞匯却代替了它們。明白了這一點對我們進行校勘工作當然是有益的。如《漢書·酈陸朱婁叔孫傳》云:“於是沛公輟洗起衣,延食其上坐,謝之。”師古注曰:“起衣,著衣也。”王念孫指出:

古無謂著衣爲起衣者。此文本作“輟洗起(句)攝衣。延食其上坐。”鄭注《士冠禮》曰:“攝,猶整也。”謂整衣而延之上坐也。師古所見本脱攝字,遂以起衣連讀,而訓爲著衣,誤矣。《史記》正作攝衣。《文選》王粲《七哀詩》注、傅元《雜詩》注、班彪《王命論》注、《太平御覽·人事部》一百四引

[1]《懷任齋文集·大鶴山人校本清真詞箋記》。

《漢書》皆作攝衣，是所見本與師古不同也。《高紀》亦云："於是沛公起攝衣謝之。"①

蔣禮鴻也曾就唐代文獻舉過一例：

任二北先生校《敦煌曲》，有一首儒生和武人争辯的《定風波》詞説："三尺張良飛（非）惡弱，謀略，漢興楚滅本由他。"任先生看到"謀略"兩字，就把"三尺"改成"三策"（《敦煌曲校録》六四頁）。其實，"三尺"是唐人用來形容文人的用語，王勃在《滕王閣序》裏就自稱"三尺微命，一介書生"，可見不能改成"三策"。又如敦煌的《歸西方贊》："急手專心念彼佛，彌陀净土法門開。"任先生改爲"撒手"，説：因"撒"作"煞"，又省而爲"急"。其實"急手"就是急急的意思，是六朝以來就有的用語，敦煌所出的《三身押座文》説："念佛急手歸舍去，遲歸家中阿婆嗔。"更早則見於《洛陽伽藍寺記·白馬寺條》："大竹箭，不須羽；東廂屋，急手作。"②

此外，陳垣《校勘學釋例》卷三第二十七《元代用字與今不同例》也談到過這個問題，他説：

有字非後起，而用法與古不同，翻刻古籍，不應以後來用法之字用之古籍也。

元時稱人之多數輒曰"他每"，猶今稱"他們"也。浦本《史通·雜説》云："渠們底箇，江左彼此之辭。"似"們"字古已有之。南宋人用"們"，或用"懑"，然元時實通用"每"，今沈刻《元典章》恒改爲"們"，不睹元刻，幾疑"們"字爲元時通用也。

①《讀書雜志·漢書第九·酈陸朱婁叔孫傳·輟洗起衣》。
②《懷任齋文集·校勘略説》。

聖政一五　將他們姓名申臺者

户八五八　若拏住他們做賊説謊的呵

刑八十　只依舊交管着他們的上頭　“他們”元均作“他每”。

户十十三　有的俺們宫觀裏住的先生每　元作“俺每”。

刑十一十五　依着您門商量來的文書者　“您門”元作“您每”。

新朝綱五　要肚皮的歹人們厮做傚著　元作“歹人每”。

新朝綱七　教百姓們哏生受　元作“百姓每”。

原免之“原”,與元來之“元”異,自明以來,始以“原”爲“元”,言板本學者輒以此爲明刻元刻之分,因明刻或仍用“元”,而用“原”者斷非元刻也。今沈刻《元典章》,“元”多改爲“原”,古今用字混淆,不幾疑明以前已有此用法耶!

户三十　原議養老女公　元作“元議”。

户四二十　所據倪福一原下財禮　元作“元下”。

刑八四　親隨受錢著落原主　元作“元主”。

“抄”“鈔”二字古通用,然元時以楮幣爲鈔,習久遂以鈔爲楮幣專名,抄爲謄寫專名,凡元代公牘上抄到某年劄付,均作“抄”,不作“鈔”,今沈刻輒改“抄”爲“鈔”,意義不殊,面目全失。

新户五四　鈔到大德十年八月中書省劄付

新兵十五　鈔到延祐五年云云　元均作“抄”。

又現代之“現”,古皆作“見”,近世借“現”爲“見”,乃以“見”爲視專名,“現”爲現代、現時等專名,習慣自然,忘其假借,然元時此等用法尚未通行,翻刻古籍,應存其舊。

户三廿五　現充軍户　元作“見充”。

户九十三　親舊現在切恐怠惰　元作“新舊見在”。

再次，要明假借。古書中借用音同或音近的字來代替本字是常見的現象。王念孫云：“詁訓之指，存乎聲音，字之聲同聲近者，經傳往往假借。學者以聲求義，破其假借之字而讀以本字，則涣然冰釋。如其假借之字而强爲之解，則詰䩕爲病矣。”[①]如《淮南子·本經》篇云：“異貴賤，差賢不肖；經誹譽，行賞罰。”王氏指出：“‘差賢不’下本無肖字。不與否同，貴賤賢不，誹譽賞罰，皆相對爲文，後人不知不爲否之借字，故又加肖字耳。”[②]又，《漢書·張馮汲鄭傳》云：“吾獨不得廉頗、李牧爲將。”王氏校曰：

《群書治要》引此，“牧”下有“時”字，是也。今本無“時”字者，後人不解其義而删之耳。“時”讀爲“而”，言吾獨不得廉頗、李牧而爲將也。“而”、“時”聲相近，故字相通。《賈誼傳》：“故自爲赤子，而教固已行矣。”《大戴記·保傅》篇“而”作“時”。《聘義》曰：“然而用財如此甚厚者。”《大戴記·朝事》篇“而”作“時”。《史記·太史公自序》：“專決於名，而失人情。”《漢書·司馬遷傳》“而”作“時”，是其證。[③]

在校勘的過程中，還可以通過對詞義的深入研究發現錯誤並予以指正。如《淮南子·天文》篇云：“日至於昆吾，是謂正中；至於鳥次，是謂小還；至於悲谷，是謂餔時；至於女紀，是謂大還。”王念孫指出：

小還大還，當爲小遷大遷，字之誤也。遷之爲言西也，

①《經義述聞》王引之序。

②《讀書雜志·淮南内篇第八·本經·賢不肖》。

③《讀書雜志·漢書第九·張馮汲鄭傳·爲將》。

日至昆吾,謂之正中;至鳥次則小西矣,故謂之小遷;至女紀則大西矣,故謂之大遷。《漢書・律曆志》曰:"少陰者西方。西,遷也。陰氣遷落物。"《白虎通義》曰:"西方者,遷方也。"萬物遷落也,是遷與西同義,若作小還大還,則義不可通矣。舊本《北堂書鈔・天部一》及《藝文類聚》《初學記・天部上》《太平御覽・天部三》引此并作小遷大遷。①

當然,我們在校勘時還需要對詞義進行全面的把握,否則也難以獲得正確的結論。例如蔣禮鴻曾指出:

要是你衹知道"空"是空洞無物,而不知道"空"字也有誠實一類的意義,那你自然會同意把《淮南子》"知機械而空衰"的空字改成"實"字,而不知道這個改法却正是錯的。再可以舉一個同樣的例子:《韓非子・外儲説左下》篇:"墾草仞邑。"俞樾説:"仞當作刱(創),謂刱造其邑也。作仞者,字之誤。《新序》載此事正作刱邑,當據以訂正。"俞氏的説法,好象有憑有據。其實仞是牣同音通用字,仞邑就是使城邑充實繁盛的意思。《史記・殷本紀》:"益收狗馬奇物充仞宫室。"可以證明作"仞"并不錯,俞氏要根據《新序》改字,實在是多事。這也是他不了解仞字除了當長度以外另有假借義的緣故。好多古書被改錯的原因大概也就在此。②

四　語法

利用語法知識也有助於校勘,今略舉數例:《史記・魯仲連

①《讀書雜志・淮南内篇第三・天文・小還　大還》。
②《懷任齋文集・校勘略説》。俞説見《諸子平議》卷二一。

傳》云:"魯仲連曰:'吾將使秦王烹醢梁王。'新垣衍怏然不悦曰:'噫嘻!亦太甚矣,先生之言也!'"王若虚校曰:"多'先生言'字。必欲存之,當在'太甚'字上。"[①]洪誠指出:"王若虚不懂感嘆句謂語先出爲古今語言同有之例,所以妄云'先生之言也'爲冗複而欲删之,不删就要把它提前。《史記》這段文字出於《戰國策·趙策》,不是司馬遷自造的語言。"[②]對古代白話文著作的校勘也同樣存在着語法問題,項楚撰《五燈會元點校獻疑三百例》之五十五云:

> 和尚恐某甲不實邪?(二三一頁)校記:"邪,原作'那',據續藏本改。"按原本"那"字不誤,"那"是疑問語氣詞,本書習見,如二六〇頁:"曰:'雖在彼中,且不曾上他食堂。'師曰:'口喝東南風那。'"四四八頁:"師曰:'汝實不會那!'曰:'學人實不會。'""那"下皆應改問號。三〇四頁:"你不肯我,那但裝香來。"亦應以"那"屬上,作:"你不肯我那?"[③]

此外,各時代非漢族人使用漢語時,也可能將其本民族語言中某些語法特點移植到漢語中來,在校勘時也應注意,陳垣曾指出:"《元典章》語體聖旨,多由蒙古語翻譯而成,故與漢文法異,其最顯著者,常以'有'字或'有來'爲句。沈刻輒誤乙之,或竟删去,皆不考元時語法所致也。"如"刑八九:'撇下軍逃走',元作'逃走了有',今妄删去'了有'二字。"[④]所以,我們在校勘時,也非掌握語法學知識不可。

---

①《滹南遺老集》卷一五《史記辨惑七》。

②《訓詁學》第三章《閲讀必須掌握的基本規律》第七節《句法規律》。

③載《古籍整理出版情況簡報》第一七二期。

④《校勘學釋例》卷四第二八《不諳元時語法而誤例》。

五　修辭

爲了增强語言的表現力，人們在行文中往往使用某些修辭手段。這些手段在書籍中的存在，往往有助於文字校勘。其中對偶與排比對校勘的價值尤大。

關於對偶。如《墨子·非樂上》云："食飲不美，面目顔色，不足視也；衣服不美，身體從容醜羸，不足觀也。"王念孫指出：

> 醜羸二字，後人所加也。《楚辭·九章》注曰："從容，舉動也。"（古謂舉動爲從容，説見《廣雅疏證·釋訓》。）身體從容不足觀，謂衣服不美，則身體之一舉一動，皆無足觀也。後人乃加入"醜羸"二字。夫衣服不美，何至羸其身體？且身體從容不足觀與面目顔色不足視對文，加"醜羸"二字則與上文不對矣。鈔本《北堂書鈔·衣冠部三》引此作"身體從容不足觀"，無"醜羸"二字。《太平御覽·服章部十》《飲食部七》所引並同。[①]

又，《漢書·酈陸朱婁叔孫傳》云："馬上得之，寧可以馬上治乎？"王念孫云："'治'下亦當有'之'字，與上'得之'對文。《太平御覽》人事部一百七、治道部四引此並作'治之'。《史記》《漢紀》《通鑑》同。"[②]再如《全唐詩》卷七九三載陸龜蒙詩《獨在開元寺避暑，頗懷魯望，因飛筆聯句》："烟重回蕉扇，輕風拂桂帷。""輕風"，《甫里集》作"風輕"。陳漢英校云："'風輕'是。《全唐詩》應予乙正，與'烟重'對偶。"[③]

---

①《讀書雜志·墨子第三·非樂上·醜羸》。

②《讀書雜志·漢書第九·酈陸朱婁叔孫傳·馬上治》。

③《點校陸龜蒙集所見全唐詩之誤》，載《古籍整理出版情況簡報》第一八八期。

關於排比。《逸周書・官人》篇:"醉之酒,以觀其恭;從(與縱同)之色,以觀其常。"王念孫指出:

> "酒"、"色"二字,後人所加也。"醉之以觀其恭",文義已明,無庸更加酒字。若"縱之以觀其常",則非止一事,但言色則偏而不具矣。且喜之、怒之、醉之、縱之、遠之、昵之,六者相對爲文,則原無"酒"、"色"二字可知。《群書治要》作"醉之以觀其失,縱之以觀其常"。《大戴記》作"醉之以觀其不失,縱之以觀其常。"皆無"酒"、"色"二字。①

又,王氏《讀書雜志》十六《餘編》下《簫鐘兮瑶簴》所校亦屬此類:

> 《九歌》:"絙瑟兮交鼓,簫鐘兮瑶簴,鳴鷈兮吹竽。"簫一作蕭。簫鐘句,王氏無注。洪補曰:"瑶簴,以美玉爲飾也。"洪邁《容齋續筆》曰:"洪慶善注《東君》篇簫鐘,一蜀客過而見之曰:'一本簫作搚。'《廣韻》訓爲擊也,蓋是擊鍾,正與絙瑟爲對耳。"念孫案:讀簫爲搚者是也。《廣雅》曰:"搚,擊也。"《玉篇》音所育切,《廣韻》又音蕭。搚與簫、蕭,古字通也。瑶讀爲摇。摇,動也。《招魂》曰:"鏗鐘摇簴。"王注曰:"鏗,撞也;摇,動也。"《文選》張銑注曰:"言擊鐘則摇動其簴也。"義與此同,作瑶者借字耳。"絙瑟"以下三句,皆相對爲文。若以瑶爲美玉,則與上下文不類矣。②

再如人民文學出版社本《西游記》第一回《靈根育孕源流出 心性修持大道生》中有一段話:"參老天,拜菩薩;扯葛藤,編草帓;捉虱子,咬又掐;理毛衣,剔指甲。"其中"咬又掐"三字,張

---

①《讀書雜志・逸周書第三・官人・醉之酒 從之色》。

②慶善,宋洪興祖也,著《楚辭補注》。

書紳《新説西游記》乾隆刻本及光緒石印本作"咬圪蚤"。對此，梅季認爲以上所引"全是動賓詞組，獨'咬又掐'爲動詞并列，顯然不相對，張本校改是"。[①]

王念孫根據古書中相對爲文的特點來進行校勘，姚永概曾批評道："古人屬辭，意偶而辭不必偶，往往有一字而偶二三字者，王氏每以句法參差不齊爲疑，據類書以改古本，不知類書多唐以後人作，其時排偶之文務尚工整，故其援引隨手更乙使之比和，況古人引書但取大義，文句之多寡，字體之同異，統不計焉。從王氏之説，是反以今律古，失之遠矣。"[②]我們認爲既然古人有相對爲文的特點，利用這一特點來進行校勘是不應否定的。王氏利用這一特點來進行校勘時，一般都廣博地引用證據，經過認真的分析，然后才下斷語，態度是嚴謹的，也是不應持否定態度的。當然姚氏的一些看法也可供我們在校勘時參考。至於如何全面地認識類書的校勘價值，前文已論及，這裏就不重複了。

在校勘實踐中，往往需要綜合運用各種語言學知識。如《讀書雜志餘編》卷上《老子·夫佳兵者不祥之器》云：

> 三十一章："夫佳兵者不祥之器，物或惡之，故有道者不處。"《釋文》："佳，善也。"河上云："飾也。"念孫案："善"、"飾"二訓皆於義未安。古所謂兵者，皆指五兵而言，故曰兵者不祥之器。若自用兵者言之，則但可謂之不祥，而不可謂之不祥之器矣。今案佳當作隹，字之誤也。隹，古唯字也。唯兵爲不祥之器，故有道者不處。上言夫唯，下言故，文義正相承也。八章云："夫唯不争，故無尤。"十五章云："夫唯

①《〈西游記〉校點注問題商榷》，載《古籍整理出版情況簡報》第一八〇期。
②《慎宜軒文》卷二《書經義述聞·讀書雜志後》。

> 不可識，故强爲之容。"又云："夫唯不盈，故能蔽不新成。"二十二章云："夫唯不争，故天下莫能與之争。"皆其證也。古鐘鼎文唯字作隹，石鼓文亦然。又夏竦《古文四聲韻》載《道德經》，唯字作隹。據此，則今本作唯者，皆後人所改。此隹字若不誤爲佳，則後人亦必改爲唯矣。

王氏首先從訓詁學的角度指明該字若爲佳字則於義未安，接着又從語法學的角度，並運用大量例證説明該字若爲隹字正合文義。最後又從文字學的角度證明隹即古唯字。文中的隹字誤爲佳，顯然是因爲形近而訛。從而證明了其結論的精確。再如《廣雅疏證》卷三上《釋詁三》"甿，竟也"。下云："甿，各本皆作畇，甿字俗書作畂，因訛而爲畇，惟影宋本不訛。《説文》：'甿，竟也。'甿、疆、竟，古聲并相近。"王念孫首先采用對校的方法發現了影宋本同各本之間的差異。接着從訓詁學、音韻學的角度説明了"甿"字對，"畇"字誤，又從文字學的角度分析了致誤之由。其審慎精密與前條同。

第二節　校讎學知識

從事校勘，應具備衆本，而訪求衆本，又須披尋目録，這是非常自然的事，所以在歷史上，幾乎所有的校勘名家也往往是版本、目録學家。關於版本學、目録學知識，我們在本書《版本編》《目録編》已經作了詳細介紹，這兒僅談一下人們是怎樣運用版本、目録知識來從事校勘工作的。

一　版本

陳垣指出:"凡校一書,必須先用對校法,然後再用其他校法。"[①]所以爲了確保校勘工作的質量,首先就得廣搜異本,還要弄清它們的源流,並對其異同優劣作出判斷。在這個基礎上,先確定底本、主要校本、參考校本,然後才能着手校勘。上述每一道工序都離不開版本學知識。

以吴文治等校點《柳宗元集》爲例,他們首先對宋元明清各代出現的柳集不同版本進行了調查研究,認爲:"留傳至今比較好的柳集版本,只有《新刊增廣百家詳補注唐柳先生文集》(簡稱百家注本)、《五百家注柳先生文集》殘本(簡稱五百家注本)、《重校添注音辯唐柳先生文集》殘本(簡稱鄭定本)、世綵堂本《河東先生集》(簡稱世綵堂本)、《增廣注釋音辯唐柳先生集》(簡稱音辯本)、《新刊詁訓唐柳先生文集》(簡稱詁訓本)以及永州本《柳柳州外集》(簡稱永州本外集)等數種。"接着,他們又分析了版本的源流,認爲世綵堂本是鄭定本的改頭换面。而鄭定本則是五百家注本的重校添注本。五百家注本則來源於百家注本。然後他們選出了最恰當的底本。吴文治在《校點後記》中寫道:

> 經過反復比較,我們決定以百家注本爲校點《柳宗元集》的底本,主要是因爲考慮到:(一)百家注本是現存柳集宋刻本中時代較早而又較爲完整的本子。北京圖書館所藏原海源閣楊氏舊藏百家注本,正集四十五卷,均完好無缺,經鑒定爲宋刻蜀本,現在已經是海内孤本。北京圖書館所藏宋刻世綵堂本雖然也比較完整,但時代至少要比百家注

① 《校勘學釋例》卷六第四三《校法四例》。

本晚出七八十年；且建國後已經排印出版，流傳比較廣泛。而其他南宋刻本，都已經殘缺不全。如五百家注的南宋原刻本，現僅存十一卷（卷十六至二十一、卷三十七至四十一），《四庫全書》文津閣本及文淵閣本亦僅存正集前二十一卷、外集三卷、附録四卷；鄭定本則僅存五卷（卷十八至二十、卷四十三至四十四）。永州本《柳柳州外集》是現存宋刻柳集中最早的版本（宋乾道元年永州郡庠刻），但一共只收録柳文四十三篇。此外，音辯本、詁訓本的南宋原刻本均已亡佚。北京圖書館所藏音辯本，經鑒定爲元刻建本，詁訓本則只有文津閣《四庫全書》本。（二）百家注本的注文比較詳細，而且在注文中保留了原注釋者的姓氏，便於讀者研究。五百家注本、鄭定本和世綵堂本的注文，基本上都是從百家注本沿襲下來的。世綵堂本對原有注文雖略有增删，但差别不大。而它把注文中原注者的姓氏一律删去，這就使書中的某些注文造成了不應有的混亂，給讀者研究柳文也帶來不便。至於音辯本和詁訓本，它們的注文雖也有一些自己的特點，但都遠没有百家注本豐富。（三）百家注本在注文中保存了前人沈晦、任淵、孫汝聽、劉崧、韓醇、童宗説、張敦頤、文讜、陳顥等人對柳文的訓詁、考證。他們的原著多已亡佚，我們從百家注本中尚能獲見一二。[①]

由於標點者對柳集各本的優缺點及源流進行了細致的研究，這就保證了新版《柳宗元集》的校點工作得以順利進行，並且取得了可觀的成績。反之，如果缺乏版本學知識，就會給校勘工作造成一定損失。黄永年曾以近年校印的幾部古籍爲例談道："所謂'評法批儒'時出版的《劉賓客集》，用題有'中山集'字樣的明刻

①中華書局一九七九年版《柳宗元集》卷末。

本影印，這個明刻本只有三十卷文集，没有外集，而董康影印日本藏宋本以及《四部叢刊》影印董本之外集十卷完足者，却没有被采用。《舊唐書》現存較早的刻本是南宋紹興時兩浙東路茶鹽司刻本，殘存六十九卷，其次是明嘉靖時聞人詮據宋本重刻的本子，清乾隆時殿本則是根據聞人本又加以竄改後刊刻的，若干地方失去了原書的本來面目，道光時岑建功本則用殿本重刻，近年出版的新點校本却用岑本爲底本，而不用較能保存原書面目的影印宋本配聞人本的百衲本。前幾年出版了《貞觀政要》的標點本，用《四部叢刊續編》影印的明成化經廠刻元戈直注本爲底本，其實戈注本已將原本的篇章竄亂，並非吴兢原書的真面目，而未經竄亂的明洪武刻本，北京圖書館先後入藏了兩部，標點者却不知利用。"黄氏對此，不無惋惜地認爲："底本選用的確當與否對古籍整理是起着决定性作用的。在這個問題上出現了失誤，則其他工序做得再努力也難於補救。"①

不少古書的版本非常多，校勘時如果不加區别地一一注其異同，將不勝其煩，也没有必要。所以主校本與參校本的確定也非常重要，而對它們的確定當然也離不開版本學知識。例如由阮元主持校刻的《十三經注疏》中的《春秋左傳正義》，以阮元所藏十行宋本爲底本，此外還選擇了十三種參校本，其《春秋左傳注疏校勘記序》介紹慶元間吴興沈中賓刻本云：

> 宋本《春秋正義》三十六卷，宋慶元間吴興沈中賓所刊。案《新唐書·經籍志》載《春秋正義》三十六卷，與此合。宋王堯臣《崇文總目》、晁公武《郡齋讀書志》、陳振孫《書録解題》并同。分卷行款與俗本亦異……與唐石經合。無附釋音，字無俗體，是宋刻正義中之第一善本。每半頁八行，經

①《古籍整理概論·底本·選擇》。

傳每行十六字，注及正義每格雙行，行廿二字，經傳下載注不標注字，正義總歸篇末，真舊式也。今《校勘記》依此分卷。

再如陳杏珍、晁繼周校《曾鞏集》，除底本外，還選了主要校本十種，參校本四種。此外還將丁思敬刻本確定爲最主要的校本，並介紹道："現存《元豐類稿》最早也最完整的刻本是元大德八年東平丁思敬刻本。這個刻本紙質細潤，版式寬大，字畫精整，是元刻本中的代表作。尤爲可貴的是，它校勘精審，比之明刻諸本，較能反映曾鞏著作的原貌。如第七卷《水西亭書事》詩一首，第四十七卷《太子賓客致仕陳公神道碑銘》中的四百六十八字，明刻諸本俱闕，而此本保存完整。綜觀全書，訛誤也較少。"①以上二例表明，校勘者在選擇校本時，通過查目録、驗版式、審紙質、衆本比勘等方法，對版本的校勘價值作了較爲正確的評價。

至於據善本以定文是非從違之例，前已多見，此不更舉。這當然也離不開版本學知識。

二 目録

從事校勘工作也離不開目録學知識，這是因爲目録可以爲我們搜集校勘資料提供綫索。例如我們要了解某部古書有哪些異本，即可利用邵懿辰、邵章編的《增訂四庫簡明目録標注》、中國古籍善本書目編輯委員會編的《中國古籍善本書目》、上海圖書館編的《中國叢書綜録》、中國版本圖書館編的《全國總書目》《全國新書目》、古籍整理出版規劃小組編的《一九四九—一九八

① 中華書局一九八四年版《曾鞏集》卷首《前言》。

一古籍整理編目》等。有些書目還爲我們指明了藏書處所，則更爲方便。章學誠云："板刻之書，流傳既廣，訛失亦多。其所據何本，較訂何人，出於誰氏，刻於何年，款識何若，有誰題跋，孰爲序引，板存何處，有無缺訛，一書曾經幾刻，諸刻有何異同。惜未嘗有人倣前人《金石録》例而爲之專書者也。如其有之，則按録求書，不迷所向。嘉惠後學，豈不遠勝《金石録》乎？"[①]應當説，後來出現的許多版本目録和記載版本的題跋彙編基本上做到了這一點。[②]

其次是如何將他書中的引文和有關資料找出來，這也需要目録學知識。如現存重要的古類書與古書注已有不少今人編的引用書目録。馬念祖編的《水經注等八種古籍引用書目彙編》已將《水經注》《三國志注》《世説新語注》《文選注》《藝文類聚》《一切經音義》《太平御覽》《太平廣記》中所引用的書編成這個目録，我們就可以從此書中提供的綫索有目的地去檢索。有的書還編有專門的引書索引，如李劍雄等編《藝文類聚索引》中的第二部分《藝文類聚書名篇名索引》（上海古籍出版社一九八二年版）、許逸民編《初學記索引》中的第二部分《初學記引書索引》（中華書局一九八〇年版）、洪業等編《太平御覽引得》的第二部分《太平御覽引書引得》（哈佛燕京學社一九三五年版）、段書安編《史記三家注引書索引》（中華書局一九八二年版）、《文選注引書引得》（哈佛燕京學社一九三五年版）等等。現舉中華書局一九八二年版《太平廣記索引》中的《引書索引》中的一條款目爲例：

搜神記

①《章氏遺書》卷一三《論修史籍考要略》。

②請參看本書《版本編》第七章《對版本的記録和研究》及《目録編》第七章《特種目録》第五節《版本目録》。

董永妻　五九/三六八

天台二女　六一/三八三

白水索女　六二/三八七

……

斜綫前的數字代表卷數，斜綫後的數字代表頁數。索引將《太平廣記》中引用的《搜神記》都找了出來，並一一指明了它們在《太平廣記》中的位置。如果我們要用《太平廣記》中的引文校勘《搜神記》，只要按圖索驥就行了。顯然，利用引書索引來做校勘工作，效果將會更好。類書是分門别類排列的，如果没有引書索引，我們不妨查一查有關門類。當然，爲了不至漏掉有用的資料，最可靠的方法還是將該類書或該古書注，從頭到尾細核一遍。

尋找古書中的引文和有關資料，查一查目録也是大有好處的。因爲我國古代目録基本上是按學術分類編排的，有關的圖書當然會被編排在相同的或相關的類目中。此外，我們還可以借用各種索引來找到不同書中的相關資料。例如我們要校勘《新唐書》中某個人物傳記，就應當查一查傅璇琮等編的《唐五代人物傳記資料綜合索引》（中華書局一九八二年版），這樣不僅能找到《舊唐書》中同一人物的傳記，而且還能從《全唐文》等書中找到更爲原始的資料。

從劉向《别録》開始，人們常把校勘成果記録在書目提要中，這對校勘工作當然也有參考價值。例如《四庫全書總目》卷四五《史記正義》一百三十卷提要云："是書據自序三十卷，晁公武、陳振孫二家所録則作二十卷。蓋其標字列注，亦必如《索隱》，後人散入句下，已非其舊。至明代監本，採附《集解》《索隱》之後，更多所删節，失其本旨。"接着以震澤王氏刊本相校，詳細記録了明監本妄删的情况。再如《太平御覽》一書，有明倪炳刻本、有周堂活字本、有《四部叢刊三編》影印宋刻本。王重民《中國善本書提要》云：

> 余因持此三本，以校卷第四十一會稽山十條，其優劣立判。第一條《吴越春秋》云“脩國之道”，宋本、活字本同，刻本國上有“治”字。第二條“又曰禹巡行天下”，宋本、活字本同，刻本脱“行”字；又“觀中州諸侯”，宋本、刻本同，活字本觀作“覲”。第五條引《九土文括略》“有一石穴”，宋本、活字本同，刻本脱“有”字。第六條引孔靈符《會稽記》，刻本竟誤符爲“之”，誤記爲“志”；又“禹夢玄夷倉水使者”，宋本、活字本同，刻本作“禹夢玄夷會蒼水使”。第八條引《夏侯曾先志》，宋本、活字本並提行，刻本不提行；又“湧石亘山”，宋本、刻本同，活字本石作“出”，又“下有懸巖”，宋本、活字本同，刻本下誤爲“六”。第九條引《郡國志》“人死覆之便活”，宋本、活字本同，刻本覆作“佩”。第十條引《山海經》“會稽之山”，宋本、活本同，刻本會誤“分”；又“上有禹冢”，宋本、刻本同，活字本冢誤“家”。總此十條，三本異同者十餘事，然十之八九活字本與宋本同，僅第十條活字本誤冢爲“家”，至第二條之“覲中州諸侯”，宋本作觀，亦不如活字本較善。

最後，王氏得出結論，認爲：“其異者往往較宋本爲尤善。”

此外，書目資料也可作校勘的依據。如楊守敬云：“今世所傳《論語注疏》，以十行本爲最古。如《序解》疏中少府朱畸，十行本以下皆同。據《漢書·藝文志》《釋文叙録》并作宋畸，此本正作宋畸，若無此本，則宋、朱二字，竟不能定爲誰誤。”[①]宋畸的歷史别無可考，《漢書·藝文志》所載算是最原始的資料了。再如

①《日本訪書志》卷二元槧本《論語注疏十卷》。

中華書局標點本《明史·藝文志》載:"戴詵《易州志》三十卷。"王宏凱指出:

"詵"誤,應作"銑",形近而訛。戴銑,字寶之,江西婺源人,弘治九年進士。《明史》卷一八八有傳。據天一閣藏弘治年間刻本《易州志》二十卷,卷首有弘治十五年,征仕郎、兵科給事中、前翰林院庶吉士、婺源戴銑《新葺易州志序》。明朱睦㮮《萬卷堂書目》卷二、《中國地方志綜録》十九頁、《中國地方志聯合目録》五十五頁均作"戴銑《易州志》二十卷"。[①]

綜上所述,可知目録學知識也是從事校勘工作不可缺少的。

第三節　相關的專業知識

漢成帝"詔光禄大夫劉向校經傳諸子詩賦,步兵校尉任宏校兵書,太史令尹咸校數術,侍醫李柱國校方技"[②],就已注意到校書者應具備專業知識,章學誠説明道:

《七略》以兵書、方技、數術爲三部,列於諸子之外者,諸子立言以明道,兵書、方技、數術,皆守法以傳藝,虚理實事,義不同科故也;至四部而皆列子類矣。南宋鄭寅《七録》,猶以藝、方技爲三門,蓋亦《七略》之遺法。然列其書於子部可也,校書之人,則不可與諸子同業也,必取專門名家,亦如太

①《〈明史·藝文志〉正誤三則》,載《史學月刊》一九八七年第四期。
②《漢書》卷三〇《藝文志》。

> 史尹咸校數術，侍醫李柱國校方技，步兵校尉任宏校兵書之例，乃可無弊，否則文學之士，但求之於文字語言，而術業之誤，或且因而受其累矣。①

後世校書也注意到了這個問題，如編纂《四庫全書》，在分工時也注意到了校書者的專業知識。如李慈銘指出："《四庫總目》，雖紀文達、陸耳山總其成，然經部屬之戴東原，史部屬之邵南江，子部屬之周書昌，皆各集所長。"②

也有人荒謬地認爲校勘工作可以不要專業知識。如宋韓淲曾談到：宋哲宗時，"祕書監王欽臣奏差真靖大師陳景元校黄本道書。范祖禹封還之，以爲諸子百家，神仙道釋，蓋以備篇籍，廣異聞，以示藏書之富，本非有益於治道也。不必使方外之士讎校，以從長異學也。今館閣之書，下至稗官小説，無所不有，既使景元校道書，則他日僧校釋書，醫官校醫書，陰陽卜相之人校技術，其餘各委本色，皆可援例，豈祖宗設三館之意哉！遂罷景元。"③范祖禹由於看不起他心目中的異端而發此謬論，當然是站不住脚的。還有一些從事校勘工作的人既缺乏專業知識，又不負責任，勢必無所成就。沈括曾説："舊校書官多不恤職事，但取舊書，以墨漫一字，復注舊字於其側以爲日課。"④這簡直是笑話了。

下面我們試舉一個校勘文學作品應當有專門的文學知識的例子。蔣禮鴻云：

---

①《校讎通義》卷一《校讎條理第七》。

②《孟學齋日記》丙集上。文達，紀昀謚。耳山，陸錫熊號。東原，戴震號。南江，邵晉涵號。書昌，周永年字。

③《澗泉日記》卷下。

④《夢溪筆談》卷七。

> 史達祖《梅溪詞》裏一首詠春雪的《東風第一枝》，裏面有“怕鳳鞵挑菜歸來，萬一灞橋相見”的句子，有一個本子作“鳳韡”，鞵就是鞋字，韡就是靴字，這兩個字從意義上都説得過去，究竟哪一個對呢？研究詞曲的人告訴我們：鞵字對，韡字不對。原來詞和曲中間有所謂“短柱韻”，即一句句子裏幾個小的停頓的地方用一個韻，這樣唱起來念起來很好聽。鞵、菜、來正是用的同一個韻：“怕鳳鞵挑菜歸來”正和上半首裏“料故園不卷重簾”一句的地位相同，那裏“園”、“卷”、“簾”三個字也是用的同一個韻。（園、卷兩個字舌音收聲，簾字唇音收聲，本來不能算同韻。但詞曲常不用官韻而用口音押韻，這裏的“簾”也已用舌音收聲，和現在普通話的讀法没有分别了。）這就是專業知識有助於校勘的例證。[①]

由於一部書不可避免地要涉及到多方面的專業知識，因此我們在校勘某部書時還應具有相關的專業知識。現略舉數例如下：

校勘古籍應懂地理，因爲任何人都生活在一定的空間範圍内，任何事件都發生在一定的空間範圍内，而表示空間的地名及行政區劃也處於不斷的變化之中，缺乏地理學知識往往會造成書面材料的某些錯誤，而具有豐富的地理學知識，則往往會糾正書面材料的某些錯誤。如楊慎云：

> 甯戚《飯牛歌》：“康浪之水白石爛。”康浪水在今山東，見《一統志》，可考。今《樂府》誤作滄浪之水。滄浪在楚，與齊何干涉也。駱賓王文云：“觀梁父之曲，識卧龍於孔明；聽康浪之歌，得飯牛於甯戚。”此可以證。近書坊刻駱集，又妄

---

①《懷任齋文集・校勘略説》。

改“康浪”作“康衢”，自是堯時事，與甯戚何干涉也。[①]

又，沈家本刻《元典章·吏部》卷四有云：“浙江行省。”陳垣校云：“元作‘江浙行省’，元時無‘浙江省’之名也。此誤極多，不勝舉。”《刑部》卷十六有云：“貴縣縣尹。”陳垣指出：“元作‘貴池縣尹’，元時無‘貴縣’之名也。”[②]再如黄永年談道：“我讀過《大慈恩寺三藏法師傳》的民國十二年南京支那内學院刻本，其校勘夙稱精善，但卷一〇講玄奘之死時却出現了‘房州刺史竇師倫奏法師已亡’的話。案玄奘死於玉華宫，而玉華宫在坊州不在房州，這裏的‘房州刺史’顯係‘坊州刺史’之誤，而這個本子未能勘正，其原因就在於校勘者雖是佛學專家，但對唐代史地尚欠熟悉。”[③]

校勘古籍還應具備典章制度方面的知識，典章制度涉及面甚廣，今僅就職官、避諱、謚法三者舉例説明之。

中國歷代官制既有所繼承，又不斷變化，情況特别複雜，而古代文獻同官制又密切相關，所以了解古代官制對校勘來説是必要的。張元濟校《遼史》時指出：

《志》第三十一《刑法志》：“皇妹秦國公主生日，帝幸其第，伶人張隋，本宋所遣汋者。大臣覺之以聞，召詰款伏。”按《周禮·秋官》：“掌士之八成：一曰邦汋。”鄭氏注：“斟汋，

①《升庵詩話》卷五《康浪》。王仲鏞箋證云：“《樂府詩集》卷八三雜歌謡辭載《商歌》二首，其第一首起句云：‘南山矸，白石爛。’第二首起句云：‘滄浪之水白石粲。’前見《史記·鄒陽傳》裴駰《集解》引應劭説‘甯戚疾擊其牛角商歌曰’云云；後見《藝文類聚》卷四三，題作《扣牛角歌》。易‘粲’爲‘爛’，或升庵混記；今傳《類聚》亦作‘滄浪之水’也。甯戚飯牛事，《吕氏春秋·舉難》《淮南·道應篇》及《説苑·善説》《新序·雜事》皆載之。《康衢謡》，相傳爲堯時歌謡，見《列子》。”

②《校勘學釋例》卷四第三二《用後代語改元代語例》。

③《古籍整理概論·校勘·理校·史學和理校》。

盜取國家密事,若今時刺探尚書事。"張隋爲宋遣至遼之間諜,汋者取義,蓋本於此。明人覆刻不加深究,竟認爲殘缺之"的"字,妄補數筆,而文義遂不通,殿本亦沿其誤。[①]

陳垣校《元典章》時也指出:"總把元代官名、把總清代官名,校者習聞清官制中之把總,以總把爲誤,倒而乙之也。"如《吏部》卷三"元帥招討總管把總"、《户部》卷四"張把總妻阿李",元均作"總把"[②]。陳垣還談道:"元制,京府州縣官員,每日早聚圓坐,參議公事,理會詞訟,謂之圓坐署事,其所議謂之圓議,其所簽押謂之圓籤,謂之圓押,頗似近時所稱之圓桌會議。今沈刻《元典章》'圓'多誤'圖',又誤'原',又誤'元',不諳元時圓議之制也。"[③]

關於避諱學知識,我們已經在本書《版本編》第五章《雕印本的鑒定》第三節《諱字》中作過介紹,這里僅舉例説明它在校勘工作中的作用。如瞿鏞《鐵琴銅劍樓藏書目録·元大德本南史》云:"《謝瀹傳》:瀹嘗與劉悛飲,久之,悛曰:'謝莊兒不可云不能飲。'瀹曰:'苟得其人,自可流湎千日。'悛甚慚。案悛爲劉勔子,流湎音與劉勔同,瀹以悛斥其父名,故引張景陽《七命》之文以報之,是以悛慚。汲古刻本誤流爲沈,遂致不解所謂矣。"陳垣也談道:"《北齊書·神武紀》:高歡考名樹。《北史·齊紀》及《魏書·高湖傳》作名樹生。二史不同,何所適從?據《北齊·杜弼傳》:相府法曹辛子炎諮事,云須取署,讀署爲樹。高祖大怒,杖之。弼進曰:'禮,二名不偏諱,孔子言徵不言在,言在不言徵。子炎之罪,理或可恕。'若單名樹,則弼言爲無稽矣。唯名樹生,故弼

① 《校史隨筆·遼史·汋者》,
② 《校勘學釋例》卷五第三九《不諳元代官名而誤例》。
③ 《校勘學釋例》卷五第四二《不諳元時體制而誤例》。

言此。此可因犯諱而知其有脱文也。”[①]

古代貴族死後，據其生平善惡給予謚號，這是漢族特有的規定。因此謚法知識也有助於古籍的校勘工作。如《史記·吕不韋列傳》中有段話：“始皇十九年，太后薨，謚爲帝太后，與莊襄王會葬芷陽。”隋代王劭在其《讀書記》中説：“秦不用謚法，此蓋號耳，其義亦當然也，始皇稱皇帝之後，故其母號爲帝太后。”（《史記》卷八十五《吕不韋列傳》索隱引）顯然“謚”字乃是“號”字之誤。再如《元史》卷一五六《張弘範傳》云：弘範“端坐而卒，年四十三，贈銀青榮禄大夫、平章政事，謚武略”。而任何謚法書中都没有“略”字謚。讀虞集《道園學古録》卷十四《張弘範廟堂碑》和姚燧《牧庵集》卷一《張弘範贈齊國忠武公制》，才知道張弘範初謚武烈，《元史》誤書烈爲略[②]。又，中華書局點校本《金史》卷六三《后妃傳》載：“肅宗靖宣皇后蒲察氏。太祖將舉兵，入告於后。后曰：‘汝邦家之長，見可則行。吾老矣，無貽殘憂，汝亦必不至是。’”講的是完顔阿骨打在反遼出征之前，禀請孀居的嬸母的事。可是，這一史實，在《金史》卷二《太祖紀》却記載爲“乃入見宣靖皇后，告以伐遼事”。究竟是“靖宣”還是“宣靖”？劉肅勇説：“近查《大金集禮》卷三得知‘申情見貌曰穆，博聞多能曰憲，柔德合衆曰靖，聖善周聞曰宣’，因而‘穆憲皇帝，廟號肅宗，妣曰靖宣皇后’。由此，可判明《后妃傳》載靖宣皇后爲是。”[③]

校勘還應懂得曆算知識，因爲任何人都生活在一定的時間範圍内，任何事件都發生在一定的時間範圍内，而表示時間的方法各個時代是不盡相同的，稍有疏忽，便會出錯。其實人們早就

---

①《史諱舉例》卷七《避諱學之利用》。

②汪受寬《謚法之學與歷史文獻研究》，載《歷史文獻研究》，北京燕山出版社一九九〇年版。

③《是靖宣不是宣靖》，載《社會科學輯刊》一九八五年第四期。

利用曆算知識來糾正書面材料中的錯誤了。如襄公九年,《春秋左傳》云:"十二月,癸亥,門其三門。閏月,戊寅,濟於陰阪,侵鄭。"杜預注云:

以長曆參校上下,此年不得有閏月戊寅。戊寅是十二月二十日。疑"閏月"當爲"門五日"。"五"字上與"門"合爲"閏",則後學者自然轉"日"爲"月"。晉人三番四軍更攻鄭門,門各五日。晉各一攻,鄭三受敵,欲以苦之。癸亥去戊寅十六日。以癸亥始攻,攻輒五日,凡十五日,鄭故不服而去。明日戊寅,濟於陰阪,復侵鄭外邑。

又,中國古代自西漢武帝劉徹開始,長期採用帝王年號紀年法。由於年號繁多,不少年號用字接近,如果缺乏這方面知識,出現訛誤也難以發現。如中山大學出版社一九八五年版《南海康先生口説》第九十頁,有"元祐六年定科舉,爲尊朱子之始"一句。王潔玉糾正道:"《口説》鈔本爲'元延祐六年'。脱一'延'字。元祐爲宋哲宗年號,元祐六年爲公元一〇九一年;延祐爲元仁宗年號,延祐六年爲公元一三一九年。脱了一個'延'字,錯了一個朝代,把'定科舉'、'尊朱子'提前了二百多年。朱熹生於公元一一三〇年,元祐六年尚未降生,何以有'尊朱子'之説?"[①]

校勘還須具有古代名物知識。如敦煌曲子詞中有一首《浪濤沙》,其首句,王重民《敦煌曲子詞集》、饒宗頤《敦煌曲》均作"五里竿頭風欲平",任二北的《敦煌曲校録》改作"五里灘頭風欲平"。潘重規分析道:

第一句"五里竿頭風欲平",文義不通,任二北没有看到原卷,所以將"竿"字改作"灘";但是改作"灘"後,仍然和第

---

①《南海康先生口説校點芻議》,載《古籍整理研究學刊》一九八七年第三期。

二句文義不能貫串。其實倫敦斯二六〇七號作“五雨(兩)竿頭風欲平”,敦煌寫本“雨”和“兩”往往不分,如《雲謡集·内家嬌》“兩眼”作“雨眼”,“兩足”作“雨足”,故“五雨竿頭風欲平”即是“五兩竿頭風欲平”。《文選》郭璞《江賦》云:“覘五兩之動静”,李善注云:“兵書曰:‘凡候風法,以鷄羽重八兩,建五文旗,取羽繫其巔,立軍營中。’許慎《淮南子》注曰:‘綜,候風也。楚人謂之五兩。’”原來古人測候風力的儀器叫做五兩,而五兩是繫在旗竿之顛,所以這句詞應作“五兩竿頭風欲平”。王重民、饒宗頤皆未校出,實是疏忽。任二北看不到原卷,只好根據王、饒的錯本來加以改正;但他萬想不到“五里”係“五兩”之誤。現在把原本校正後,這兩句詞也豁然貫通。①

校勘還需要對文獻内容進行考訂,這就要求校勘者具有更爲豐富的史學知識,我們將在下一章談理校時涉及這個問題。可以説,一切的專業知識對校勘都有其作用,但一個人要全部掌握它們是不可能的。這就需要懂得目録學,學會運用各種工具書,以期借助别人的研究成果,來彌補自己的缺陷。

①《敦煌詞話·天真質樸的敦煌曲子詞》。

第六章　校勘的方法

葉德輝云："書不校勘,不如不讀。……今試言其法:曰死校、曰活校。死校者,據此本以校彼本,一行幾字,鈎乙如其書,一點一畫,照録而不改,雖有誤字,必存原本,顧千里廣圻、黄蕘圃丕烈所刻之書是也。活校者,以群書所引改其誤字,補其闕文,又或錯舉他刻,擇善而從,别爲叢書,板歸一式,盧抱經文弨、孫淵如星衍所刻之書是也。斯二者,非國朝校勘家之祕得,實兩漢經師解經之家法。鄭康成注《周禮》,取故書、杜子春諸本,録其字而不改其文,此死校也。劉向校録中書,多所更定;許慎撰《五經異義》,自爲折衷,此活校也。其後隋陸德明撰《經典釋文》,臚載異本;岳珂刻《九經》《三傳》,抉擇衆長:一死校、一活校也。明乎此,不僅獲校書之奇功,抑亦得著書之捷徑也已。"①

死校現在一般稱對校,在清代衆多的校勘家中,偏重這種方法的,可以顧廣圻爲代表;活校現在一般稱理校,偏重這種方法的,可以段玉裁爲代表。嘉慶十二年(一八〇七)左右,段、顧雙方就校勘問題,展開過一場著名的争論,從中正可看出對校、理校的不同特點。顧氏强調校勘應"存真",以古本舊槧做爲校勘的主要依據,校勘成果的處理形式應"悉依元書而别撰考異以論

①《藏書十約・校勘》。

其是非得失。"[1]段氏强調校勘應"求是",校勘時"當改則改之,不必有左證。""故有所謂宋版者,亦不過校書之一助,是則取之,不是則却之。宋版亦必是耶?"關於校勘成果的處理形式,他强調"其學識無憾,則折衷爲定本以行於世。"[2]段氏復云:"凡宋版古書,信其是處則從之,信其非處則改之。其疑而不定者,則姑存以俟之。不得勿論其是非,不敢改易一字。意欲存其真,適滋後來之惑也。"[3]其實,争論雙方在實踐中都兼用了對校、理校兩種方法,不過在思想上各有偏重而已。下面我們試對校勘方法諸問題作些探討。

第一節　對校

對校就是用本書異本、本書上下文、他書引文來進行對比,從而發現並改正書面材料錯誤的方法。對校又可細分爲對校、本校、他校三種,其共同特點是對書面材料的校正,都有文字依據。

一　對校

對校,或稱爲底本的校勘,乃是校勘工作的基本方法。這個方法是先擇定一個合用的底本,再用其他異本逐頁逐行逐字逐

①《思適齋集》卷一四《禮記考異跋》。
②《經韻樓集》卷一一《答顧千里書》。
③《經韻樓集》卷四《與黄蕘圃論孟子音義書》。

句地同它對校，先記録其異同，再判斷其是非。從劉向校書時就已採用了這種方法，他在校讎《管子》時就利用"中管子書三百八十九篇，大中大夫卜圭書二十七篇，臣富參書四十一篇，射聲校尉立書十一篇，太史書九十六篇，凡中外書五百六十四篇以校。"①

對校法的長處主要有兩點：一是易於發現古書中的錯誤。陳垣校沈家本刻《元典章》時指出：

> 有非對校決不知其誤者，以其文義表面上無誤可疑也：
>
> 吏三十六　元關本錢二十定　元作"二千定"。
>
> 刑一七　大德三年三月　元作"五月"。
>
> 有知其誤，非對校無以知爲何誤者：
>
> 吏七九　常事五日程中事十日程大事十日程　元作"中事七日程"。②

對校法另一個長處是可以找到改正錯誤的依據。如《嵇康集·難宅無吉凶攝生論》"占成居而知吉凶，此爲宅自有善惡，而居者從之"諸句之下，突接以"則當吉之人，受災於凶宅；妖逆無道，獲福於吉居。"文氣總覺不甚銜接，用叢書堂鈔本對校，才知道中間脱落了"故占者觀表，而得内也。苟宅能制人使從之"，共十七字。如果没有這個鈔本對校，讀者雖然發現了問題，却無從解決它③。

總之，對校法的優點是一切發現和改正的錯誤，都有其他版本作爲直接依據，這就在很大程度上避免了主觀武斷、妄改舊文的弊病；而且，校者若將所有的異文彙集在一處，編爲校勘記，則

①《四部叢刊》影印宋刊本《管子》卷首。

②《校勘學釋例》卷六第四三《校法四例》。

③參看魯迅校本《嵇康集》。

讀者手此一編，就等於掌握了許多版本，如阮元的《十三經注疏校勘記》就如此。

對校不論採用何種方式，其第一步工作都應當是廣收異本，因爲只有這樣才能抉擇去取。凡著名的校本，皆以衆多的異本爲前提。如陳振孫介紹洪興祖撰《楚辭考異》的情況說：

> 興祖少時從柳展如得東坡手校《楚辭》十卷，凡諸本異同，皆兩出之。後又得洪玉父而下本十四五家參校，遂爲定本，始補王逸《章句》之未備者。書成，又得姚廷輝本，作《考異》，附古本《釋文》之後；其末，又得歐陽永叔、孫莘老、蘇子容本於關子東、葉少協，校正以補《考異》之遺。洪於是書用力亦以勤矣。[①]

待我們搜集到一書的各種異本後，還要對各種版本進行鑒定，以便確定校勘的底本，並按各本的校勘價值分爲可供對校的主校本、輔校本、參校本等[②]。有的書異本較多，還應弄清它們的源流。今據王仲鏞《唐詩紀事校箋·前言》及所附各本序跋，略述宋計有功《唐詩紀事》版本源流如下：

有功撰成《唐詩紀事》以後，據宋嘉定懷安初刻本王禧識語，知其於慶元辛酉年（一二〇一）從有功幼子次陽處得稿本，“立命數十吏傳録，其間不能無魯魚亥豕之誤。繙閱累年，手自讎校，十是正其七八，餘則傳疑，不敢妄加損也。……乃鋟之懷安郡齋。”

明嘉靖錢塘洪氏本孔天胤序：“《唐詩紀事》若干卷，舊叙是臨邛灌園居士計敏夫字有功所集，而爲懷安假守王禧字慶長鋟置郡齋，時記嘉定甲申。年代既遠，印板磨滅，或無再刻之者，故

---

①《直齋書録解題》卷一五。
②詳前第五章第二節論版本。

其書罕存,既有傳者,但鈔本爾。嗜文之士,意恒闕如也。嘉靖乙巳,錢塘洪子美氏,釋宮寀玉絳之班,理家園竹素之業,得笥藏懷安初本,遂爲雕繕,久之成書。”洪本既據原刻翻雕,故於字之錯訛,版之殘闕,以至佚文脱簡,皆仍其舊,未加訂正。商務印書館曾據洪本影印,收入《四部叢刊初編》,一九三六年上海雜誌公司亦曾據洪本排印,收入《中國文學珍本叢書》,但均未經整理,錯訛依然。一九六五年中華書局上海編輯所將此書整理重印,其出版説明云:“這次整理,考慮到洪楩本年代較早,所以用它作底本,而以汲古閣本及《全唐詩》《全唐文》和有關唐人詩文别集、筆記、小説等參校;特别對紀事部分,我們儘可能從兩《唐書》和各種唐宋筆記、雜著中找出所引原文,據以校正。”

明嘉靖東黄張氏本張子立序末署作序時間爲“嘉靖乙巳春正月既望”,可見張子立本與洪楩本同時出版。王仲鏞云:張子立“序未言所據何本,而自稱曾事校讎。然觀其書,不特錯訛多未得刊正,且臆改妄補之處,比比皆是”。可知“張子立所據之本,與洪本所據之‘懷安初本’,同出一源,其殘缺處乃相同也”。

明崇禎汲古閣本毛晉識語云:“第嘉定有王慶長(引者案:禧字)本子,已不可得,迄國朝,一刻於嘉靖乙巳,再刻於萬曆甲午,其有遺逸淆訛,讀者不能意逆。或一人重見,如十三卷、十九卷王熊之類是也;或一詩重見,如第四卷、第九卷《凌朝浮江旅思》之類是也。或脱去本詩,如賀知章‘江皋聞曙鐘’、趙冬曦‘上月令朝減’之類是也。或誤入他詩,如虞世南‘豫游欣勝地’、韋承慶‘萬里人南去’之類是也。甚至有幾人溷作一人,幾題溷作一題,或一人一詩反分析幾首者。”故王仲鏞亦云:“萬曆甲午(一五九四)本,又出張本,無善可述。”

毛晉識語雖然提到了嘉靖乙巳張子立本及萬曆甲午本,但没有明確説明所據何本，一九六五年中華書局上海編輯所出版説明稱："毛晉在明崇禎壬申（一六三二）的翻刻本可能是據張本（毛刊卷首有張序可證），即今流傳的汲古閣本。明崇禎汲古閣毛晉識語云：'余參之本集及《御覽》《英華》《文粹》《弘秀》諸書二百餘種，一一釐正，庶幾無遺恨矣。'"

近代值得注意的有一九一三年重慶羅元黼校存古書局刻本。他以汲古閣本爲底本，主要依據張子立本，參之以《全唐詩》等書，校正文字，力求"文意俱通"。每卷之末，附證誤若干條，亦即校記，説明去取刊正之由。卷末附《宋本（實即張子立本）、毛本唐詩紀事詩字異同表》。一九一六年，丁福保在上海文明書局所引《唐詩紀事》，襲用羅本，却不一提羅氏之名，只是去掉了羅本每卷所附證誤和異同表而已。後來通行的《萬有文庫》本，大抵出自丁福保。

據上所述，《唐詩紀事》版本源流略如下表：（見次頁）

王仲鏞作校箋，是要在一九六五年中華新校本的基礎上，把工作做得更深更細一些。通過分析，他採用明嘉靖錢塘洪楩本作爲底本，而以汲古閣本及《全唐詩話》參校，並認爲汲古閣本以下，一般就不用作校讎依據了。由此例可見，對本書異本做出鑒定，並弄清它們的來龍去脈，對校勘工作是必要的。

選擇底本是校勘工作的起點。校勘底本的選擇標準，我們可以參照張之洞《輶軒語·語學》篇中提出的有關善本的三條標準而稍加變通：一、舊本；二、足本；三、精本。

舊本是指在時間上接近原稿的本子，因爲它少經傳鈔轉刻，總的來説比較符合或接近書的原貌。胡適説："改定一個文件的文字，無論如何有理，必須在可能的範圍之内提出證實。凡未經證實的改讀，都只是假定而已，臆測而已。證實之法，最可靠的

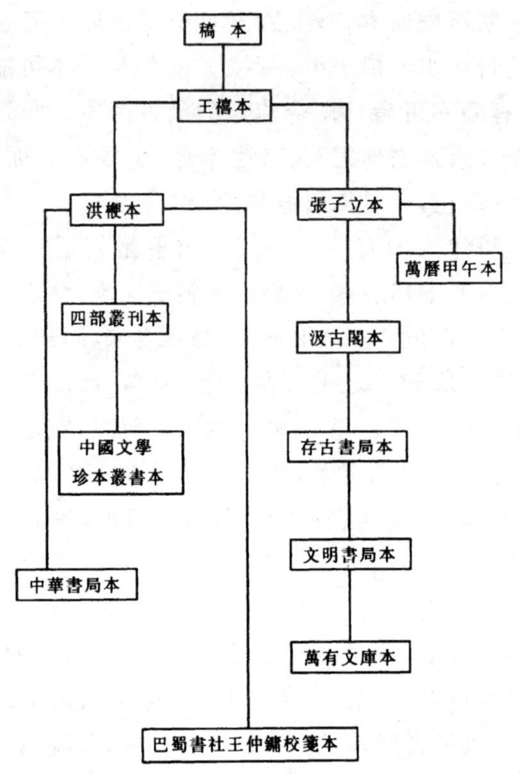

根據是最初底本，其次是最古傳本，其次是最古引用本文的書。”①如上海古籍出版社一九七九年版《楚辭集注》以一九五三年人民文學出版社影印宋端平本爲底本。鄭振鐸曾指出：

> 宋朱熹（一一三〇至一二〇〇）所定《楚辭集注》八卷，《辯證》二卷，《後語》六卷，爲熹孫朱鑑於宋理宗端平乙未（一二三五）所刊本。這是今日我們所見《楚辭》的最古和最完整的一個刻本。黎庶昌嘗於日本獲見一元刊本的朱氏

①《胡適書評序跋集·校勘學方法論》。

《集注》，已驚爲祕笈，亟爲之覆刻，收入《古逸叢書》中。今得此宋本，又遠勝於《古逸》了。我曾把這兩個本子初步對讀了一下，即發現元刊本有不少錯誤失真之處。如宋本朱熹序中“世不復傳”四字，元本作“世復不傳”，一字顛倒，語氣便大有出入。又宋本《辯證》卷上中“然其《反騷》，實乃屈子之罪人也”一句，元本佚去“然”字作空格。“楚辭卷第一”下，宋本僅有“集注”二字，元本則增爲“朱子集注”四字。又宋本《後語》之末，附有鄒應龍、朱在、朱鑑的三篇跋文，元本均佚去，令人無從知道《後語》成書與印行的經過，以及朱在刊書的始末。可見書貴古本，不僅因其古而貴之，實在是爲了實事求是，要得到一個最準確、最無錯誤的本子，作爲研究的依據，以免因一字之差，而引起誤會，甚至不正確的論斷。①

足本指文字篇卷無殘缺脱落、内容完整的本子。例如宋晁公武《昭德先生郡齋讀書志》卷第三下小説類著録《唐語林》十卷，稱其“效《世説》體，分門記唐世事，新增《嗜好》等十七門，餘仍舊云”。陳振孫《直齋書録解題》卷十一小説家類則著録《唐語林》八卷，稱其爲“長安王讜正甫撰。以唐小説五十家，倣《世説》，分門三十五，又益十七，爲五十二門”。王應麟《玉海》卷五五《藝文著書》稱“《唐語林》，宋朝王讜以唐小説五十家，取其要者，倣《世説》，分五十二門，爲《唐語林》十一卷。今本起《德行》，訖《俚俗》，自《故事》以下五門闕（一本八卷）”，可見此書宋人所見，均爲五十二門，但今已不傳。現存最早的《唐語林》刻本，是明代嘉靖二年（一五二三）桐城齊之鸞刻的兩卷殘本，自《德行》至《賢媛》，止十八門。稍後有豐城李栻刻的《歷代小史》本。此

①人民文學出版社影印本《楚辭集注》卷末。

書係節録本，起訖同齊之鸞本。清《四庫全書》館臣從《永樂大典》中輯出今輯本的後半部分，且用聚珍版印行之後，此書才有所謂足本傳世。《四庫全書總目》卷一四一《唐語林》提要稱：齊本“字畫漫漶，篇次錯亂，幾不可讀。今以《永樂大典》所載參互校訂，删其重複，增多四百餘條，又得原序目一篇，載所採書名及門類總目，當日體例尚可考見其梗概，蓋明初全書猶存也。惟是《永樂大典》各條散於逐韻之下，其本來門目，難以臆求，謹略以時代爲次，補於刻本之後，無時代者又後之，共爲四卷。又刻本上下二卷，篇頁過繁，今每卷各析爲二，仍爲八卷，以還其舊。此書久無校本，譌脱甚衆，文義往往難通，謹取新、舊《唐書》及諸家説部一一詳爲勘正；其必不可知者，則姑仍原本，庶不失闕疑之義焉。”可見四庫館臣在爲《唐語林》復原方面做了大量工作，是今天所可能見到的保存原書内容最多的本子，因此周勛初撰《唐語林校證》，以武英殿聚珍本爲底本。

精本指精校、精刻本，也是底本選擇的主要標準之一。中華書局新印本《史記》點校後記云：“《史記》版本甚多，史文及注文往往各本大有出入。我們不用比較古的如黄善夫本，也不用比較通行的如武英殿本，而用清朝同治年間金陵書局刊行的《史記集解索隱正義》合刻本（簡稱金陵書局本）作爲底本。”主要就因爲它是一個精校本。其出版説明云：“清朝同治年間，金陵書局刊行《史記集解索隱正義》合刻本一百三十卷（以下簡稱‘金陵局本’）。這個本子經張文虎根據錢泰吉的校本和他自己所見到的各種舊刻古本、時本加以考訂，擇善而從，是清朝後期較好的本子。”

爲了便於校勘工作，還應適當注意選擇版面清晰的精刻本。陳垣校《元典章》之所以選沈家本刻本作爲底本，就是考慮到了沈刻《元典章》"寫刻極精"[①]。陳杏珍、晁繼周在整理《曾鞏集》時，也考慮到清康熙五十六年長洲顧崧齡刻本《南豐先生元豐類稿》校刊精、流傳廣、影響大，因而選用顧崧齡刻本作爲底本。[②]

以上講的是底本的選擇。至於參校本的選擇，首先需要注意的仍然是舊本。胡樸安、胡道静説："底本校勘實爲重要之事，抑乃爲校勘之初步工夫，蓋古書竹帛梨棗，鈔刊屢易，訛文奪字，轉而益厲。必得古本，而後可比勘以復其舊。如《禮記》一書，惠氏棟據吴中吴泰來家所藏之七十卷本，用以校汲古閣本，得訛字四千七百有四，脱字一千一百四十有五，闕文二千二百一十有七，字異者二千六百二十有五，羨文九百七十有一。《水經注》一書，戴氏震據《永樂大典》本校朱謀㙔本，則朱文不惟字句之訛，層出屢見，其中脱簡錯簡，有自數十字至四百餘字者。既經校過，凡補其闕漏者二千一百二十八字，删其妄增者一千四百四十八字，正其臆改者三千七百一十五字。是知流俗古書，訛誤羨奪，不用舊本校勘，正其是非，則所讀書，悉非真書。從而以誤解誤，思入非非，是所讀之書，庸有益哉！況可定其立説之是非乎？"[③]

當然，我們對古本也不能迷信，因爲它同樣也存在着訛舛與擅改現象。宋張淏云："近時閩中書肆刊書，往往擅加改易，其類甚多，不能悉記，今姑取一二言之。睦州，宣和中始改爲嚴州，今所刊《元豐九域志》乃逕易睦州爲嚴州。又《廣韻》桐字下注云：'桐廬縣在嚴。'然易去舊字，殊失本書之旨。將來謬亂書傳，疑誤後學，皆由此也。"[④]王欣夫闡明説："元豐爲宋神宗年號，比徽

①《校勘學釋例》卷末《重印後記》。
②中華書局一九八四年版《曾鞏集》卷首《前言》。
③《校讎學》卷下《校讎方法》。疑"朱文"爲"朱本"之訛。
④《雲谷雜記》卷四。

宗的宣和要早三四十年，書名《元豐九域志》，怎麽會有三四十年以後所改的嚴州呢？這因刻書在宣和以後，那時人只知有嚴州，而不知以前是名睦州，反以爲睦州是誤而就改作嚴州了。”①

其次，我們要注意版本源流。一些時間較早，而與底本來源不同的版本，校勘價值就比較大。例如周祖謨校《洛陽伽藍記》，首先對傳本情況進行了一番調查研究，指出：

> 《洛陽伽藍記》之刻本至多，有明刻本及清刻本。明刻本主要有三種：一、如隱堂本，二、吴琯所刻《古今逸史》本，三、毛氏汲古閣所刻《津逮秘書》本。如隱堂本不知何人所雕，板刻似出於嘉靖間；《逸史》本則爲萬曆間所刻也。二者來源不同，文字有異。《津逮》本刊於崇禎間，據毛斧季言，原從如隱堂本出，而有改竄。蓋據《逸史》本校改者。至於清代刻本，則有四種：一、乾隆間王謨輯校之《漢魏叢書》本，二、嘉慶間張海鵬所刊《學津討原》本，三、嘉慶吴志忠《真意堂叢書》活字本，四、道光吴若準《洛陽伽藍記集證》本。考《漢魏》本乃出自《逸史》本，《學津》本即據《津逮》本翻雕，而小有更易。《真意堂》本，則又參取《津逮》《漢魏》兩本以成者。至於吴氏《集證》本，雖云出自如隱，然亦略有删改。凡别本有異者，均於《集證》中詳之。綜是而言，《伽藍記》之傳本雖多，惟如隱堂本及《古今逸史》本爲古。後此傳刻《伽藍記》者，皆不出此兩本。故二者殆爲後日一切刻本之祖本也。校《伽藍記》，自當以此二者爲主。如振裘挈領，餘皆怡然理順。苟侈陳衆本，而不得其要，則覽者瞀亂，勞而少功矣。

①《古文獻學要略》第四章《校讎》二《校讎學的重要》。

在弄清各本異同、源流之後，周祖謨又進一步説明了他具體的工作情況：

> 今之校本，以如隱堂爲主，而參用《古今逸史》本，校其同異，定其是非。凡義可兩通者，注曰"《逸史》本作某"。《逸史》本誤，概從如隱本。如隱本誤字較多，皆取《逸史》本校正。原書俱在，可覆案也。至於《津逮》《漢魏》以下各本，亦均在校讎之列。如有可採，必擇善而從。若《津逮》同於如隱本，《漢魏》同於《逸史》本，正其淵源所自，不復言之，以免淆亂。斯所謂振裘挈領也。若《津逮》不同於如隱，《學津》又不同於《津逮》，蓋據《逸史》本或《漢魏》本而改，故亦不備舉。或出一二，以見其源流而已。①

顯然，那些時間較晚，而又來源相同的版本，校勘價值則不大。如王重民指出："彙集諸善本從事校勘，必更追溯其板本之遞嬗，而以原本爲主，翻刻本爲副；不然，如王蘭泉校《老子》，以明皇御注本校明皇御注本，未有不遺笑大方者也。"王昶之所以遺笑大方，是因其所撰《金石萃編》在"易州《御注道德經碑》下，附有以邢州《御注道德經碑》、易州《景龍碑》等校文。邢、易二碑，皆係明皇御注，則其經文除筆誤外，必無異同；因王氏誤以遂州碑爲邢州碑，故有異同耳"。②

此外，本書已有的他家校本，自然也應加以利用。過去許多學者讀書，校語即批在天地頭或行間。這種批本往往有人傳鈔，從清代以來，諸家校書，很少有不用這種珍貴材料的，而那些手校原本又往往已經亡佚，所以這種過録舊校的書，更是我們從事進一步工作的重要資料。一方面，其校勘成果可供吸收；另一方

①《洛陽伽藍記校釋·叙例》，中華書局一九六三年版。

②《史記板本和參考書》，載《圖書館學季刊》第一卷第四期。

面，它也爲我們搜尋原始資料提供了綫索。如這些校本所引用的某些原始資料今已不存，則其參考價值就更大了。

下面我們就舉一兩個對校的實例。宋方崧卿曾用唐令狐氏本、南唐保大本、秘閣本、祥符杭本、嘉祐蜀本、謝克家本、李漢老本等十餘種舊本校勘過韓愈詩文集，作《韓集舉正》十卷，今録卷二《孟生詩》首兩則校勘記如下：

> 嘗讀（閣本、蜀本同上，校本多作常）窅然（唐、謝校、杭、蜀皆作"冥默"，李習之與張建封書，嘗引公此語亦用"窅"字，則知杭、蜀本果訛也）。

《韓集舉正》後有淳熙己酉（一一八九）崧卿自跋，稱右《昌黎先生集》四十卷，外集一卷，附録五卷，增考年譜一卷，復次其異同爲《舉正》十卷。可見方崧卿先將其校勘成果以定本的形式肯定下來，然後再注異同，並適當分析其是非。再如阮元校《十三經注疏》也採用了對校法，《毛詩注疏校勘記》談到他校《毛詩正義》引據各本有經本二：唐石經二十卷、南宋石經殘本。經注本三：孟蜀石經殘本二卷、宋小字本二十卷、重刻相臺岳氏本二十卷。注疏本四：十行本七十卷、閩本注疏七十卷、明監本注疏七十卷、汲古閣毛氏本注疏七十卷。引用諸家有陸德明《毛詩音義》三卷、山井鼎《考文毛詩》六册、浦鏜《毛詩注疏正誤》十四卷等七種。阮元採用宋十行本《毛詩正義》爲底本，凡是與其他各本有異文需校勘的地方均加○表示，世界書局改用▲號，然後於《校勘記》中説明之。如《毛詩·魏風·園有桃》有云："不我知者，謂我士也驕。"鄭玄箋："士，事也，不知我所爲歌謡之意者，反謂我於君事驕逸故。"《毛詩注疏校勘記》曰：

> 不我知者（唐石經、小字本同；相臺本作"不知我者"，閩本、明監本、毛本同。按相臺本非也。箋倒經作"不知我

者”，正義依之耳，不可據以改經。下章同）。

二　本校

廣收異本，進行對校，擇善而從，乃是校勘所應當首先採用的基本方法。另外，將本書的上下文進行對比，找出它在思想上、文字上的異同，從而改正錯誤，或稱本校，其實也是一種對校，而且往往很有效果。這也就是前人所説的本證。陳垣將其稱之爲本校法，並作了極爲明晰的論述：

> 本校法者，以本書前後互證，而抉摘其異同，則知其中之繆誤。吴縝之《新唐書糾繆》、汪輝祖之《元史本證》即用此法。此法於未得祖本或别本以前，最宜用之。予於《元典章》曾以綱目校目録，以目録校書，以書校表，以正集校新集，得其節目訛誤者若干條。至於字句之間，則循覽上下文義，近而數葉，遠而數卷，屬詞比事，牴牾自見，不必盡據異本也。[①]

一本書的各個組成部分之間，在語言形式和思想内容方面，都會不可避免地相互聯繫着，本校法正是利用這個特點來進行工作的。

其一，據相同詞句校勘。同一詞彙、同一文句，有時一書屢見，因而可以相互參照，校正訛誤。如王利器《文心雕龍校證·序録》云：“《詔策》篇：‘符采炳耀。’‘采’原作‘命’，《御覽》五九三作‘采’。案作‘采’是。《原道》《宗經》《詮賦》《風骨》諸篇俱有

①《校勘學釋例》卷六《校法四例》。

‘符采’語，今據改。”[①]蔣禮鴻《梨園按試樂府新聲校記》亦云：“關漢卿〔雙調喬牌兒〕套〔碧玉簫〕：‘昏晚相催，日月走東西。’（三頁）按：昏晚應作昏曉。十頁〔雙調新水令〕套〔豆葉黄〕：‘昏曉相催，斷送了愁人多多少少。’可證。”[②]再如揚州廣陵古籍刻印社一九八〇年刊《成化新編劉知遠還鄉白兔記》七十七頁有云：“〔旦〕唱：怎知今日子母團圓，□□□和（賀）喜，百歲效于飛。”胡竹安指出：

> 校補本校“和”爲“賀”，甚是，但闕文未補。根據下一頁兩處文字，甲、〔貼〕唱：“怎知今日子母團圓，大家齊賀喜，□□□□□。”（七八頁，正一行）乙、〔浄〕唱：“怎知今日子母團圓，大家□□□，□□效于飛。”（七八頁，正四行）知三者實是同文。校補者曾據這一點，把後兩處的闕文補全，但此例未補，顯然疏忽。闕文應作“大家齊”。[③]

其二，據相同句式校勘。作者行文往往有時代的或自己的習慣和特點，這往往表現爲常採用相同或相近的句式，據此也可校正書面材料中的某些錯誤。如屈原《離騷》有云：“乃年歲之未晏兮，時亦猶其未央。”聞一多指出：“‘猶其’二字當互乙。上文‘雖九死其猶未悔’，‘唯昭質其猶未虧’，‘覽余初其猶未悔’，‘覽察草木其猶未得兮’，並作‘其猶未’可證。王注曰‘然年時亦尚未盡’，正以‘尚未’釋‘猶未’，是王本未倒。”[④]又《史記・五帝本紀》云：“黄帝居軒轅之邱，而娶於西陵之女。”王念孫校曰：“西陵下脱氏字。下文昌意娶蜀山氏女，帝嚳娶陳鋒氏女。皆有氏字。

---

①載《王利器論學雜著》。

②載《懷任齋文集》。

③《校補本成化新編劉知遠還鄉白兔記補正》，載《中國語文》一九八四年第四期。

④《聞一多全集・楚辭校補》。

《太平御覽》皇王部、皇親部引此並作西陵氏。《大戴禮·帝繫》篇亦作西陵氏。"①

其三,據對文校勘。如《荀子·成相》篇云:"上能尊主愛下民。"王念孫云:"愛下民當作下愛民,與'上能尊主'對文。《不苟》《臣道》二篇並云:'上則能尊君,下則能愛民。'是其證。"②再如《淮南子·要略》云:"原道之心,合三王之風。"顧千里指出:"道下疑當有德字,與下句對文也。《精神》篇'深原道德之意'亦可證。"③

其四,據文義校勘。《晏子春秋》内篇《諫上》云:"男女群樂者,周觴五獻,過之者誅。"孫詒讓校云:

> "周"當爲"酬"之假字。(《儀禮·鄉飲酒禮》注云:"酬之言周。")"五"疑當爲"三"。前《景公飲酒酣願大夫無爲禮晏子諫》章云:"觴三行,遂罷酒。"外篇重而異者,《景公飲酒命晏子去禮晏子諫》章亦云"用三獻",是不得過三獻也。(宣二年《左傳》云:"臣侍君宴,過三爵,非禮也。")④

這是根據一部書中不同的地方涉及同一個内容來進行校勘的例子。又如《史記·陳丞相世家》云:"平爲人長美色。"王念孫指出:"當從《漢書》作'長大美色'。下文人謂陳平何食而肥,肥與大同義,若無大字,則與下文義不相屬。《太平御覽·飲食部》引《史記》正作'長大美色'。"⑤這是根據上下文内容是否一致來進行校勘的例子。再如《新序·善謀》篇云:"拘世之議,人心不之

①《讀書雜志·史記第一·五帝本紀·西陵》。
②《讀書雜志·荀子第八·成相·愛下民》。
③《讀書雜志·淮南内篇補·要略》。
④《札迻》卷四《晏子春秋》内篇《諫上》。
⑤《讀書雜志·史記第三·陳丞相世家·長美色》。

疑矣。”孫詒讓云：“《商子》作‘拘世以議，寡人不之疑矣。’此‘人’上蓋挩‘寡’字。上文衛鞅兩言‘君無疑’，故秦孝公答云‘寡人心不疑’，若作‘人心不疑’，則與上文不相應，足知其誤。”[①]這是根據上下文的呼應關係來進行校勘的例子。

此外，我們還可以據目録校正文，據正文校目録，因爲目録與正文當然是相互聯繫的。如吴企明説：

> 《全唐詩》卷六七一載唐彦謙《贈孟德茂》一詩，題下自注云：“浩然子。”筆者以爲這首詩的題目原爲《贈應德茂》，是被後代編詩者誤改的。理由是：一、這首詩的尾聯云：“平生萬卷應夫子，兩世功名窮布衣。”“應夫子”之“應”，即是德茂的姓。同書同卷有唐彦謙《聞應德茂先離棠溪》可證。二、“浩然子”中的浩然，並不是孟浩然，乃是應德茂的父親應浩然。《贈應德茂》詩的前一首，題爲《過浩然先生墓》，即是應浩然的墓。詩的首聯云：“人間萬卷龐眉老，眼見堂堂入草萊。”孟浩然卒於開元二十八年，距唐彦謙生活的時代，已過百餘年，當然不能眼見“浩然”入草萊的，唐、孟二人也不可能成爲“故交”。這兩句詩和《贈德茂》詩的尾聯“平生萬卷應夫子，兩世功名窮布衣”是呼應的，應浩然和應德茂，都是飽讀詩書的人，然而兩代人都是“窮布衣”。詩既是贈給浩然子應德茂的，也懷念着已故的老友——應德茂的老父。[②]

需要説明的是，有的古籍不出自一手，有的古籍可能有不同的資料來源，其内容和文字出現矛盾往往在所難免，因而採用本

①《札迻》卷八《新序》卷九《善謀》。

②《唐音質疑録·劉師培讀全唐詩發微権證》。參看傅璇琮《唐代詩人考略》，載《文史》第八輯。

校法時宜特别謹慎，以免以此律彼，增加新的錯誤。張舜徽曾指出古代歷史書籍中，有並存異説、變易舊文之例。如《史記》敘述箕子和比干的行事，也有兩種不同的記載：《殷本紀》："微子數諫不聽，乃與太師、少師謀，遂去。比干曰：'爲人臣者，不得不以死争。'迺强諫紂。紂怒曰：'吾聞聖人心有七竅。'剖比干觀其心。箕子懼，乃詳狂爲奴，紂又囚之。"《宋微子世家》："紂爲淫泆，箕子諫，不聽。人或曰：'可以去矣。'箕子曰：爲人臣諫而不聽，是彰君之惡而自説於民，吾不忍爲也。乃被髮佯狂而爲奴。遂隱而鼓琴以自悲，故傳之曰《箕子操》。王子比干者，亦紂之親戚也。見箕子諫不聽而爲奴，則曰：'君有過而不以死争，則百姓何辜！'乃直言諫紂。紂怒曰：'吾聞聖人之心有七竅，信有諸乎？'乃遂殺王子比干，剖視其心。"張氏云："照《殷本紀》的説法，是比干死而後箕子奴；照《宋世家》的説法，是箕子奴而後比干死；二者好像完全不合。然而《本紀》所載，和《韓詩外傳》相同；《世家》所載，又和《論語・微子》篇相合。可知司馬遷也還是各有根據，勢不得不兩説並存。"①對同一史實的敘述尚且有這樣大的差别，那麼因爲資料來源不同而造成語言文字方面的不統一，當然是可以理解的。這也説明用本校法有其困難，應當特别注意。

三　他校

除了本書異本外，用選本、類書、注釋以及其他書中引用的本書文字來校正本書，或稱他校，其實也是一種對校。但用此法更需要慎重一些，因爲人們引用材料時，是各取所需的，所以或

①《中國古代史籍校讀法》第三編《分論下——關於讀書》第二章《認識古人著述體要》第二節《古代歷史書籍中，有並存異説、變動舊文之例》。

删節以省篇幅，或改動以就文義，皆所難免，不能一概以他書所引爲是，本書現存文字爲非。

清代學者已相當成功地將這種方法運用於校勘中。如《淮南子·原道》篇有兩句話："上游於霄雿之野，下出於無垠之門。"胡適説：

> 王念孫校，"無垠"下有"鄂"字。他舉三證：一、《文選·西京賦》"前後無有垠鄂"的李善注："《淮南子》曰：'出於無垠鄂之門。'許慎曰：'垠鄂，端崖也。'"二、《文選·七命》的李善注同。三、《太平御覽·地部》二十："《淮南子》曰：'下出乎無垠鄂之門。'高誘曰：'無垠鄂，無形之貌也。'"這種證實，雖不得西漢底本，而可以證明許慎、高誘的底本如此讀，這就可算是第一等的證實了。①

一望即知，被胡適譽爲"第一等證實"的三條證據，皆爲他書引文。

陳垣將這種方法稱之爲他校法，並説明道："他校法者，以他書校本書。凡其書有採自前人者，可以前人之書校之；有爲後人所引用者，可以後人之書校之；其史料有爲同時之書所並載者，可以同時之書校之。此等校法，範圍較廣，用力較勞，而有時非此不能證明其譌誤。丁國鈞之《晉書》校文，岑刻之《舊唐書》校勘記，皆此法也。"他接着還舉了《元典章》中的一個例子：

> 吏一廿七　蕁麻林納尖尖　元刻亦作"納尖尖"
>
> 吏一三四　蕁麻林納失失　元刻亦作"納失失"
>
> 欲證明此"納尖尖"、"納失失"之是非，用對校法不能，因沈刻與元刻無異也。用本校法亦不能，因全部《元典章》關於

①《胡適文集》第五册《校勘學方法論》。

> "納失失"、"納尖尖"止此二條也。則不能不求諸《元典章》以外之書。《元史》卷七七《祭祀志·國俗舊禮》條:"輿車用白氈青緣,納失失爲簾,覆棺亦以納失失爲之。"卷七八《輿服志·冕服》條:"玉環綬,制以納石失。"注:"金錦也。"又:"履,制以納石失。"《輿服志》中"納石失"之名凡數見,則《元典章》"納失失"之名不誤,而"納尖尖"之名爲元刻與沈刻同誤也。①

我們既然可以用被他書引用的書來校正原書,當然也可以用原書來校正被引用的他書。譬如《册府元龜》是根據各種史書編成的,我們可以利用《册府元龜》中的引文來校正各種史書。反之,我們當然也可以利用各種史書來校正《册府元龜》。陳垣也談到過這個問題,他道:

> 《册府》可以校史,亦可以史校之。昔傅沅叔增湘以宋本《册府》殘卷校明本,至五百十七卷十四頁一行,發見有錯簡,宋明本皆誤,馳書詢余。余審上下文義,上半係晉天福五年竇貞固奏國忌事,"勳舊"下缺文五十八字,可以本書三十一卷十六頁《奉先門》互見之文補足之。下半"加冠"一段,有王奐等十四人議,係《南齊書·禮志》之文;"伏曼容"一段,亦採自《南齊書·輿服志》。由"加冠"至十七行"軍容",係本書五百七十七卷九頁十四行《奏議門》"司徒"下脱文,正可補其闕。至"軍容"下之"是月"究係何月,據《五代會要》十七卷"知班"條載賈玭此狀,係周廣順三年三月,知其前一條亦必是周廣順三年三月事,故承上文言"是月"也。以此覆沅叔,沅叔大喜,以爲問一得三,知宋本亦未盡善,要

①《校勘學釋例》卷六《校例》第四三《校法四例》。

在讀者以校勘學之"他校法"校之。陸心源亦曾校此二卷，未能校出，蓋對校易，他校難也。①

當然，我們有必要對用於他校的資料的可靠程度作出判斷，一般來説，時代越早，越接近原始面貌，也就越可靠。如傅璇琮等云：

> 《新唐書》卷五八《藝文志》二，乙部史録儀注類，著録"裴瑾《崇豐二陵集記》"，小注云："瑾字封叔，光庭曾孫，元和吉州刺史。"按同書卷七一上《宰相世系表》一上載有裴墐，儆子，吉州刺史。時代相同。《新志》作瑾，《新表》作墐。按柳宗元有《唐故萬年令裴府君墓碣》，云："公諱墐，字封叔，河東聞喜人。……大理卿府君諱儆，實父。"文中還具體述及裴墐的撰著《二陵集記》，謂："司空杜公聯奉崇陵、豐陵禮儀，再以爲佐。離紛尨、導滯塞，闢百執事，條直顯遂，司空拱手以成。自開元制禮，諱去國恤章，累聖陵寢，皆因事擘綴，取一切乃已，有司卒無所徵。公乃撰《二陵集禮》，藏之南閣。"（中華書局一九七九年十月點校本；世綵堂本《柳河東集》與此同）今按裴墐之後夫人柳氏爲柳宗元之姊，墐於元和十二年卒於吉州刺史，柳宗元時爲柳州刺史，他對於裴墐的事迹，當然是知之詳確的。據此，則《新表》作裴墐是，《新志》作裴瑾誤。②

在原始資料難求的情況下，不得已而求其次，則較晚的資料也可用作校勘之資。如傅璇琮等復云：

> 《舊唐書》作爲封建社會官修的史書，它成於衆手，而且

①中華書局一九六〇年影印明本《册府元龜》陳序。

②《兩唐書校勘拾遺》，載《文史》第十二輯。

不少地方又直鈔唐時的實録、國史，未經認真的整理和統一，前後失去照應之處不少。如《舊唐書》卷七《中宗紀》，景龍四年四月乙未，"幸隆慶池，結綵爲樓，宴侍臣，泛舟戲樂，因幸禮部尚書竇希宅。"這裏是説中宗景龍時禮部尚書爲竇希。但同書卷六一《竇威傳》載孝慈子希玠，"中宗時爲禮部尚書，以恩澤賜實封二百五十户。"《新唐書》卷七一下《宰相世系表》一下，《姓纂》卷九，以及《唐詩紀事》卷十二，都載竇希玠中宗時爲禮部尚書，竇氏世爲外戚，恩隆極盛。從這些例證，可以確定《舊唐書·中宗紀》的"因幸禮部尚書竇希宅"句於"希"字下脱"玠"字。[①]

此外，還應注意古人引書不謹嚴，有的撮述其大意，有的删節其原文，而且所據也並非盡屬善本，所以採用他校法也要特別慎重。關於這個問題，我們在本書第四章《校勘的資料》第二節《他書的引文》已作了論述，可參看。

下面我們再舉運用他校法的若干實例。如《史記·李斯列傳》云："夫以秦之彊，大王之賢，由竈上騷除，足以滅諸侯，成帝業。"王念孫指出："《太平御覽·人事部》引此，竈字上有老嫗二字。"並認爲："《索隱》曰：'言秦欲并天下，若炊婦埽除竈上之不浄，不足爲難。'據此，則正文内有老嫗二字明矣。"[②]又，胡應麟云："張祜字承吉，刻本大半作祐，覽者莫辨。緣承吉字，祐、祜俱通耳。一日偶閲雜説，張子小名冬瓜，或以譏之，答云：'冬瓜合出瓠子。'則張之名祜審矣。"[③]按：此雜説指馮翊《桂苑叢談》、錢易《南部新書》丁卷。再如《四庫全書總目》卷一五一《韓内翰别

①《兩唐書校勘拾遺》，載《文史》第十二輯。
②《讀書雜志·史記第五·李斯列傳·竈上騷除》。
③《詩藪》内編卷四《近體》上《五言》。

集》提要云:“唐韓偓撰,《唐書》本傳謂偓字致光,計有功《唐詩紀事》作致堯,胡仔《漁隱叢話》謂字致元。毛晉作是集跋,以爲未知孰是。案劉向《列仙傳》稱:‘偓佺堯時仙人,堯從而問道。’則偓字致堯於義爲合。致光、致元皆爲字形相近誤也。”

但是有的校勘結果却尚需斟酌。如《荀子·非相》篇云:“觀人以言,美於黼黻文章;聽人以言,樂於鐘鼓琴瑟。”王念孫認爲:“觀本作勸。勸人以言,謂以善言勸人也,故曰美於黼黻文章。若觀人以言,則何美之有。楊注云:‘謂使人觀其言’,則所見本已訛作觀。《太平御覽·人事部》三十一所引亦然。《藝文類聚·人部》十五正引作勸人以言。”[1]對此,鍾泰却持相反觀點,他說:“不知下文曰‘聽人以言,樂於鐘鼓琴瑟’。‘觀人’、‘聽人’,文正相對。且惟言‘觀’,故曰‘美於黼黻文章’。若言‘勸人’,則何爲以黼黻文章相喻乎?”[2]蔣禮鴻申鍾屈王,他分析道:

> 王氏祇着眼於“觀”和“言”聯繫不上,不知道“觀”是比喻的說法。鍾先生則從“觀”和“聽”的聯繫、“觀”和“黼黻文章”的聯繫來看,當然比王氏正確了。《藝文類聚》的引文是不足爲據的。梁元帝《金樓子·立言》篇:“觀人以言,美於黼黻文章。”《文心雕龍·章表》篇:“荀卿以爲觀人美辭,麗於黼黻文章。”可見六朝人所見的本子還是作“觀”的。[3]

再如《新論·九流》篇云:“名者,宋銒、尹文、惠施、公孫捷之類也。”孫詒讓案:“此篇所說,悉本《漢·藝文志》。檢《志》,無‘公孫捷’,疑當作‘公孫、捷子’。公孫謂公孫龍,捷子自爲一人。

---

①《讀書雜志·荀子第二·非相·觀人以言 聽人以言》。

②《荀子訂補序》。

③《懷任齋文集·校勘略說》。

《漢志》,《公孫龍》十四篇,在名家,《捷子》二篇,在道家。"[1]我們查《漢書·藝文志》,發現尹文、公孫龍、惠施均在名家,師古曰:"劉向云:尹文與宋鈃俱游稷下。"既然《新論·九流》篇悉本《漢書·藝文志》,則公孫捷當爲公孫龍之誤,而非公孫、捷子之誤。因爲捷子屬道家,不應混入名家行列。可見他校法實非易事,即使校勘名家,也可能會有千慮一失。

四　對校、本校、他校相結合

爲了敘述方便,我們將對校、本校、他校三種方法分别作了一些説明。其實,在校勘過程中,它們是緊密聯繫在一起的,有時爲了糾正一處錯誤,不得不同時運用多種方法,才能取得可信的證據,得出正確的結論。如戴震曾作《方言疏證》一書,指出揚雄《方言》自"宋元以來,六書故訓不講,故鮮能知其精覈,加以訛舛相承,幾不可通。今從《永樂大典》内得善本,因廣搜群籍之引用《方言》及注者,交互參訂,改正訛字二百八十一,補脱字二十七,删衍字十七,逐條詳證之。"[2]王念孫父子也注意兼用各種方法,如王念孫校《淮南子》内篇,其後序云:"余未得見宋本,所見諸本中,唯道藏本爲優,明劉績本次之。其餘各本,皆出二本之下。兹以道藏本爲主,參以群書所引,凡所訂正共九百餘條。"王念孫終以未見宋本爲憾,特地與顧千里聯繫,"求其詳識宋本與道藏本不同之字,及平日校訂是書之訛,爲家刻所無者,補刻以遺後學。"[3]其《淮南内篇補》即包含顧校《淮南子》各條。可見王

---

①《札迻》卷十《新論袁孝政注》。

②《戴東原集》卷十《方言疏證序》。

③《讀書雜志·淮南内篇第二十二》。

氏不僅對他校法運用自如，而且對對校法也是異常重視、得心應手的。

顧廣圻强調對校，也同樣兼用他校法、本校法，乃至理校法。其《校殘宋尤袤槧本文選跋》云："廣圻由宋本而知近本之謬，兼由勘宋本而即知宋本亦不能無謬。意欲準古今通借以指歸文字，參累代聲韻以區别句逗。經史互載者，考其異；專集尚存者，證其同；而又旁綜四部，雜涉九流；援引者，沿流而溯源，已佚者，借彼以訂此。"[①]余嘉錫對之也作了較高的評價，其言云：

> 千里讀書極博，凡經史、小學、天算、輿地、九流、百家、詩文、詞曲之學，無所不通。於古今制度沿革、名物變遷，以及著述體例、文章利病，莫不心知其意，故能窮其要旨，觀其匯通。每校一書，先衡之以本書之詞例，次徵之於他書所引用，復決之以考據之是非。一事也，數書同見，此書誤，參之他書，而得其不誤者焉。一語也，各家並用，此篇誤，參之他篇，而得其不誤者焉。文字、音韻、訓詁，則求之於經。典章、官制、地理，則考之於史。於是近刻本之誤、宋元刊本之誤，以及從來傳寫本之誤，罔不軒豁呈露，瞭然於心目，躍然於紙上。然後臚舉義證，殺青繕寫，定則定矣。故曰"誤書思之，更是一適"。斯言也，豈徒日執誤書，向壁冥想云爾哉！[②]

下面我們就舉一個兼用對校、本校、他校方法的具有典型性的實例。《史記·周本紀》云："命南宫括散鹿臺之財，發鉅橋之粟，以振貧弱萌隸。"王念孫指出：

---

①《思適齋集外書跋輯存》集類《文選六十卷》。

②《余嘉錫論學雜著》下册《黄顧遺書序》。"誤書"二語，見《北齊書·邢卲傳》，詳下本章第四節《校勘宜慎》。

散鹿臺之財，本作散鹿臺之錢。今作財者，後人依晚出古文《尚書》改之也。請以十證明之：

晚出《尚書·武成》篇："散鹿臺之財。"《正義》引《周本紀》曰："命南宫括散鹿臺之錢。"又曰："言鹿臺之財，則非一物也。《史記》作錢，後世追論，以錢爲主耳。"是《史記》本作錢，不作財，一也。

《群書治要》引《史記》，亦作"散鹿臺之錢"。是唐初人所見本皆作錢，二也。

《齊世家》曰："散鹿臺之錢，發鉅橋之粟"，三也。

《留侯世家》曰："發鉅橋之粟，散鹿臺之錢"，四也。

《逸周書·克殷》篇曰："命南宫忽振鹿臺之錢，散巨橋之粟。"《周本紀》即本於此，五也。

《管子·版法解》篇曰："決鉅橋之粟，散鹿臺之錢"，六也。

《淮南·主術》篇、《道應》篇並曰："發鉅橋之粟，散鹿臺之錢"，七也。

《殷本紀》曰："帝紂厚賦税以實鹿臺之錢"，是紂作鹿臺，本以聚錢，故《周本紀》言散鹿臺之錢，八也。

《吕氏春秋·慎大》篇曰："發巨橋之粟，賦鹿臺之錢，以示民無私。出拘救罪，分財棄責，以振窮困。"是分財不專在鹿臺，而賦錢則專在鹿臺，故曰"賦鹿臺之錢"，九也。

《説苑·指武》篇曰："武王上堂見玉，曰：'誰之玉也？'曰：'諸侯之玉也。'即取而歸之於諸侯。天下聞之曰：'武王廉於財矣。'入室見女，曰：'誰之女也？'曰：'諸侯之女也。'即取而歸之於諸侯。天下聞之曰：'武王廉於色矣。'於是發巨橋之粟，散鹿臺之金錢以與士民。"是玉與女皆在宫中，而金錢則在鹿臺,故曰"散鹿臺之金錢",十也。[①]

在王念孫羅列的十條證據中,一、二、五、六、七、九、十條屬他校;三、四、八條屬本校。

第二節 理校

理校,即推理的校勘,是校勘工作的補充方法。當我們發現了書面材料中的確存在着錯誤,可是又没有足够的資料可供比勘時,就不得不採用推理的方法來加以改正。例如王國維跋《四部叢刊》影明本《李文饒文集》二十卷《别集》十卷《外集》四卷云:"辛酉冬日讀一過,恨無别本可校,以意改正訛字數百,又更定錯簡兩處,至爲快意。"[②]王國維在這裏就是採用的理校法。

學識很高的人用理校之法,往往能够達到和對校同樣正確的程度。如錢大昕云:

予撰《漢書考異》,謂《哀帝紀》"元壽二年春正月",元壽二字衍文。《景武昭宣元成功臣表》"孝成五人",成鄉當作成都,"樂成"下衍龍字。《百官公卿表》"寧平侯張歐",寧當作宣;"俞侯樂賁",樂當作欒;"安年侯王章",年當作平;"平喜侯史中",喜當作臺;"廣漢太守孫寶",寶當作寶。《五行志》"能者養之以福",之以當作以之。《地理志》"逢山長谷,諸水所出",諸當作渚;"博水東北至鉅定",博當作時。《張良傳》"景駒自立爲楚假王,在陳留",陳字衍。《枚乘傳》"凡

---

①《讀書雜志·史記第一·周本紀·散鹿臺之財》。

②北京圖書館善本組輯録《觀堂題跋選録(子集部分)》,載《文獻》第十輯。

可讀者不二十篇”,不當作百。《韓安國傳》“梁城安人也”,城當作成。《韋賢傳》“畫爲亞人”,亞當作亞。《佞倖傳》“龍雒思侯夫人”,雒當作頟。頃見北宋景祐本,此十數,皆與予說合。①

再如《文選》所載孔稚珪《北山移文》云:“鍾山之英,草堂之靈,馳烟驛路,勒移山庭。”徐復説:

往年黄季剛先生講授《文選》,疑“驛路”蓋本作“驛霧”,馳、驛詞性相同,驛亦馳也。謂王勃《乾元殿賦》“尋出紲嶺,驛霧馳烟”,即本於此。其説爲前人所未發,亟録之以俟更證。嗣在重慶時,閲影宋本《太平御覽》卷四一引《金陵地記》,所舉孔文首句,正作“馳烟驛霧”,知宋人所見本,尚有不誤者,可用以證成師説,洵屬快事。②

人們使用理校法,主要是從語言、體例、史實三個方面着手的。今分别舉例説明如次。

一　語言

在文籍中,如發現確有錯誤而又無别本可據以校正時,則可以根據字形、字音相近的情況來推斷其錯誤原因,進行改正。在段玉裁《説文解字注》,嚴可均、姚文田《説文校議》中,就有這種情況。莫友芝《唐寫本説文解字木部箋異》識語云:

其説解殊别之善:楗,歫門,與李善引合,今本歫作限;栅,編豎木,與《玉篇》合,今本豎作樹;㮝,關西謂之㮝,與

①《十駕齋養新録》卷六《漢書景祐本》。
②《讀文選札記》,載《南京師範學院學報》一九七九年第一期。

《方言》合,今本椧作樸。棁,大杖,與李賢、玄應引合;柷,樂木椌,與《詩》毛傳合;柹,削木朴,與玄應引合;槱,積木燎之,與《玉篇》《五經文字》合。今本大誤木,椌誤空,朴誤札樸,木誤火。段玉裁《注》、嚴可均《校議》,博徵精訂,上舉諸端多與闇契。

例如段玉裁《說文解字注》篇六上木部云:"柹,削木朴也。"注曰:"各本作'削木札樸也。'今依玄應書卷十九正。朴者,木皮也;樸者,木素也。柹安得有素,則作朴是矣。"①

陳垣校沈家本刻《元典章》也曾採用理校法,如吏部卷五頁四"合無滅半支俸",陳謂"'滅半'當作'減半'"。吏部卷六頁三七"年高不任部書",陳謂"'部書'當作'簿書'"。户部卷五頁三一"亡宋淳佑元年",陳謂"'淳佑'當作'淳祐'"。刑部卷一頁四"江西省行准中書省咨",陳謂"'省行'當作'行省'"②。其說皆是。

如果是因字音變化造成的錯誤,則可以運用音韻學的知識來進行校正。王念孫在這方面成就突出。如《韓非子·主道》篇云:"去好去惡,臣乃見素;去舊去智,臣乃自備。"王氏云:

> "去舊去智"本作"去智去舊",惡、素爲韻,舊、備爲韻。舊,古讀若忌。《大雅·蕩》篇"殷不用舊"與"時"爲韻;《召旻》篇"不尚有舊"與"里"爲韻。《管子·牧民》篇"不恭祖舊"與"備"爲韻,皆其證也。後人讀"舊"爲巨救反,則與"備"字不協,故改爲"去舊去智",不知古音"智"屬支部,"備"屬之部,兩部絶不相通,自唐以後,始溷爲一類,此非精

①《仿唐寫本說文解字木部》《唐寫本說文解字木部箋異》均收入《影山草堂叢書》。

②《校勘學釋例》卷六《校法四例》。

於三代兩漢之音者，不能辨也。[①]

此外，我們還可以根據詩文的叶韻情況來進行校勘。如《詩經·漢廣》云："南有喬木，不可休息；漢有游女，不可求思。漢之廣矣，不可泳思；江之永矣，不可方思。"毛亨《傳》曰："喬，上竦也；思，辭也。漢上游女無求思者。"孔穎達《正義》曰："以泳思、方思之等，皆不取思爲義，故爲辭也。經求思之文在游女之下。傳解喬木之下，先言思辭，然後始言漢上，疑經休息之字作休思也。何則？詩之大體，韻在辭上，疑休、求字爲韻，二字俱作思，但未見如此之本，不敢輒改耳。"[②]再如《楚辭·離騷》有："曰黄昏以爲期兮，羌中道而改路。"

洪興祖曰：一本有此二句，王逸無注，至下文"羌内恕己以量人"始釋羌義，疑此二句後人所增耳。《九章》曰："昔君與我誠言兮，曰黄昏以爲期。羌中道而回畔兮，反既有此他志。"與此語同。

閔齊華曰："黄昏""爲期"二語，《選》本原無，況於韻亦不協。

王邦采曰：王之不注此二句者，蓋併此二句而無之也。若此下脱兩句，則王當注云：疑有闕文矣。且少此二句，於文氣未嘗不貫，宜從洪説。

屈復曰：此二句與下悔遁有他意重，又通篇皆四句，此多二句，明係衍文。

朱玶曰：觀前文"來吾道夫先路"，路與度韻。"既遵道而得路"，路與步韻。此處路亦當與故韻，乃屬他化爲韻，云

①《讀書雜志·餘編上·韓子·去舊去智》。

②《阮刻十三經注疏·毛詩正義》卷一之三。

叶若羅，非也。洪説云云，則以爲誤入者近之。[①]

通觀《離騷》韻例，都是雙進的，如有這兩句，就是武、怒、舍、故、路五字相叶，成爲單數了。這是和全篇形式不一致的，所以諸家一致推斷這兩句是衍文，没有這兩句的本子是正確的。

某些因不明詞義而造成的錯誤，可以通過訓詁來校勘。如顏之推云："古樂府歌百里奚詞曰：'百里奚，五羊皮。憶别時，烹伏雌，吹扊扅。今日富貴忘我爲。''吹'當作炊煮之炊。案蔡邕《月令章句》曰：'鍵，關牡也，所以止扉，或謂之剡移。'然則當時貧困，並以門牡木作薪炊耳。"[②]再如《逸周書·謚法》篇云："仁義所在曰王。"孔晁注曰："民往歸之。"盧文弨曰："在，《史記正義》作往，非。"王念孫糾盧説云：

> "往"字是也，後人不解"仁義所往"之語，故改"往"爲"在"。予謂《廣雅》：歸，往也。迋，歸也。（迋與往同）"仁義所往"猶言天下歸仁耳。古者王、往同聲而互訓，故曰"仁義所往曰王。"若云"仁義所在"，則非古人同聲互訓之旨。[③]

有時我們還可以從語法的角度，發現並改正書面材料中的錯誤。如《莊子·天運》篇云："故西施病心而矉其里。其里之醜人見而美之，歸亦捧心而矉其里。其里之富人見之，堅閉門而不出；貧人見之，挈妻子而去之走。"周祖謨指出：

> 此處"其里"二字疊見。"病心而矉其里"與"捧心而矉其里"的"其里"二字傳寫誤重，當删。"矉"是蹙額的意思，

---

①諸説見游國恩主編之《離騷纂義》，中華書局一九八〇年版。洪著《楚辭補注》，閔著《文選瀹注》，王著《離騷彙訂》，屈著《楚辭新注》，朱著《文選集釋》。

②《顏氏家訓》卷下《書證》。

③《讀書雜志·逸周書第三·謚法·仁義所在》。

字亦作“嚬”。它是個自動詞，後面不能帶賓語。《太平御覽》卷三九二、七四一引，並不重上面兩處“其里”二字。唐寫本上一“其里”二字亦不重出，足證當删。①

再如沈家本刻《元典章》刑部卷十九頁四十云：“至元鈔一百兩正。”陳垣指出：“‘正’字妄添。數目之末加一‘正’字，近世通行，實非當時習慣。”②

從修辭的角度來從事校勘也是行之有效的。我國古代作品不論散文還是韻文，爲了增强語言的表達效果，都愛用對偶與排比等修辭手法。某些詞句原來運用了對偶、排比的手法，後來變得不對偶、不排比了；或者原來不對偶、不排比，後來又變得對偶、排比了，往往能够用推理的方法判斷出來。如《墨子·尚賢中》云：“豈必智且有慧哉。”王念孫校云：“智且慧，與前貴且智、愚且賤，文同一例。慧上不當有‘有’字，蓋後人所加。”③再如《淮南子·脩務》篇云：“禹沐浴霪雨，櫛扶風。”王氏指出：

> 沐下本無浴字，此涉高注沐浴而誤衍也。沐霪雨，櫛扶風，相對爲文，多一浴字，則句法參差矣（劉本又於櫛上加梳字，以對沐浴，尤非）。《藝文類聚·帝王部》一、《太平御覽·皇王部》七、《文選》謝朓《和王著作八公山詩》注，引此皆無浴字。《莊子·天下》篇：“禹沐甚雨，櫛疾風。”此即《淮南》所本。④

①《古籍校勘述例》，載《中國語文》一九八〇年第二期。
②《校勘學釋例》卷二第二十《妄添三例》。
③《讀書雜志·墨子第一·尚賢中·有慧》。
④《讀書雜志·淮南内篇第十九·脩務·沐浴霪雨》。

二　體例

古書通常都有一定體例,因此我們可以根據書的體例來從事校勘。正如阮元所説:"經有經之例,傳有傳之例,箋有箋之例,疏有疏之例,通乎諸例而折衷於孟子'不以辭害志',而後諸家之本可以知其分,亦可以知其一定不可易者矣。"[①]《讀書雜志·淮南内篇補》收有顧廣圻校《淮南子》各條,王引之評價道:"其心之細,識之精,實爲近今所罕有,非熟於古書之體例,而能以類推者,不能平允如是。"[②]顧廣圻校書確實非常重視書的體例,曾指出:"凡一書有一書之例,校一書必先求其書之例,否則必以不誤爲誤。"[③]可見了解古書體例對於校勘工作的重要性。

然而不少古書的體例並未在卷首加以説明,而是貫穿在行文中,需要我們去發現。朱一新曾經指出過這一點:

> 古書自有體例,但古人著書,其例散見書中,非若後人自作凡例冠於簡端之陋也。經傳不必言,即史部、子部諸書之古雅者,莫不如是。不通其書之體例,不能讀其書,此即大義之所存,昔人所謂義例也。校勘字句,雖亦要事,尚在其後。此其大綱,校勘其細目,不通此則愈校愈誤。[④]

清戴震校《水經注》是勾稽和發現書的體例並利用書的體例進行校勘的成功例子之一。其《水經酈道元注序》云:"審其義

---

①《十三經注疏·毛詩注疏校勘記序》。

②《讀書雜志·淮南内篇補序》。

③上海圖書館藏稿本《釋〈梧溪集〉訂訛》卷七《吴仲圭山水爲李原復題》之《訂訛》。

④《無邪堂答問》卷五。

例，按之地望，兼以各本參差，是書所由致謬之故，昭然可舉而正之。”[①]他的弟子段玉裁將他所審定的《水經注》中經文注文相互區别的體例歸納爲三條：

《水經注》自北宋以來無善本，不可讀。先生讀此書既久，得經注分别之例有三：一則《水經》立文，首云某水所出，已下無庸再舉水名，而注内詳及所納群川，加以採摭故實，彼此相雜，則一水之名不得不更端重舉。一則經文叙次所過州縣，如云又東過某縣之類，一語實賅一縣；而注則沿溯縣西以終於東，詳記所逕委曲。經據當時縣治，至善長作注時，縣邑流移，是以多稱故城，經無有言故城者也。一則經例云過，注例云逕，不得相淆。得此三例，迎刃分解，如庖丁解牛，故能正千年經注之互譌。俾言地理者，有最適於用之書。《大典》本較勝於各本，又有道元自序。鉤稽校勘，凡補其缺漏者二千一百二十八字，删其妄增者一千四百四十八字，正其臆改者三千七百一十五字。[②]

根據體例進行校勘，此事也有規律可尋。首先，不同的文體具有各自的特點，據此即可校出一些錯誤。如《墨子·非攻中》云：“詩曰：魚水不務，陸將何及乎？”王念孫指出：“陸將何及乎，不類詩詞，乎字蓋淺人所加。”[③]再如《全唐詩》卷六二〇收陸龜蒙《重憶白菊》，陳漢英校曰：

此詩《全唐詩》題下注“一本作二絶句”。《甫里集》作七律，《叢書》作二絶句。案：律近是。統魯望七絶，其押韻多

①《戴東原集》卷六。

②《戴東原集》附《戴東原先生年譜》。

③《讀書雜志·墨子第二·非攻中·乎》。

在一二四句；七律多在一二四六八句。此詩韻脚爲一芳、二堂、四香、六妝、八霜，符合陸詩七律一般情況。若作二絶句，則前四句爲一二四押韻，後四句爲二四押韻，有違陸詩七絶常例，且上下兩首亦不相同，故"一作"疑非。其實，此詩無論平仄、對仗、押韻，抑或上下文義相貫，均合七律要求。卷六二八有《憶白菊》七絶一首，是否與其相比連類而誤？或是爲切題中"重"字而拆一爲二？金元好問編《唐詩鼓吹》，元郝天挺注云："此憶故園白菊而作。首言我愛此菊之貞白寒芳，夾生於小堂之前後，爲可觀賞也。惟貞白，故如月之無艷態；惟寒芳，故迎風而有奇香。是以比之雪詠而無愧，雖有梅妝而不羨也。然而更有憶者，西窗凝夢之夜，村落正有新霜，蓋以菊必冒霜而開，故憶菊兼憶此耳。"此即重憶之謂。（附録原詩："我憐貞白重寒芳，前後叢生夾小堂。月朵暮開無絶艷，風莖時動有奇香。何慚謝雪清才詠，不羨劉梅貴主妝。更憶幽窗凝一夢，夜來村落有微霜。"）①

其次，古書中的正文與注釋特别容易混淆，但正文與注釋的體例是不同的。據此也可校出一些訛誤。如錢大昕云：

《史記》諸年表皆不記干支，注干支出於徐廣。《六國表》，周元王元年，徐廣曰"乙丑"；《秦楚之際月表》，秦二世元年，徐廣曰"壬辰"是也。《十二諸侯年表》共和元年，亦當有徐廣曰"庚申"字，今刊本乃於最上添一格書干支，而删去徐廣注。讀者遂疑爲史公本文，曾不檢照後二篇，亦太疏矣。考徐注之例，唯於每王之元年記干支，此表每十年輒書甲戌、甲申、甲午、甲辰、甲寅、甲子字，不特非史公正文，並

①《點校陸龜蒙集所見全唐詩之誤》，載《古籍整理出版情況簡報》第一八八期。

非徐氏之例，其爲後人羼入，鑿鑿可據。且史公以太陰紀年，故命太初之元爲閼逢攝提格，依此上推，共和必不值庚申，則庚申爲徐注又何疑焉。[①]

錢氏於分析《三國志》注誤入正文時復云：

《魏志·王肅傳評》末云："劉寔以爲肅方於事上而好下佞己，此一反也；性嗜榮貴而不求苟合，此二反也；吝惜財物而治身不穢，此三反也。"陳少章謂："劉寔以下，當是裴氏注。《譙周傳評》後注引張璠以爲云云，與此正同。肅爲晉武帝外王父，史臣於本傳略無貶詞，豈應於評中更摭其短乎？"予考承祚諸評，文簡而要，從未引他人説，少章之言是也。[②]

此外，由於古代文籍所用語言往往含有某種特定義例，也可據此校出某些錯誤。例如《左傳》凡諸侯即位，必書立。而《春秋》僖公二十三年傳云："九月，晉惠公卒，懷公命無從亡人。期期而不至，無赦。"王念孫校曰：

懷公下脱立字，則與上句不相承，唐石經已然，而各本皆沿其誤。凡諸侯即位，必書某公立。此不書立，亦與全書之例不符。《太平御覽·人事部》五十九、《治道部》二兩引此文，皆作"懷公立，命無從亡人"。則宋初本尚有未脱立字者。《史記·晉世家》云："九月，惠公卒，大子圉立，是爲懷公，乃令國中諸從重耳亡者與期，期盡不到者，盡滅其家。"其文皆出於《左傳》。《史記》之大子圉立，即《左傳》之懷公

①《十駕齋養新録》卷六《十二諸侯年表》。

②《十駕齋養新録》卷六《三國志注誤入正文》。陳少章名景雲，著《三國志辨誤》三卷，有《守山閣叢書》本。

立也。則傳文原有立字明矣。①

再如《三國志·魏志·趙儼傳》云:"(李)通曰:'紹與大將軍相持甚急,左右郡縣背叛乃爾。'"紹指袁紹,大將軍指曹操。周國林指出:

> 通觀《三國志》,陳壽於紀事之文中,稱曹操之例尤爲嚴謹,《蜀志》《吴志》中皆稱"曹公";《魏志》於《武帝紀》中,建安元年九月前稱"太祖",是年十月後至二十一年三月前稱"公",二十一年五月後稱"王"(是年四月無紀事之文),於其他紀傳中稱"太祖",間有稱"武帝"者。即《夏侯惇傳》,《趙儼傳》亦然,前者稱"太祖"凡九處,後者稱"太祖"凡七處,絶不可能突然以"大將軍"相稱,淆亂全書體例。據以上所述史實史例,"大將軍"中"將"字爲衍文。②

此外,行文還要受到語言環境的制約。如《史記·扁鵲倉公列傳》云:"臨菑氾里女子薄吾病甚,臣意診其脈曰:蟯瘕,病蟯得之於寒濕。"王念孫指出:

> 病蟯之蟯因上文而誤衍也。凡篇内稱病得之於某事者,皆不言其病名(並見上下文),以病名已見於上文也。又下文"臣意所以知寒薄吾病者",寒字亦因上文而衍。凡篇内稱所以知某之病者,皆不言其致病之由(亦見上下文),亦以致病之由已見上文也,或謂寒字當在薄吾下,非也,宋本無寒字。③

再如《漢書·賈鄒枚路傳》云:"人性有畏其景而惡其迹者,

---

①《經義述聞》卷一七《春秋左傳》上《懷公命無從亡人》。

②《三國志校讀札記》,載《華中師範大學學報》一九八七年第五期。

③《讀書雜志·史記第五·扁鵲倉公列傳·病蟯》。

却背而走,迹愈多,景愈疾。不知就陰而止,景滅迹絶。”王念孫指出:

> 知當爲如,字之誤也。“不如”二字,與下文兩“莫若”,一“不如”,文同一例。“不如就陰而止”與下文“不如絶薪止火而已”亦文同一例,若作“不知”,則與下文不合矣。

此文之下面還有王氏的一條注釋:

> 或曰:《莊子·漁父》篇:“人有畏景惡迹而去之走者,舉中愈數,而迹愈多,走愈疾,而景不離身。不知處陰以休景,處静以息迹,愚亦甚矣。”“不知”二字,正與此同。曰:否。《莊子》上言“不知”,故下言“愚甚”。若作“不如”,則與下文不合矣。此文上言“不如”,故下言“景滅迹絶”。言與其愈走而迹愈多,景愈疾,不如就陰而止,則景自滅,迹自絶也。若作“不知”,則又與下文不合矣。下文云“不如絶薪止火而已”,若改作“不知”,其可乎?①

王氏從文勢與文例的角度,經過正面闡述與反面論證,指明《漢書》原文爲“不如”而非“不知”,最後還引用了“《文選》正作‘不如’”這條材料,從而鑄成了鐵案。由此可見,根據古代文籍的行文體例,確能解決部分校勘問題。

三 史實

這種方法就是從書籍的内容方面檢查,看文字是否符合歷史事實。如果不符合,可能有兩種情況:一種是原稿本身就有錯誤,一種是原稿本身没有錯誤,其錯誤是在傳播的過程中造成

①《讀書雜志·漢書第九·賈鄒枚路傳·不知》。

的。校勘的任務,主要是糾正第二種錯誤。

由於史實主要是由特定的人物在特定的時間和空間内造成的,有産生的原因和形成的結果,所以我們可以從這幾個角度來檢查書面材料是否符合史實。當然這些因素又往往是融合在一起的,爲了叙述的方便,我們在分析時不得不有所側重。

首先可以看看人物是否符合實際情況。如《風俗通義》卷一《皇霸》云:"到王遷,信秦反閒之言,殺其良將李牧而任趙括,遂爲所滅。"盧文弨《群書拾補》校引錢大昕云:"括與牧不同時,此應氏誤。"孫詒讓指出:"代李牧者,《史記·趙世家》作'趙忽',《李牧傳》及《戰國策·趙策》又作'趙葱',疑應氏本'葱',或作'緫','緫'俗書作'摠',與'括'形近,因誤而爲'括'。此傳寫之失,非仲遠之誤也。"[①]再如《文心雕龍·時序》篇云:"及明帝疊耀,崇愛儒術。"劉永濟指出:"'帝'乃'章'誤。此稱兩朝,故曰'疊耀'。下文肄禮璧堂,明帝事也;講文虎觀,章帝事也。"[②]又,《三國志·魏書·方技傳》云:"(管)輅隨軍西行,過毌丘儉墓下,倚樹哀吟,精神不樂。人問其故,輅曰:'林木雖茂,無形可久;碑誄雖美,無後可守。玄武藏頭,蒼龍無足。白虎銜尸,朱雀悲哭。四危以備,法當滅族。不過二載,其應至矣。'卒如其言。"方兆辰校曰:

> 據《毌丘儉傳》,儉興兵淮南反抗司馬師,敗,被殺,夷三族。則儉死與族滅在同時。今上文言管輅相墓後又二年毌丘氏方滅族,則所相者必非毌丘儉之墓明矣。考儉傳言其父名興,官至將作大匠,先儉死。管輅所見,蓋爲興之墓。

①《札迻》卷十《風俗通義》。
②《文心雕龍校釋》,中華書局一九六二年版。

可知"毌丘儉"三字後必有脱文,當脱一"父"字。[①]

其次可以看看時間是否符合實際情況。如《三國志·蜀書·向朗傳》云:"初,朗少時雖涉獵文學,然不治素檢,以吏能見稱。自去長史,優游無事垂三十年。"裴松之注曰:"朗坐馬謖免長史,則建興六年中也。朗至延熙十年卒,整二十年耳,此云'三十',字之誤也。"[②]

此外,還可以看看地點是否符合實際情況。如清趙執信《談龍録》云:"孟浩然詩(引者案:指《夜渡湘水》)'行侣時相問,涔陽何處邊?'涔訛潯,涔陽近湘水,潯陽則遼絶矣。"又李白詩《憶舊游寄譙郡元參軍》云"行來北涼歲月深",王琦注曰:

> 北涼,即張掖郡。按漢武帝始置張掖郡,魏晉時隸涼州。及沮渠蒙遜立國於此,號爲北涼,以涼州五郡,張掖在其北也。唐時爲甘州,又謂之張掖郡。然上文言并州太行,下文言晉祠,中間忽言北涼,不合。當是北京之訛耳。蓋天寶之初,號太原爲北京也。[③]

瞿蜕園、朱金城指出:"王氏的考證很精辟,今天我們看到的《李白集》,包括最早的宋本在内,都誤作'北涼',可是《河嶽英靈集》和流傳到現在的《黄山谷李太白詩卷墨迹》都作'北京',翁方綱《復初齋文集》卷二九《跋黄山谷書太白詩卷》一文,也認爲應作'北京'。"[④]再如中華書局一九五八年版《梨園按試樂府新聲》卷中云:"盧疎齋〔折桂令〕夷門懷古:想鄒枚千古才名。覺苑文辭,氣壓西京。"蔣禮鴻指出:

---

①《三國志校勘拾遺》,載《古籍整理出版情況簡報》第一七二期。

②《三國志》卷四一《向朗傳》注。

③王注本《李太白全集》卷一三。

④見《李白集校注》瞿蜕園、朱金城《後記》,上海古籍出版社一九八〇年。

覺苑,《樂府群珠》同,誤。覺字應作菟,系形近之誤。章樵注《古文苑・枚乘〈梁王菟園賦〉》云:"孝王築東苑,方三百里。爲復道,自宫連屬於平臺,三十餘里。菟園,苑名。"菟苑就是菟園,鄒陽、枚乘,都是游於菟園的辭賦家。[①]

看看名物是否符合實際情況,也是我們校勘時應注意的對象。如唐《中興間氣集》載朱灣《詠玉》詩云:"獻玉屢招疑,終朝省復思。既哀黄鳥興,還復白圭詩。請益先求友,將行必擇師。誰知不鳴者,獨下仲舒帷。"錢曾《讀書敏求記》卷四總集類載《中興間氣集》二卷,云:

此本從宋刻摹寫,字句絶佳,即如朱灣《詠三》詩首句:"獻玉屢招疑",三獻玉也。次云:"終朝省復思",三省三思也。頷聯:"即哀黄鳥興,還復白圭詩",三良,三復也。頸聯:"請益先求友,將行必擇師",益者三友,三人行也。結云:"誰知不鳴者,獨下仲舒帷",三年不鳴,三年不窺園也。後人不解詩義,翻疑"三"爲訛字,妄改題曰《詠玉》,凡元板至明刻本皆然。不知唐人戲拈小題,偶吟一律,便自雋永有味,非若今之人詩成而後著題也。

又,《四庫全書總目》卷一五三著録李壁撰《王荆公詩注》五十卷,提要云:"考《宋史》及諸刊本,壁或從玉作璧。然壁爲李燾第三子。其兄曰垕,曰塾,其弟曰𡌴,名皆從土,則作璧誤也。"因爲古人常用名字來表示在家族中的行輩,例如蘇軾、蘇轍兄弟名共用偏旁"車"表示同輩,明神宗的兒子朱常洛、朱常瀛、朱常洵,第二字共用"常",第三字共用三點水旁,表示兄弟關係。這種習俗,今天也還存在。

①《懷任齋文集・梨園按試樂府新聲校記》。

當然,我們着眼於史實時還應當看看前因後果,以及書面材料中的其他内容是否符合實際情況。如屈原《離騷》云:“聊假日以婾樂。”顔師古校曰:“此言遭遇幽阨,中心愁悶,假延日月,苟爲娱樂耳。今俗猶言‘假日度時’,故王粲云:‘登兹樓以四望,聊假日以消憂’,取此義也。今之讀者,不尋根本,改‘假’爲‘暇’,失其意矣。原其辭理,豈閑暇之意乎?”[①]再如周邦彦《蝶戀花》詞:“不見長條低拂酒,贈行應已輸纖手。”大鶴山人鄭文焯校曰:“纖手,汲古閣諸本並作先手,勞氏舊鈔本先作纖,今從之。”[②]蔣禮鴻指出:“古人折柳贈别,‘不見長條’,是因爲已被先前送行的人折掉,現在再要折贈,已經遲了。‘先手’和‘不見’,正是一因一果的關係;改作‘纖手’,這個關係就被破壞了。這也是‘纖手’太爲人所熟悉,所以不顧文脈所輕易改竄。”[③]

檢查一下書面材料中所涉及到的典章制度是否符合實際情況也有益於校勘工作。這在本編第五章《校勘的條件》第三節《校勘應有相關的專業知識》,已經作了介紹,請參看。

第三節　對校與理校相結合

爲了便於説明問題,我們將校勘方法分成對校和理校,理校又從語言、體例、史實諸方面作了申述。但在校勘實踐中,這些方法往往都是綜合地加以使用的。特别是理校,必須同時從各種角度來考慮,才能取得近真的結果。

---

①《匡謬正俗》。
②參看《懷任齋文集·大鶴山人校本清真詞箋記》。勞氏指勞權。
③《懷任齋文集·誤校七例》。

北齊顔之推在校勘時，就已注意集合衆本加以比較，同時採用各種校勘方法。《顔氏家訓·書證篇》云：

> 太史公論英布曰："禍之興自愛姬，生於妬媢，以至滅國。"又《漢書·外戚傳》亦云："成結寵妾妬媚之誅。"此二"媚"并當作"媢"。媢亦妬也。義見《禮記》《三蒼》。且《五宗世家》亦云："常山憲王后妬媢。"王充《論衡》云："妬夫媢婦生，則忿怒鬬訟。"益知"媢"是妬之别名。原英布之誅爲意賁赫耳，不得言媚。

此例同時運用了他校、本校與理校法。唐顔師古從事校勘，也將理校與對校緊密結合在一起，其《匡謬正俗》卷二《尚書》條云：

> 孔安國《古文尚書序》云："先君孔子，生於周末，覩史籍之煩文，懼覽者之不一，遂乃定禮樂，明舊章。"覽者，謂習讀之人，猶言學者爾。蓋思後之讀史籍者，以其煩文，不能專一，將生異説，故删定之。凡此數句，文對旨明，甚爲易曉。然後之學者，輒改"之"字居"者"字上，云"覽之者不一"。雖大意不失，而顛倒本文，語更凡淺，又不屬對，亦爲妄矣。今有晉、宋時書不被改者，皆云"覽者之不一"。

朱熹《韓文考異》自序談到他校韓愈集，"悉考衆本之同異，而一以文勢義理及它書之可證驗者決之。苟是矣，則雖民間近出小本不敢違。有所未安，則雖官本、古本、石本不敢信"。清代學者在校勘學方面所取得的豐碩成果，也都是理校與對校相結合的産物，下面我們試舉一個現代人綜合運用各種方法進行校勘而頗爲成功的例子，羅聯添云：

> 張籍《贈王建》七絶一首云："自君去後交游少，東野亡來篋笥貧。賴有白頭王建在，眼前猶是詠詩人。"

這首詩見《四部叢刊》景明刊本《張司業集》卷六，開頭“自君”兩字，《全唐詩》(卷十四張籍五)本作“白君”，而清代黎庶昌《古逸叢書》景宋本《張司業集》作“于君”。鄭因百先生認爲“自君”、“白君”均誤，應該作“于君”纔是。其《永嘉室札記》有“張籍贈王建詩”一條云：“晏小山《臨江仙》詞云：‘東野亡來無麗句，于君去後少交親。追思往事好沾巾。白頭王建在，猶見詠詩人。……’前半全用張詩。……于君，于鵠也，爲張籍摯友。《四部叢刊》本《張司業集》于君作自君，《全唐詩》作白君，均誤。《古逸叢書》影刻宋本不誤。”(見《書目季刊》七卷一期二五頁)

案：張籍贈詩的對象是王建，如作“自君”，“君”則必指王建。這跟第三句“白頭王建在”連貫不起來，當然不對。如作“白君”，則當指白居易。白居易亦張籍摯友，曾推許張籍“尤工樂府詩，舉代少其倫”。(《白氏長慶集》卷一《讀張籍古樂府詩》)白卒於武宗會昌五年(八四五)，年七十五。元和十年(八一五)白以論事——論宰相武元衡遇刺事，貶爲江州司馬(詳陳振孫《白香山年譜》及新、舊《唐書・白居易傳》)，而張籍此詩大約作於元和十年(八一五)前後。(據華忱之《孟郊年譜》：東野以元和九年八月卒。張籍詩有“東野亡來”之語，可推其撰作應在元和九年冬以後。)“白君去後”，指白居易離去以後到江州，義亦可通，但“白君”跟第三句“白頭”重用白字，似非高明之作。北宋晏幾道《臨江仙》詞用“于君去後”四字正跟《古逸叢書》景刻宋本合，可證宋本作“于君”最爲正確。于君名鵠，與張籍有厚交，張有《傷于鵠》五言古詩一首。(《張司業集》卷七)其中云：“良玉沈幽泉，名爲天下珍。”又云：“今來弔嗣子，對隴燒斯文。”可知所謂“于君去後”是指于鵠去世以後，與“東野亡來”正相儷。

又東野卒於元和九年(八一四),于鵠之去,與東野之亡,相並而言,于鵠去世應在元和時代。南宋計有功《唐詩紀事》,稱于鵠是"大曆貞元間人",據此可證其謬。[①]

陳垣在談到理校法時説:"最高妙者此法,最危險者亦此法。"[②]理校與對校相結合,則可增强校勘的可靠性。例如王念孫雖以理校見長,但他在校勘時仍十分重視引證各種資料,從而取得精湛的成果。如《逸周書·文政》篇云"位長以遵之",王氏云:"位長本作伍長。下文'什長以行之',什長與伍長文正相對。《大聚》篇曰:'五户爲伍,以首爲長;十夫爲什,以年爲長。'此之謂也。今本伍長作位長,則文義不明,蓋以伍、位字形相似而誤。《玉海》六十七引此正作伍長。"[③]

陳垣在談到對校法時説:"其主旨在校異同,不校是非,故其短處在不負責任,雖祖本或别本有訛,亦照式録之;而其長處則在不參己見,得此校本,可知祖本或别本之本來面目。"[④]採用對校與理校相結合的方法,則可保存對校法的長處,並能克服其短處。如《管子·牧民》篇云:"地辟舉則民留處",郭沫若等集校曰:

宋楊忱本作"地辟舉則民留處",古本、劉績本、朱東光本均作"地舉辟則可留處"。

尹知章云:舉,盡也,言地盡闢,則人留而安居處也。

猪飼彦博云:舉,謂耕種也。《臣乘馬》曰:"起一人之

①《唐代文學論集·唐代詩文集校勘問題》八《自君去後交游少》,臺灣學生書局一九八九年版。

②《校勘學釋例》卷六《校法四例》。

③《讀書雜志·逸周書第二·文政·位長》。

④《校勘學釋例》卷六《校法四例》。

繇，百畝不舉。"

戴望云：朱東光本作"地舉辟則可留處"，據尹《注》似亦作"地舉辟"。舉、處爲韻。上下文皆協韻，此不宜獨異。《輕重甲篇》曰"地辟舉則民留處"，《事語》《地數》二篇並曰"壤辟舉則民留處"，是其明證。朱本"可"字誤。

維遹案：戴説是也。《廣雅·釋詁》一"發，舉也"，則"舉"亦可訓發。辟、闢同。"地辟舉"猶言地開發也。[①]

《集校》首先列舉了各本的異同，即對校；接着又列舉了猪飼彦博、戴望、許維遹的校勘記，他們從音韻與訓詁的角度進行了分析，認爲"地辟舉"是而"地舉辟"非，即理校。此外，猪飼彦博、戴望還舉了《管子》他篇的有關内容來印證自己的推理，頗有説服力。校記此條將對校與理校結合在一起，既使我們知道了各本的本來面目，又分析了孰是孰非，頗便於讀者參考和抉擇。所以説，實行對校與理校相結合的校勘方法，不僅是可能的，而且也是必要的。

第四節　校勘宜慎

人們在校勘實踐中深刻地認識到，書面材料中的不少錯誤都是由誤校造成的。如顧廣圻云："予性素好鉛槧，從事稍久，始悟書籍之訛，實由於校。據其所知，改所不知。通人類然，流俗

①《郭沫若全集》歷史編《管子集校·牧民篇第一》。許維遹乃《管子集校》作者之一。

無論矣。"[①]段玉裁强調理校,但是也認爲:"校定之學,識不到則或指瑜爲瑕,而疵纇更甚;轉不若多存其未校定之本,使學者隨其學之淺深以定其瑕瑜,而瑕瑜之真固在。古書之壞於不校者固多,壞於校者尤多。壞於不校者,以校治之;壞於校者,久且不可治。"[②]孫德謙還談道:"若不善校書,全無依據而率意改更,抑或强書就我,妄援假借之例,以便其改字。形聲不通者,則歸其罪於傳寫。尤甚者,勇於改書,義所難解者,則悍然去之,無復有所顧慮。吾恐書之幸而獲傳於今,其間文字歧異,經校讎之手,私相删改當不可勝算矣。"[③]

古今因臆改致誤的例子甚多,其突出的有韓愈的兒子韓昶改金根車爲金銀車的笑話。宋劉昌詩記其事云:

> 崔豹《古今注》云:金根車,秦制也。秦併天下,閲三代之輿服,謂殷得瑞山車,一曰金根,故因作爲金根之車。秦乃增飾而乘御,漢因不改。《晉·輿服志》載金根車,天子親耕所乘,置耒耜於軾上,乃知是車蓋耕車也。及考《東京賦》,有農輿輅木。薛綜注曰:此所謂耕根車。然則金根、耕根,其名又異矣。唐莊懿公主下嫁田緒,德宗幸望春樓餞之,厭翟敝不可乘,以金根車代之。公主出降乘金根車,自此始。豈非去古遠而意愈失邪?韓昶爲集賢校理,史傳中有説金根車處,皆臆斷之曰:"豈其誤歟?必金銀車也。"悉改"根"爲"銀"。至除拾遺,果爲諫院不受。昶,文公之子也,而不知古,抑又可歎。[④]

①《思適齋集》卷一五《書文苑英華辨證後》。
②《經韻樓集》卷八《重刊明道二年國語序》。
③《劉向校讎學纂微·待刊改》。
④《蘆浦筆記》卷六《金根車》。

近人誤改者也屢見不鮮,潘重規云:

任二北教授是近代詞曲大師,所著《敦煌曲校録》《敦煌曲初探》《唐戲弄》,都是煌煌鉅著,備受國際學者的重視,由於敦煌寫本文字叢殘,卷紙損泐,任氏出其所學,往往有精確的訂正,嘉惠士林,裨益學術,貢獻不可謂不大。但有時自出手眼,也造成了失誤。現在姑舉一例,以明治學之難。巴黎伯三二五一號卷子,鈔寫《菩薩蠻》詞四首,前二首云:

清明節近千山緑,輕盈士女腰如束。九陌正花芳,少年騎馬郎。　　羅衫香袖薄,佯醉抛鞭落。何用更迴頭,謾添春夜愁。

朱明時節櫻桃熟,卷(捲)簾嫩笋(筍)初成竹。小玉莫添香,正嫌紅日長。　　四支(肢)無氣力,鵲語虚消息。愁對牡丹花,不曾君在家。

這兩首詞,第一首寫芳春郊游的艷情,第二首寫初夏幽閨的愁思。任氏《敦煌曲校録》依據第一首"清明節近"改第二首"朱明時節"作"清明時節",造成了很大的錯誤。因爲櫻桃成熟,嫩筍成竹,紅日嫌長,都是夏日的景色。《禮記·月令》説:"仲夏之月,天子羞以含桃,先薦寢廟。"含桃就是櫻桃。《漢書·叔孫通傳》説:"惠帝出離宫,叔孫通曰:'古者春嘗果,方今(按謂仲夏之月)櫻桃熟可獻,願陛下出,因取櫻桃獻宗廟。'上許之。"杜工部《野人送朱櫻》詩云:"西蜀櫻桃也自紅,野人相贈滿筠籠。數迴細寫愁仍破,萬顆匀圓訝許同。憶昨賜霑門下省,退朝擎出大明宫。金盤玉筯無消息,此日嘗新任轉蓬。"寫出了唐代宫内獻櫻桃後頒賜臣下的情況。而且"朱明"本來就是指的夏天,《爾雅·釋天》説:"夏爲朱明。"用朱明爲夏日紀時,在敦煌寫本中仍然可以看到,巴黎伯二七二一號卷子的背面鈔寫了舜子至孝變

> 文,末尾有題記云:“天福十五年歲當己酉朱明蕤賓之月蓂生拾肆寫畢記。”天福是後晉高祖的年號,己酉(九四九)已經到了後漢隱帝乾祐二年,偏遠地方消息不靈,寫本紀年常有此種現象。朱明是夏,蕤賓之月是五月,《禮記·月令》:“仲夏之月,律中蕤賓。”蓂是蓂莢,“堯時瑞草”(《集韻》),“月一日一莢生,十五日畢;至十六日,一莢去。”(《白虎通·封禪》)蓂生十四莢,即是月之十四日。換句話,這個題記是天福十五年己酉五月十四日寫畢的。筍是竹萌。《毛詩草木蟲魚疏》:“筍,竹萌也。皆四月生。”所以這首詩寫的是夏景,朱明指的是夏日。把朱明改作清明,那真是天大的錯誤![①]

正因爲輕改容易致誤,所以嚴肅的學者在校勘時都採取慎重態度,而且形成了一個優良傳統。《漢書·藝文志》云:“古制,書必同文,不知則闕,問諸故老。至於衰世,是非無正,人用其私。故孔子曰:‘吾猶及史之闕文也,今亡矣夫。’蓋傷其寖不正。”[②]於此可見,妄改書面材料與反對妄改書面材料,皆早已有之。孔子是反對輕改書面材料的。如《春秋》昭公“十有二年,春,齊高偃帥師納北燕伯于陽”。《公羊傳》云:“伯于陽者何?公子陽生也。子曰:‘我乃知之矣。’在側者曰:‘子苟知之,何以不革?’曰:‘如爾所不知何?’”何休《公羊解詁》曰:“子,謂孔子。乃,乃是歲也。時孔子年二十三,具知其事,後作《春秋》,案史記,知‘公’誤爲‘伯’,‘子’誤爲‘于’,‘陽’在,‘生’刊滅闕。”又曰:“如,猶奈也。猶曰:‘奈汝所不知何,寧可强更之乎?’此夫子

①《敦煌詞話》五《敦煌詞不可輕改》。

②《漢書》卷三〇。“吾猶及”云云,見《論語·衛靈公》。

欲爲後人法，不欲令人妄億錯。'子絶四：毋意，毋必，毋固，毋我。'"[①]元吴師道也説："事莫大於存古，學莫善於闕疑。夫子作《春秋》，仍'夏五'殘文；漢儒校經，未嘗去本字，但云'某當作某'，'某讀如某'，亦謹重也。古書字多假借，音亦相通，鮑直去本文，徑加改字，豈傳疑存舊之意哉？"[②]

最值得稱道的是宋人彭叔夏校《文苑英華》的慎重態度。他在《文苑英華辨證》的自序中説："叔夏年十二三時，手鈔《太祖皇帝實録》。其間云：'興衰治□之源'，闕一字，意謂必是'治亂'，後得善本，乃作'治忽'。三折肱爲良醫，信知書不可以意輕改。"《四庫全書總目》卷一八六《文苑英華辨證》提要云："叔夏此書，考核精密，大抵分承訛當改、别有依據不可妄改、義可兩存不必遽改三例。中如杜牧《請追尊號表》，以高宗伐鬼方爲出《尚書》，顯然誤記，而叔夏疑是逸《書》，未免有持疑不決之處，然其用意謹嚴，不輕點竄古書，亦於是可見矣。"顧廣圻《書文苑英華辨證後》也稱贊道："叔夏自序云：'三折肱爲良醫，知書不可以意輕改。'何其知言也！此書乃校讎之楷模，豈獨讀《英華》者資其是正哉！"[③]

清代王念孫父子雖精於訓詁，長於理校，但也不輕改古書。王念孫《讀書雜志》十五《淮南内篇第二十二》，在總結了六十二條誤例後感嘆道：

> 嗟乎！學者讀古人書，而不能正其傳寫之誤，又取不誤之文而妄改之，豈非古書之大不幸乎？至近日武進莊氏所

---

①《春秋公羊傳注疏》卷二二。"子絶四"云云，見《論語・子罕篇》。

②《戰國策校注序》，鮑謂宋鮑彪。

③《思適齋集》卷一五。

> 刊藏本，[①]實非其舊，其藏本是而各本非者，多改從各本，其藏本與各本同誤者，一概不能釐正，更有未曉文義而輒行删改，及妄生異説者，竊恐學者誤以爲藏本而從之，則新刻行而舊本愈微，故不得不辯。

校勘的目的是存真，因此不應輕改古書，但是爲了恢復古書的本來面目又不得不改，王引之經過深入研究提出了一些改與不改的原則，從中也可看出他的謹慎態度。引文詳見本編第四章《校勘的資料》第二節《他書的引文》—《古類書的引文》。

顧千里甚至提出了"不校校之"的理論。此説最早出於邢邵。邵字子才，《北齊書》本傳稱其"雅有才思，聰明彊記，日誦萬餘言，博覽文籍，無不通曉。有書甚多，而不甚讎校。見人校書，常笑曰：'何愚之甚？天下書至死讀不可徧，焉能始復校此？日思誤書，更是一適。'妻弟李季節，才華之士，謂子才曰：'世間人多不聰明，思誤書何由能得？'子才曰：'若思不能得，便不勞讀書。'"顧千里很欣賞邢邵的觀點，把自己的室名叫做思適齋。其《思適寓齋圖自記》曰："以思適名齋者何？顧子有取於邢子才之語也。史之稱子才曰'不甚校讎'。顧子役役以校書，而取之者何？謂顧子之於書，猶必不校校之也。子才誠僅曰不校乎哉？則烏由思其誤，又烏由而有所適也！故子才之不校，乃其思。不校之誤，使人思。誤於校者，使人不能思。去誤於校者而存不校之誤，於是日思之，遂以與天下後世樂思者共思之。此不校校之者之所以有取於子才也。"[②]顧千里還對"不校校之"理論的提出及其含義解釋道：

---

①莊氏指莊逵吉。

②《思適齋集》卷五。

> 顔黄門有言:"校定書籍,亦何容易,自揚雄、劉向方稱此職耳。"蓋以校書之弊有二:一則性庸識闇,彊預此事。本未窺述作大意,道聽而塗説,下筆不休,徒增蕪累。一則才高意廣,易言此事,凡遇所未通,必更張以從我,時時有失,遂成瘡疻。二者殊塗,至於誣古人,惑來者,同歸而已矣。廣圻竊不自量,思救其弊。每言書必不校校之。毋改易其本來,不校之謂也;能知其是非得失之所以然,校之之謂也。今古餘先生重刻撫本《禮記》,悉依元書而别撰考異,以論其是非得失,可云實獲我心。[①]

他代張古餘撰《重刻儀禮注疏序》復云:"《儀禮》經鄭注賈疏,前輩每言其文字多誤者,予因徧搜各本而參稽之,知經文尚存唐開成石刻,可以取正。注文則明嘉靖時所刻頗完善,其疏文之誤,自陳鳳梧本以下約略相同。比從元和顧千里行篋所見所用宋景德官本手校疏,凡正訛補脱去衍乙錯無慮數千百處,神明焕然爲之改觀。千里又用宋嚴州本校經及注,視嘉靖本尤勝。……嚴州本之經,較諸唐石刻或有一二不合,今猶仍之者,著異本之所自出也。注與疏兩宋本非必全無小小轉寫之訛,不欲用意見更易者,所以留其真,慎之至也。"[②]清黄廷鑑也持同樣觀點。其《校書説》云:"客有問於余曰:子之校書,以不改爲主。如此又曷取於校乎?余應之曰:是乃所謂校書也。……校書之體,不可易也。惟應據諸本異同,考其得失,擇善而從。倘諸本皆同,而其義絶不可通者,迺證於所引之本書;本書既佚,不得已迺證之唐代類書,及子史各注。其實有形聲脱誤之迹,屬後人傳鈔之誤

①《思適齋集》卷一四《禮記考異跋》。顔指顔之推,曾官北齊黄門侍郎。其言見所撰《顔氏家訓·勉學篇》。

②《思適齋集》卷七。鄭指漢鄭玄,賈指唐賈公彦。

者,乃可改之。否則明知其誤,無寧闕疑,蓋不當改者,固不可改;即不可不改者,必慎之又慎。如是則改者自少,以云不改,不亦可乎!"[1]近代校勘大家孫詒讓也强調一字不略過,一字不輕改。嘗自序其《札迻》云:"凡所考論,雖復簡絲數米,或涉瑣屑,於作述閎恉未窺百一,然匡違茜佚,必有誼據,無以孤證肊說,貿亂古書之真,則私心所遵循,而不敢越者。"於此可見,在中國校勘學史上,凡卓有成就者,都是那些不輕改古書的人。

就具體的校勘工作而言,通假字一般是不應校改的。《顔氏家訓·書證》篇早已明言:"古無二字,又多假借,以'中'爲'仲',以'説'爲'悦',以'召'爲'邵',以'閒'爲'閑',如此之徒,亦不勞改。"唐陸德明《經典釋文·序録》亦云:"經籍文字,相承已久,至如'悦'字作'説','閑'字爲'閒','智'但作'知','汝'止爲'女',若此之類,今並依舊音之。"張守節《史記正義·論字例》也肯定了前人的做法,指明:"《史》《漢》文字,相承已久,若'悦'字作'説','閑'字作'閒','智'字作'知','汝'字作'女','早'字作'蚤','後'字作'后','既'字作'溉','敕'字作'飭','制'字作'剬',此之般流,緣古少字通共用之。……如此之類,並即依行,不可更改。"

此外,陳垣《校勘學釋例》也談到過這個問題。"始予之校《元典章》也,見'札'作'劄','教'作'交','應副'作'應付',以爲元代用字與今不同也,後發見元刻本本身亦前後互異,乃知非元代用字與今不同,實當時之二字通用。沈刻校改,固爲多事,即今回改,亦屬徒勞。"並指出:

"教""交"通用　　"札""劄"通用

"呈""承"通用　　"整""拯"通用

---

[1]《第六絃溪文鈔》卷一。

“格”“革”通用　　“您”“恁”通用

“驅”“軀”通用　　“疋”“匹”通用

“翼”“奕”通用　　“杖”“仗”通用

“卓”“棹”通用　　“毆”“歐”通用

“駮”“駁”通用　　“礙”“碍”通用

“只”“止”通用　　“後”“后”通用

“應付”與“應副”通用

“駙馬”與“附馬”通用

“守制”與“守志”通用[①]

第五節　校勘的程序與注記

我們已經對各種校勘方法進行了介紹，下面再談談改正書面材料、撰寫校勘記的具體做法。

漢應劭云：“劉向校書籍，皆先書竹，爲易刊定。可繕寫者以上素。”[②]這説明劉向等在校書的時候有一定的程序和模式：先將文字寫在竹簡上，如果發現錯誤就削去，以便改正。改定後，再寫在帛上。當紙書盛行以後，人們曾嘗試着用各種方法消除誤處，一般以雌黄塗抹爲最佳。沈括介紹宋代館閣校書情况時説：“館閣新書浄本有誤書處，以雌黄塗之。嘗校改正之法，亂洗則傷紙，紙貼又易脱，粉塗則字不没，塗數遍方能漫滅。唯雌黄一

①《校勘學釋例》卷六第四六《元本通用字不校例》。

②《太平御覽》卷六〇六引《風俗通》。

漫則滅，仍久而不脱，古人謂之鉛黄，蓋用之有素矣。”[①]清初孫慶增也談道：“古用雌黄校書，因古時皆用黄紙寫，裝成卷軸，故名黄卷，其色相同，塗抹無痕迹也。後人俱用白紙鈔刻，又當用白色塗抹。今之改字，用淡色青田石磨細和膠，做成錠子，磨塗紙上，改字最妙。用鉛粉終要變黑，最不可用。”如果是善本，則不應輕易在書上塗抹，故孫氏復云：“古人每校一書，先須細心紬繹。自始至終，改正字謬錯誤，校讎三四次，乃爲盡善。至於宋刻本，校正字句雖少，而改字不可遽改書上。元版亦然。須將改正字句寫在白紙條上，薄漿浮簽貼本行上，以其書之貴重也。”[②]

爲了同原文有所區别，人們早就注意利用不同顔色的筆墨來做校勘工作。如唐郭京撰《周易舉正》三卷，其自序稱：“曾得王輔嗣、韓康伯手寫真本，比校今世流行本及國學鄉貢人等本，舉正其謬。凡所改定，以朱墨書别之。”這種方法也爲後世所普遍採用。

人們在校勘作注記時，使用染色筆和校改符號也有一些條例可循，如宋陳騤介紹南宋館閣校書之條例云：

> 諸字有誤者，以雌黄塗訖，别書。或多字，以雌黄圈之；少者，於字側添入；或字側不容注者，即用朱圈，仍於本行上下空紙上標寫。倒置，於兩字間書“乙”字。諸點語斷處，以側爲正。其有人名、地名、物名等，合細分者，即於中間細點。
>
> 諸點發字，本處注釋有音者，即以朱抹出，仍點發。其無音而别經傳子史音同有可參照者，亦行點發。或字有明音如：傳記之“傳”（柱戀切）爲郵傳之傳（株戀切），又爲傳習

---

①《夢溪筆談》卷一。

②《藏書紀要》第四則《校讎》。

之傳(重緣切)。……雖本處無音,亦便行點發。點有錯誤,却行改正,即以雌黄蓋。朱點應黄點處並不爲點。

點校訖,每册末各書臣某校正。[1]

南宋方崧卿的《韓集舉正叙録》有《校例》四則,對校勘的注記也作了明確規定:

字　　誤字當刊

(字)　　衍字當削

[字]　　脱字當增

[字][字]　　舩次當乙

並解釋道:"此書字之當刊正者,以白字識之。當删削者,以圈毁之。當增者,位而入之。當乙者,乙而倒之。字須兩存而或當旁見者,則姑識於其下,不復標出。"

從漢代開始,學者們就已對校勘使用的術語逐步達成共識,從而形成規範,爲後學從事校勘時所遵循。段玉裁云:

鄭君之學,不主於墨守,而主於兼綜;不主於兼綜,而主於獨斷。其於經字之當定者,必相其文義之離合,審其音韻之遠近,以定衆説之是非,而以己説爲之補正。凡擬其音者,例曰讀如、讀若,音同而義略可知也。凡易其字者,例如讀爲、讀曰,謂易之以音相近之字而義乃瞭然也。凡審知爲聲相近、形相似二者之誤,則曰當爲,謂非六書假借而轉寫紕繆者也。漢人作注,皆不離此三者,惟鄭君獨探其本原。[2]

段氏還進一步解釋道:"'當爲'者,定爲字之誤、聲之誤,而改其

①《南宋館閣録》卷三。案:"朱點應黄點處並不爲點"一語,其義未詳。

②《經韻樓集》卷八《經義雜記序》。鄭君指鄭玄。

字也，爲救正之詞。形近而訛，謂之字之誤；聲近而訛，謂之聲之誤。字誤聲誤而正之，皆謂之‘當爲’。凡言‘讀爲’者不以爲誤，凡言‘當爲’者直斥其誤。三者分，而漢注可讀，而經可讀。”①

此外，學者們還常用或爲、或作、本作、本或作、本亦作、本又作、一本作、某本作等術語來注記文字異同。如《禮記·曲禮》云：“宦學師事，非禮不親。”鄭玄注：“‘學’或爲‘御’”。《淮南子·本經》篇云：“昔者蒼頡作書而天雨粟，鬼夜哭。”高誘注：“鬼恐爲書文所劾，故夜哭也。鬼或作兔，兔恐見取毫作筆，害及其軀，故夜哭。”《禮記·曾子問》篇云：“命毋哭。”陸德明《經典釋文》：“毋，本作無。”《詩·召南·摽有梅》小序云：“男女及時也。”《經典釋文》：“本或作‘得以及時’者，從下而誤。”《詩·周南·關雎》云：“君子好逑。”《經典釋文》：“逑，音求。毛云：‘匹也。’本亦作‘仇’，音同。鄭云：‘怨耦曰仇。’”《周易·繫辭下》：“來者信也。”《經典釋文》：“信也，本又作伸。”《周易·乾·文言》：“處終而能全其終。”《經典釋文》：“能全，一本作能令。”《周易·訟卦》：“終朝三褫之。”《經典釋文》：“褫，鄭本作拕。”②此類用於注記的術語，爲數甚多。今人張舜徽曾將注記形式約略歸納爲十條，今録之於下：

一、凡文字有不同者，可注云：“某，一本作某。”（或具體寫明版本名稱）

二、凡脱一字者，可注云：“某本某下有某字。”

三、凡脱二字以上者，可注云：“某本某下有某某幾字。”

四、凡文字明知已誤者，可注云：“某當作某。”

五、凡文字不能即定其誤者，可注云：“某疑當作某。”

---

①《清經解》卷八八《周禮漢讀考序》。

②參看周大璞主編《訓詁學初稿》第四章《訓詁條例》第三節《常用的術語》。

六、凡衍一字者，可注云："某本無某字。"

七、凡衍二字以上者，可注云："某本某字下無某某幾字。"

八、字倒而可通者，可注云："某本某某二字互乙。"

九、字倒而不可通者，可注云："某本作某某。"

十、文句前後倒置者，可注云："某本某句在某句下。"

上述情況之一，有前後數見者，但於首見時注明"下同"或"下仿此"等字樣。①

關於這個問題，本編第七章《校勘成果的處理形式》還將涉及，讀者可以互參。

①《中國古代史籍校讀法》第二編第四章《怎樣進行校書》第四節《校書的具體方法》。

第七章　校勘成果的處理形式

由於校勘目的、校勘方法、讀者對象以及出版條件的不同，人們對校勘成果也就採用不同的處理形式。今分别述之如下：

第一節　定本

書籍經過校勘，分别同異，判斷是非，然後將自己認爲正確的文字紀録下來，即成定本。

凡重新整理編排的書常採用定本的形式。漢劉向等校書時就是這麽做的。其《晏子》書録云："護左都水使者、光禄大夫臣向言：所校中書《晏子》十一篇，臣向謹與長社尉臣參校讎太史書五篇、臣向書一篇、臣參書十三篇，凡中外書三十篇，爲八百三十八章。除複重二十二篇，六百三十八章，定著八篇，二百一十五章。外書無有三十六章，中書無有七十一章，中外皆有以相定。"①

最初的定本如劉向等所撰，是不出校記的。後來的定本則

① 四部叢刊影印明活字本《晏子春秋》卷首。

多附校記於定本之後,以便復按。但間或也有採用了定本的形式而不出校記的。如魯迅的《唐宋傳奇集》,即是如此。其書序例有云:"本集所取文章,有復見於不同之書,或不同之本,得以互校者,則互校之。字句有異,惟從其是。亦不歷舉某字某本作某,以省紛煩。倘讀者更欲詳知,則卷末具記某書出於何書何卷,自可復檢原書,得其究竟。"

直接採用定本的長處是簡單明瞭,便於閱讀。人們若非爲了從事研究,讀書時是很少看所附校勘記的。它的短處是所定正文未必一定正確。段玉裁云:"凡校書者,欲定其一是,明賢聖之義理於天下萬世,非如今之俗子誇博贍,誇能考核也。故有所謂宋版者,亦不過校書之一助,是則取之,不是則却之,宋版豈必是耶?故刊古書者,其學識無憾,則折衷爲定本以行於世,如東原師《大戴禮記》《水經注》是也。"[①]段氏之説,言之易而行之難。就以戴震訂正《水經注》而言,連他是否鈔襲趙一清的《水經注釋》尚且是一大疑案[②],怎麽能判定他訂正《水經注》已經學識無憾了呢?事實上,從戴震到晚清楊守敬,對《水經注》的校勘工作,一直有人在不斷進行,可見戴校絶非如段氏所稱定本。

第二節　定本附校勘記

在寫成定本以後,附以校勘記,説明其所校定的根據或理由,是較爲審慎的方式。朱希祖云:

---

①《經韻樓集》卷一一《答顧千里書》。

②參見《汪辟疆文集》:《〈水經注〉與〈水經注疏〉》注釋三十二。

校讎之法有二：一則羅列各本，擇善而從；其不善者，棄而不言。然必擇一本爲主，若他本、他書有善者，據以校改此本，必注云：原本作某，今據某本或某書改。否則必犯無徵不信之譏，且蹈無知妄改之戒。原本不誤而校改反誤者，皆由於此。一則擇一本爲主，而又羅列各本之異同，心知其善者，固當記注於上；即心知其誤者，亦當記注於上，以存各本之真面。使後世讀此書者，得參校其異同，斟酌其是非，擇善而從，抑亦校書之善法也。然主前法者，或譏後法爲蕪纇而無所發明；主後法者，或譏前法爲專擅而妄改古書。其實各得其法，不偭其矩，皆有益於學者。①

顯然，朱氏所説的第一種方法指定本附校勘記，第二種方法指底本附校勘記。這裏先介紹前者。

定本附校勘記可以郭沫若的《鹽鐵論讀本》爲例。其書序云："爲了便於閲讀起見，我把《鹽鐵論》標點了，定名爲《鹽鐵論讀本》。對於難解或者經過校改的字句，我加了一些簡單的注釋。"他所謂的讀本，實際上就是定本；他所謂的注釋，實際上就是校勘記。如該書《本議第一》云："陛下垂大惠，哀元元之未贍，不忍暴士大夫於原野，縱無被堅執鋭者北面復匈奴之志〔注一〕，又欲罷鹽鐵、均輸，用損武略〔注二〕，無憂邊之心。於其義（議）未便也。"郭氏注一云："'縱無'原作'縱然'，'者'作'有'，不可通，以意改。"注二云："'憂邊用損武略'，'憂邊'二字，涉下文而衍。"王樹民《廿二史劄記校證》也採用了這種形式。其《前言》云："《甌北全集》於嘉慶初年以湛貽堂名義印行，其後《廿二史劄記》一書翻刻甚多，以光緒二十六年（一九〇〇）廣州廣雅書局及二十八年湖南新化西畲山館二種爲最佳。湛貽堂本雖爲原刻本

①南京圖書館藏稿本《鄦亭藏書題跋記・校本意林跋》。

而校刻欠精，廣雅與西畬二本不僅多作文字校正，於内容疏略之處亦間爲校補，尤以西畬本補正者爲多。本書即以三本互校，擇善而從，凡原刻本誤而經二本改正者，皆從之，並在校證中注明；如原刻本不誤而二本誤改者，則從原刻本而不出校。”如卷一《史漢不同處》云：“劉辰翁有《班馬異同》。”《校證》曰：“按，劉辰翁之‘辰’字，原刻本誤作‘仁’，西畬本已改正。”

這種方法的長處是既有定本之簡明，又不至於使人不知定本文字所從出；既便於閲讀，又在相當大的程度上保留了各本的面目。如清同治五年金陵書局刊本《史記集解索隱正義合刻本》一百三十卷附張文虎《札記》五卷就屬於這種類型。張氏《札記》卷末識語有云：“新刊史文及注皆不主一本，恐滋讀者疑，請於刊竣之後附記各本同異及所以去取意。文正頷之。”復云：“所記異同，大半取資於錢校本。其外兼採諸家緒論，則梁氏《志疑》、王氏《雜志》爲多。間附文虎與唐君管見所及，不復識别。其有偶與前賢暗合者，悉歸之前賢，以避攘善之譏。”[①]如金陵書局本《史記·老子韓非列傳》云：“始秦與周合，合五百歲而離，離七十歲而霸王者出焉。”《校刊史記集解索隱正義札記》卷五云：“各本作‘始秦與周合而離，離五百歲而復合，合七十歲而霸王者出焉。’毛本‘七十’下有‘餘’字。《雜志》云：此後人依周、秦本紀改。《索隱》曰：‘紀與此傳離合正反’。若此，則何反之有？今依《雜志》從所引宋本改。《索隱》本出‘秦與周合五百歲而離’，則較宋本同少一‘合’字。”[②]可見局本文字是張文虎等依據單刻《索隱》本所標出的《史記》原文並參照王念孫説改定的，而所改依據在

①金陵書局本《史記》據校各本詳見《校刊史記集解索隱正義札記》卷一。文正，曾國藩謚。錢校本指錢泰吉校本。梁氏《志疑》指梁玉繩《史記志疑》。王氏《雜志》指王念孫《讀書雜志》。唐君指唐仁壽。

②“毛本”指毛晉刻《史記集解》本。

《札記》中均作了説明。潘重規的《敦煌雲謡集新書》也屬於這種情況。其《雲謡集雜曲子新書》即爲《雲謡集》定本。潘氏《緒言》云:“今欲使千年未睹之祕籍,成爲人人可讀之新書,自必舍原卷行款體式,正其題目,施以句讀,釐定片闋,改訂誤字,然後用通行字體,别爲新本,乃克有濟。竊不自揆,姑據校箋考訂所得,重寫一通,名曰《敦煌雲謡集新書》,以供學子吟諷誦習之用。”其《雲謡集校箋》即爲校勘記。《緒言》復云:“《雲謡》問世以來,尚未有人將原卷全部影印。得見真本者,海内不過數人。是以高才碩學,發爲宏論,雖或詞擅雕龍,不免議同摸象。讀者徒惑群言之淆亂,而無從斷其是非。因博攬諸家之説,薙其榛蕪,擷其精粹,正其訛誤,補其缺漏,詳究敦煌卷子文字書寫之慣例,探求唐季俗文學詞語之正詁,撰成《雲謡集校箋》一卷,期能恢復《雲謡》本來面目,不悖作者原意,以廓清杜撰臆説妄改之蒙蔽。惟所見或不圓周,取舍慮難允當,故影印原卷照片,俾讀者得衡量各家之説,目驗卷子,加以抉擇,庶不致茫然無所適從。”

清黄廷鑑的《校書説》對這個問題也進行過闡述,他在説明校書以不改爲主的道理之後,接着寫道:

> 同學張子問曰:先生之説,證之漢人解經之法,固有合矣。信好如朱子,於《大學》則定章句矣,於《孝經》則有刊誤矣,或重定篇次,或删易字句,至今遵行,豈朱子亦可非乎?余曰:朱子之删定,豈後人改書之比,如《大學》傳首三四章下,皆注云:舊本在某句下;《孝經》經一章下注云:舊分爲幾章,衍去引《詩》引《書》者幾,凡所更定,必詳注舊本云云,則雖改而本書之舊仍存,即謂之未改可也。[1]

---

①《第六絃溪文鈔》卷一。

這種方法的短處則仍然是定本文字，對於讀者，不免先入爲主，但又不能保證其必無錯誤。如宋蔡寬夫云：

> 今世所傳子美集本，王翰林原叔所校定，辭有兩出者，多並存於注，不敢撤去。至王荆公爲《百家詩選》，始參考擇其善者定歸一辭，如“先生有才過屈宋”，注：“一云先生所談或屈宋”，則舍正而從注。“且如今年冬，未休關西卒”，注：“一云如今縱得歸，休爲關西卒”，則刊注而從正。若此之類，不可概舉。其採擇之當，亦固可見矣。惟“天闕象緯逼，雲卧衣裳冷”，闕字與下句語不類。“隅目青熒夾鏡懸，肉騣碨磊連錢動”，肉騣，於理若不通，乃直改闕作閱，改騣作騣，以爲本誤耳。[①]

中華書局一九八三年版《王梵志詩校輯》也採用了定本附校勘記的形式，但據文義改處過多而又不盡正確，因而不爲學者們所重視。此類例子甚多，我們就不舉了。

第三節　底本附校勘記

選擇一個作爲校勘基礎的底本來和其他資料互校，工作完成後，連同底本和校勘記一併發表出來，這乃是發表校勘成果的主要形式。

學者們對這種形式作了充分的肯定。如焦循云：“校讎者：六經傳注，各有師授。傳寫有訛，義蘊乃晦。鳩集衆本，互相糾

①《蔡寬夫詩話·王荆公校改杜集》。案：王洙原叔本杜集，今有影印宋刻鈔配本，在《續古逸叢書》中。

核。其弊也,不求其端,任情删易,往往考者之誤,失其本真。宜主一本,列其殊文,俾閲者參考之也。"[①]盧文弨也曾探討過這個問題,他在《與王懷祖庶常論校正大戴禮記書》中説:

> 讀所校《大戴禮記》,凡與諸書相出入者,並折衷之以求其是,足以破注家望文生義之陋。然舊注之失,誠不當依違,但全棄之,則又有可惜者;若改定正文,而與注絶不相應,亦似未可。不若且仍正文之舊,而作案語繫於下,使知他書之文固有勝於此之所傳者。觀漢魏以上書,每有一事至四五見而傳聞互異,讀者皆當用此法以治之,相形而不相掩,斯善矣。[②]

所謂"相形",是指在校勘記中羅列各本異文;所謂"不相掩",是指不改底本原文。盧氏又説:"凡傳古人書,當一仍其舊,慎勿以私見改作。如《蔡中郎集》有宋天聖元年歐静所輯本,雖未必盡合於隋唐之舊,然在今日已爲最古,後日重刻,便可悉依舊式;或有當補者,可别附於後;當刊者,可著其説於篇下,斯得之矣。"[③]阮元也是主張底本附校勘記這種方式的,其《江西校刊宋本十三經注疏書後》云:"刻書者,最患以臆見改古書。今重刻宋板,凡有明知宋板之誤字,亦不使輕改,但加圈於誤字之旁。而别撰校勘記,擇其説附載於每卷之末。俾後之學者,不疑於古籍之不可據,慎之至也。"[④]不過,南京師範大學古典文獻專業二〇一四年郎文行碩士論文《阮刻本〈禮記注疏〉校讀札記》稱:阮刻本還存在大量的據校勘記校改底本的現象。

---

①《雕菰集》卷八《辨學》。

②《抱經堂文集》卷二〇。

③《鍾山札記》卷一《蔡中郎集》。

④《揅經室集》三集卷二。

在校勘實踐中，漢熹平石經就已采用了這種方式，王國維指出："漢石經後，各有校記，蓋盡列學官所立諸家異同。《隸釋》謂石經有一段二十餘字，零落不成文，惟有《叔于田》一章及'女曰鷄'八字可讀，其間有齊、韓字，蓋叙二家異同之説。是漢石經用魯詩本，而兼存齊、韓二家異字也。又《隸釋》所録《公羊》哀十四年《傳》，後有三行，皆有顔氏有無語，是漢石經《公羊》用嚴氏本而兼存顔氏異字也。《論語》後有包、周及盍、毛、包、周字，是《論語》亦用某本而兼存盍、毛、包、周諸本異字也。"[①]這種方式爲後世普遍採用，如《士禮居叢書》影刻宋本《國語》《戰國策》，均附有黄丕烈撰《札記》，即是其例。其代表作當推阮元刻《十三經注疏》，兹舉兩例。《毛詩正義》以阮元家藏十行宋本爲底本，其卷一《野有死麕》有"白茅包之"句，《校勘記》云：

> 唐石經、小字本、相臺本同。案《釋文》云："苞，逋茆反。"段玉裁《詩經小學》云："苞、苴字皆從艸。《曲禮》注云：'苞苴裹魚肉，或以葦，或以茅。'《木瓜》箋云：'以果實相遺者，必苞苴之。'引《書》'厥苞橘柚'，今《書》作'包'，訛。"今考《木瓜》正義，引此經作苞，是正義本當亦是苞字，與《釋文》本同。此《正義》作苞者，南宋合併時依經注本改之也。[②]

《孟子注疏》也以阮元家藏十行宋本爲底本，其卷一《梁惠王章句上》："百畝之田，勿奪其時，數口之家，可以無饑矣。"《校勘記》云："監本、毛本同。宋本、岳本、咸淳衢州本、孔本、韓本、閩本'饑'作'飢'。按飢餓之字當作'飢'，'饑'乃饑饉字，此經當以'飢'爲正。"

---

①《魏石經考》卷上《漢魏石經經本考》。

②阮氏校《詩經》援據各本情況詳見《毛詩注疏校勘記序》。下校《孟子》援據諸本亦見《孟子注疏校勘記序》。

這種方式的優點是存真，它既没有以意改動正文，又没有以意取舍異文，而是先詳盡地搜集有關資料，再加以判斷，甚至不加判斷，留待讀者自己思考和決定。從上面舉的兩個例子中可以看出阮元所刻《十三經注疏》附校勘記，既保留了十行本的原貌，又臚列了各善本的異同，而且還判定了是非。其參考價值當然是相當大的。正因爲附有校勘記，校勘者的誤校也易於發現。如上海古籍出版社一九八〇年版《徐霞客游記》卷二《浙游日記》："初九日，早起，天色如洗，與王敬川同入蘭溪西門，即過縣前。"依上下文，此處之"縣"即爲金華縣城無疑。然則何以稱金華城西門爲"蘭溪西門"？《游記》校勘者在此篇《校勘記》中云："與王敬川同入蘭溪西門，'蘭溪'應爲'金華'之誤。"徐建春指出：

> 霞客記載正確，校勘者誤也。光緒《金華縣志》卷四《城池》："舊門十有一，今存者七，南曰清波，俗呼柴埠；東南曰八詠，《趙志》舊名元暢；東曰赤松，俗呼梅花；西南曰長仙，俗呼水門；曰通遠，俗呼望門；西曰迎恩，《戚志》曰朝天，俗呼蘭溪；北曰旌孝，俗呼義烏。"可見，至清代金華城幸存的七座舊城門，皆有别名，而西門更是三名並稱。之所以稱其爲蘭溪門，蓋因出此門往西北即可達蘭溪縣城。如今雖其城牆、城門已蕩然無存，但當地仍將西城門舊址稱爲"蘭溪門"，又因其原爲城西之門，故也有稱"蘭溪西門"者。①

顯然，如果校勘者逕改原文，這一誤校是很難發現的。

但是採用這種方式也有缺點，那就是遍記各本異同，文字過於繁多。爲了克服這一缺點，需要精心選擇底本、主校本、參校

①《徐霞客日記·浙游日記一處勘誤》，載《浙江師範大學學報》一九八六年第四期。

本及其他有關資料。如何選擇底本？我們可以根據張之洞關於善本的定義提出三條標準：一是舊本，二是足本，三是精本。如何掌握這三條標準，還得根據具體情況，進行具體分析。如唐圭璋云：

> 在底本的比勘選擇上，尊重舊本而不迷信舊本，擇善而從。例如北京圖書館藏陸貽典、毛扆手校的《宋名家詞》，陸、毛二人所據校的本子都是舊本，今天已經看不到了。而從校勘記的實際情況來考察，他們所據校的本子確乎勝過現存的本子，因此這一部分的底本我們基本上選擇了陸、毛的校本。然而他們所據的舊本也決不是完美無缺的，如盧祖皋的《蒲江詞》，汲古閣本只二十餘首，陸、毛的校本也没有增補，但《彊村叢書》本所據的是明鈔本《蒲江詞稿》，縱然其中雜有個别僞詞，但在數量上比汲古閣本多出七十餘首。對這種情況，我們當然選用了《彊村叢書》本。又例如黄庭堅的詞集，現有宋本《山谷琴趣外編》，但《彊村叢書》本的《山谷琴趣外編》是經朱孝臧校過的，我們把兩本比勘以後，也選用了《彊村叢書》本。①

底本的選擇標準同善本的標準不完全相同，除了要求錯誤較少外，還要求刻印較精，流傳較廣。陳垣校勘《元典章》之所以選擇清沈家本刻本作爲底本，原因之一就在於它刻印得相當精美。陳氏《校勘學釋例》重印後記云："《元典章》系一部内容豐富而又極通俗的書，通俗的書難得板本好、寫刻精。沈刻《元典章》不然，寫刻極精，校對極差，錯漏極多，最合適爲校勘學的反面教材，一展卷而錯誤諸例悉備矣。"我們校勘古籍通常是不會把它

①《全宋詞》卷首《編訂説明》。

當作校勘學的反面教材的，所以在選擇底本時，既要考慮刻印精好，又要考慮錯誤較少。關於底本、主校本、參校本以及其他校勘資料的選擇問題，我們在本書第五章《從事校勘所應具備的知識》第二節《校讎學知識》—《版本》、第六章《校勘的方法》第一節《對校》、第四章《校勘的資料》中，都已經作了較爲詳細的説明，請參看。

第四節　單行的校勘記

單行校勘記的出現，或由於底本繁重，或由於底本習見易得，所以發表時就只摘録有校文的部分。宋代已經普遍採用這種方式了，如毛居正所撰《六經正誤》就是一部單行的校勘記。岳珂稱其"取六經三傳諸本，参以子、史、字書、選粹、文集，研究異同。凡字義音切，毫厘必校，儒官稱嘆，莫有異詞。刊修僅及四經，猶以工人憚煩、詭竄墨本以紿有司，而誤字實未嘗改者什二三，居正乃裒所校正之字，補成此編。"[①]其書今佚，而觀岳珂所述，實開此種校記之先河。

清代此類校記之作甚多，最有名的如盧文弨的《群書拾補》，其作於乾隆五十二年（一七八七）的書前《小引》云：

> 文弨於世間技藝，一無所能。童時，喜鈔書，少長，漸喜校書。在中書日，主北平黄崑圃先生家，退直之暇，兹事不廢也。其長君雲門，時爲侍御史，謂余曰：人之讀書求己有益耳，若子所爲，書並受益矣。余灑然知其匪譽而實諷也。

①《相臺書塾刊正九經三傳沿革例·書本》。

友人有講求性命之學者，復謂余：此所爲玩物喪志者也，子何好焉？斯兩言也，一則微而婉，一則簡而嚴。余受之，皆未嘗咈也。意亦怦怦有動於中。輟之，遂覺闕然有所失。斯實性之所近，終不可以復反。自壯至老，積累漸多，嘗舉數册付之剞劂氏矣。年家子梁曜北語余曰：所校之書，勢不能皆流通於世，其藏之久，不免朽蠹之患，則一生之精神虚擲既可惜，而謬本流傳，後來亦無從取正，雖自有餘，奚裨焉？意莫若先舉缺文斷簡訛謬尤甚者，摘録以傳諸人，則以傳一書之力分而傳數書，費省而功倍，宜若可爲也。余感其言，就余力所能，友朋所助，次第出之，名曰《群書拾補》。即一書之訛，而欲悉爲標舉之，又復累幅難罄，約之又約，余懷終未快也。然余手校之書，將來必有散於人間者，則雖無益於己，寧不少有益於人乎？後有與余同好者，而且能公諸世，庶余之勤爲不虚也已。

單行的校勘記的發表形式一般有兩種：一是每種校勘記自爲一書，如張敦仁的《資治通鑑刊本識誤》三卷、張瑛的《資治通鑑校勘記》七卷、熊羅宿的《胡刻資治通鑑校字記》四卷，以及章鈺的《胡刻通鑑正文校宋記》三十卷、附録三卷。章鈺《胡刻通鑑正文校宋記述略》云：

鈺自宣統辛亥以後，僑寄津郊，以校書遣日。丙辰冬日，江安傅君沅叔用鉅金得宋槧《通鑑》百衲本，約鈺同用鄱陽胡氏翻刻興文署本校讀，並約各校各書，校畢互勘，以免脱漏，閲今已一星終矣。比以上海涵芬樓《四部叢刊》中有宋刻一種，出百衲本之外，逐字比勘可供佐證。又以明孔天胤刊無注本，源出宋槧，先後從沅叔借校，亦多佳處，始知張敦仁《識誤》，及常熟張瑛《校勘記》功未及半，辜較二百九十四卷中脱、誤、衍、倒四者，蓋在萬字以上。内脱文五千二百餘字，關係史事爲尤大。初擬彙集衆説，統加考定。頭白汗青，逡巡縮手。阮文達序山井鼎《七經孟子考文》，訾其但能詳記同異，未敢決擇是非，皆爲才力所限。若爲鈺也言之。顧以桑海餘生，得見老輩所未見，業已耗日力於此，亦安忍棄而置之。爰手寫校記七千數百條，編爲三十卷，備列所見，不厭其詳，以便覆案。讀涑水書者，或有取焉。

二是合多書的單行的校勘記爲一書，如王念孫的《讀書雜志》，包含有《逸周書》《戰國策》《史記》《漢書》《管子》《晏子春秋》《墨子》《荀子》《淮南》内篇，以及《後漢書》《老子》《莊子》《吕氏春秋》《韓子》《法言》《楚辭》《文選》等書的校勘記。孫詒讓的《札迻》則集録了他校勘秦漢至齊梁間七十八種古書的成果。張元濟的《校史隨筆》雖然寫得比較活潑，但也屬於這種類型。其自序云：

曩余讀王光禄《十七史商榷》、錢宫詹《廿二史考異》，頗疑今本正史之不可信，會禁網既弛，異書時出，因發重校正史之願。聞有舊本，展轉請託，就地攝影。影本既成，隨讀隨校。有可疑者，輒録存之。每畢一史，即摘要以書於後。商務印書館既覆印舊本行世，先後八載，中經兵燹，幸觀厥成。余始終其事，與同人共成校勘記百數十册，文字繁冗，亟待董理，際兹世變，異日能續印否，殊未敢言。友人傅沅叔貽書屬先以諸史後跋别行，余重違其意，取閲原稿，語較詳盡，更摘如干條用活字集印，備讀史者之參證。管蠡所及，詎敢望王、錢二子之什一，亦聊師其意而已。①

① 王光禄，指王鳴盛，著《十七史商榷》，曾官光禄寺卿。錢宫詹，指錢大昕，著《廿二史考異》，曾官少詹事。

這種校勘記的寫法主要有兩種：一種是記録各本異同，基本上不判斷是非。今摘《胡刻通鑑正文校宋記》卷一數條示例如次：

六葉十一行	美鬢（胡注通鑑、俗傳寫者多作美鬚，非也。國語作美鬢，今從之。十二行本正作鬢，孔本同。乙十一行本作鬚）
十四葉十八行	曰既已（十二行本曰下有不可二字，乙十一行本同，孔本同，張校同，退齋校同）
廿一葉十五行	百溢（胡注二十四兩爲溢。孔本溢作鎰，退齋校同）①

還有一種是不但記録各本異同，而且還判斷是非。這種方式帶有一定的考證和研究性質，對讀者也更有裨益。上述有名的校勘記大都做到了這一點。本書引據《讀書雜志》甚多，可參看。今舉張元濟《校史隨筆·遼史·鈎魚》一則爲例：

> 鈎魚二字，凡二十二見。殿本全作釣。檢南監本亦同。北監本獨見"國語解"一條作鈎，餘亦均作釣。按本史《營衛志》："秋冬違寒，春夏避暑，隨水草就畋漁，歲以爲常。"又云"春捺鉢曰鴨子河濼，皇帝正月上旬起牙帳，約六十日方至。天鵝未至，卓帳冰上，鑿冰取魚。"按鴨子河即混同江，於聖宗太平元年改名，捺鉢爲畋漁所在之地。長江大河，形勢宏闊，亦非投竿垂綸之區，頗疑釣字不協。及檢《遼史拾遺》引

①十二行本指傅增湘百衲本《資治通鑑》中每半葉十二行、行二十四字者。孔本指明孔天胤本。乙十一行本指涵芬樓影印宋本半葉十一行、行二十一字者。張校指張敦仁《資治通鑑刊本識誤》。退齋校指張瑛《資治通鑑校勘記》。胡注指《資治通鑑》胡三省注。詳見《胡刻通鑑正文校宋記述略》。

程大昌《演繁露》,糾正其誤,語焉甚詳。其言曰:"《燕北雜録》載契丹興宗重熙年間衣制、儀衛、打圍、射鹿、鉤魚等事,於景祐五年十月撰進。又曰:達魯河鉤牛魚,虜中盛禮,意慕中國賞花釣魚,然非釣也,鉤也。又曰:其鉤是魚也。虜主與其母皆設次冰上,先使人於河上下十里間,以毛網截魚,令不得散逸,又從而驅之,使集虜帳。其床前預開冰竅四,名爲冰眼,中眼透,旁三眼環之不透,第斲減令薄而已,薄者所以候魚,而透者將以施鉤也。"又曰:"魚之將至,伺者以告虜王,即遂於斲透眼中,用繩鉤擲之,無不中者。"據此,可以證元本之正,及監本、殿本之非,然則書顧不貴初刻乎?

採用這種方式的長處是能集中反映校勘成果,並能節省開支,其缺點是人們在閲讀原書時不便當下檢閲。

第五節 與注釋混合的校勘記

學者們爲某一古書作注時,往往要牽涉到校勘的問題,因爲正確的文字乃是正確解釋的前提。正因爲這樣,文字的校訂和注釋便經常混合在一起了。

漢唐學者注釋群經的如鄭玄、陸德明、孔穎達、賈公彦等;注釋史籍的如裴駰、司馬貞、張守節、顔師古、李賢、裴松之等,注釋子書的如高誘等,注釋文學作品的如李善等。他們的注釋工作都常常與校勘工作密切結合在一起,其注釋中保存了豐富的校勘資料。

例如陸德明的《經典釋文》是一部訓詁學名著,同時也是一部校勘學名著。自序中説他"研精六籍,採摭九流,搜訪異同,校之《蒼》《雅》,輒撰集五典、《孝經》《論語》及《老》《莊》《爾雅》等音,合爲三袟三十卷,號曰《經典釋文》。"本書《條例》復云:"余既撰音,須定紕謬,若兩本俱用,二理兼通,今並出之,以明同異。其涇渭相亂,朱紫可分,亦悉書之,隨加刊正。復有他經别本,詞反義乖而又存之者,示博異聞耳。"由此可見陸德明不僅將校勘工作視爲注釋音義的先決條件,而且在注釋中對校勘成果的處理也是非常謹慎的。下面我們再舉幾個先儒校注經史的實例。

《詩・邶風・緑衣》,《序》云:"《緑衣》,魏莊姜傷己也。"鄭玄《箋》曰:"緑,當爲褖。故作褖,轉作緑,字之誤也。"孔穎達《正義》曰:"必知緑誤而褖是者,此緑衣與《内司服》緑衣字同,内司服掌王后之六服,五服不言色,唯緑衣言色,明其誤也。《内司服》注引《雜記》曰:'夫人復税衣褕翟。'又《喪大記》曰:'士妻以褖衣',言褖衣者甚衆,字或作税。此緑衣者,實作褖衣也。以此言之,《内司服》無褖衣而《禮記》有之,則褖衣是正也。彼緑衣宜爲褖衣,故此緑衣亦爲褖衣也。"①

又,《漢書》卷十八《外戚恩澤侯表第六》云:"右孝平二十二人,邛成、博陸、宣平、紅、舞陽、秺、樂陵、都成、新甫、爰氏、合陽、義陽、章鄉、信成、隨桃、褒新、賞都十七人,隨父繼世,凡三十九人。"師古曰:"據《功臣表》及《王子侯表》,平帝時無紅侯,唯周勃玄孫恭,以元始二年紹封絳侯。疑紅字當爲絳,轉寫者誤。又《功臣表》作童鄉侯,今此作章鄉,二表不同,亦當有誤也。"

採用這種方式的優點是對於撰者叙述和讀者閱讀都很方便,今人作注,有時也穿插着做一些校勘工作,讀來饒有興味。如胡小石的《杜甫羌村章句釋》中的兩段:

柴門鳥雀噪,歸客千里至。

①《毛詩正義》卷二之一。

二語初到門所見。仇注:"雀當爲鵲。"非也。仇改字,蓋取鵲噪行人至之義。然鵲巢樹,不集門。此言日暮時,群雀將歸棲人屋下,故先集於門。烏雀噪門者,門久不開,主人未歸已久,雀噪門無所畏,其淒涼可知。言"烏雀"猶言"烏烏"。但是雀耳,烏乃足句之字。

兵革既未息,兒童盡東征。

東征意指收京。"兒童",一作"兒郎",今不取。二語差異甚大。言兒郎可以該"丁",尚未盡兵禍之慘酷。言兒童則壯丁盡而未成年者亦執戈而赴戎行。杜《新安吏》作於乾元二年九節度相州潰師之後。詩云:"客行新安道,喧呼聞點兵。借問新安吏,縣小更無丁。府帖昨夜下,次選中男行。中男絶短小,何以守王城?"事與此正同。……凡朝野太平,則成丁之歲亦較晚。今丁已盡遣,乃及中男或更幼者,故云"兒童盡東征"也。至《垂老别》,則徵及老翁。《石壕吏》索老翁不得,並老嫗亦往應徵,爲狀更慘。①

用這種方式整理過的書往往徑題爲校注,如元吴師道的《戰國策校注》。《四庫全書總目》卷五一該書提要云:

師道以鮑彪注《戰國策》,雖云糾高誘之訛漏,然仍多未善,乃取姚宏續注與彪注參校,而雜引諸書考正之。其篇第注文,一仍鮑氏之舊。每條之下,凡增其所闕者,謂之補;凡糾其所失者,謂之正。各以"補曰"、"正曰"别之,復取劉向、曾鞏所校三十三篇四百八十六首舊第爲彪所改竄者,别存於首。蓋既用彪注爲稿本,如更其次第則端緒益棼,節目皆

①見《胡小石論文集》,上海古籍出版社一九八二年版。

不相應；如泥其變亂之迹，置之不論，又恐古本遂亡，故附録原次以存其舊。孔穎達《禮記正義》，每篇之下附著《别録》第幾，林億等新校《素問》亦每篇之下附著全元起本第幾，即其例也。前有師道自序，撮舉彪注之大紕繆者凡十九條，議論皆極精審。其他隨文駁正，亦具有條理。古來注是書者，固當以師道爲最善矣。

當然，這種方法只適用於注釋與校勘相結合的情況。如果專門從事校勘，這種與注釋相結合的校勘記形式就無法採用了。

第六節　載於筆記中的校勘記

前人讀書，多隨文作記，如宋王應麟《困學紀聞》、清顧炎武《日知録》所論就遍及群書；王引之《經義述聞》、錢大昕《廿二史考異》則專究某一類書。其餘就某一部書寫下自己鑽研心得的，則爲數更多，不勝枚舉。在這些筆記中，不涉及校勘工作，不刊載一些校勘成果的，爲數極少。用筆記的形式來發表校勘記，在成果較少，不能獨立成書時，是比較適合的。

人們早就在一般著作中記録校勘成果了。如北齊顔之推的《顔氏家訓》是一部分類雜記作者對世事、學術各方面的見解以示子孫的書，其中有《書證》一篇，就頗有涉及文字校勘的。兹舉二例：其一、"《詩》云：'將其來施施。'[①]毛《傳》云：'施施，難進之意。'鄭《箋》云：'施施，舒行皃也。'韓詩亦重爲施施，河北毛詩皆云施施，江南舊本單爲施，俗遂是之，恐爲少誤。"其二、"太史公

①《詩・王風・丘中有麻》。

記:‘高漸離變名易姓,爲人庸保,匿作於宋子。久之,作苦,聞其家堂上有客擊筑,伎癢,不能無出言。’[①]案:‘伎癢’者,懷其伎而腹癢也。是以潘岳《射雉賦》亦云:‘徒心煩而伎癢。’今《史記》並作‘徘徊’,或作‘徬徨不能無出言’,是爲俗傳寫誤耳。”唐顔師古的《匡謬正俗》雖爲小學著作,但是採用了札記的形式,其中也反映了他校勘經史的成果,如其卷七《假》條曰:“《楚辭》云:‘聊假日以媮樂。’此言遭遇幽阨,中心愁悶,假延日月,苟爲娱耳。今俗言‘假日度時’。故王粲云:‘登兹樓以四望,聊假日以消憂。’取此義也。今之讀者,不尋根本,改‘假’爲‘暇’,失其意矣。原其辭理,豈閑暇之意乎?”

宋人所撰筆記甚多,北宋沈括《夢溪筆談》、南宋洪邁《容齋隨筆》、王應麟《困學紀聞》等皆收有不少校勘成果。如沈括云:

> 韓退之集中《羅池神碑銘》有“春與猿吟兮秋與鶴飛”,今驗石刻乃“春與猿吟兮秋鶴與飛”。古人多用此格,如《楚詞》“吉日兮辰良”,又“蕙肴蒸兮蘭籍,奠桂酒兮椒漿”。蓋欲相錯成文,則語勢矯健耳。杜子美詩“紅豆啄餘鸚鵡粒,碧梧棲老鳳凰枝”。此亦語反而意全,韓退之《雪詩》“舞鏡鸞窺沼,行天馬度橋”,亦效此體,然稍牽强,不若前人之語渾成也。[②]

王應麟也指出:《荀子》“《勸學》篇‘青出之藍’作‘青取之於藍’;‘聖心循焉’作‘備焉’;‘玉在山而木潤’作‘草木潤’;‘君子如嚮矣’作‘知嚮矣’。《賦》篇‘請占之五泰’作‘五帝’。監本未必是,建本未必非,餘不勝紀。(今監本乃唐與政台州所刊,熙寧舊本亦未爲善,當竢詳考。“五泰”注云:“五泰,五帝也。監本改

---

① 見《史記》卷八六《刺客列傳》。

②《夢溪筆談》卷一四《藝文》一。

爲五帝而删注文。”)[①]

明人以擅改古書聞名，在校勘學上的成就不高，但是在明人的筆記中仍有一些校勘成果可供參考，如楊慎的《丹鉛録》。《四庫全書總目》卷一一九該書提要云：“慎博覽群書，喜爲雜著，計其平生所叙録，不下二百餘種。其考證諸書異同者，則皆以《丹鉛》爲名。”兹舉一例：《詩·大雅·緜》云“自土沮漆”，毛傳云：“土，居也。”朱熹《詩集傳》云：“土，地也。”楊慎認爲“土”當作“杜”，他談道：“《詩》曰：‘生民之初，自土沮漆。’齊詩作‘自杜沮漆’，言公劉避狄而來居杜與漆、沮之地。杜，水名，即杜陽也。據文義作杜爲長。”[②]其後王引之也指出：“土，當從齊詩讀爲杜，古字假借耳。杜，水名，在漢右扶風杜陽縣南，南入渭。今屬麟游、武功二縣。”[③]可見楊説不失爲灼見。

清代爲校勘學的鼎盛時期，名家輩出，載有校勘成果的筆記尤多，其中特别爲人們所稱道的當推錢大昕的《十駕齋養新録》，阮元《十駕齋養新録序》云：“《十駕齋養新録》廿卷，乃隨筆札記經史諸義之書，學者必欲得而讀之，乞刻於版。凡此所著，皆精確中正之論，即瑣言剩義，非貫通原本者不能，譬之折杖一枝，非鄧林之大不能有也。”兹舉其中二例，以見一斑。卷一《翛翛》云：

> “予尾翛翛”，唐石經及宋光堯御書本，皆作“翛翛”。岳珂《九經三傳沿革例》云：監本、蜀本、越本皆作“翛翛”，興國本及建寧本作“翛翛”，是宋刻翛、翛二字各本互異。朱文公，閩人，所據必建寧本。自朱《傳》行，而世遂不復知有“翛翛”之本矣。《説文》羽部無翛字，當以翛爲正。臧在東云：

①《困學紀聞》卷十。

②《升庵外集》卷二八經説部《毛詩·自土沮漆》。

③《經義述聞》卷六《毛詩》中《自土沮漆》。

《正義》本作"消消",云定本"消消"作"脩脩"。今《正義》本改脩爲翛。唯岳氏《九經三傳沿革例》所引不誤。

又《十駕齋養新餘録》卷上《蜀石經毛詩》云:"《江有汜》三章,皆有'之子歸'句,蜀石經'歸'上並有'于'字,予考三百篇中,云'之子于歸'者不少矣。'之子于征'、'之子于苗'、'之子于狩'、'之子于釣',皆四字句,此篇亦當依蜀本有'于'字。"

利用筆記記録校勘成果,不拘類例,不拘多寡,範圍廣泛,形式活潑,缺點是散見各書,難以稽檢,因而也就難以充分利用。專門從事一書或群書校勘工作的,一般都不採用這種方式。

第七節　用單篇文章發表的校勘記

用單篇文章的形式來總結校勘工作的規律,對校勘學某些理論問題進行探討乃是校勘學深入發展的標誌和必然結果。人們在總結規律、探討理論問題時,通常都要運用校勘實例來説明問題,例如段玉裁《與諸同志書論校書之難》就是通過對是"下地"還是"不地",是"四郊"還是"西郊",是"鄉大夫"還是"卿大夫"等五個典型例子的詳細分析,説明了"校經之法,必以賈還賈,以孔還孔,以陸還陸,以杜還杜,以鄭還鄭,各得其底本,而後判其義理之是非,而後經之底本可定,而後經之義理可以徐定。不先正注、疏、《釋文》之底本,則多誣古人,不斷其立説之是非,則多誤今人"的道理,所以説它是一種特殊形式的校勘記。這種形式也爲今人所普遍採用,如蔣禮鴻的《校勘略説》《誤校七例》,周祖謨的《古籍校勘述例》,王利器的《杜集校文釋例》等。當然,大量的單篇文章還是對書面材料中的文字異同發表具體的校勘意見，國務院古籍整理出版規劃小組編的《古籍點校疑誤彙録》，就有許多這樣的文章。本編兩篇附録，乃是古代和近代學者通論校書之難的結論性論文，與以前引用過的單篇論文《箋屈餘義·屈原列傳發疑》[①]、《唐代詩文校勘問題》之八《自君去後交游少》、[②]《敦煌詞話》之五《敦煌詞不可輕改》[③]諸篇，均可視爲微型的單篇論文，是校勘成果的發表形式之一。

除論文外，人們還常用序跋的方式總結與發表自己的校勘成果，最著名的例子莫若王念孫《讀書雜志·淮南内篇·後序》。胡適所撰《校勘學方法論》則本是爲陳垣《元典章校補釋例》寫的一篇序。此外，題跋也是人們常用來記録校勘成果的一種形式。如《思適齋集外書跋》集類有《毛斧季陸敕先校汲古閣本松陵集十卷跋》云：

> 蕘圃借此書於抱沖家，及還時，抱沖已下世半載矣。語予曰："所校精妙處當細爲摘出，俾抱沖遺孤成立，讀之益加明瞭。"予嘗謂卷一"誰可征弄棟"，"弄棟"，漢縣。許叔重謂之"弄棟"者，訛爲"梁棟"。卷二"王樂成虚言"，"王樂"是《莊子·至樂》篇語，訛爲"三樂"。卷四"君看杖製者"，此用《左哀廿七年傳》而微誤耳，訛爲"荷製"者。卷五"遠帆投何處"，"帆"字本去聲，讀訛爲棹。卷八"箬下斬新醒處月"，"斬新"唐人習用語，訛爲"漸新"。又斥候之候，嗤妍之嗤，彫龍之彫，遂古之遂，苞羅之苞，底下之底，鈴閤之閤，步綱之綱，負檐之檐，蕭灑之蕭，楊州之楊，楊雄之楊，三茆之茆，查頭之查，殘霞之殘，常娥之常，戟支之支，用字皆極古雅。

①見本編第二章《書面材料錯誤的類型》第一節《單項錯誤》四《倒》丙《錯簡》。
②見本編第六章《校勘的方法》第三節《對校與理校相結合》。
③見本編第六章《校勘的方法》第四節《校勘宜慎》。

“遂古”出《天問》,“戟支”出《吕布傳》,皆有明證也。斧季曾修改此書,自言已精,何仲子亦以爲更無訛誤,然以上皆未依宋刻更正,爰承蕘圃命舉出之於此。其已修改者悉弗復論。嘉慶丁巳九月廿有三日書於王洗馬巷之士禮居,廣圻。①

書信也是人們用來討論辯駁校勘問題的一種形式。顧千里曾在嘉慶十二年、十三年(一八〇七至一八〇八)間,給段玉裁連續寫過三封信。段玉裁也給顧千里寫過不少信探討校勘問題,如其《與顧千里書》云:

孫頤谷志祖據《北史·劉芳傳》證《王制》“虞庠在國之西郊”,西當作四,尊校以爲不然。《祭義》“天子設四學當入學而大子齒”注云:“四學謂周四郊之虞庠也。”尊意謂此四當作西以合《王制》。今按:唐孔氏釋《祭義》:四學爲四代之學,入學謂入四學中之西郊虞庠。以一承四,於文義不安。鄭之以四釋四,絶無矯强,然則四學不如孔所云四代之學也。况《王制》注云:“上庠右學,大學也,在西郊。下庠左學,小學也,在國中王宫之東。東序東膠亦大學,在國中王宫之東。西序虞庠亦小學也。西序在西郊,周立小學於西郊。”此西郊必四郊之誤。何以言之?倘鄭本西郊,則依上文“下庠左學,小學也”之例,云“西序虞庠,小學也,在西郊”足矣,何必分别夏之西序、周之虞庠所在之不同乎?惟夏之西序在西郊,周之虞庠,則四郊皆有之,故必分别言之耳。以是言之,《祭義》無訛字,《王制》經注皆有訛字,鄭本必然作四,劉芳、崔靈恩、杜佑所據《王制》《祭義》經注作四,皇侃

①蕘圃爲黄丕烈號,抱沖爲顧之逵字,斧季爲毛扆字,何仲子爲何煌號。

> 云“四郊皆有虞庠”，皆不誤。孔穎達於《王制》，據誤本，不解鄭意，西序在西郊，周立小學於西郊，不成文理；於《祭義》又不用鄭注本義，援引四代之學，而入學爲入西郊虞庠，皆未妥協。先師東原云：凡考一事勿以人之説蔽我，勿以我之説自蔽，故不敢閟而不言，暇即面談爲屬。[①]

顧千里在覆信中重申了自己的觀點，指出：“鄙人之指，在《思適齋筆記》，不過以西郊還之自古相傳至唐賈、孔所受之經與注而已；不過以四郊還之劉芳、皇侃、崔靈恩而已。至於芳引肅注，即在表中，皇氏時乖鄭義久經論定者，皆非鄙人所能空造，不過據此欲聽其不同，而不容輕用彼以改此而已。”[②]接着段玉裁又寫了《答顧千里書》，進一步闡述了自己的看法。[③] 他們在争鳴中都明確地提出了各自的校勘理論，並用實例證明之，這對清代校勘學的發展當然起了推動作用。

校勘成果的處理形式略如上述，我們應當根據校勘的目的、要求和具體情況，選擇最合適的處理形式。

---

①《經韻樓集》卷一一《與顧千里書》。

②《經韻樓集》卷一一《與顧千里書》附《顧千里第二札》。

③《經韻樓集》卷一一《答顧千里書》。

參考書目舉要

校勘學釋例　陳垣　中華書局　一九五九年
校讎學　胡樸安　胡道静　商務印書館　一九三一年
中國古代史籍校讀法　張舜徽　中華書局上海編輯所　一九六二年
校勘學概論　戴南海　陝西人民出版社　一九八六年
校勘學大綱　倪其心　北京大學出版社　一九八七年
校勘學　錢玄　江蘇古籍出版社　一九八八年
斠讎學　斠讎别録(補訂本)　王叔岷　中華書局　二〇〇七年
古籍點校疑誤彙録　國務院古籍整理出版規劃小組編印　一九八四年
古籍點校疑誤彙録(二)　國務院古籍整理出版規劃小組編印　一九八五年
古籍點校疑誤彙録(三)　國務院古籍整理出版規劃小組編　中華書局　一九八九年
古籍點校疑誤彙録(四)　國務院古籍整理出版規劃小組編　中華書局　一九九〇年
古籍點校疑誤彙録(五)　國務院古籍整理出版規劃小組編　中華書局　一九九〇年
古籍點校疑誤彙録(六)　國務院古籍整理出版規劃小組編　中華書局　二〇〇二年

附　録

段玉裁與諸同志論校書之難篇疏證

李　笠[①]

文見《經韻樓集》原刻本，及學海堂《經解》六百六十六卷選録本。作者段玉裁，字若膺，一字懋堂，金壇人，清乾隆庚辰舉人，官四川巫山縣知縣。受業戴震，與王念孫同門，學問亦極相似。自《經韻樓集》外，著《古文尚書撰異》三十二卷，《毛詩故訓傳》三十卷，《周禮儀禮漢讀考》各六卷，《春秋左氏古經》十二卷附五十凡一卷，《戴東原年譜》一卷，並已刊入《經韻樓叢書》中。此外更有《説文解字注》並《六書音韻表》共三十二卷，單行本，《清經解》本；《詩經小學》四卷，《清經解》本。行略附見江藩《漢學師承記·戴震傳》、李

① 李笠（一八九四至一九六一），字雁晴，瑞安人，曾任之江大學、中央大學、南開大學等校教授，著有《殷契採釋》《墨子閒詁訂補》《史記訂補》《三訂國學用書撰要》等。本篇原載《國文月刊》第二十二期。

元度《先正事略》三十五、《戴東原先生事略》下，可參。

校書（疏一）之難，非照本改字，不訛不漏之難也；定其是非之難。是非有二：曰底本之是非，曰立説之是非。必先定其底本之是非，而後可定斷其立説之是非；二者不分，轇轕如治絲而棼，如算之淆其法實而瞀亂乃至不可理。何謂底本？著書者之稿本是也；何謂立説？著書者所言之義理是也。

《周禮·輪人》："望而視其輪，欲其幎爾而下迆也。"（疏二）自唐石經以下各本，皆作"下迆"。唐賈氏作"不迆"，故疏曰："不迆者，謂輻上至轂（疏三），兩兩相當，正直不旁迆，故曰不迆也。"文理甚明。今各本疏文皆作"下迆"，（下迆者，謂輻上至轂，兩兩相當，正直不旁迆，故云下迆也。）其語絶無文理，則非賈氏之底本矣。此由宋人以疏合經注者，改疏之"不"字，合經之"下"字，所仍之經，非賈氏之經本也。然則經本有二："下"者是與？"不"者是與？曰："下"者是也。"望而視其輪"，謂視其已成輪之牙。（疏四）輪圜甚，（疏五）牙皆向下迆邪；非謂輻與轂正直兩兩相當。經下文"縣之以視其輻之直"，自謂輻；"規之以視其圜"，自謂牙。輪之圜在牙。上文"轂、輻、牙，爲三材"；（疏六）此言"輪、輻、轂"，輪即牙也。然則唐石經及各本經作"下"是，賈氏本作"不"，非也；而義理之是非定矣。倘有淺人校疏文"下迆"之誤，改爲"不迆"；因以疏文之"不迆"，改經文之"下迆"，則賈疏之底本得矣，而於義理乃大乖也。

《王制》："虞庠在國之四郊。"注云："周立小學於四郊。"唐孔氏本經、注皆作"西郊"。（疏云：西序在西郊，周立小學於西郊。）《祭義》：（疏七）"天子設四學，當入學而大子齒"，注云："四學，謂周有四郊之虞庠。"孔氏本改注作"西郊"，故疏云："天子設四代之學：周學、殷學、夏學、虞學也。天子設四學，以有虞庠爲小學，設置於西郊，當入學之時，而大子齒於國人。"今本疏文作"設置於四郊”，文理不可通，則非孔氏之底本矣。此由宋人以疏合經注者，(疏八)改疏之“西郊”，合注之“四郊”，所仍之注，非孔氏之注本也。然則《祭義》注本有二：“四郊”是與？“西郊”是與？曰：“四郊”是也。鄭注以“周有四郊虞庠”，釋經“四學”，文理一直，並無轉折。“周有四郊虞庠”，即《王制》之“虞庠在國四郊”，注之“周立小學於四郊”也。故皇侃(疏九)云：“四郊皆有虞庠。”《通典》云：“周制，大學爲東膠，小學爲虞庠。”引鄭注《祭義》“周有四郊之虞庠”，又引崔靈恩説亦云：“鄭注《祭義》曰：周有四郊之虞庠。”《北史・劉芳傳》，芳表曰：“《禮記》云：‘周人養庶老於虞庠，虞庠在國之四郊。’又云：‘天子設四學，當入學而大子齒。’注云：‘四學，謂周四郊之虞庠也。’”劉、崔、皇、杜所見《祭義》注，皆作“四郊”，王肅雖好駁鄭，而劉芳表云：“王肅《禮記注》，天子四郊有學，去都五十里，鄭氏則不知遠近。”案：鄭注《王制》“移之郊”云：“爲習禮於郊學。”郊在鄉界之外，則鄭謂“郊學在遠郊百里”。肅則云“近郊五十里”，惟此爲小異，而小學在四郊無異。故盧辯注《大戴禮》，(疏十)亦言四郊之學，劉芳表曰：“大學在國，四小學在郊。”引《保傅》篇(疏一一)帝入東學、帝入西學、帝入南學、帝入北學、帝入大學，而總之曰“周之五學”，於此彌彰，崔靈恩亦曰：“凡立學之法，有四郊及國中：四郊並方名之，國中謂之大學。”然則四郊小學絶無可疑。再證以《王制》注：“習禮於郊學，在六鄉之外，六遂之内。”則斷不專在西郊一處亦可證。或以《祭義》“祀先賢於西學”爲疑，不知此即《保傅》篇：“帝入西學，尚賢而貴德。”祭先賢專在西郊也。西學者，四郊之一，别辭也；四學者，合四郊言之，都辭也。孔氏於《王制》依誤本“西郊虞庠”，因改此注亦作“西郊之虞庠”，而經文故作“四學”，因用《儀禮》注“周立四代之學”，釋經之“設四學”，以四學中有西郊虞庠，釋注“謂周西郊之虞庠”；是不思《儀禮》四代之學，謂立大學於國中，不得與郊之小學糅合爲四也，且以一承四，甚費周折，是孔氏二疏作“西郊”，皆非也，而義理之是非定矣。倘有淺人校《祭義》疏，改“四”爲“西”，因並改《祭義》注之“四”爲“西”，《王制》經、注、疏之“西郊”，皆沿誤不改，則孔疏之底本雖得，而於義理乃大乖也。

《春秋左傳》：“衛侯賜北宫喜謚曰貞子，賜析朱鉏謚曰成子，而以齊氏之墓與之。”（疏一二）杜注曰：“皆死而賜謚及墓田，傳終言之。”宋本亦或作“皆未死而賜謚及墓田傳終而言之”，二者皆出於宋本，孰爲是與？曰：“皆死而賜”者是也。二人時未死也，既死而賜，故要其終而言之。若云“皆未死而賜”，則“傳終言之”句不可接，而爲贅辭矣。是一本作“未死而賜”者非也。然則“死而賜”，於説經是與？曰：《春秋》常事不書，書者爲其未死而賜也。云“死而賜”，則杜注之底本得矣，而於義理實非也。云“未死而賜”，則杜注之底本失矣，而於義理有合也。（證一）

毛《詩》：“涇以渭濁。”（疏一三）《箋》云：“涇水以有渭，故見謂濁。”《正義》曰：“涇水言以有渭，故人見謂已濁，猶婦人言以有新婚，故君子見謂已惡也。”引定本箋作“涇水以有渭，故見其濁。”《釋文》曰“故見渭濁，舊本如此；一本‘渭’作‘謂’，後人改耳。”案：同一字而《正義》作“見謂”，師古定本作“見其”，《釋文》作“見渭”，三者孰是？曰：《正義》作“謂”是也。如《釋文》作“見渭”，則不可通；定本作“見其”，亦因舊作“渭”不可通，而改之耳。作“見謂濁”文理易憭，陸德明反説“見謂”爲非，“見渭”爲是，苟知孔氏疏文底本作“見謂”不誤，而義理之是非亦定矣。倘有必據《釋文》以改《正義》，則孔疏之底本失，而於義理乃大乖也。

《士冠禮》：（疏一四）“以摯見於鄉大夫、鄉先生。”《冠義》同。（疏一五）上“鄉”字，《釋文》作“鄉”，云“二鄉並音香。”二經疏皆作“卿大夫、鄉先生”，賈云“經言卿大夫不言士”，孔云“謂在朝之卿大夫也”。“鄉”、“卿”果孰是與？曰“鄉大夫”是也，作“卿”者非也。凡言鄉大夫有二義：一則《周禮》之本鄉鄉老、鄉大夫，（疏一六）闕以下州長、黨正、族師、閭胥也。（疏一七）鄉大夫，卿也；鄉老，公也；舉鄉大夫以上闕公、下闕士也。一則本鄉之仕爲大夫在朝者，亦舉大夫以闕卿士也。《鄉射禮》（疏一八）注云：“遵者鄉之人仕至大夫者。”又曰：“鄉先生、鄉大夫致仕者也。”此“鄉大夫”三字，所謂同一鄉之人仕至大夫者。同一鄉而仕至大夫曰“鄉大夫”，每鄉卿一人者，亦即大夫之一也；同一鄉仕至大夫，致仕者曰“鄉先生”，即“上老坐於右塾，庶老坐於左塾，鄉飲鄉射則謂之遵者”是也。鄭於《儀禮》《禮記》，皆釋鄉先生不釋鄉大夫者，《禮記》言“鄉先生同鄉老而致仕者”，則鄉大夫之爲同鄉現仕者可知矣。《儀禮》言“鄉先生鄉中老人爲卿大夫致仕者”，則鄉大夫爲鄉中大夫未致仕者可知矣。必重同鄉者，死徙無出鄉，百姓親睦。相保、相受、相葬、相救、相賙、相賓。欲使一鄉之人，相好如一家，六鄉六遂皆然，而後仁義著、教化行。本鄉之外，恐太廣而不浹；本鄉之内，不甚遠而易相親；故有冠者，必見其鄉之已仕致仕者，聖人教民之深意也。如賈、孔作“卿大夫”，則在朝之卿大夫，其可全見與？是以陸是，而賈、孔非也。今若依賈、孔之底本，改陸氏音香之説，改二經作“卿大夫”，則賈、孔之底本得矣，而於義理乃大乖也。（證二）

就五事論之：依今疏作“下地”，而賈不受也；依賈作“不地”以改經，而《考工》經不受也。依《祭義》今疏“四郊虞庠”，而孔不受也；依孔作“西郊”，而《祭義》《王制》經注不受也。依“皆未死而賜謚”，而杜元凱不受也；依“皆死而賜謚”，又恐左、公之不受也。依疏作“見謂濁”，而陸不受也；依《釋文》作“見渭濁”，而鄭《箋》不受也。改二疏作“鄉大夫”，而賈、孔不受也；依疏以改經及《釋文》作“卿大夫”，而經、《釋文》不受也。故校經之法，必以賈還賈，以孔還孔，以陸還陸，以杜還杜，以鄭還鄭，各得其底本，而後判其義理之是非，而後經之底本可定，而後經之義理可以徐定。不先正注、疏、《釋文》之底本，則多誣古人；不斷其立説之是非，則多誤今人。（證三）自宋人合《正義》《釋文》於經注，（證四）而其字不相同者，一切改之使同，使學而不思者，白首茫如；其自負能校經者，分别又無真見；故三合之注疏本，（疏一九）似便而易惑，久爲經之賊，而莫之覺也。如近者顧千里校《祭義》疏，改四郊爲西郊，孔氏之底本得矣；而遂欲改注之"四郊爲西郊"，且云"《王制》經注之'西郊不誤'"。是知孔氏之底本，而不知鄭氏之底本也。鄭氏之底本失，則經之底本亦失，而周制四郊小學遂不傳矣。千里又竊余曩時辨劉端臨、盧紹弓據二疏改經"鄉大夫"爲"卿大夫"之説，著於《禮記考異》，而未知其詳；且又因宋本之訛字，謂賈作"鄉"不誤，是又知經之底本，而不知賈疏之底本也。知之者，所以辨其非而歸於一是也。東原師云："鑿空之弊有二：其一，緣辭生訓也；其一，守訛傳繆也。緣辭生訓者，所釋之義非其本義；守訛傳繆者，所據之經并非其本經。"如孔氏虞庠在國西郊，所謂"所據之經非其本經"也；而緣之立説，則"所釋之義非其本義"矣。經文之不誤者，尚懼緣辭生訓，所釋非其本義；況守訛傳繆之經耶？孔氏守唐時訛繆之本，千里又守孔氏所守，至於古本之是者確有可據而不之信，信孔以誣鄭，誣鄭以誣經，不大爲經之害也哉？凡校經者，貴求其是而已；以《祭義》注"四郊虞庠謂之四學"，正《王制》經注之"西郊爲四郊"，考之《大戴禮》王肅、劉芳、皇侃、崔靈恩、杜佑諸家，而無不合，以排孔氏之疏繆，所謂求其是也。執事以爲何如？

〔**疏**〕

疏一　劉向《别録》："校讎者，一人讀書，校其上下，得繆誤，爲校；一人持本，一人讀書,若怨家相對,爲讎。”(《文選・魏都賦》注引《風俗通》《太平御覽》卷六百十八)笠案:“校”,俗或從手作挍,非。説詳錢大昕《十駕齋養新録》三。

疏二　《考工記・輪人》疏云:“幎,均致貌也。”(孫詒讓《周禮正義》七十五)《廣雅・釋詁》云:“幎,覆也。”此輪牙之均平致密,如物之下覆不偏邪也。致即緻字。

疏三　錢坫云:“《説文》車部:‘轂,輻所湊也。’言轂外爲輻所湊,而中空虚受軸以利轉爲用。”

疏四　鄭司農云:“牙讀如‘跛者訝跛者’(公羊成二年傳文)之訝,謂輪輮也。世間或謂之罔,書或作輮。”(孫氏《周禮正義》)徐養元云:“《車人》云:‘渠三柯者三。’鄭司農云:‘渠謂車輮,所謂牙。’《説文》木部:‘枒,木也,一曰車輞會也。’又車部:‘輮,車輞也。輞,礙車木也。’如司農説,則牙、輮同物而異名;如許君説,則牙輮異物。”案徐據《説文》宋本,今段玉裁校本據《玉篇》《廣韻》,改車輞爲車網,則亦以輮與枒爲一物,但枒訓車輞會。會爲會合衆枒,而輞則外匡之總名。許於枒訓,分析甚明,而輮訓則又渾舉不別,義微異耳。《釋名・釋車》云:“輞,罔也;罔流周輪之外也。關西曰輮,言曲揉也。”《廣雅・釋器》云:“輮,輞也。”案輮亦作柔、揉。《鹽鐵論・散不足》篇云:“古者椎車無柔。”又云:“郡國縣吏素桑揉。”是也。阮元云:“輞非一本,其曲須揉,其合抱之處,必有牡齒以相交固,爲其象牙,故謂之牙。《説文》曰:‘牙,牡齒。象上下相錯之形。’于車牙牙,字則加木作枒,曰:‘車輞會也。’蓋枒本車輞會合處之名,本義也;因而車輞通謂之枒,此餘義也。”王宗涑云:“一木之屈曲曰輮;輮,煣也,言木經煣屈也。合衆輮以大圓曰輞;輞,罔也;言如罔之結繩聯綴也。而輮交合之牡齒曰牙,此其本義也。三字,經典亦通用。”案阮、王説是也。牙、枒分言之,則曰牙,或曰輮,舉其大圓,則曰輞;輞與牙微異。漢時俗語通稱牙爲輞,故先鄭以爲釋。

疏五　《説文》□部:“圜,天體也。圓,全也。”則圜爲方圓之本字。

疏六　《考工記》云:“輪人爲輪,斬三材必以其時。”注云:“三材,所以爲轂、輻、牙也。斬之以時:材在陽中則冬斬之,在陰中則夏斬之,今世轂用雜榆,輻以檀,牙以橿也。”

疏七　《王制》《祭義》，並《禮記》篇名。

疏八　錢大昕云："唐人撰九經疏，本與注别行，故其分卷亦不與經注同，自宋以後刊本，欲省兩讀，合注與疏爲一書，而疏之卷第遂不可考矣。予嘗見宋本《儀禮》疏，每葉卅行，每行廿七字，凡五十卷，唯卷卅二至卅七闕。末卷有大宋景德元年校對，同校都校諸臣姓名，及宰相吕蒙正、李（不署名，蓋李沆也）參政、王旦、王欽若銜名。又嘗見北宋刻《爾雅疏》，亦不載注文，蓋邢叔明奉詔撰疏，猶遵唐人舊式。諒《論語》《孝經》疏亦當如此，惜乎未之見也。日本人山井鼎云：足利學所藏宋版《禮記注疏》，有三山黄唐跋云：'本司舊刊《易》《書》《周禮》，正經、注、疏，萃見一書，便於披繹，它經獨闕。紹興辛亥，遂取《毛詩》《禮記》疏義，如前三經編彙，精加讎正，乃若《春秋》一經，顧力未暇，姑以貽同志。'所云本司者，不知何司，然即是可證北宋時正義未嘗合於經注，即南渡初尚有單行本，不盡合刻矣。紹興初所刻注疏，初未附入陸氏《釋文》，則今所傳附釋音之注疏，大約光、甯以後刊本耳。今南北監本，惟《易》《釋文》不攙入經注内，《公羊》《穀梁》《論語》俱無《釋文》。"（《十駕齋養新録》三）

疏九　《隋書·經籍志》一："《禮記義疏》九十九卷（皇侃撰）。"《四庫總目》二十一《禮記正義》提要云："……爲之義疏者，唐初尚存皇侃、熊安生二家，貞觀中敕孔穎達等修《正義》，乃以皇氏爲本，以熊氏補所未備。"笠案：皇侃，梁人。

疏十　《四庫總目·大戴記》提要云："書有注者八卷，餘五卷無注，疑闕逸，非完本。朱子引《明堂》篇鄭氏注云：'法龜文。'殆以注歸之康成。考注内徵引，有康成、譙周、孫炎、宋均、王肅、范甯、郭象諸人，下逮魏晉之儒，王應麟《困學紀聞》指爲盧注。據《周書》，辯字景宣，官尚書右僕射，以《大戴禮》未有解詁，乃注之。其兄景裕謂曰：'昔侍中注小戴，今注大戴，庶纘前修矣。'王氏之言，信而有徵。"

疏一一　案在《大戴記》中。

疏一二　案事在《昭公二十年傳》。

疏一三　見《詩·邶風》。

疏一四　《儀禮》篇名。

疏一五　《禮記》篇名。

疏一六　案:《周禮·地官》:"鄉大夫之職,各掌其鄉之政教禁令。……三年則大比,考其德行道藝,而興賢能者。鄉老及鄉大夫帥其吏與其衆寡,以禮賓之。"孫氏《正義》二十一:"此經鄉老無專職,惟大比興賢能,鄉老與焉。"

疏一七　案:四官職掌並詳《地官》中,參看《周禮正義》二十一。

疏一八　《儀禮》篇名。

疏一九　案:謂注、疏、釋文也。詳上。

〔證〕

證一　《困學紀聞》云:"衛侯賜北宫喜謚曰貞子,賜析朱鉏謚曰成子,是人臣生而賜謚也。"何義門云:"頃得宋槧本不全《左傳》,恰有昭二十年衛侯賜北宫喜謚,杜注云:'皆死而賜謚及墓田,傳終言之。'較近刻少'未'字,而字意尤明,義尤協,似勝王氏所據之本。"志祖案:"注'皆未死'句絶,言二人皆未死也。即從今本有'未'字,亦非厚齋生而賜謚之説,玩'傳終而言之'句,語意自明。宋槧不全本《左傳》四卷,今藏揚州阮氏文選樓。"(相臺岳本有"未"字)(孫志祖《讀書脞録·生賜謚》條)

證二　《冠義》:"奠摯於君,遂以摯見於鄉大夫、鄉先生。"《釋文》:"鄉大夫、鄉先生並音香。"石經《儀禮·冠禮》亦皆作鄉。敖氏云:"鄉大夫,鄉之異爵者。或云:主治一鄉者。"歷觀前人之説,未有疑鄉大夫之鄉爲誤者。高郵劉端臨謂:"《冠禮》《冠義》皆當作卿大夫,此謂見爲卿大夫者;鄉先生謂已爲鄉大夫而致仕者,見君之次徧見卿大夫,如《晉語》:'趙文子冠,徧見六卿。'是也。鄭解鄉先生爲卿大夫致仕者,蓋蒙上爲釋。賈疏云:'先生亦有士,鄭不言者,經云卿大夫不言仕,故先生亦略不言。'據此,知賈所見《儀禮》本作卿大夫也。孔疏云:'見於卿大夫,謂在朝之卿大夫也。'是孔所見《禮記》本亦作卿大夫。孔以在朝對致仕者,文義甚明,而今本《正義》亦並改作鄉,並不誤者亦誤矣。"劉名台拱,今爲丹徒校官,考訂禮經至爲精細,余常就以取正焉。(《讀書脞録·冠義鄉大夫……》條)注云:"鄉先生同鄉老而致仕者。"《正義》云:"見於鄉大夫,謂在朝之鄉大夫也。"以注疏推之,經文鄉大夫當作卿大夫,而疏之兩鄉字亦卿之訛。見大夫不當遺卿,注於鄉先生始釋爲同鄉。則上本不作鄉字可見,若指地官之鄉大夫,則益偏矣。此字沿誤已久,陸氏亦不能辨,而云並音香,更使後人不復致疑矣。(抱經堂刊《經典釋文·禮記·音義四·考證》)

證三　《左哀十八年傳》引《夏書》曰“官占,惟能蔽志,昆命於元龜。”陸德明《釋文》云:“《尚書》能作克,克亦能也。”孔穎達《正義》則云:“夏《大禹謨》之篇也。唯彼能作先爾。”據此,則陸氏所見本與今異,孔氏所見本與今同;陸、孔並在唐初,而經文已互異若此。《釋文》本單行,後人附入注疏,往往改陸以就孔,頗疑此克字,《釋文》近得其真,先字後人以意改也。(孫志祖《讀書脞録·尚書釋文本異》條)《詩》“東門之池”箋:“孔安國云:停水曰池。”見《秦誓》傳。《儀禮·士昏禮》注:“壻,悉計反,從士從胥,俗作聟。女之夫。”案:此皆陸氏《釋文》語,誤刻作箋注者。閻百詩《尚書古文疏證》,乃據此謂康成曾見孔傳,又云:“鄭作反語有此一條。”以百詩之精博,猶不免爲俗刻所誤,予於此益信讀書之難也。(同上,《釋文誤入注》條)左、公、穀三傳經文多有互異,後人明白注明,今《史記》三家之注亦多異同,今若不依三傳之例,於正文先注明,則必有改易遷就之失。即如《五帝本紀》“暘谷”,《正義》作“陽谷”;“南訛”,《索隱》作“南爲”。《殷本紀》“羑里”,《正義》作“牖里”。《周本紀》“居易無固”,《索隱》作“居易”。其他義同而字異者尤多。後若重梓此書,宜有以别白之。其《索隱》之注,尤多猥併,有非注而亦繫於注者,謂之反足以致惑。汲古閣有單行《索隱》本,殊自井然。凡小司馬欲以己意更定者,不以入注,附刻全書之後,乃爲善耳。(盧文弨《鍾山札記·史記集解索隱正義》條)

證四　《春秋正義》:隱公以平王四十九年即位,是歲歲在豕韋。桓公以桓王九年即位,是歲歲在元枵。莊公以莊王四年即位,是歲歲在鶉火。閔公以惠王三十六年即位,是歲歲在大梁。僖公以惠王十八年即位,是歲歲在鶉首。文公以襄王二十六年即位,是歲歲在降婁。宣公以匡王五年即位,是歲歲在壽星。成公以定王十七年即位,是歲歲在降婁。(今刊本無此字,當是傳刻脱去)襄公以簡王十四年即位,是歲歲在壽星。昭公以景王四年即位,是歲歲在大梁。定公以敬王十一年即位,脱是歲歲在某。次句哀公則不載《正義》本文,但於白文疏字下出“同上”兩字,謂與陸氏《釋文》相同，不復重出也。（以昭三十二年歲在星紀推之，則定元年歲在元枵，哀元年歲在大梁也）《釋文》與《正義》各自一書，宋初本皆單行，不相殽亂；南宋後，乃合《正義》於經注之本，又有合《釋文》與《正義》於經注之本，欲省學者兩讀，但既以注疏之名標於卷首，則當以《正義》爲主，即或偶爾相同，亦當並存，豈有删《正義》而就《釋文》之理。況以前十一公考之，皆《正義》詳於《釋文》。《正義》之例，每公皆有引《魯世家》，皆有以某王某年即位之語，而《釋文》無之；獨哀公《釋文》多"敬王二十八即位"一句，此必校書者以意竄入，謬妄相承，蔑有悟其非者，可三嘆也。（錢大昕《十駕齋養新録·正義本妄改》條）經史當得善本。今通行南北監及汲古閣本《儀禮》正文多脱簡，穀梁經傳文亦有溷錯，《毛詩》往往以《釋文》混入鄭《箋》，《周禮》《儀禮》亦有《釋文》混入注者。《禮記》則《禮器》《坊記》《中庸》《大學》疏，殘缺不可讀。……（同上，《經史當用善本》條）

廣段玉裁論校書之難[①]

李　笠

段玉裁《經韻樓集》有《與諸同志論校書之難》一文，以"底本之是非"與"立説之是非"區爲二事，曰："必先定其底本之是非，而後可斷其立説之是非。"條貫不棼，可謂得校書之窔奥矣。惟義理是非瞀亂，底本致難區别，校書困難之一端耳。兹更廣而論之如次。

顔之推云："校定書籍亦何容易，自揚雄、劉向方稱此職耳。觀天下書未遍，不得妄下雌黄。或彼以爲非，此以爲是；或本同

---

①本篇原載中山大學《語言文學專刊》一卷二期。

末異；或兩文皆欠，不可偏信一隅也。"(《顔氏家訓・勉學》篇)此言特形容校書之難耳。其實天下書何能徧觀？以此爲鵠，豈非過當乎？校勘之事，學識之準備雖爲必要條件，然亦有不在學識範圍之内者。雖以揚、劉之博學，亦不能必校書之無訛也。但持一端，以該其餘，豈非猶未徹底乎？鮑彪云："校書如塵埃風葉，隨掃隨有。"(《戰國策序》)此豈盡屬學識不濟，蓋吾人體力有强疲，心神有愉憂，倘注意偶不能周，心理忽起變化，則將視而無覩，或竟是非倒置。(如一字誤分爲二，二字誤合爲一之類，有屬於幻覺錯覺者，説另詳余所撰《校勘學・誤文之原因》篇。)此塵埃風葉之喻所由來也。

校勘古書既不盡依學識定是非，而學識無窮又有不在書本範圍之内者，玆舉二例爲證。

杭人食蚌肉謂之食淡菜。予嘗思之，命名不通。如以淡爲啖，固通，而菜字義亦不通。又嘗見昌黎集載孔戣爲華州刺史，奏罷明州歲貢淡菜，亦是淡字，竟不能通。後見廣人云"南海取珠者名曰蜑(今作蛋)户。"蓋以蚌肉乃取珠人所常食者耳，賤之如菜也，其義始通。(郎瑛《七修類稿》卷十九。笠案：淡菜之名見《唐書》，近人以爲曝乾不加食鹽，味淡，因名。未確，郎説頗近理。惟淡菜係蚌之一種，非任何蚌肉俱名淡菜也。又蜑户係種族名，非取珠者率名蜑户也。《後山叢談》云：二廣居山谷間，不隸州縣，謂之猺人；舟居謂之蜑人；島上謂之黎人。可參。蜑户業漁，以海貝爲常食，自可加以菜喻，不必因蚌而聯想及珠也。郎氏對淡菜及蜑户尚有誤會之處，因爲補正如此。)

陸機曰："千里蓴羹，未下鹽豉。"人皆以蓴羹不減於鹽豉之意也。東坡之詩亦曰："每憐蓴菜下鹽豉。"又曰："肯將鹽豉下蓴羹。"殊不知"未下"，"末下"也。當時誤寫"未"字，並"千里"皆蘇州地名。(原注：出《因話録》《七修類稿》卷二十一。)

如以右説爲不謬，則未聞蝅户之名者，將不知“淡菜”當作“蝅菜”；未諳蘇州地名者，將不知“未下”爲“末下”之訛。此與書本若即若離，可知“持本”“讀書”雖爲校勘之正矩，而尚有未盡“正謬訛”之能事也。（劉向《别録》佚文：“一人讀書，校其上下，得謬誤，爲校；一人持本，一人讀書，若怨家相對，故曰讎也。”）

勘誤之事，既有涉於書本之外，可知僅云徧觀天下之書，寧能無餘憾乎？且學業有專攻，工作有界域。天下之圖籍雖多，古今之學識雖繁，而校書家所尤需要者，校勘之學識與有界域之圖籍耳。可知不惟不必徧觀天下之書，亦正不必徧通一切學識也。就其研治之學科，處以分工之限制。就其工作之部分，責以專門之探討。集中識力，不致有學非所用之譏。正訛之責雖或未盡，事屬例外，亦不能謂之失職矣。若以徧觀天下書爲斤斤，既不可能，實亦無的而放矢耳。《漢書・藝文志》叙云：“詔光禄大夫劉向校經傳、諸子、詩賦，步兵校尉任宏校兵書，太史令尹咸校術數，侍醫李柱國校方技。”則顔氏所舉最高標準之校勘家劉向亦只能校書三門。豈非劉氏亦不能徧讀天下之書乎？豈非校勘事業萌芽時代已知分工之事乎？能分工然後能專門，能專門然後學識之準備能充分也。假如我以一時代書籍爲研究之對象，則某代之語例、文例、名物、制度……皆範圍以内之學識也。吾知先秦以“不”爲語助詞，則《詩・棠棣》篇之“鄂不韡韡”，“不”非“柎”之誤與叚音。（鄭《箋》云：“不當爲柎，古聲同。”）當與《車攻》篇之“徒御不警，大庖不盈”一律，然後《論語》之“四體不勤，五穀不分”，《孟子》之“志士不忘在溝壑，勇士不忘喪其元”，皆可迎刃而解。吾知漢以前“焉”有用於句首，義同“於是”者，然後《禮記・鄉飲酒義》“焉知其能和樂而不流也”、“焉知其能弟者而無遺矣”、“焉知其能安燕而不流也”，《孟子・離婁》“聖人既竭目力，焉繼之以規矩準繩，以爲方圓平直不可勝用也。既竭耳力，焉繼之以六律五音,不可勝用也。……"不致竄改句讀,以焉字屬上讀矣。(略本《古書疑義舉例》卷四《助語用不字例》及《句首用焉字例》)此以時代爲界域對於語例研究之一例也。又如我以一書或一人著作爲研治之對象,則某書某人之字例、文例……尤所當詳。如荀卿書之"案"、墨翟書之"唯毋"、晏子書之以"敚"爲"對"、淮南王書之以"士"爲"武"、劉向書之以"能"爲"而"(據孫詒讓《札迻敘》),皆不能以義難通曉,而輕易改竄,此以著作爲界域,對於字例探討之一例也。總之,吾人欲任校勘之役,如於工作界域内之對象無深刻之認識者,不可妄下雌黄,此校勘之所以不易,而非徧觀天下之書之謂也。

校勘學家應具二種學識,一曰常識,二曰特識。常識者,即前所謂校勘學識,無工作界域之區别,一切校書家俱用之,如"誤文例"與"誤文疑似例"之認識(余撰校勘例將脱稿),以及校勘方法與規律之演習皆屬之。特識者,從事工作時特殊對象之鑒别。如上所舉某時某書之誤文例字例,不必一切校勘家皆用之也。將來學術發達,校勘之工具亦將隨而演進。所謂常識之辭例……特識之辭例……將有綜合之書、索引之册,案圖索驥,不難綱舉而目張。今日之視爲畏境者,將來或可漸成坦途,故此種機械式學識之準備,未足爲至難也。惟書籍之舛訛,千奇百怪,僅藉通例通則之應用,或不足以發現幽隱,知訛文之所在,或雖知之,無徵不信,疑莫能定。或可藉訛文疑似例爲護符,令人目眩。舉此種種,俱須有待於實證,而實證搜集之困難,辨認之困難,以及應用之困難,又有出於意料之外者焉。兹爲列舉如次:

一 證據搜集之困難

(一)本證亡佚 經典傳述有文句舛亂、字形乖訛,須藉史蹟或實物以資證明者，而世無此蹟此物焉，則亦惟有永遠存疑而已。此關於實物者一也。（另詳余所著《校勘之材料》篇）六經有今古文之别，今文《易》有施、孟、梁邱之學。《詩》有齊、魯、韓之分。……降及後世，復有鄭、王學派之争，河朔與江南板本之異，是以同一書也，文不必同，文人操觚，注疏引據，自亦所見各有不同。如原書已亡，何從證其得失？雖有訛文，亦無如之何矣。例如《毛詩》"衡從其畝"，《釋文》引《韓詩》作"横由其畝"。《禮・坊記》引《詩》"横從其畝"，知其據《韓詩》而誤"由"爲"從"。（説見《古書疑義舉例》卷七《據他書而誤改例》）此本書雖亡，尚有佚文可證者。假如無此佚文，必從《毛詩》改"横"爲"衡"矣。此關於原書者二也。昔諺云："書三寫，魚成魯，帝成虎。"（見《抱朴子・遐覽篇》）古籍流傳迄今，豈止三寫。加以文字變遷，籀篆隸楷，展轉迻譯，寧無差失。《左傳》明云："於文反正爲乏。"而今書"乏"並不從反正。此尚可曰依隸楷傳寫，形體未舛。更有經典僻字，但見一處，無復旁證，字形是非，終在然疑之間者。例如《史記・景帝紀》："後三年十二月晦靁。"《集解》徐廣曰："一作畫，又作圖，未詳。"《墨談》云："疑靁，雷字之誤。十二月晦日而雷，紀異也。"郎瑛曰："此説固是。但不知靁字古文，非誤也。惜徐廣亦不識耳。近時所刻《古字便覽》，收亦廣矣，然止得靁□□靁畾五字，又未有前字也。"（《七修類稿》二十四卷）蓋明以前字書未載靁字，所以疏率者改其字，慎重者又疑其誤也。此關於字形者三也。

（二）蹟象毁滅　書本之所以貴舊鈔舊刻者，因傳寫複刻之多訛，藉此可以正定也。然人心詭譎，廬山真面往往長隱雲霧，可勝歎哉！兹舉二端示例。顧炎武《論鈔書八弊》云："……六、抄寫有誤，恐被對出，返將原稿塗改。七、欲記起止，輒將原稿加圈加勾……"（《菰中隨筆》）此以僞亂正，出於鈔胥者一也。范曄記漢世賄改漆經事云:"亦有私行金貨,定蘭臺漆書經字以合其私文。"(《後漢書·儒林傳序》)此以私亂真,出於賄賂者二也。上述二事皆破壞性之改易原證,令校讀者竟委窮源之莫從。其事固可恨也。亦有字體偶異,原出無心,而結果則離真象愈遠,校正轉難。事雖不同,亦毁滅蹟象之類也。例如《周書·謚法》篇:"純行不貣曰定。""貣"同"忒",後人不識,傳寫誤作"貳",複寫者以"二"代"貳",遂成"純行不二……"(依俞樾校,説見《古書疑義舉例》五《因誤字而誤改》條)夫"貣"誤作"貳",形近易於校正,轉改爲二,致誤之由不易知矣。此雖非竄亂原證,亦可謂變更原形,亦亡失實證之漸也。

(三)書册變相 書有名亡而實存者,一曰易名,二曰寄生。易名者,如《淮南九師書》,《七略》稱《淮南九師道訓》,《漢志》稱《淮南道訓》(見余所著《漢書藝文志箋評·六藝略·易類》),《漢志》"《太史公》",今稱《史記》(見《漢志·六藝·春秋類》)是也。後世更有因翻刻書籍而易名者,如唐劉肅《大唐新語》,明馮夢禎刻本改爲《唐世説新語》,郎奎金刻《釋名》改作《逸雅》之類是也(見《書林清話》卷七)。有因違禁避諱而易名者,如清人刻文秉《甲乙事案》,改稱《聖安本紀》,並改作者爲顧炎武(見《中央歷史語言研究所集刊》第二本第二分册朱希祖《甲乙事案跋》),唐司馬貞《史記索隱》引《世本》改稱《系本》之類是也。寄生者,如《名醫别録》雖亡,陶隱居已收入《本草》,《李氏本草》雖亡,唐慎微已收入《證類》(見鄭樵《通志·校讎略》)是也。他如原書雖亡,而佚文見於古書援引者,雖不能全,亦寄生之類也。上舉二類,或眩惑視聽,莫綜名實;或散見錯出,鈎稽爲難,亦求證者之一僻境也。

二　證據辨認之困難

(一)文人好奇而沿僞　夫書有同文相證,校勘家之快事也。然亦有沿襲僞文,别有用意者,苟不深察,易受其蒙。蓋文人好奇,語以新爲貴,而不以真爲尚也。劉勰云:"《尚書大傳》有'别風淮雨',《帝王世紀》云'列風淫雨'(列同烈)。'别'、'列'、'淮'、'淫'字似,'淫'、'列'義當而不奇,'淮'、'别'理乖而新異。傅毅制誄,已用'淮雨',固知愛奇之心,千古一也。"(《文心雕龍·鍊字》篇)苟以傅文上證《大傳》,似"别"、"淮"非誤,而實則以誤證誤,失鑒别之職矣。

(二)注家信古而飾非　校注古籍,原以輕易改字爲戒,然媚古太深,則有明知其誤而不敢校改,且有掩護僞文從而爲之説者。不改僞文,其害尚淺;掩護僞文,貽誤後人,斯大蔽也。顔之推云:"簡策字,竹下施朿。末代隸書,似杞宋之'宋',亦有竹下遂爲'夾'者。猶如刺字之傍應爲朿,今亦作夾。徐仙民《春秋》《禮音》,遂以'筴'爲正字,以'策'爲音,殊爲顛倒。《史記》又作悉字,誤而爲述;作妬字,誤而爲姤。裴、徐、鄒皆以悉字音述,以妬字音姤,既爾則亦可以'亥'爲'豕'字音,以'帝'爲'虎'字音乎?"(《顔氏家訓·書證》篇)夫訛文既不易校,今又加以掩護,讎對之事益生荆棘矣。

(三)主客倒置而迷訛　文人與注家之掩護訛文,雖爲求證之障礙,然主賓固自分明也。至若僞書,原爲剽竊佚文而成,所謂主文即旁證之化身也。以此互證,何異形影争妍乎?例如僞《古文尚書·太甲上》:"自周有終相亦維終。""周"爲"君"之訛,因君古作[古文君字],與周相似,金氏履祥之言甚是也。但《禮記·緇衣》引此文亦作周,未免令人生疑。不知梅氏僞書,原多采綴《尚書》

佚文之見於古書者以迷後人。本文亦即采自《緇衣》，康成注《禮》時，此文已誤，作僞者亦承襲之耳。故如明僞書鈔襲《緇衣》，則其沿襲誤文正作僞之破綻也。如以《緇衣》語爲援引僞《尚書》，則反主爲客，誤文亦得掩護矣。

三　證據應用之困難

（一）貌異而實同者吸合之難　形況之詞，僅取聲音，字形舛異，可不拘也。如細雨霢霂，亦作溟沐，亦作彌漫。大雨滂沛，亦作霶霈。注者因其異而爲之辭，是曰望文生訓，校者因異文或注説而加勘改，是曰妄下雌黄。如美好謂之"娥媌"，譯爲娥眉。説者遂以爲眉如蠶蛾，是望文也。因蠶蛾之説，疑《大招》作"娥眉"爲形訛，是臆説也。所以校勘之事，如無聲韻學之準備，雖有證據，或不能用。孫詒讓論校書之方法，謂"以聲類通轉爲之錧鍵"（《札迻序》），蓋經驗之談，此關於聲音者一也。《大戴記·誥志》："於時冰泮發蟄，百艸權輿。"權輿，始也，見於《雅》詁（《爾雅·釋詁》），而《史記·曆書》作"百艸奮興"，文字懸殊，似難牽合矣。然《方言》十二云："鼃，始也。"與《雅》訓合，則《史記》之"奮興"爲"鼃興"之訛文明矣（説詳余所著《史記訂補》中）。今《漢書》多古字，而《史記》率改從今文，此則因誤字可覘《史記》舊本，豈非快事？勘書之人倘不明文字沿革，雖《戴記》之文明在，將不爲我用矣。此關於字形者二也。

（二）貌同而實異者離析之難　一字有相反之義，一詞有美惡之别，倘不辨析，易因誤會而竄改。例如亂有治、亂二義。《列子·仲尼》篇"不治而自亂"，亂正訓治。今本作"不治而自不亂"，因校者誤據叛亂之訓而加"不"字也。"豈弟君子，民之父母"，詩人之所美也，而《齊風》云："魯道有蕩，齊子豈弟！"傳曰：

“言文姜於是樂易然。”則“豈弟”又爲不美矣。鄭箋拘執“豈弟君子”之義,因改其文爲闓闈(説本《古書疑義舉例》卷七《誤增不字例》及卷三《美惡同詞例》)。此種形似之字文,一經誤涉,便入迷途,不可不慎。此關於訓詁者一也。俞正燮云:“江休復《雜志》云:‘廛俗呼野人爲沙塊,永叔戲長文披沙揀金,又戲馬遵曰:舊沙而不俏,今俏而不沙。吴長文言:沙於面,不沙於心。皆以沙爲迂樸。’韓彦直《橘録》則云:‘物小甘美者曰沙,如沙橘、沙瓜、沙塘、沙密之類。’是南以沙爲美俏,北以沙爲不美俏,語言不同如此。”(《癸巳存稿》卷三《葰字》條)假以南稱,持較北語,則乖戾難通,校書滅裂,能不妄改乎?此關於方語者二也。王國維云:“物名有雅俗,有古今,《爾雅》一書,爲通雅俗古今之名而作也。……凡雅俗古今之名,或同實而異名,或異實而同名。雅與雅同名而異實,則别以俗,如:葝,山䪥;葝,鼠尾之類。俗與俗異名而同實,則同以雅。如薜,山蘄;薜,白蘄之類。雅與雅異名而同實,則同以俗,如櫬,木堇,椵,木堇之類……”(《觀堂集林》卷五《爾雅草木蟲魚鳥獸名釋例》)校者倘不明此,見同文歧出,或連或間,非疑爲誤文不可也。然此尚同在《釋草》一部,或同名,或同實,尚易知也。更有動植殊科,禽蟲異類,而名則同者,如《釋草》有果蠃,《釋蟲》亦有果蠃。《釋草》有蒺藜,《釋蟲》亦有蒺藜。《釋鳥》有天鷄,《釋蟲》亦有天鷄,凡此同名,亦如前例,非有誤字也。而今本《釋蟲》之果蠃,從蟲作蠃,亦校者以同字爲嫌而改之也。唐石經從果可證。是則《釋草》之莪蘿與《釋蟲》之蛾羅,其初蓋亦同文,後人改從草、從蟲,皆不能離析貌同而强使之異狀耳。此關於名物者三也。

是故證據之搜集畢而有真僞之問題,證據之是非定而有使用之問題。倘無豐富之經驗,相當之學識,甯能應付不窘哉!此我之所謂校勘之難也。

從證據和學識方面，固足知校勘之不易，而有時雖不遇上述之難境，就歧訛之程度與分量觀之，亦足令人生畏。《家語》：“子夏返衛，見讀史志者云：‘晉師伐秦，三豕渡河。’子夏曰：‘非也，己亥耳。’讀史志者問諸晉史，果曰己亥。”（《弟子解》）一經傳述，四字之中，二字傳訛。顏之推云：“……至如‘仲尼居’三字之中，兩字非體。《三蒼》尼旁益丘，《説文》尸下施几。”（《家訓·書證》篇）是則旁證愈繁，紛舛亦甚。何去何從，豈易核定？此屬於歧誤之分量者也，直接之訛文易知，間接之訛文難曉；單純之訛文易知，複雜之訛文難曉。間接訛文如《荀子·非相》篇：“傳者久則論略，近則論詳。”俞樾云：“兩論字皆俞字之誤，俞讀爲愈，古字通用，見本書《榮辱》注。《韓詩外傳》正作‘久則愈略，近則愈詳。’可證也。‘俞’字誤作‘侖’，校者又誤改作‘論’。”（《古書疑義舉例》五《因誤字而誤改例》）此字形之展轉舛誤者一。《史記·張儀列傳》：“偏守新城，存民苦矣。”崔適云：“存字不甚可解，疑誤。”（《史記探源》）笠案：“存”爲“則”之間接誤字，“則”聲誤爲“在”，“在”又形誤爲“存”耳。（説又見武大《文哲季刊》第一卷第一期《史記訂補之餘》）舛誤之程度既深，故崔氏亦莫能明其所以然。此聲形遞誤者二。複雜誤文如《尸子·大道下》“乃實對”，宋本作“人實對”。《太平御覽》四百五引作“人以實對”。此文以《御覽》爲正。宋本脱“以”字，今本又誤“人”爲“乃”，蹟象顯然。此“脱”而兼“誤”，複雜訛之一例也。觀上所舉，則就舛訛之程度方面言，亦豈不可以覘校勘之難歟！此外就舛訛之性質言，如文字之外尚有“書式問題”、“符號問題”等，舉足以見校勘之不易，依此隅反，不待辭贅矣。